LES MÉTHODES D'ÉVALUATION EN RESSOURCES HUMAINES

LA FIN DES MARCHANDS DE CERTITUDE

Éditions d'Organisation
1, rue Thénard
75240 Paris Cedex 05
Consultez notre site
www.editions-organisation.com

Pour tout contact avec l'auteur :
cbalicco@club-internet.fr

© Éditions d'Organisation, 1997, 2002
ISBN : 978-2-7081-2772-2

CHRISTIAN BALICCO

LES MÉTHODES D'ÉVALUATION EN RESSOURCES HUMAINES

LA FIN DES MARCHANDS DE CERTITUDE

Deuxième édition

Éditions
d'Organisation

Je remercie toutes les personnes qui m'ont aidé à réaliser cet ouvrage.
Veuillez trouver ici le témoignage de ma gratitude
et de ma profonde reconnaissance.

Mes remerciements s'adressent en particulier
à mon ami Luc Chailleu, Sociologue,

ainsi qu'au Docteur Geneviève Saint-James, Psychiatre et psychanalyste,
à Yves Winkin, Professeur d'Anthropologie de la communication (Liège),
à Marilou Bruchon-Schweitzer, Professeur en psychologie différentielle
(Bordeaux II).

Je tiens également à remercier Madame Jeanne Bossi, Juriste à la CNIL
pour son aide et ses précieux conseils.

Un grand merci également à Madame Hélène Goujat pour avoir investi
de son temps dans la correction définitive de cet ouvrage.

Mes remerciements vont également à mes amis et à tous ceux
qui m'ont aidé et guidé par leur amitié chaleureuse.
Outre ceux que j'ai déjà cités, je remercie
Sylvie Defranoux, Renée Schlauder,
Christine Thévenin, Jacques Verdier
et Edgar Swift, ancien General Manager Production Show
d'Euro Disney France, à qui je dédie cet ouvrage.

SOMMAIRE

DEUXIÈME PARTIE
La mise à l'épreuve des méthodes d'évaluation

TROISIÈME PARTIE
Les pseudo-sciences

« Vita brevis, ars longa, occasio fugax
experimentum periculosam,
judicium dificile »

« La vie est courte, l'art est long,
l'occasion est fugace parce que
l'expérience trompe et que
le jugement est difficile. »

Aphorismes fondamentaux
d'HIPPOCRATE.

PRÉFACE À LA 2EME ÉDITION

« J'ai assumé le rôle ingrat de douter de tout, non par scepticisme de dilettante mais par besoin de précision et de démonstration »
A. BINET

Au fil des années, chacun a pris conscience que la véritable richesse d'une entreprise reposait avant tout sur ses hommes. La gestion des ressources humaines — avec les incertitudes qu'elle comporte — est donc devenue l'un des enjeux majeurs de l'entreprise actuelle. Qu'il s'agisse d'une procédure de recrutement, de la gestion des carrières ou de la sélection de collaborateurs en vue d'une formation — ou d'une promotion — tous les professionnels des ressources humaines sont confrontés à la même interrogation : celle de savoir si les méthodes d'évaluation — ou les procédures — qu'ils utilisent, sont véritablement pertinentes. Cette question est d'autant plus fondamentale que les erreurs coûtent cher à l'entreprise. Plusieurs recherches anglo-saxonnes ont ainsi démontré que lorsque des méthodes d'évaluation étaient choisies sans discernement — c'est-à-dire sans véritable garantie scientifique — elles faisaient perdre à l'entreprise des sommes considérables qui pouvaient se chiffrer, selon les cas, à plusieurs millions de francs par an[1]. On oublie en effet bien souvent que lorsque l'on se trompe de candidat, l'investissement financier que l'on a fait dès le départ est sans commune mesure avec l'argent que l'entreprise perdra dès lors qu'elle décidera de se séparer de son collaborateur (ou que celui-ci décidera lui-même de quitter son poste).

Il faut reconnaître que devant la quantité impressionnante de méthodes d'évaluation — dont chacune prétend être la plus performante — il n'est pas toujours facile de faire un choix. Ceci est d'autant plus vrai qu'en général, on ne sait pas quels sont les critères les plus pertinents qui peuvent permettre de le faire. Doit-on choisir, par exemple, une méthode d'évaluation en fonction de sa notoriété ? De sa fréquence d'utilisation ? Dans cette perspective une méthode connue ou très utilisée, est-elle pour autant pertinente ? Quel est la véritable valeur de la graphologie, de l'entretien, des tests de personnalité ou d'intelligence ? Quelle est celle des « Assessment centers », de l'« auto-évaluation » ou de la morphopsychologie ? Que valent « les données biographiques »

---

1. SMITH, GREGG et ANDREWS, 1989.

ou les « techniques projectives » ? Que sont-elles véritablement capables de prédire et dans quelle mesure ? Existe-t-il des méthodes d'évaluation qui soient vraiment capables de prévoir la performance professionnelle ? Si tel est le cas, quelles sont-elles ?

Autant de questions qui trouveront leurs réponses dans le cadre de cet ouvrage qui, à l'occasion de la seconde édition, fournira en plus un certain nombre d'informations sur le niveau de pertinence de méthodes spécifiques communément utilisées en France dans le domaine des Ressources Humaines (Papi, Sigmund, Performanses, etc.). Ce livre a été conçu avec *un seul objectif : celui de permettre à tout professionnel des Ressources Humaines de choisir* — **en toute objectivité et avec un maximum de garantie** — *la méthode d'évaluation qui soit à la fois la plus pertinente et la plus adaptée par rapport à l'objectif poursuivi (recrutement, évaluation, bilan de compétences, etc.).* Cette nécessité de pouvoir se repérer paraît d'autant plus indispensable qu'il semble exister en France, en matière d'évaluation professionnelle, un certain nombre d'insuffisances notamment méthodologiques.

Cet ouvrage comporte quatre parties indépendantes. La première d'entre elles est destinée à fournir au professionnel des repères scientifiques qui puissent l'aider à identifier immédiatement le niveau de pertinence d'une méthode. La deuxième partie présente les principales méthodes d'évaluation utilisées en France (entretien, tests) avec pour chacune d'entre elles, une étude détaillée sur leur niveau de validité. Une place est également réservée « aux tests informatiques » ainsi qu'à la technique des « Assessment Centers ». La troisième partie est consacrée aux pseudo-sciences. Elle explique notamment pourquoi ces méthodes sont dénommées comme telles et surtout pour quelles raisons elles sont totalement inutiles dans un contexte d'évaluation professionnelle. Enfin la quatrième partie est consacrée à la place de la réalité au sein des entreprises et, en particulier, des cabinets-conseils. Elle fait également le point sur la législation existante dans le domaine des ressources humaines.

Bien que cet ouvrage possède la particularité de pouvoir être lu dans tous les sens selon les besoins de chacun, il est indispensable que le lecteur se familiarise, dès le départ, avec le contenu du premier chapitre. Les différentes notions — issues des sciences expérimentales — lui permettront en effet de savoir, en toute connaissance de cause, si la méthode d'évaluation à laquelle il s'intéresse répond bien aux différentes exigences scientifiques qui justifieraient son utilisation. Cette connaissance est d'autant plus indispensable qu'elle permettra au professionnel des ressources humaines d'être encore plus efficace dans sa pratique quotidienne (recrutement, gestion des carrières, etc.).

16

Que faudrait-il penser, en effet, d'une méthode qui, d'un jour sur l'autre, fournirait des résultats fondamentalement différents et ce, pour un même sujet ? Que faudrait-il penser d'une méthode censée prévoir la performance professionnelle et dont les résultats sur le terrain ne la confirmeraient pas ? D'autre part, ne faudrait-il pas tenir compte également de tous les facteurs extérieurs qui peuvent intervenir au cours de la passation de la méthode en question ? Ne peut-on pas supposer, par exemple, que des conditions liées à l'environnement ou à la consigne, peuvent être susceptibles de faire varier les résultats ?

Il est donc essentiel que toutes les méthodes d'évaluation puissent obéir à deux types d'exigences. Les premières concernent **les qualités « psychométriques »**[2] et nous verrons que leur connaissance est tout à fait fondamentale. Les secondes s'intéressent **aux conditions pratiques d'utilisation**. Ces exigences demeurent bien sûr indissociables : la plus performante des méthodes peut ainsi perdre une grande partie de sa valeur si elle est utilisée par une personne qui n'en maîtrise ni la théorie, ni l'utilisation pratique. La formation constitue, par conséquent, un prérequis indispensable qui apportera aux partenaires d'une situation d'évaluation une garantie à la fois scientifique et éthique, marquée par le sceau de l'efficacité.

Cet ouvrage a été conçu pour dépasser la vision bien souvent intuitive que l'on peut avoir quand il s'agit d'utiliser une méthode d'évaluation. Il n'est pas suffisant de « sentir » qu'une méthode est pertinente pour qu'elle le soit dans la réalité. Certes, on peut considérer cette intuition comme un premier indice, mais doit-on, pour autant, y attacher une importance aussi grande ? D'autant plus que bien souvent elle aura tendance à se transformer dans le temps, en une véritable conviction. Ne serait-il pas préférable de vérifier si cette intuition est juste en procédant à une mise à l'épreuve de la méthode en question ? Dans cette perspective, la procédure expérimentale constitue, sans aucun doute, la démarche scientifique la plus appropriée. En effet, l'utilisation de l'outil statistique nous paraît être le seul moyen rationnel capable de confirmer — ou d'infirmer — la validité d'une méthode d'évaluation. Toutefois, qu'il n'y ait pas de méprise de la part du lecteur : il n'est pas dans notre intention de vouloir tout mesurer. Nous ne souhaitons pas tomber dans le piège — ô combien réducteur — de la quantification à outrance. Devant la complexité humaine, qui d'ailleurs aurait cette prétention ? **Par conséquent, si nous sommes favorable à la vérification expérimentale de toute méthode d'évaluation, nous ne serons pas tenté par ce désir de vouloir tout quantifier : la dimension qualitative inhérente à l'humain ne saurait être aussi facilement accessible.**

---

2. Les qualités psychométriques font essentiellement référence à la notion de mesure de données psychologiques.

En fait, notre souci constant a été de démontrer dans cet ouvrage, qu'il était possible de choisir objectivement des méthodes d'évaluation qui soient fiables. Un tel choix est important car la pertinence des résultats obtenus permettra au professionnel non seulement de mieux recruter ses collaborateurs mais aussi de les guider et de les conseiller, dans leur carrière professionnelle, de manière encore plus performante. Cet ouvrage s'est voulu **guide**, que son contenu soit placé sous le signe de l'efficacité, du professionnalisme et de l'éthique.

PREMIÈRE PARTIE

Les exigences scientifiques qui garantissent la validité des méthodes d'évaluation

CHAPITRE 1

LES QUALITÉS INDISPENSABLES

DE TOUTE MÉTHODE D'ÉVALUATION

Pour qu'un professionnel des Ressources Humaines soit à même d'utiliser en toute sécurité et en toute quiétude, une méthode d'évaluation, il est indispensable qu'il puisse disposer de **repères scientifiques précis** propres à lui garantir une efficacité maximale. Ces repères sont généralement exprimés sous une forme statistique très simple (moyenne, écart-type, corrélation) et n'ont qu'une seule ambition : celle de permettre au professionnel de vérifier objectivement si la méthode en question obéit bien à des critères scientifiques suffisants ou, en d'autres termes, **si elle mesure bien ce qu'elle est censée mesurer**. Ces données constituent une véritable garantie pour l'utilisateur qui pourra en consulter le détail soit auprès des éditeurs qui commercialisent ces méthodes, soit dans le contenu des études qui les accompagnent. Ces différents résultats sont systématiquement communiqués par le spécialiste en psychométrie[1] dont le rôle majeur consiste à vérifier la valeur scientifique des méthodes qui lui sont soumises. Si le professionnel des ressources humaines n'a pas la possibilité d'avoir accès à ce type de données[2], il y a de fortes chances pour que la méthode en question n'apporte pas la moindre garantie à son utilisateur.

Voyons quelles sont ces qualités.

Pour commencer, choisissons un exemple : imaginons que vous souhaitiez vérifier votre poids. Vous vous dirigez vers votre salle de bain, vous vous déshabillez et vous montez sur votre balance : celle-ci vous indique 75 Kg. Quelques temps plus tard, après avoir pris un bain, vous décidez, par curiosité, de vous peser de nouveau et vous constatez avec surprise que l'aiguille n'indique plus que 70 Kg.

Vous faites un rapide constat : vous étiez dans la même tenue dans les deux cas, vous n'avez fait aucun exercice particulier, une seule chose a varié : le moment où vous vous êtes pesé.

Jusqu'ici vous ne pourrez conclure qu'une seule chose : votre balance n'est pas **fidèle** ou plus précisément elle ne répond pas au critère de

---

1. L'objectif de la psychométrie est de mesurer des variables — ou des données — de nature psychologique.
2. Données inexistantes ou confidentielles.

fidélité quant à la mesure effectuée. Deux hypothèses explicatives s'offrent alors à vous : soit votre balance est déficiente, soit vous n'avez pas su l'utiliser correctement (tarage préalable non réalisé).

1. LA FIDÉLITÉ OU LA CONSTANCE DE LA MESURE

La fidélité est la première des qualités que doit posséder toute méthode d'évaluation. Elle constitue un préalable indispensable à toute recherche ultérieure et en particulier, de validité.

La fidélité, encore appelée « constance » ou « stabilité de la mesure », est une qualité fondamentale obtenue lorsqu'une procédure, appliquée deux fois aux mêmes sujets, avec un intervalle de temps entre les deux passations, donne des résultats pratiquement équivalents.

Cette qualité[3], dans son aspect pratique, est simple à comprendre : il ne viendrait à l'idée de personne d'utiliser un instrument ou une méthode dont les résultats seraient constamment fluctuants.

Il existe également une autre forme de fidélité qui concerne le degré d'accord entre plusieurs personnes. C'est ce qu'on appelle la fidélité inter-juges (ou inter-examinateurs).

Pour mesurer ce type de fidélité, on pourrait, par exemple, chercher à savoir quel est le degré d'accord entre plusieurs responsables d'une entreprise qui ont, chacun leur tour, procédé à un entretien de recrutement. Comment ont-ils jugé le candidat ? Existe t-il un accord ou un désaccord entre eux ? Si désaccord il y a, sur quoi porte t-il ? etc.

Ainsi lorsque deux comptes rendus d'entretien ou deux analyses graphologiques réalisées sur une même personne diffèrent entre elles, on peut légitimement conclure que ces méthodes ne sont pas fidèles, d'un point de vue scientifique, mais qu'elles restituent simplement l'avis personnel de ceux qui ont réalisé ces comptes rendus.

L'évaluation de la fidélité d'une méthode d'évaluation est réalisée grâce à la méthode statistique. Plusieurs techniques peuvent être utilisées mais la principale demeure, toutefois, celle de **la corrélation statistique**[4].

---

3. Une fidélité totale n'est jamais obtenue même si les critères de mesure sont extrêmement précis.
4. Précisons tout de même que cette technique s'applique mieux à certains outils comme les tests et beaucoup moins à d'autres méthodes comme l'entretien, par exemple.

Le coefficient de corrélation exprime la liaison plus ou moins grande entre les valeurs de 2 variables. Le coefficient de corrélation[5] s'exprime grâce à un indice qui varie de - 1 à + 1 (c'est-à-dire 100%) en passant par 0. Un coefficient de - 1 constitue une corrélation négative et signifie que les valeurs des deux variables sont strictement inversées[6]. Quant à la valeur + 1 elle traduit une liaison totale, cette corrélation positive signifie que l'intensité de la relation entre les deux variables est totale. La valeur 0 traduit tout simplement une absence totale de liaison ou une indépendance entre les variables.

Exemple de corrélation positive : quand un enfant grandit, il prend en même temps du poids. Les deux variables sont ici *la taille* et *le poids* et elles vont dans le même sens (toutes les deux augmentent). La valeur du coefficient de fidélité permettra d'indiquer l'intensité de la relation — ou de la liaison — entre ces deux variables.

Exemple de corrélation négative : si on démontre qu'en France, lorsque la température extérieure s'élève — imaginons que nous soyons en été — le degré d'humidité diminue, on a bien affaire à une corrélation négative. En effet, quand le niveau de la première variable (la température) augmente, il s'accompagne systématiquement de la baisse du niveau de la seconde (humidité).

Généralement on considère que la fidélité d'une méthode d'évaluation est tout à fait acceptable à partir d'un coefficient de fidélité de .70 (en statistique cette valeur se lit : point 70, c'est-à-dire 70% ou 0,70).

Il existe **trois méthodes** pour mesurer la fidélité d'une procédure. Chacune d'entre elles présente à la fois des avantages et des inconvénients. Bien souvent, en effet, il existe des facteurs difficiles à maîtriser qui peuvent avoir une influence sur la précision de la mesure. Aussi est-il beaucoup plus prudent d'utiliser conjointement ces trois méthodes pour réduire le risque d'erreur. La première d'entre elles concerne la stabilité de la mesure (« **méthode du Test-Retest** »), la seconde l'appréciation de l'homogénéité de l'épreuve (**méthode du partage ou « split-half** »). Enfin, la dernière s'intéresse à la comparaison de deux méthodes équivalentes (« **formes parallèles** ».)

---

5. Pour les spécialistes : il s'agit du coefficient de corrélation de Bravais-Pearson.
6. Quand le niveau d'une variable augmente, le niveau de l'autre baisse systématiquement.

A - L'appréciation de la stabilité de l'outil par la méthode du « Test-Retest »

Cette technique consiste à faire passer un même outil, un test par exemple, à un même groupe de sujets à deux moments différents.

Pour que les résultats puissent être comparables entre eux, il faut veiller aux conditions de passation : elles devront être les plus proches possible l'une de l'autre (au temps T 1 et au temps T 2). Des conditions de passation différentes entraîneraient un phénomène de biais[7] : dans ce cas, l'obtention de résultats différents (entre T 1 et T 2) ne serait pas due au manque de fidélité de l'outil mais à des paramètres extérieurs à celui-ci qui sont venus fausser la mesure.

Si les caractéristiques de l'échantillon de sujets ne sont plus les mêmes entre la première et la deuxième passation — on peut imaginer par exemple, qu'il y ait plus d'hommes que de femmes lors de la seconde passation — il est fort probable que l'on obtiendra des résultats différents. Ce n'est plus le test qui est en question mais la composition de l'échantillon.

Le « coefficient de corrélation » encore appelé « coefficient de constance » indiquera la stabilité de la mesure dans le temps. Tous les tests ou toutes les méthodes réputées « sérieuses »[8] précisent **toujours** dans leur descriptif, non seulement la technique de fidélité utilisée mais aussi la valeur du coefficient obtenu.

Ainsi, si nous consultons, par exemple, le questionnaire d'Allport, Vernon, Lindzey[9] « Échelle pour l'étude des valeurs », nous constatons que la méthode utilisée pour mesurer la fidélité est celle du Test-Retest et que la valeur obtenue est de **.89**. Cette valeur indique que la relation entre les résultats obtenus à deux moments différents — par le même groupe de sujets — est très forte (89 % de relation entre les deux passations). On peut considérer que la fidélité est excellente à partir de **.80**.

En théorie, cette technique est relativement facile à mettre en œuvre, mais à un niveau pratique, elle se heurte à un certain nombre de difficultés, notamment, celle de savoir si, entre les deux passations, il est possible de retrouver des conditions similaires.

---

7. Le biais est un facteur non maîtrisé qui influence une mesure et qui par conséquent fausse les résultats.

8. Nous faisons référence à toutes les techniques qui ont été mises à l'épreuve par les services de recherche (des maisons d'édition, des laboratoires...) et dont la valeur a été reconnue par la communauté des chercheurs. La publication du résultat de ces recherches dans des revues scientifiques constitue une véritable garantie.

9. Il s'agit des 3 concepteurs du questionnaire.

24

En admettant que tous les sujets soient présents pour la seconde passation, il est probable que quelques-uns puissent se souvenir de certaines questions et de leurs réponses : c'est **l'effet d'apprentissage**[10]. Il est également fort possible que la motivation des sujets soit absolument différente lors de la seconde passation, soit dans un sens soit dans l'autre. Une meilleure motivation ou un désir ce jour-là de se surpasser et les résultats obtenus seront meilleurs. Une lassitude, un désintérêt, de la fatigue ou tout simplement un manque de concentration et les résultats obligatoirement en pâtiront.

Ces quelques facteurs pourront avoir une influence sur **la valeur du coefficient** qui pourra par conséquent être faussé. Ainsi, un faible coefficient de constance pourra traduire, dans ce type de situation, non pas un manque de fidélité de la procédure elle-même mais tout simplement l'existence entre les deux passations de variations intra-individuelles.[11]

B - L'appréciation de l'homogénéité d'une épreuve par la méthode du partage ou « split-half »

Cette technique consiste à partager un test en deux, chaque partie devant comporter un nombre égal de questions. En général les questions paires forment une partie et les questions impaires l'autre partie. Le test, dans sa totalité, est ensuite proposé à un groupe de sujets et ce n'est qu'à la correction que l'on distinguera ces deux parties.

Les correcteurs distingueront donc pour chaque sujet qui aura passé l'épreuve deux notes : l'une correspondra à la partie paire, l'autre à la partie impaire. Il ne restera plus qu'à calculer l'importance de la relation — grâce au calcul de la corrélation— entre les deux groupes de notes ainsi constitués. La fidélité de l'ensemble du test sera, par conséquent, réalisé à partir du calcul du coefficient de corrélation — ou d'homogénéité — obtenu entre les deux parties (paire et impaire) de l'épreuve.

La valeur du coefficient de corrélation[12] utilisé dans cette méthode pour estimer la valeur d'un test doit également être supérieure à **.70** (70%). Il est toutefois préférable qu'il se situe entre **.80** et **.90** (80 et 90 %).

---

10. Le choix de l'intervalle de temps entre les deux passations est fondamental car il pourra influer sur la fidélité de l'épreuve, dans un sens favorable si l'intervalle est court et dans un sens défavorable si celui-ci est trop éloigné. Certaines capacités peuvent en effet s'être modifiées ou même avoir disparu.

11. C'est-à-dire de variations qui concerneront le sujet lui-même.

12. Il s'agit du coefficient de corrélation de Spearman-Brown.

D'autre part si cette technique mesure la relation entre les deux parties d'un même test, elle permet également de vérifier la cohérence interne de l'outil.

C - La comparaison de deux méthodes équivalentes (formes parallèles)

Dans cette technique, la fidélité est la mesure de deux formes considérées comme équivalentes entre elles, ou en d'autres termes, qui se « ressemblent entre elles » (ou qui évaluent la même dimension).

Le « coefficient d'équivalence » ainsi calculé à partir d'un groupe de sujets ayant passé deux épreuves différentes mais équivalentes doit être au minimum de .70, voire de .80 ou de .90.

On peut citer par exemple, comme formes parallèles, deux tests encore très utilisés dans les procédures de recrutement et d'évaluation : il s'agit du D 48 et du D 70[14]. Chacune de ces formes mesure « l'intelligence générale » ou le « fonctionnement cognitif » des sujets qui le passent. Leur dénomination est plus connue sous le nom de « test des dominos ».

À un niveau pratique, les formes parallèles présentent des avantages non négligeables. En effet, il est fort possible qu'un candidat ait pu passer plusieurs fois déjà le test auquel il est soumis et qu'il « oublie » de le préciser. Dans ce cas, l'utilisation d'une forme parallèle peut être utile pour la détection de la simulation chez ce type de sujet.

Pourtant, pour reprendre l'exemple précédent, si un candidat passe à quelques jours d'intervalle le D48 et le D70, il serait légitime de penser à un possible effet d'apprentissage. Les études réalisées indiquent toutefois que le D70 étant légèrement plus difficile que le D48, « l'effet d'apprentissage (sur une semaine) compense exactement cette différence de difficulté »[15].

La connaissance exacte de la valeur du coefficient de fidélité de l'outil auquel on s'intéresse est une **première garantie** pour l'utilisateur. **Et ce, même si la fidélité n'implique pas obligatoirement la validité.** Une méthode peut être fidèle et n'avoir aucune pertinence quant à ses fondements.

---

13. Les formes concernent les méthodes d'évaluation : il peut s'agir de tests, par exemple.
14. Tests des Dominos réalisés en 1948 avec une seconde version en 1970. Il s'agit de tests où l'on doit découvrir, à partir d'une série de dominos, les caractéristiques de celui qui manque. Nous aurons l'occasion d'y faire de nouveau référence dans le chapitre consacré aux tests.
15. Citation extraite du catalogue des ECPA : Éditions du Centre de Psychologie Appliquée, l'une des trois sociétés d'édition françaises qui délivre les tests.

26

2. LA SENSIBILITÉ OU FINESSE DISCRIMINATIVE[16]

La sensibilité d'une méthode d'évaluation est une qualité également indispensable qui va permettre de classer les sujets de façon discriminante. **En d'autres termes, la méthode utilisée devra permettre d'opérer une véritable distinction des sujets entre eux.**

Cette notion de « sensibilité » concerne non seulement des données quantitatives — les résultats chiffrés de tests — mais aussi qualitatives comme celles obtenues, par exemple, à partir d'un guide d'entretien.

Quelle serait en effet la « valeur ajoutée » d'une méthode d'évaluation que tout le monde serait capable de réussir ? Inversement, quel serait l'avantage concret d'une méthode où tout le monde échouerait ? La sensibilité d'un outil ou d'une méthode est indissociable des caractéristiques de la population en question. C'est ici que se pose la question de l'étalonnage que nous aborderons ultérieurement.

Dans le cadre de la construction d'un test — et de sa mise à l'épreuve — si on constate qu'une majorité de sujets obtient des notes faibles, il existe de fortes probabilités pour que cet outil soit très peu sensible et ne permette pas d'établir une véritable distinction des sujets entre eux. Cela pourra conduire les concepteurs à considérer l'épreuve comme trop difficile et, par conséquent, comme inadaptée à la population en question.

Dans le cas inverse où une majorité de candidats réussit à une épreuve, on pourra considérer que la procédure utilisée n'est pas suffisamment sensible. Elle demeurera, par conséquent, tout aussi inadaptée à la population en question.

La position à respecter est, par conséquent, fort simple. Il est indispensable que la procédure utilisée ne soit ni trop difficile, ni trop facile et surtout, qu'elle soit adaptée à la population en question. Au niveau de son utilisation pratique, un outil peut en effet perdre de sa finesse si on le soumet à une population qui ne correspond pas aux caractéristiques de celle qui a servi à sa construction.

Si une méthode destinée à évaluer des connaissances techniques en aéronautique a été élaborée sur une population d'ingénieurs, il est fort probable que si on la soumet à une population d'ouvriers, on obtienne une majorité de notes plus faibles. Inadaptée à la population, elle perdra ainsi toute finesse discriminative.

---

16. Il est utile également de préciser les liens étroits entre la fidélité et la finesse discriminative, ainsi un outil ou une méthode non fidèles ne pourront être sensibles et une trop grande sensibilité peut avoir des effets pervers sur la fidélité même.

3. UNE QUALITÉ ESSENTIELLE : LA VALIDITÉ

Quand la fidélité d'une méthode a été établie, il est indispensable de vérifier sa validité. Ce qui signifie qu'il est inutile de vérifier cette qualité si l'outil n'est déjà pas fidèle. D'autre part, comme nous avons pu le souligner précédemment, **ce n'est pas parce qu'une procédure est fidèle qu'elle est obligatoirement valide. Pour aller plus loin : un degré d'accord élevé entre plusieurs « spécialistes » d'un même domaine ne signifie nullement que le contenu de ce qu'ils prétendent — et de la méthode qu'ils utilisent — soit pertinent.**

Si, par exemple, plusieurs graphologues sont d'accord sur « le profil de personnalité » d'un même sujet, — nous verrons que c'est loin d'être le cas — cela ne signifie nullement que les traits de personnalité ainsi déterminés correspondent effectivement dans la réalité, à ceux du sujet.

Si plusieurs interviewers — dans le cadre d'un entretien de recrutement — sont d'accord sur la possibilité de réussite d'un candidat dans un poste, cela ne signifie nullement qu'ils aient raison.

En fait toutes les études de validité ont pour objectif de vérifier le bien fondé de l'hypothèse à l'origine de la construction de la méthode.

Si plusieurs associations de psychologues[17] proposent différents types de validité, certains auteurs font valoir en fait que la distinction qui est faite entre elles est purement artificielle et que « toutes les manières de démontrer la validité d'une technique d'évaluation reviennent à développer sa validité de contenu. »[18]. Nous commencerons donc par définir ce type de validité avant de traiter les suivants.

A. La validité de contenu ou la question de la représentativité du domaine évalué

Ce type de validité pose la question de savoir si le contenu de la méthode d'évaluation est bien représentatif du contenu du domaine que cette méthode est censée mesurer.

En fait, la problématique sous-jacente est la qualité de l'échantillonnage du domaine à évaluer : peut-on considérer le contenu de la méthode — il peut s'agir, par exemple, des items d'un questionnaire — comme un échantillon représentatif de la totalité du domaine en question ?

---

17. Comme l'APA (American Psychological Association) et la SFP (Société Française de Psychologie)
18. Levy-Leboyer, 1990.

Un exemple concret et simple : l'élaboration d'un questionnaire dans le cadre de l'évaluation scolaire.

Pour illustrer cette notion de validité de contenu, choisissons le cas d'une discipline enseignée dans un cadre scolaire. Si nous souhaitons vérifier les connaissances que possèdent les élèves, nous pouvons élaborer un « questionnaire de connaissances ». Quelles en seraient les différentes étapes ?

a) Dans un premier temps, il serait indispensable de réaliser une étude approfondie des connaissances que doivent acquérir les élèves dans telle discipline. Ainsi pourra-t-on aborder en détail le programme officiel ou étudier le programme réellement suivi par les élèves pour vérifier s'il y a adéquation entre le programme théorique (officiel) et le programme effectivement étudié.

b) Ce n'est qu'après cette étude qu'un ensemble de questions couvrant la totalité de la discipline sera élaboré.

c) Cet échantillon de questions devra être ensuite soumis à un collège d'experts (des professeurs de la discipline) qui statueront sur la légitimité et la représentativité des questions posées (choix des items).

Le domaine de l'évaluation scolaire se prête assez facilement à une analyse de contenu. Une telle analyse est beaucoup plus complexe dans le domaine professionnel car elle ne concerne pas seulement les connaissances mais aussi les tâches et, en particulier, les aptitudes nécessaires à leur accomplissement.

La validité de contenu des outils utilisés dans le domaine professionnel.

Dans le domaine professionnel, la connaissance que l'on peut avoir des spécificités d'un poste ou d'une fonction précise, est certes une donnée importante mais non suffisante. En effet, le degré d'accord entre plusieurs personnes quand il s'agit de décrire un poste — en termes de tâches à réaliser et d'aptitudes pour les remplir — est toujours susceptible de varier. Ainsi trouve-t-on souvent des jugements ou des appréciations qui semblent beaucoup plus relever d'une analyse personnelle du poste que d'une analyse objective.

Une telle perspective va à l'encontre de la validité de contenu car seule une « analyse du travail » approfondie est en mesure d'identifier tous les paramètres indispensables pour réussir dans un poste[19].

---

19. L'analyse du travail (*job analysis*) permet de faire le lien entre la description du poste (analyse orientée vers la tâche) et les aptitudes et caractéristiques du sujet indispensables pour réussir dans son poste (analyse orientée vers le collaborateur).

Ce n'est qu'à partir des résultats obtenus dans le cadre de cette analyse qu'il sera possible d'élaborer, avec un maximum de garantie, la méthode d'évaluation que l'on aura choisie. Seuls les experts du domaine pourront être en mesure de juger ultérieurement de la pertinence de cette méthode.

La validité de contenu sera en étroite relation avec la validité prédictive (que nous définirons un peu plus loin).

Dans l'exemple précédent, il était relativement facile d'extraire un échantillonnage représentatif de la discipline. Dans le domaine professionnel, il est beaucoup plus délicat de cerner toutes les dimensions qui doivent (ou devraient) intervenir dans la réussite d'un candidat dans son poste.

Certes, si des connaissances professionnelles ou des compétences techniques sont indispensables dans un poste donné (ex. : connaissance d'une langue étrangère ou de certains langages informatiques), elles sont en général relativement faciles à identifier, et par conséquent, à évaluer. En revanche, quand il s'agit d'appréhender des aptitudes et des caractéristiques humaines et, en particulier, des concepts de nature « psychologique », de nombreuses divergences apparaissent. Elles concernent notamment **le sens des termes utilisés.** Quand on fait référence aux « traits de personnalité », aux « mécanismes cognitifs » ou à « l'intelligence », on découvre très rapidement que le sens accordé à ces mots varie en fonction du professionnel qui en parle. Ainsi, il n'est pas certain qu'un psychologue utilise les mots « aptitudes » et « compétences » dans le même sens qu'un responsable des ressources humaines. Il n'est pas sûr que les termes de « forte personnalité » ou de « candidat à fort potentiel » soient interprétés de la même façon par chacun. Beaucoup de responsables au sein de l'entreprise ont tendance à utiliser une terminologie beaucoup plus commune d'où la nécessité de bien définir les notions que l'on utilise (que signifie : l'aptitude à savoir diriger du personnel ?). D'autre part, il arrive fréquemment que plusieurs responsables au sein de la même entreprise n'accordent pas le même niveau d'importance ou n'ont pas la même perception à propos de telle ou telle caractéristique que devrait posséder le candidat[20]. Ce désaccord entre les différents «experts» de l'entreprise ne favorisera pas la pertinence recherchée lors de la construction de la méthode en question (exemples : un questionnaire, un guide d'entretien, etc.) D'autre part, si plusieurs experts sont d'accord sur le contenu de la technique, les items d'un test par exemple, il ne faudra pas oublier :

---

20. Ainsi pour un même poste de commercial, on peut très bien vouloir rechercher un candidat extraverti avec l'esprit d'analyse ou au contraire introverti avec l'esprit de synthèse.

– que l'accord entre ces experts ne signifie pas pour autant qu'ils aient raison. La validité de contenu constitue une étape fondamentale mais non décisive.

– que certaines caractéristiques personnelles du sujet peuvent être en relation étroite avec des variables que l'outil élaboré ignore. Il peut s'agir par exemple de variables comme les caractéristiques de l'environnement professionnel, que l'outil ne prend pas en compte.

Il est fréquent, par exemple, que des chefs d'entreprise recherchent des collaborateurs « motivés ». Dans la majorité des cas cette motivation est considérée comme une caractéristique de personnalité **stable** qui conditionnera la réussite du candidat dans le poste. Or, tous les candidats sont motivés quand ils postulent à un emploi. En revanche cette motivation n'est-elle pas susceptible de varier en fonction de l'environnement dans lequel évoluera le sujet ? La pérennité de cette motivation ne dépend-elle pas étroitement des caractéristiques de l'environnement ? Si celui-ci est défavorable — ou perçu comme tel par le candidat — cette motivation n'aura-t-elle pas tendance à s'éteindre ?

Procédure de recrutement et validité de contenu. Dans le cadre de procédure de recrutement, sont parfois utilisés des questionnaires dont le contenu ne relève absolument pas du poste à pourvoir[21]. Nous verrons que non seulement ces questions sont inutiles mais qu'elles violent également la législation actuelle.

B. La validité de construction : la méthode mesure-t-elle ce qu'elle est censée mesurer ?

Cette validité, encore appelée « de structure » va légitimer la valeur même de l'outil. Elle va vérifier que l'outil élaboré mesure réellement le phénomène qu'il est supposé mesurer.

Notons bien que de nombreux tests ont été élaborés pour mesurer **des dimensions qui n'ont aucune réalité concrète.** L'intelligence, par exemple, ne constitue pas une « réalité en soi », elle est un concept qui n'a aucune existence physique et qui fait partie d'une théorie. L'intelligence est une dimension hypothétique — un « construct » — que les tests vont chercher à mesurer. On va donc chercher à valider ces construits, tout en sachant qu'une telle validation sera progressive et jamais définitive. Dans la pratique, en effet, la validité de construction d'une méthode d'évaluation va s'élaborer graduellement au fur et à mesure que l'on obtiendra des informations qui confirmeront sa valeur.

---

21. Cf. le chapitre consacré à la législation du recrutement et la place du droit en France.

Cette validité est centrale en particulier pour toutes les techniques d'évaluation destinées à évaluer des notions ayant trait à la personnalité et aussi subjectives que la sociabilité, l'impulsivité ou l'introversion par exemple. D'autre part cette dimension que l'outil mesure (l'intelligence, par exemple) présuppose qu'elle repose obligatoirement sur une définition théorique — qu'est-ce que l'intelligence ? — car comment pourrait-on mesurer un concept si au préalable il n'a pas été concrètement et clairement défini. Ce que l'on recherche exclusivement, en effet, c'est un accord entre ce que l'outil mesure et les hypothèses qui ont servi à son élaboration. Comme d'ailleurs le précise, fort justement, une psychologue du travail[22], « lorsqu'on mesure la validité de construction, on valide à la fois le test, le concept qu'il mesure et la théorie de ce concept ».

Un exemple : si nous décidons de réaliser un test destiné à évaluer « les aptitudes à la vente », l'étude que nous allons effectuer sur la validité de construction de cet outil, va consister à vérifier si celui-ci mesure bien « les aptitudes à la vente ». Pour cela nous pouvons, par exemple, vérifier si les résultats obtenus à ce test corrèlent avec ceux obtenus à un autre test censé mesurer cette dimension. Nous pouvons également tenter de vérifier si ces résultats corrèlent avec des situations réelles dans lesquelles il a été prouvé que cette dimension est également importante.

Il existe plusieurs méthodes pour mesurer la validité de construction. Nous nous contenterons d'en présenter rapidement quelques-unes afin d'en exposer les principes.

La validation hypothético-déductive : si l'utilisation d'un outil ou d'une méthode est destinée à éprouver une hypothèse bien précise, il sera indispensable « que des conséquences observables puissent être déduites de cette hypothèse et soumises à vérification empirique »[23].

La validité divergente ou discriminante consiste à mettre en œuvre une méthode contrôlant l'existence d'une faible (ou une absence de) corrélation entre deux outils dont il a été posé que ceux-ci mesurent par hypothèse des traits ou des caractéristiques différentes.

La validité convergente consiste à vérifier si l'on obtient une corrélation élevée entre deux outils qui sont supposés vérifier la même caractéristique.

---

22. Levy-Leboyer, 1990.
23. Cette mise à l'épreuve empirique « fait partie du processus de la validation déductive du construit ». BEECH et al., 1994.

Ainsi, si le test qui vient d'être élaboré est destiné à mesurer la mémoire, l'étude de la validité de construction va consister à calculer la corrélation entre les résultats obtenus par cette méthode avec ceux d'une autre méthode dont il a été prouvé qu'elle mesure effectivement la mémoire.

L'analyse factorielle est une méthode statistique performante dont la mise en œuvre reste, toutefois, difficile. Cette technique permet de tenir compte, en même temps, de plusieurs corrélations obtenues à différentes épreuves. Son principe repose sur une **extraction de facteurs** d'un ensemble de variables présentant des corrélations entre elles non négligeables. Pour être plus concret, cette méthode permet d'aboutir — à partir d'un nombre important de facteurs — à un nombre de facteurs beaucoup plus limités mais essentiels.

Ainsi si l'on s'intéresse à une population de sujets qui a passé un test d'intelligence (ou de personnalité, etc.), on va constater qu'une majorité d'entre eux a tendance à répondre de la même façon à plusieurs items de ce test. On va donc considérer que tous les items concernés sont placés sous la dépendance « d'un facteur ». C'est ainsi que le psychologue E. Spearman — créateur de l'analyse factorielle — réussit à mettre en évidence, parmi une pluralité de variables, une aptitude mentale générale qu'il appela « facteur g », susceptible d'intervenir dans toutes les tâches nécessitant une activité mentale.

Distinction entre validité de construction et validité prédictive

La validité de construction s'intéresse à la connaissance exacte de ce que l'outil ou la méthode mesurent effectivement. On s'attache ici uniquement à la théorie et aux hypothèses qui ont servi à la construction de l'outil. Le principal souci est de vérifier si le trait sous-jacent est véritablement mesuré par le test ou, en d'autres termes, si « **le test mesure bien ce qu'il est censé mesurer** ».

La validité prédictive s'intéresse aux liens existant entre cet outil (le prédicteur) et un élément significatif de la réussite professionnelle (le critère). Ici on s'intéresse à la possibilité de réaliser un pronostic fiable des comportements en situation professionnelle réelle, à partir des résultats obtenus grâce au prédicteur (test, entretien, etc.)[24].

S'il existe une forte corrélation entre les résultats obtenus à partir de la méthode et ceux obtenus dans la tâche pronostiquée comme réussie,

---

24. Nous verrons, par ailleurs, qu'une méthode d'évaluation n'a pas de validité prédictive dans l'absolu. Ainsi, elle peut très bien avoir une bonne validité pour un poste (ou pour un critère donné) et faible pour un autre.

alors on peut inférer que la dimension mesurée est la même. En d'autres termes, ce qui nous intéresse, ce n'est pas seulement la connaissance exacte de la dimension que nous mesurons (validité de construction) mais la validité de la relation existant entre cette dimension mesurée et la réussite pronostiquée dans telle tâche (validité prédictive).

En fait, cette distinction est délicate à faire car ces deux types de validité sont intimement liés. En effet, si la validité de contenu d'un test permet d'avoir une base théorique pour identifier certains comportements en situation réelle, la corrélation entre ce test et des critères professionnels (validité prédictive) permettra d'affiner le contenu de ce que mesure réellement le test.

Si, par exemple, nous avons conçu un outil dont la validité de contenu nous a prouvé qu'il mesure effectivement « l'aptitude à la vente », ce qui est intéressant ce n'est pas tant la base théorique de cette dimension, mais la possibilité de pouvoir prédire, à partir de cet outil, la réussite professionnelle future du sujet.

D'autre part, la mise à l'épreuve d'un test permet, non seulement de savoir ce qu'il évalue mais également de prédire le comportement d'un sujet dans telle situation professionnelle. On établit, en quelque sorte, une inférence à partir de la dimension.

Les « tests d'aptitude générale » ou de « fonctionnement cognitif», selon **la théorie,** mesurent une « intelligence » qui intervient dans toutes les tâches qui nécessitent une activité mentale (**validité de construction**). Ils permettent également de prédire la réussite professionnelle[25] future (**validité prédictive**).

Connaître de la façon la plus exacte possible, ce que tel outil mesure, implique au préalable une analyse précise du travail aussi bien au niveau des tâches rationnelles exécutées que des mécanismes et processus cognitifs utilisés dans ces tâches. C'est à partir de cette analyse que l'on confirmera ou non la pertinence de la mesure de l'outil que l'on utilise.

Cette notion de validité de construction est fondamentale. Pourtant dans la réalité, on peut s'étonner de l'absence de données, sur la validité de construction, de certains questionnaires pourtant utilisés à grande échelle dans le domaine des ressources humaines (et que nous avons eu déjà l'occasion de citer).

---

25. Nous étudierons en détail ces tests dans la partie consacrée à la validité des méthodes d'évaluation.

C. La validité pronostique : prévoir la réussite ou l'échec d'un candidat

L'objectif, dans une procédure d'évaluation, est de soumettre le candidat à une série d'épreuves qui puissent le décrire par rapport à un poste ou une fonction donnée.

L'objectif est de pouvoir inférer, à partir des résultats obtenus lors d'une ou de plusieurs épreuves, un avis le plus objectif possible sur la probabilité d'échec ou de réussite du candidat à un poste donné.

Ce type de validité va donc s'intéresser à la relation existant entre deux types de résultats :

– ceux obtenus grâce à la méthode d'évaluation. Nous l'appellerons « **prédicteur** ». Ainsi toutes les méthodes d'évaluation peuvent être considérées comme des prédicteurs de la performance professionnelle. La seule question qui se pose est de savoir si ce sont de « bons » ou de « mauvais » prédicteurs. Ainsi l'entretien, les tests, les « données biographiques » sont des prédicteurs. Mais l'astrologie, la morphopsychologie ou la graphologie en sont également ;

- ceux obtenus à partir d'une caractéristique évaluable qui signe la réussite d'un sujet dans son poste. Nous l'appellerons « **Critère** »[26]. **Ils sont très nombreux et très variables**. Ainsi la « promotion ou la progression de carrière », le « nombre de produits vendus » sont des critères. Il en existe beaucoup d'autres : « l'évaluation par les pairs » ou les « supérieurs », le « turn over », etc.

C'est donc à partir de l'intensité de la relation entre le critère et le prédicteur que l'on pourra être en mesure d'affirmer que l'outil permet de prévoir la réussite ou l'échec du candidat dans son poste. Auquel cas, on pourra dire que l'outil (un test, par exemple) possède une bonne validité pronostique (ou de critère).

Les trois caractéristiques du coefficient de validité

L'intensité de la liaison — ou l'importance de la relation — « prédicteur-critère » repose sur un calcul de corrélation, notion à laquelle nous avons déjà fait référence. Cette corrélation permettra d'obtenir un « coefficient de validité » qui se caractérisera par :

– **son intensité** qui pourra varier de **0** (absence totale de relation) à **1** (100%) (corrélation parfaite) ;

---

26. Si le lecteur désire approfondir la question, il pourra consulter l'annexe 1 à la fin de ce chapitre.

– **son sens** ; si le prédicteur et le critère varient dans le même sens, on obtiendra une corrélation positive. Dans un sens contraire, la corrélation sera négative ;

– **sa significativité** ; une corrélation devra toujours être **significative**, c'est-à-dire, elle devra toujours s'expliquer par autre chose que le hasard. Pour pouvoir affirmer qu'une corrélation est significative, il sera indispensable de consulter des « tableaux » qui nous permettront de l'affirmer après avoir choisi un « seuil de signification »[27].

Toutes les corrélations qui seront données dans cet ouvrage seront, bien entendu, significatives.

D'autre part, pour que le lecteur puisse être à même de juger de l'importance d'une corrélation, il lui est utile de savoir que l'on peut considérer la corrélation « prédicteur-critère » comme :

- **Médiocre quand le coefficient de validité se situe entre .00 et .25 (25%)**
- **Moyenne quand il se situe entre .25 et .40. (25 % et 40 %)**
- **Forte entre .40 et .49.(40 % et 49 %)**
- **Excellente quand le coefficient est supérieur à .50.(50 %)**

Cette notion de validité est en étroite relation avec l'effectif[28]. On peut ainsi avoir une corrélation élevée non significative (si l'échantillon testé est très faible) et une corrélation plus faible et pourtant significative, si l'échantillon est très important.

D'autre part, en fonction de l'effectif un coefficient de corrélation pourra être significatif à un seuil et non significatif à un autre : si la corrélation obtenue entre un test et un critère est, par exemple, de **.20** (médiocre) sur un échantillon de 100 personnes. Le coefficient de validité sera significatif à $p < .05$ (c'est-à-dire à 5% ou 0,05) et non significatif à $p < .01$ (c'est-à-dire à 1% ou 0,01).

Cette notion de validité « prédicteur-critère » est fondamentale, quel que soit l'outil ou la méthode utilisée.

---

27. Par commodité, on choisit, en général un seuil de signification de 0,05 (ou .05, ou 5%) ou 0,01, bien que l'on puisse choisir d'autres valeurs. Concrètement, ce choix signifie que lorsqu'une corrélation est significative à 0,05, on admet qu'elle puisse être due au hasard dans 5% des cas. Par conséquent, on est certain d'avoir raison à 95%. Si on choisit un seuil de signification de 0,01, on a une chance sur 100 de se tromper et 99% d'avoir raison. Quand la corrélation est significative, on indique un « s » suivi du seuil choisi (« p< .05 » ou « p< .01).
28. Le nombre de personnes qui constituent une population.

Elle signifie, en effet, qu'un prédicteur pourra être parfaitement valide pour une situation ou un critère donné et ne plus l'être pour une autre situation ou un autre critère.

D'autre part, la validité d'un outil dépendra étroitement de la qualité du critère choisi (il doit être fidèle et valide).

Cette mesure de la validité prédicteur-critère peut se faire au même moment (**Méthode concourante ou concurrente**) ou en tenant compte d'un intervalle de temps (**Méthode prédictive**).

La notion de critère : avant d'aborder ces deux méthodes, revenons un court instant sur la notion de critère. Nous venons de voir que le critère pouvait être défini comme une caractéristique significative qui rendait compte de la réussite, ou de l'échec d'un sujet dans son poste. Pour pouvoir le définir de façon opérationnelle, c'est-à-dire mesurable, il est indispensable de réaliser une analyse de travail.

D'autre part, un « bon critère » doit présenter certaines caractéristiques, tout comme le prédicteur : « Il faut qu'il soit fidèle, aisé à obtenir pratiquement, et que sa signification repose sur une analyse du travail et de la performance »[29].

Il existe de multiples critères comme tous ceux qui concernent la « productivité » (nombre de produits vendus ou fabriqués par mois, etc.), la « promotion ou la progression de carrière », « le turn-over », « l'évaluation par les pairs », « l'évaluation par les supérieurs », etc. Bien entendu, chacun d'entre eux est à appréhender avec beaucoup de soin car, dans la pratique, un « bon critère », est toujours délicat à identifier, même s'il semble « objectif » à première vue.

Ainsi le critère « promotion » (ou progression de son statut au sein de l'entreprise) repose sur un postulat qui voudrait que les salariés considérés comme étant les plus performants, puissent bénéficier de promotion beaucoup plus rapidement que les autres. Ce critère semble intéressant mais occulte les réalités internes de certaines entreprises. Tout dépend, en effet de la politique interne de celle-ci, de sa culture, de son idéologie, etc. On peut être ainsi excellent dans sa fonction et ne pas changer de statut (notamment dans les petites entreprises où les possibilités de promotion sont limitées).

---

29. LEVY-LEBOYER, 1990.

Pour résumer, le plus important pour un outil d'évaluation est de chercher à évaluer sa validité dans sa capacité à pronostiquer la réussite ou l'échec d'un candidat dans un poste donné.

Deux méthodes permettent de mesurer la relation entre le prédicteur et le critère :

1. La validité concourante

Cette méthode va consister à mesurer la relation entre le prédicteur et le critère **au même moment.**

Exemple : si on fait passer un test (prédicteur) à une population de sujets (échantillon) et que l'on effectue un calcul de corrélation entre les résultats obtenus à ce test et ceux obtenus grâce au critère, on obtiendra un **coefficient de validité concourante.**

Le principe est le suivant :

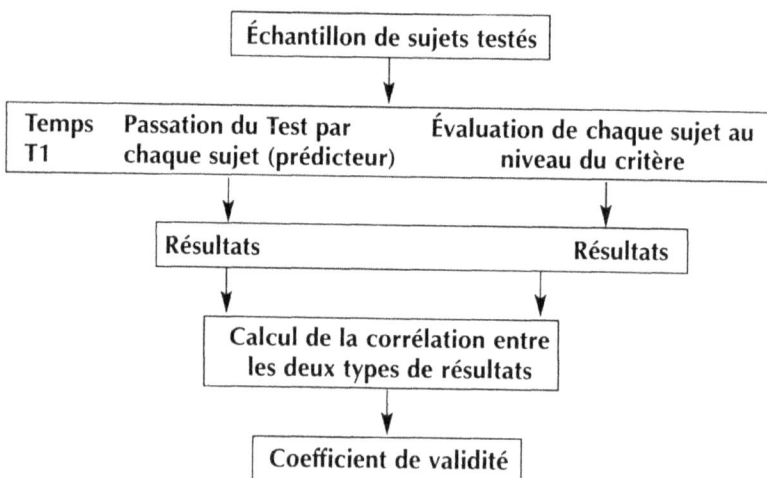

```
              ┌─────────────────────────────┐
              │  Échantillon de sujets testés │
              └─────────────────────────────┘
                            │
                            ▼
Temps   Passation du Test par      Évaluation de chaque sujet au
T1      chaque sujet (prédicteur)         niveau du critère
              │                               │
              ▼                               ▼
        ┌───────────┐                   ┌───────────┐
        │ Résultats │                   │ Résultats │
        └───────────┘                   └───────────┘
              │                               │
              ▼                               ▼
        ┌─────────────────────────────────────┐
        │  Calcul de la corrélation entre      │
        │    les deux types de résultats       │
        └─────────────────────────────────────┘
                            │
                            ▼
              ┌─────────────────────────┐
              │  Coefficient de validité │
              └─────────────────────────┘
```

Admettons que l'on fasse passer un test d'intelligence à des étudiants en fin d'études et que l'on effectue, au même moment un calcul de corrélation avec le critère : « Moyenne des notes obtenues ». Si le coefficient de validité obtenu, pour l'ensemble de la population est de **.49** (par exemple), on pourra légitimement penser qu'il existe de fortes probabilités pour que ce test puisse être un bon prédicteur du critère choisi.

Si un sujet passe ultérieurement ce test, les résultats obtenus permettront de prédire, dans une certaine mesure, la note moyenne que le sujet pourra obtenir en fin d'études.

38

L'objectif de cette méthode est, par conséquent d'étudier si le test (ou toute autre méthode) est capable d'être un bon prédicteur des performances du sujet dans son poste.

Les avantages de ce type de validité. Son avantage majeur est le gain de temps ; la mesure au niveau du prédicteur et du critère est réalisée au même moment sur une population déjà en place. On découvre immédiatement si la méthode est valide ou non.

Cette méthode contribue également à identifier ce que mesure effectivement le test. Dans cette perspective, la validité concourante participe à la validité de construction.

Les inconvénients. À un niveau pratique, cette façon de procéder est souvent le seul moyen de valider un outil. On peut supposer, à juste titre, que le degré de liaison pouvant exister entre les deux séries de mesures est probablement biaisé, pour plusieurs raisons :

– les sujets testés sont déjà en poste ;
– la question de la représentativité de la population testée ;
– la question de l'expérience antérieure ;
– la stabilité des évaluations dans le temps : la question des préjugés ;
– la motivation (ou l'absence de motivation) pour passer les épreuves.

Étudions chacun de ces paramètres.

a) La population qui est soumise au test est déjà en poste. Cela signifie qu'il est fort probable que toutes les personnes que l'on a testées soient tout à fait compétentes dans leur fonction. Dans cet échantillon, on ne trouvera, ni les personnes qui ont été évincées — pour inaptitude par exemple — ni celles qui ont échoué lors de la procédure de recrutement, ni celles, éventuellement, qui ont pu changer de poste dans le cadre d'une promotion interne.

b) La population testée peut très bien ne pas être représentative de ce qu'est véritablement «la réussite professionnelle» de ses collaborateurs. En effet, l'évaluation de la performance d'un sujet dans son poste peut être jugée de façon très subjective et très aléatoire. Dans certaines entreprises — les plus importantes et les plus hiérarchisées — les collaborateurs qui réussissent dans leur fonction ne sont pas obligatoirement les plus compétents.

Très souvent, on occulte le fait qu'en entreprise, les notations ou les évaluations qui sont réalisées concernent, certes des données très objectives du travail du collaborateur (qualité, fiabilité, rapidité, etc.) mais aussi le collaborateur lui-même sans que lien il y ait entre lui et son poste de travail. En d'autres termes, cela signifie que si des problématiques relationnelles interviennent, par exemple entre un hiérarchique et un de ses collaborateurs, il est fort probable que la notation puisse s'en ressentir dans un sens défavorable et ce, quelle que soit la qualité du travail. L'inverse est également vrai.

Force est de constater qu'il serait parfois bien utile de faire la différence entre une personne qui réussit effectivement dans son poste et une personne tout simplement compétente mais qui n'est peut être pas perçue de la même façon. D'où la nécessité, pour éviter ce type de biais, de faire une analyse de travail pour **réaliser des échelles de notations valides et dépasser ainsi les notations puériles, moralisatrices et réductrices que l'on trouve trop souvent encore au sein des entreprises**[30].

c) Il ne faut pas occulter le fait que le degré de réussite d'un collaborateur dépendra étroitement de son expérience totale, donc de l'ancienneté qu'il possède dans sa fonction. Celle-ci ne correspondant pas obligatoirement avec l'expérience qu'il a de l'entreprise. Ce qui signifie que si deux personnes ont été recrutées au même moment dans une entreprise et que l'une d'elle possède déjà une expérience antérieure pour la même fonction, il est clair que ces deux collaborateurs ne pourront être jugés de la même façon.

d) Enfin, on néglige également un autre phénomène assez fréquent. Il concerne les appréciations négatives qui ont pu être portées chez certains collaborateurs au sein de l'entreprise. Il arrive, en effet, que ces appréciations, motivées ou non, suivent parfois les collaborateurs pendant toute leur carrière. Un supérieur ne remet que très rarement en cause l'appréciation émise par l'homologue qui l'a précédé. C'est ce qu'on appelle avoir un préjugé sur une personne : tout se passe comme si cette dernière restait figée — au niveau de ses « qualités » et de ses « défauts » — tout au long de sa carrière[31].

e) D'autre part la motivation pour passer des épreuves peut être très variable chez les collaborateurs, dans un sens ou dans l'autre. Il y aura toujours ceux qui manifestent une véritable répulsion quand on les teste et ceux qui imaginent que c'est leur propre entreprise qui les évalue à leur insu et ce, quelle que soit la diplomatie ou les explications de l'expérimentateur.

---

30. En fait la quasi-totalité des échelles de notations que nous avons consultées ne sont pas suffisamment bien construites. Elles sont rarement en relation avec le poste de travail et comme nous l'avons précisait, dernièrement, un cadre d'entreprise, elles servent à mesurer, indirectement, le type de relation qu'entretient un hiérarchique avec son collaborateur. Parler de « cote d'amour » n'est pas aussi simpliste qu'on pourrait le penser.
31. Pour éviter ce type de biais, certains responsables préfèrent évaluer leurs collaborateurs avant de consulter les notations que ces derniers ont précédemment eues.

2. La validité prédictive

Cette méthode va permettre de vérifier si la procédure testée (le prédicteur) se montre capable de prédire des phénomènes ultérieurs (critère).

Le principe de calcul de la validité prédictive repose sur un **intervalle de temps** entre la mesure du candidat à un test (ou à toute autre méthode d'évaluation) et la mesure ultérieure de la performance du sujet en poste (critère). On va donc chercher à savoir si les scores obtenus se montrent capables de prédire les comportements ultérieurs.

Principe théorique

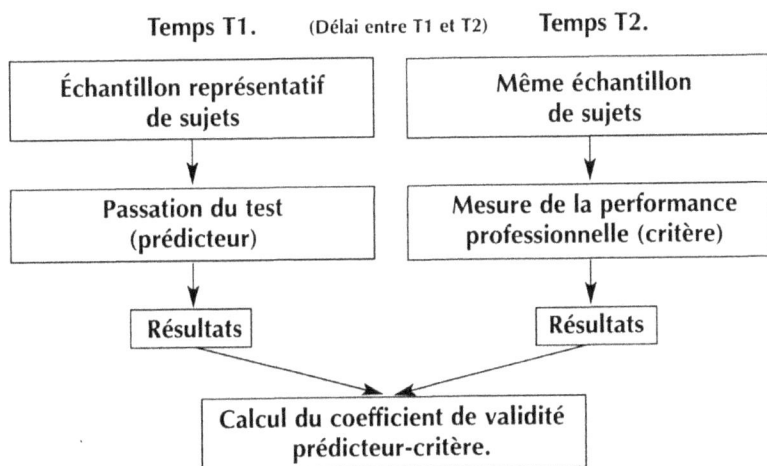

| Temps T1. | (Délai entre T1 et T2) | Temps T2. |

Échantillon représentatif de sujets		Même échantillon de sujets
Passation du test (prédicteur)		Mesure de la performance professionnelle (critère)
Résultats		Résultats

Calcul du coefficient de validité prédicteur-critère.

En théorie, le principe est simple : dans un premier temps, on va administrer à un groupe de sujets un test (ou toute autre méthode d'évaluation) qui permettra d'obtenir un ensemble de résultats. Dans un second temps, qui peut varier de quelques semaines à quelques mois, on va mesurer la performance professionnelle de ces sujets au moyen d'un critère que l'on aura préalablement choisi.

On va ensuite chercher à vérifier s'il existe une relation entre les résultats obtenus à ce test et le niveau de la performance professionnelle. Si une corrélation importante (et significative) est obtenue entre le prédicteur (test) et le critère (par exemple : « évaluation de la performance par les supérieurs »), on pourra légitimement supposer que la méthode en question se montre effectivement capable de prédire la réussite professionnelle. Dans ce cas, on pourra dire que les résultats obtenus à ce test permettront de prédire — en termes de probabilités —

la réussite professionnelle future de tous les sujets qui le passeront ultérieurement (ces sujets devront, bien entendu, posséder les mêmes caractéristiques que l'échantillon testé).

On décide de faire passer un « test d'intelligence » à une population
d'étudiants rentrant en faculté. On procède ensuite à une évaluation
régulière de leur niveau de performance (par exemple, chaque année).
Si on trouve des corrélations élevées et significatives entre les résultats
obtenus au test et les résultats au critère (exemple : moyenne des notes
obtenues), on pourra dire que le test d'intelligence que l'on a utilisé permet effectivement de prédire la réussite des étudiants.

Ce test pourra être ensuite utilisé sur d'autres sujets issus de la même
population (d'autres étudiants rentrant en faculté) et il sera possible, en
termes de probabilités de prévoir leur réussite future.

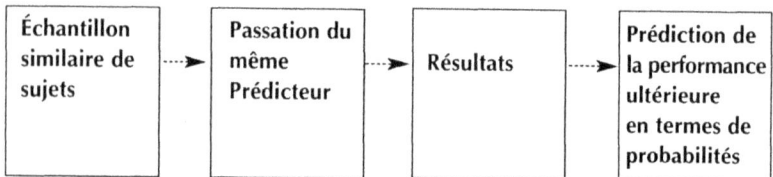

Échantillon similaire de sujets	⤏	Passation du même Prédicteur	⤏	Résultats	⤏	Prédiction de la performance ultérieure en termes de probabilités

Les inconvénients de cette méthode : cette stratégie de validation est
fort séduisante, mais à un niveau pratique, sa mise en œuvre soulève de
multiples difficultés.

Pour le comprendre, choisissons un exemple : imaginons qu'une
importante société française décide de recruter plusieurs dizaines de
cadres commerciaux pour l'ensemble de ses filiales. Cet important
recrutement sera l'occasion pour cette société de vérifier la pertinence
d'une méthode d'évaluation qu'elle vient d'élaborer. Celle-ci a la forme
d'un questionnaire et est supposée pouvoir identifier les collaborateurs
qui seront les commerciaux les plus performants (qui généreront le plus
de chiffre d'affaires, par exemple).

Après une première sélection — sur dossier — les différents responsables
de recrutement décident de rencontrer une centaine de candidats possédant
un profil semblable. Chacun d'entre eux en profitera pour passer le test.

Il est fort probable qu'à l'issue de la sélection — et indépendamment
des résultats obtenus au test que l'on cherche à valider[32] — une grande

---

32. Comme on ne sait pas encore si ce questionnaire est censé prédire la réussite professionnelle future des candidats, les responsables de recrutement ne baseront par leur choix sur les
résultats de celui-ci. Par conséquent ils choisiront les futurs collaborateurs à partir des
méthodes qu'ils utilisent déjà traditionnellement (entretien par exemple).

partie de la population rencontrée ne soit pas retenue. Ainsi, après plusieurs entretiens, les responsables décideront de ne retenir que les candidats considérés comme étant les « meilleurs ».

Imaginons qu'à l'issue de la période d'essai (2 fois 3 mois) on décide d'évaluer la performance de ces commerciaux en poste, inévitablement on pourra rencontrer différents types de difficultés :

a) Diminution de l'échantillon

Cette diminution se fera à deux moments :

– **au moment de la sélection** ; en effet, pour des raisons strictement économiques, il est impossible — et impensable — qu'une entreprise puisse embaucher tous les candidats qui ont été soumis à l'épreuve de sélection. Seuls seront sélectionnés ceux qui auront été « jugés » comme étant les plus aptes à occuper le poste.

– **dans l'intervalle de temps séparant la sélection et l'évaluation de la performance** de chaque collaborateur dans son poste : plus cet intervalle, séparant les deux mesures (prédicteur/critère) sera important, plus il y aura de chances pour que l'échantillon recruté soit encore plus faible. Ainsi, si l'on décide d'évaluer la performance des sujets en poste six mois après, il est fort probable que sur l'ensemble des candidats recrutés, une partie d'entre eux ne soit plus présente au sein de l'entreprise. Les raisons de ces départs, peuvent être multiples : baisse de la motivation, mauvaise intégration des candidats par l'entreprise, promotion, etc.

b) Le « suivi » des collaborateurs embauchés

Pour des raisons organisationnelles, financières mais aussi méthodologiques, il est difficile — pour un chercheur — de suivre et de procéder à des mesures sur une longue période, tous les candidats embauchés, en particulier dans des entreprises privées[33]. D'autre part, il faut en convenir, un tel «suivi» ne constitue pas la vocation d'une entreprise, ni celle de ses dirigeants. Enfin, si suivi il y avait, la somme des données recueillies et leur traitement seraient tels, qu'ils nécessiteraient certainement la présence de plusieurs personnes à plein temps, ce qui signifierait un investissement trop lourd et non prioritaire.

---

33. Un tel suivi est en effet possible, mais uniquement au sein de grandes institutions d'État (centres de formation comme l'Afpa, ou institutions militaires comme l'armée). En revanche, en entreprise un suivi de ce type se heurte à une difficulté majeure : la taille des échantillons est généralement beaucoup trop faible (moins de 100 personnes).

c) Les caractéristiques de l'échantillon

Dans la pratique, il est rare de trouver des populations suffisamment importantes qui fassent le même travail (échantillon représentatif). Pendant très longtemps, les études de validité ont été réalisées sur des échantillons de petite taille (moins de 100 personnes). C'est pour cette raison que l'on préfère mener des études de validité au sein de grandes sociétés et sur certaines populations, les employés y étant beaucoup plus nombreux que les cadres.

d) La question du critère

Comme nous le soulignions précédemment, dans la pratique il est difficile d'identifier des critères de réussite professionnelle fiables. La fidélité est une caractéristique difficile à obtenir, même pour des critères considérés comme « objectifs » mais non contrôlables par le sujet.

Si le critère pour un commercial est « nombre de produits vendus », différents paramètres peuvent fausser l'évaluation de ce critère : effondrement du marché, concurrence accrue, crise économique, nouvelle législation, etc.

D'autre part, différents sujets peuvent tout à fait réussir dans une fonction en employant des stratégies fort différentes. Des faiblesses dans certains domaines ne peuvent-elles pas, en effet, être compensées par des atouts dans d'autres ? Enfin, un seul critère d'évaluation de la performance est-il nécessairement suffisant ?

Actuellement, pour évaluer le niveau de performance d'un sujet en poste, les « fiches de notation » constituent les méthodes les plus utilisées en entreprise. Ces évaluations par la hiérarchie peuvent être pourtant considérées comme des critères « subjectifs » qu'il est toutefois possible d'améliorer pour dépasser ce que Michel Moulin appelle « la cote d'amour, plus ou moins travestie », à laquelle nous avons déjà fait référence.

Cet auteur opère d'ailleurs une distinction, tout à fait réaliste, entre les « appréciations globales » et les « appréciations analytiques ». Les premières permettent, en fait, d'évaluer le collaborateur de manière très affective et par conséquent très subjective. Les données ne sont pas quantifiables. Les secondes sont un peu plus objectives mais ne constituent pas la panacée, notamment pour plusieurs raisons :

– Comme le souligne Michel Moulin, dans les grilles ou les profils d'aptitudes, on retrouve très souvent une psychologie à la fois naïve et moralisatrice qui décrit le sujet comme intelligent, ordonné, propre, etc.

– Dans les grilles ou les profils d'évaluation des comportements, les entreprises ignorent fréquemment que lorsqu'il faut coter une dimension comportementale, en termes d'intensité (toujours, souvent, parfois, rarement, jamais), différents phénomènes peuvent pervertir le choix que l'on fera tels que l'indulgence, l'effet de halo, l'effet de tendance centrale[34].

Fort heureusement, dans la pratique, il est possible d'améliorer la pertinence de ces « fiches de notations ». En effet, en formant les notateurs et en utilisant des grilles de notation rigoureuses, élaborées grâce à une analyse de travail, on peut aboutir à une validité accrue[35].

Autant de paramètres qui peuvent conduire au fait qu'un outil peut avoir une validité prédictive faible tout simplement parce que le critère choisi n'était pas, à l'origine, suffisamment fiable.

Conclusion : Bien que la validité prédictive soit sujette à de multiples difficultés, elle demeure une méthode tout à fait pertinente pour tester la validité d'une technique. Quoiqu'il en soit, elle n'est pas à confondre avec la validité concourante. **En effet, une technique peut avoir une excellente validité concourante et une validité prédictive tout à fait médiocre.**

D. Une méthode statistique performante : la méta-analyse

Aussi intéressante soit-elle, la mise en œuvre de la validité prédictive demeure, par conséquent, délicate. D'autre part, différents auteurs ont montré, dans leurs travaux de synthèse[36], non seulement **une faiblesse des coefficients de validité obtenus mais aussi une très grande disparité entre eux** (pour des outils et des fonctions similaires).

Il était, par conséquent, légitime de se demander quels paramètres pouvaient expliquer de telles variabilités entre les recherches. Différents chercheurs ont donc procédé à l'analyse de différentes études et ont insisté, en particulier, sur trois sources d'erreurs[37] :

1. Les candidats dont on va évaluer la performance professionnelle ont été sélectionnés à l'origine comme étant les meilleurs. L'échantillon que l'on va tester ne comprend pas les personnes qui ont été éliminées dès le départ ni celles qui ont ultérieurement quitté leur poste.

---

34. Ces différents phénomènes pervertissent la notation et la rendent, par conséquent, peu fiable. La définition de chacun est donnée en annexe 1 (vers la fin du texte consacré au critère).
35. Nous aurons d'ailleurs l'occasion ultérieurement de faire référence à ces « Échelles de notation ».
36. En particulier dans la période allant de 1950 à 1960.
37. Le lecteur pourra consulter l'annexe 2, pour de plus amples informations.

2. On se préoccupe très souvent de la fidélité du prédicteur mais on oublie souvent la fidélité du critère.

3. La plupart des études ont été menées sur des échantillons de petite taille, d'environ 60 personnes[38].

Pour corriger toutes les erreurs qui interviennent dans le calcul de la validité prédictive, deux chercheurs[39] ont mis en œuvre une technique statistique déjà ancienne, à la dénomination récente : la « méta-analyse ». Cette méthode s'inscrit dans une perspective de **synthèse quantitative** des recherches.

> **La méta-analyse est « l'application de procédures statistiques à un ensemble de résultats empiriques, issus d'études singulières, afin de les intégrer, de les synthétiser et de leur donner un sens ».**[40]

Concrètement, la méta-analyse s'intéresse à toutes les recherches uniques, ayant le même objet d'étude (exemple : toutes les recherches consacrées à l'entretien), dont les résultats sont différents et qu'elle va réunir. **Elle permet de cumuler des coefficients de validité différents, en tenant compte des différentes sources d'erreur auxquelles nous avons fait référence.**

Cette technique est actuellement la seule qui permette une synthèse quantitative et statistique qui tienne compte des erreurs méthodologiques.[41]

Conclusion : le fait d'avoir autant insisté sur cette méthode ne constitue pas un hasard.

> **En effet, dans le cadre de cet ouvrage, nous ferons très souvent référence aux résultats obtenus grâce à la méta-analyse, en particulier dans le chapitre consacré à la validité des procédures utilisées dans le domaine des ressources humaines.**

Ces résultats sont à considérer comme constituant une référence car cette technique de synthèse possède deux avantages majeurs :

– celui de corriger les coefficients de validité observés dans les études singulières en neutralisant les différentes sources d'erreurs

---

38. Il existe d'autres sources d'erreurs expliquant la sous-estimation et la disparité des coefficients. On peut citer, par exemple : le manque de fidélité des prédicteurs, les particularités de l'échantillon...

39. Il s'agit de SCHMIDT et HUNTER.

40. NIEMI *in* MULLER, 1988.

41. À la fin de cet ouvrage le lecteur pourra, s'il le souhaite, consulter un exemple concret (annexe 3).

qui sous-estimaient ces coefficients. La méta-analyse permet ainsi d'obtenir des coefficients de validité plus fiables et nous le verrons aussi, plus élevés;

– celui de montrer que la généralisation de la validité est possible. En effet, comme nous le verrons ultérieurement, les tests d'aptitudes, par exemple, ont une très bonne validité, quels que soient les métiers. Elle montre d'autre part que les résultats obtenus à ces tests sont généralisables à des tests de même nature[42] [43].

Comme le précise, d'ailleurs, une psychologue du travail[44] : « L'ensemble des validités connues, pour un même test et pour des activités professionnelles voisines, permet non seulement de déterminer le pouvoir prédictif de la technique mais surtout de donner une signification au test utilisé, signification fondée précisément sur l'étude des aspects et contenus communs aux activités professionnelles regroupées ».

4. L'ÉTALONNAGE ET L'ÉCHANTILLONNAGE : L'IMPORTANCE DE LA COMPARAISON ET DE LA QUALITÉ DE L'ÉCHANTILLON

Pour commencer, essayons de clarifier brièvement ces deux nouvelles notions qui **sont étroitement liées** l'une à l'autre.

A. La comparaison à des normes : l'étalonnage

Choisissons tout d'abord un exemple emprunté à la physique. Si vous utilisez un mètre destiné à évaluer les dimensions d'un objet, vous pouvez être certain de la précision de la mesure. En effet, la longueur de ce mètre correspond exactement à celle du modèle qui a servi à la définir. Ce modèle est appelé **étalon** ou mètre-étalon. L'action qui consiste à vérifier la longueur de ce mètre par comparaison avec cet étalon s'appelle **l'étalonnage.**

En psychométrie le principe demeure le même. Supposons qu'un candidat obtienne une note globale au résultat d'un test. Il est clair que celle-ci n'aura guère de sens, qu'elle soit élevée ou faible d'ailleurs. En effet, pour qu'elle puisse acquérir une véritable signification, il est indispensable que l'on puisse la comparer aux notes déjà obtenues par d'autres personnes qui ont passé le même test.

---

42. Par tests d'aptitudes, nous faisons référence aux « tests d'aptitude mentale générale » (General cognitive ability Test), aux « tests d'aptitude spécifique » (Cognitive ability test), dont font partie les « tests d'aptitude perceptive », les « tests d'aptitude psychomotrices ». Tous ces tests étant plus communément appelés « tests d'intelligence ».

43. Hunter et al., 1984.

44. Lévy-Leboyer, 1990.

Si on compare la note de ce candidat à la moyenne des notes obtenues par des **candidates,** il est probable qu'une telle comparaison puisse être contestable. Imaginons par exemple qu'il s'agisse d'un test destiné à mesurer la résistance ou la force physique : il n'est pas certain que les hommes et les femmes obtiennent les mêmes résultats.

Supposons que l'on compare le résultat de ce candidat — imaginons qu'il soit bachelier — à la moyenne des résultats obtenus, à ce même test, par des universitaires, il est fort probable, également, qu'une telle comparaison puisse être sujette à caution (si le test est destiné à évaluer les connaissances en mathématiques, il serait certainement contestable de comparer des bacheliers à des élèves ingénieurs).

Par conséquent, il faudra obligatoirement comparer ce sujet à un autre sujet qui lui est comparable.

En d'autres termes, le résultat obtenu par ce candidat à ce test devra être obligatoirement comparé à ceux obtenus — au même test — par une population de sujets possédant les mêmes caractéristiques que le candidat (même sexe, même âge, même niveau socioculturel).

Si un candidat de 23 ans passe un test destiné à évaluer son intelligence et qu'il possède le niveau du Baccalauréat, on va comparer sa note à celles obtenues par des sujets de même âge, de même sexe et de même niveau socioculturel[45].

Cette population est appelée « groupe de référence » et les résultats constitueront de **véritables normes** qui permettront de comparer le sujet — et de le classer — par rapport à son groupe de référence. **Ce sont ces normes qui constituent l'étalonnage.**

> **On peut donc concevoir l'étalonnage comme un procédé permettant de disposer de normes — sous forme de résultats chiffrés — qui serviront à comparer les sujets entre eux. Ce sont ces normes de référence qui constituent l'étalonnage (ou l'échelle de référence)[46]**

Généralement les tests — dont la validité a été démontrée — sont étalonnés par sexe, par âge — ou classe d'âge — ainsi que par niveau socioculturel. De plus une méthode d'évaluation ne possédera de véritable valeur que si l'étalonnage est régulièrement réactualisé et s'il est réalisé sur une population française.

---

45. Ce niveau socioculturel correspond au niveau scolaire (ex. : NC 4 : B.E.P.C, NC 6 : Baccalauréat, etc.).
46. Voici une autre définition : « L'étalonnage est un barème utilisé pour le classement d'une valeur individuelle par rapport à l'ensemble des valeurs caractéristiques d'une population » (Piéron in Lévy-Leboyer, 1987).

Concrètement, ces normes de références — qui constituent l'étalonnage — peuvent se présenter sous différentes formes dont les plus fréquentes sont les suivantes :

- la référence à une « distribution normale » ;
- l'étalonnage en « quantiles » ;
- l'étalonnage en « notes standard ».

Le principe général : la population qui va permettre l'étalonnage de la méthode d'évaluation devra être constituée d'un grand nombre de sujets. Toutes les personnes qui vont passer l'épreuve vont obtenir des résultats très variables. L'ensemble des valeurs numériques obtenues — les notes— aura tendance à s'étaler autour d'une valeur centrale, on parlera alors de **dispersion** ou de **variabilité** des données.

Cette variabilité des notes se retrouve également dans le cadre scolaire. Si un professeur propose une dissertation à un ensemble d'étudiants, on peut s'attendre à une grande variabilité au niveau des notes obtenues. Ainsi certains auront des notes faibles, d'autres des notes plus moyennes et enfin une minorité obtiendra des notes élevées.

Cette dispersion des notes obtenues constitue un paramètre important que l'on va mesurer. Cette mesure de la dispersion des notes sera retrouvée dans les différents étalonnages que nous allons voir.

1. La référence à une « distribution normale » (« courbe en cloche »)

Les notes obtenues par les sujets — qui vont constituer l'étalonnage — ne vont pas être les mêmes et auront tendance à s'étaler — ou se «distribuer» — autour d'une valeur centrale.

Cette valeur centrale que l'on va calculer représentera la **moyenne** des notes obtenues par tous les sujets qui ont passé ce test. La mesure de la dispersion — ou de la variabilité des notes — va consister à calculer un écart par rapport à la moyenne : il s'agira de « **l'écart type** »[47] qui possède un certain nombre de propriétés[48].

Nous obtiendrons ainsi une distribution dite « normale » ayant la forme d'une courbe en « cloche ».

---

47. En réalité, et pour les spécialistes, l'écart type est la racine carrée des écarts à la moyenne. L'écart type est un paramètre de dispersion et comme le montre le graphique de la page suivante, il représente la distance qui sépare le point d'inflexion de la courbe de son axe de symétrie.

48. Ainsi entre +1 et - 1 écart type (ou sigma) on trouve 68,2% de la population. Entre +2 et - 2 écart type, on en trouve 95,4% et enfin entre +3 et - 3 écart type on trouve 99,7 % de la population.

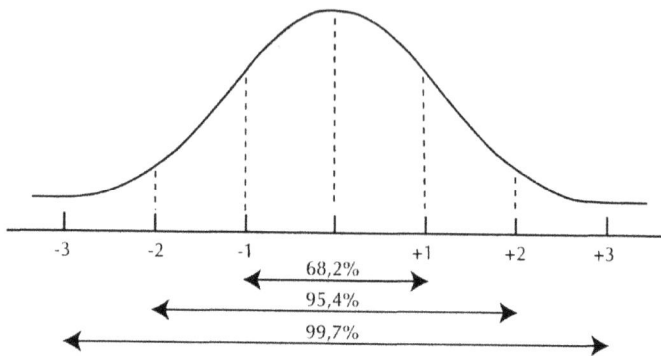

Ainsi, il ne restera plus qu'à comparer la note obtenue par un candidat à ce test aux notes obtenues par le groupe de référence — ou d'étalonnage — qui fournira essentiellement des notes moyennes et des écarts à la moyenne. Ces normes sont **systématiquement** fournies avec les tests scientifiquement validés[49] et il suffit de connaître l'âge du sujet qui vient de passer le test ainsi que son niveau socioculturel (et son sexe!) pour déterminer immédiatement à quel endroit de la courbe il se situe.

Choisissons un exemple concret : imaginons qu'un jeune homme de 23 ans, de niveau du baccalauréat passe un test — le D 48, par exemple — et qu'il obtienne une note brute de 32. Nous allons consulter un tableau et comparer son résultat à ceux obtenus par des sujets de même sexe, de même âge et de même niveau culturel (population d'étalonnage). Après avoir réalisé un simple calcul, nous allons conclure au fait que le sujet se situe au-dessus de la moyenne dans le premier écart-type[50].

Par conséquent, un résultat — qu'il semble élevé ou faible — n'acquiert une véritable signification que s'il est comparé à des normes de référence. De ce fait, toutes les méthodes d'évaluation insuffisamment étalonnées — ou non étalonnées — n'ont absolument aucune valeur et, par conséquent, n'offrent pas la moindre garantie à leurs utilisateurs.

Que signifie, par exemple, « avoir été bon en entretien », « bon » par rapport à quoi, « bon » par rapport à qui ?

---

49. Elles sont souvent présentées sous la forme de tableaux et font partie de la documentation qui accompagne ces tests.
50. Pour la classe d'âge 20-24 ans, les sujets masculins de niveau 6 (bac) obtiennent une moyenne de 30,44 à ce test avec un écart type de 5,5. Le sujet fait donc partie des 34,1% des hommes qui ont des notes comprises entre 30,44 et 35,94 (30,44 + 5,5 = 35,94). (Le lecteur pourra trouver, s'il le souhaite, en annexe 8, le commentaire et la procédure détaillée de cet exemple.)

2. Les déciles et les centiles

Le principe général demeure le même puisque tous les sujets qui passeront le test — et qui participeront à son étalonnage — obtiendront également des notes très variables. Dans ce type d'étalonnage, on va décider de ranger l'ensemble des notes ainsi obtenues par ordre de grandeur croissante.

On appelle **déciles** les valeurs qui divisent l'échantillon — ou le groupe de référence — en 10 classes égales[51]. Quant aux **centiles**, ils diviseront l'échantillon en 100 classes, également de même importance[52].

En fait le centile ou le décile donnent le rang d'un sujet par rapport à son groupe de référence. La démarche demeure la même puisqu'on va comparer la note brute du sujet à la note obtenue par le groupe possédant les mêmes caractéristiques que celui-ci.

Choisissons, par exemple, un test comme le **PM 38**[53]. Il s'agit d'une épreuve de raisonnement abstrait par analogie constitué de 5 séries de 12 items de difficulté croissante. Cet outil est étalonné par âge et les résultats sont cotés en centiles. Il suffit de consulter le tableau des étalonnages pour découvrir que si un sujet de **30 ans** a obtenu une **note brute de 53**, il se situe au **centile 90**.

Cela signifie que 90 % des personnes de son âge ont obtenu une note inférieure à la sienne. Le principal inconvénient de ce type d'étalonnage réside toutefois dans l'impossibilité d'opérer un calcul de moyenne.

3. Les notes standard

Pour réaliser un tel étalonnage, il est impératif de vérifier au préalable que l'ensemble des notes obtenues par le groupe — on parle de distribution des notes obtenues — a bien une forme qui se rapproche le plus de la distribution normale (qu'elle soit très proche d'une courbe « en cloche »). De ce fait on va pouvoir définir ainsi la note standard. Le mode de calcul de la note réduite est simple. On va l'obtenir grâce à un calcul de la différence entre la note obtenue par le sujet et la moyenne que l'on divisera ensuite par l'écart type.

---

51. C'est-à-dire qui comportent chacune 10% des observations.
52. Qui comportent chacune 1% des observations. Pour qu'un étalonnage en centiles soit intéressant il est indispensable que l'échelle des notes au test soit d'une part très étendue et d'autre part que la population soit importante pour l'étalonnage.
53. Progressive Matrix de Raven : il s'agit d'un test non verbal où l'objectif est de découvrir un élément manquant dans un tableau constitué de 4 ou 9 éléments. Pour pouvoir le trouver, il faut avoir identifié, au préalable, la loi qui unit ces éléments entre eux. C'est un Test encore très utilisé dans le domaine de l'évaluation, il existe une autre forme : le PM 47.

Cette note réduite sera donc positive si la note du sujet est supérieure à la moyenne de son groupe et elle indiquera ainsi à combien d'écarts types au-dessus de la moyenne se trouvera le sujet. Si la note réduite du sujet est négative, elle indiquera à combien d'écarts types en dessous de la moyenne se situera le sujet.

C'est dans le but d'éviter l'inconvénient à la fois des décimales et des valeurs négatives que l'on va, de façon arbitraire, opérer une transformation de la note réduite en choisissant comme nouvelle moyenne 0 et comme nouvel écart type 1.[54]

4. Les notes T

Il s'agit en fait d'une autre échelle en notes standard. C'est le cas, par exemple, du MMPI[55], test de personnalité de 550 questions dont la **moyenne, par convention, est ici de 50 et l'écart type de 10.** Le principe de calcul reste le même : si un sujet a obtenu à cette épreuve une note de 70, il se situe, par rapport à son groupe de référence dans le deuxième écart type (50 + 10 + 10).

En conclusion : il existe d'autre types d'étalonnages qui reposent tous sur des principes similaires. Ce qu'il faut retenir, c'est que **l'interprétation des résultats d'une méthode d'évaluation ne peut se faire sans une comparaison à des normes.** Par conséquent, tant qu'une méthode d'évaluation n'a pas donné lieu à la constitution de normes de référence, **elle ne possède strictement aucune valeur.**

Bien entendu, avant de procéder à l'interprétation des notes, il est indispensable de tenir compte des multiples paramètres qui ont pu influencer les résultats. D'autre part, il ne serait guère sérieux de construire une interprétation à partir d'un seul résultat. Cette partie sera d'ailleurs traitée ultérieurement dans ce chapitre et concernera en particulier, les « conditions d'utilisation et de passation des outils ».

---

54. **Exemple :** si le sujet a obtenu lors d'un test, une note de **28** dans une distribution de **moyenne 21,23** et **d'écart type 9,42**, cette note sera à (28 - 21,23)= **+6,77** points au-dessus de la moyenne, ce qui donnera une note réduite de **6,77 / 9,42 = 0,719.** En d'autres termes **la note réduite ainsi obtenue indique dans cet exemple que le sujet se trouve à 0,719 écart type au dessus de la moyenne.**
Dans le test de Wechsler (test de QI), la valeur du QI moyen est de 100 et l'écart type est de 15, la note obtenue sera dans ce cas : 0,719 X 15 + 100 = 110,78 soit un QI d'environ 111.
55. Minnesota Multiphasic Personnality Inventory. Il s'agit d'un inventaire de personnalité utilisé en psychologie clinique. Il en existe une forme abrégée utilisée — malheureusement, d'ailleurs — au sein de certains cabinets-conseils.

B. Le caractère représentatif de la population étudiée : la notion d'échantillonnage[56]

Nous venons de découvrir que l'interprétation des résultats d'une méthode, ne pouvait se faire qu'en les comparant à des normes (étalonnage). Nous avons vu que ces normes étaient extraites d'une population censée posséder les mêmes caractéristiques que le sujet testé. L'étalonnage concerne cette population : pour des considérations essentiellement pratiques et financières, il n'est guère possible de réaliser un étalonnage sur une population entière.

On va donc construire un sous-ensemble de la population que l'on souhaite étudier. Ce sous-ensemble sera prélevé de telle façon qu'il conservera les caractéristiques principales de la population totale. De cet échantillon ainsi obtenu on dira qu'il est « représentatif » de la population étudiée.[57]

La constitution de normes à partir d'un échantillon trop réduit — quelques dizaines de personnes — serait très certainement faussée. La constitution de normes à partir d'un échantillon de grande taille qui ne correspondrait pas aux caractéristiques de la population totale aboutirait au même constat.

Imaginons que l'on procède à la constitution d'un échantillon de cadres d'entreprise. Si on décide de choisir uniquement ceux qui exercent dans le domaine industriel (population de référence), il est fort probable que l'échantillon ainsi conçu ne rende pas compte de la diversité des cadres pouvant exister en France. Il existe, en effet, de fortes chances pour que cet échantillon soit biaisé, même s'il est correctement étalonné — par sexe, par âge, par niveau culturel — car il ne rendra jamais compte de la diversité des secteurs — et par conséquent, des cultures — dans lesquels exercent les cadres.

Certes, il sera toujours possible de comparer les résultats d'un cadre issu du secteur industriel par rapport à cet échantillon mais dès lors qu'il s'agira d'un cadre issu du secteur bancaire, il serait délicat de comparer ses résultats à ceux obtenus par une population de cadres non représentative de la population des cadres français.

En fait, nous souhaiterions montrer au lecteur que la constitution d'un échantillon de référence obéit à un certain nombre de règles de nature statistique.

---

56. Échantillonnage et sondage sont des termes synonymes.
57. La population générale est qualifiée « d'ensemble parent » ou de « population de référence ». Le sous-ensemble est « l'échantillon de référence ».

Les différentes techniques d'échantillonnage

Le principe : le mode de constitution de l'échantillon est d'une importance capitale, son choix est fondamental car il conditionnera, en particulier, **la validité de l'induction**[58].

> **Principe : l'échantillonnage est avant tout une méthode statistique qui va permettre à partir d'un nombre réduit de sujets, d'apporter des informations relativement précises sur un ensemble**[59] **beaucoup plus important. L'inférence représentera l'extrapolation que l'on fera de la partie au tout.**

En fait selon la théorie statistique, pour qu'un échantillon soit **représentatif,** il faudrait que tous les membres de la population aient la même probabilité de faire partie de l'échantillon. À un niveau pratique, cela n'est guère possible car trop de paramètres peuvent interférer et, par conséquent venir fausser la constitution de l'échantillon. Fort heureusement la théorie des probabilités nous donne un ensemble d'outils suffisamment fiables pour estimer la marge d'erreur (en particulier des tables).

Les différentes techniques d'échantillonnage[60]

– **Les échantillonnages qui utilisent une méthodologie empirique.**

– **Les échantillonnages qui utilisent un raisonnement de type probabiliste.**

Pour compléter ce que nous précisions plus haut, il existe deux grands types d'échantillons représentatifs :

– **les échantillons « aléatoires »** qui recourent à un raisonnement de type probabiliste;

– **les échantillons « raisonnés »** ou **« contrôlés »** qui se fondent sur une méthodologie empirique et sont beaucoup plus connus sous l'appellation **d'échantillons « stratifiés ».**

---

58. L'extrapolation que l'on fera de la partie (l'échantillon) au tout (la population totale) est appelée « inférence statistique » ou « induction ».
59. La population totale.
60. Le sujet pourra consulter la fin de l'ouvrage en **annexe 4** s'il décide d'aller plus loin. Il découvrira le principe de chacune de ces deux méthodes (méthode empirique et méthode aléatoire).

Ce qu'il faut retenir : quelle que soit la méthode utilisée, les échantillons constitués devront ressembler, le plus possible, à la population qui passera ultérieurement la procédure (un test par exemple).

D'autre part il faut savoir qu'en matière d'échantillonnage, deux difficultés majeures coexistent. **La première est d'ordre économique :** tester un grand nombre de sujets nécessite un investissement de temps très important mais est également d'un coût financier très élevé. **La seconde est d'ordre méthodologique :** s'il est relativement facile de constituer des groupes d'âge et de sexe, il est beaucoup plus délicat de constituer des groupes d'étalonnage représentatifs du niveau scolaire et du statut socio-économique.

Il est indispensable, en effet, que les groupes d'étalonnage soient suffisamment importants et surtout représentatifs. En effet la validité d'une interprétation dépend exclusivement de la qualité de l'échantillonnage et du caractère représentatif des normes. Comme nous le précisions, les résultats obtenus par un sujet dans une procédure, quelle qu'elle soit, n'ont absolument aucune valeur s'ils ne sont pas comparés à des normes émanant d'une population possédant les mêmes caractéristiques que le sujet (caractéristiques d'âge, de sexe, de niveau scolaire, de CSP, etc.)[61].

---

61. On peut donc se poser de nombreuses questions sur la pertinence du fameux « Test de QI » (sur M6) et des conditions qui ont été à l'origine de son élaboration (notamment le choix des items et son étalonnage).

CHAPITRE 2

LES GARANTIES PRATIQUES :
CONDITIONS D'UTILISATION ET DE PASSATION
DES DIFFÉRENTES MÉTHODES D'ÉVALUATION

Pour qu'une méthode d'évaluation soit véritablement pertinente, il est indispensable qu'elle possède de solides qualités psychométriques (une bonne fidélité et surtout une validité prouvée). Il est également nécessaire que l'on respecte une seconde exigence — de nature beaucoup plus qualitative — qui concerne les « conditions d'utilisation et de passation ». À travers ces conditions, deux notions — indissociables l'une de l'autre — sont fondamentales. La première concerne **la standardisation** qui fait référence à une normalisation dans la mise en application des méthodes d'évaluation. La seconde concerne les **acteurs** eux-mêmes qui sont à l'origine de leur mise en œuvre.

1. LA STANDARDISATION : POUVOIR COMPARER LES SUJETS ENTRE EUX

Choisissons le cas d'un responsable d'entreprise qui décide d'embaucher un nouveau collaborateur. Après avoir sélectionné sur la base des CV reçus, un certain nombre de candidats, il décide de les recevoir le même jour, les uns après les autres.

Si plusieurs candidats se trouvent réunis, avant l'entretien, dans une même salle, il est fort probable que chacun d'entre eux puisse réagir différemment à cette situation. Ainsi les premiers convoqués à l'entretien seront certainement moins tendus que ceux qui suivront. Si les candidats sont reçus dans des environnements différents, les entretiens ne se dérouleront pas de la même façon. Il est clair que les situations ne sont pas les mêmes pour chaque candidat ou en d'autre termes, elles ne sont pas ici **standardisées.**

Il faut reconnaître qu'une situation totalement standardisée n'existe pas et que la seule ambition sera de s'en approcher. Elle représente toutefois une garantie qui permettra de véritablement comparer, dans les meilleures conditions possibles, les sujets entre eux.

La standardisation d'une situation doit donc permettre une comparaison des sujets en respectant un certain nombre de paramètres.

Le respect des « conditions psychologiques » des candidats

Lorsqu'un candidat est soumis à un entretien de sélection, à un test, ou à toute autre procédure, il vit cette situation comme un véritable stress. Cela dit en fonction de ses expériences et de ses caractéristiques de personnalité, chacun gérera cette situation différemment.

Il est donc important de savoir rassurer chaque candidat de façon chaleureuse pour que chacun puisse mettre en œuvre toutes ses potentialités. Il est clair que les candidats ne seront jamais complètement dans les mêmes conditions psychologiques, il est donc important de faire passer auprès de ceux-ci un message de confiance et de respect où doit s'instaurer une véritable collaboration[1].

La mise en œuvre et la finalité d'un entretien ne devraient pas avoir d'autre prétention que celle de faire connaissance avec le sujet et en aucune façon de prédire ses possibilités de réussite ou d'échec dans un poste. Nous verrons, en effet, que l'utilisation exclusive de cette méthode, en particulier dans une optique de pronostic professionnel, est plus que contestable.

Le respect au niveau des consignes

La personne qui décide de mettre en œuvre des tests ou toute autre procédure doit impérativement respecter les consignes qu'elle devra transmettre aux candidats. Ici, il n'y a pas de place pour l'initiative personnelle ou pour l'improvisation qui fausseraient obligatoirement les résultats[2].

La transmission de la consigne doit se faire de la même façon pour chaque candidat, et en particulier lorsqu'elle est orale. Il faut adopter autant que faire se peut un ton le plus neutre possible pour ne pas les influencer indirectement. La consigne donne des indications précieuses sur la manière dont va se dérouler l'épreuve : sa durée, la procédure à suivre, souvent quelques exercices pratiques sont proposés à titre d'exemple afin de familiariser le sujet à l'outil, s'il s'agit d'un test.

---

1. Il est vrai qu'un tel souhait n'est pas toujours réalisable. Il est beaucoup plus facile de respecter cet idéal dans le cadre d'un entretien classique de recrutement. En revanche, dans le cadre d'une évaluation — beaucoup plus formelle (tests, par exemple) — le respect des consignes ne favorise pas toujours la transmission de ce message de confiance et de collaboration. Quoi qu'il en soit, l'idéal est de s'en approcher.
2. Il s'agit d'un idéal d'objectivité dont on se rapproche toujours mais que l'on n'atteint jamais.

En ce qui concerne **la réception de la consigne**, il est beaucoup plus délicat d'opérer une véritable standardisation. En effet, s'il est beaucoup plus facile de savoir si une consigne a bien été comprise par **un** sujet, ce n'est plus forcément le cas lors d'une passation collective. La « désirabilité sociale » ou, en d'autres termes, la peur de se décrédibiliser devant ses pairs ou le psychologue, empêchera probablement certains candidats de poser des questions ou d'avouer qu'ils n'ont pas bien compris le contenu de la consigne.

Il s'agit donc d'un devoir de vérifier si tout le monde a bien compris la consigne et de repréciser, le cas échéant, certains points qui ont pu rester obscurs, tout en prenant garde de ne pas modifier les conditions standardisées[3].

Le respect des conditions environnementales

Pour que l'on puisse véritablement comparer les sujets entre eux, il est également important que l'environnement soit, dans la mesure du possible le même et le plus adéquat pour chaque candidat. Nous faisons référence en particulier à l'espace vital, à la lumière, à la température et à la nécessité de respecter le silence pour favoriser la concentration des candidats.

Nous nous souvenons d'une passation collective de quelques tests qui avait eu lieu dans un cabinet-conseil dont nous faisions partie. D'un côté, il y avait ceux qui avaient « trop chaud » et de l'autre, ceux qui avaient « trop froid ». Ce facteur avait en tout cas eu pour effet de déconcentrer le groupe et de perturber la passation.

Le respect des conditions inhérentes à l'outil lui-même

Généralement lors de la passation de tests, le candidat doit cocher la case qui correspond à sa réponse. Cette façon de procéder est la même pour tout le monde et cela permet d'effectuer ensuite la notation, généralement sous une forme numérique grâce à des grilles comportant des résultats préétablis. Dans certains tests, comme les « projectifs », c'est le psychologue lui-même qui opère une cotation rigoureuse à partir des réponses verbales du sujet, enregistrées par lui-même.

Cette cotation grâce à des grilles déjà préétablies permet d'éviter des discordances entre plusieurs évaluateurs. Ainsi, à partir d'un même test, deux évaluateurs différents doivent aboutir aux mêmes résultats. Cette standardisation permet de contrôler totalement la subjectivité de l'évaluateur, empêchant ainsi la personnalité de celui-ci de se « projeter » dans la procédure qu'il corrige.

---

3. En fait, il faut partir d'un principe très simple : ce qui est clair pour soi ne l'est pas forcément pour autrui. D'où la nécessité de toujours se mettre à la place de l'autre.

Pour conclure avec cette notion de standardisation : si celle-ci est tout à fait fondamentale, reconnaissons qu'à un niveau pratique, elle est extrêmement délicate à appliquer. Pour ne citer que l'exemple de la consigne, comment peut-on être certain que sa compréhension est la même pour tout le monde ? Est-il possible de répondre aux questions de candidats sans modifier les conditions de la standardisation d'une épreuve ? Autant de questions qui nécessitent une prise de conscience et surtout une vigilance, notamment chez tous ceux qui, à force d'appliquer les mêmes méthodes depuis des années, finissent par occulter cette notion. **Il n'est guère sérieux de faire référence aux valeurs métriques des tests, si l'on « oublie » d'y associer les impératifs de la standardisation.**

2. LES ACTEURS[4] DE LA MISE EN ŒUVRE DE CES OUTILS

Il ne suffit pas que les outils répondent à des exigences scientifiques (qualités métriques), il n'est pas non plus suffisant qu'il y ait standardisation des situations. **Il faut également que les outils ou les méthodes d'évaluation soient choisis avec discernement et utilisés dans des conditions où le professionnalisme et l'éthique doivent prévaloir.**

La délivrance des tests scientifiquement validés : en France, ces tests sont exclusivement délivrés par trois sociétés d'édition[5]. Chacune d'entre elles dispose de services de recherches extrêmement performants dont la principale mission est de vérifier le bien fondé et la pertinence des méthodes d'évaluation existantes. Elles procèdent également très régulièrement à la réactualisation d'étalonnage de certains tests et travaillent en étroite collaboration avec des professionnels (entreprises et universités), en France et à l'étranger. Elles délivrent les tests (à l'exclusion des épreuves de psychopédagogie) selon des règles extrêmement précises détaillées dans leurs conditions de vente[6]. Les conditions de cette délivrance n'ont pas d'autre objectif que de protéger toutes les personnes qui sont soumises à ces tests en leur apportant une garantie d'utilisation.

---

4. Il s'agit en général de psychologues. Malheureusement, certains d'entre eux, délèguent une partie de leurs responsabilités — la passation des outils, voire parfois, la cotation — à des non-spécialistes (secrétaires, consultants) qui n'ont absolument pas conscience de l'importance de la standardisation.
5. Il s'agit des Éditions du Centre de Psychologie Appliquée (ECPA), des Établissements d'Applications psychotechniques (EAP) et des Éditions Dufour.
6. Les tests ne peuvent être vendus qu'aux seuls psychologues titulaires du titre de psychologue tel qu'il a été défini par les décrets 90-255 en application de la loi du 25 Juillet 1985. Loi n° 85 - 772 du 25/07/85.

Dans la pratique ces maisons ne dérogent pas à la règle et, pour la quasi-totalité des tests délivrés, il est impératif de prouver ses qualifications[7]. Considérées de l'extérieur, ces différentes exigences peuvent paraître contraignantes, pourtant elles sont indispensables. En effet, le choix des méthodes psychologiques d'évaluation ainsi que leur mise en œuvre nécessitent une formation et des compétences tout à fait spécifiques qu'il est impossible d'acquérir du jour au lendemain. Qu'il s'agisse de recrutement ou d'évaluation de potentiel, il est indispensable que le professionnel possède des référents théoriques et méthodologiques très précis qui puissent lui permettre de s'inscrire dans une démarche pédagogique vis-à-vis des personnes qui sont soumises à ces tests.

Cette démarche pédagogique s'inscrit dans le respect concret de quatre exigences que nous considérons comme absolument fondamentales.

1. Il est indispensable que le psychologue explique au candidat, de façon claire et motivée quel outil ou quelle méthode il va utiliser et pour quelles raisons. Cette façon de procéder concourra d'ailleurs à dédramatiser certaines situations vécues généralement comme anxiogènes.

2. Il est important, voire indispensable, que le psychologue soit présent dans la situation de passation. L'observation clinique est indissociable de l'évaluation métrique. L'observation du sujet en situation lui permettra de tenir compte de certaines données (stress, incompréhension passagère...) qui l'aideront à nuancer l'analyse qu'il fera ultérieurement des résultats obtenus au test. Ainsi, si un candidat échoue à un test, l'interprétation des résultats sera différente si le psychologue a pu observer ce qui s'est passé pendant la passation.

3. Les résultats obtenus doivent obligatoirement être communiqués et commentés au sujet en question, et ce, même si le candidat n'est pas retenu. Dans la réalité cette disposition est sans doute contraignante, elle est pourtant matériellement possible (par téléphone par exemple). Cette façon de faire doit être réalisée de manière constructive, en insistant par exemple sur les points positifs et en relativisant ceux qui le sont moins. Un candidat non retenu, n'est jamais, en tant que tel, un « mauvais candidat ».

---

7. Ainsi, tout psychologue doit être en mesure de présenter soit un Diplôme d'Études Approfondies (DEA), soit un Diplôme d'Études Supérieures Spécialisées (DESS), soit un Doctorat. Ces tests sont également délivrés à des psychologues diplômés de l'École des Psychologues praticiens.

4. Il est indispensable que les résultats restent confidentiels, en particulier toutes les données qui ne sont pas directement en relation avec le poste en question, s'il s'agit d'un recrutement. Cette confidentialité est inscrite dans le code de déontologie des psychologues, sous la forme du « secret professionnel ». Cette exigence nous semble d'autant plus fondamentale, qu'il est impensable que des données personnelles concernant la vie intime des candidats soit connue par le responsable du cabinet ou le chef d'entreprise. À cet effet, nous ferons également référence, au cours de cet ouvrage, à la législation qui existe en matière de protection des candidats contre certains abus.

3. EXIGENCES SCIENTIFIQUES ET PRATIQUES

Afin qu'une méthode d'évaluation apporte au professionnel concerné un niveau de scientificité suffisant et une véritable garantie d'utilisation, il est indispensable qu'elle réponde à différents critères. Le premier d'entre eux concerne **les qualités psychométriques** : une méthode d'évaluation fiable doit être **fidèle**, elle doit être en mesure de fournir des résultats similaires et constants. Elle doit être **sensible** en apportant une information qui puisse être en mesure de différencier un candidat du groupe auquel il appartient. Enfin, elle doit être **valide** c'est-à-dire elle doit apporter la **preuve expérimentale** qu'elle mesure bien ce qu'elle est censée mesurer. Il est également indispensable de savoir quel domaine ou quel critère permet de dire que telle méthode est valide. En effet, une méthode d'évaluation peut être tout à fait valide dans un contexte clinique et ne plus l'être dans le domaine professionnel. D'autre part, une méthode d'évaluation peut être tout à fait pertinente dans un contexte professionnel pour un critère donné et ne plus l'être pour un autre critère. Enfin, il est essentiel que le spécialiste en psychométrie puisse disposer d'un modèle théorique clair qui repose sur des bases conceptuelles solides et reconnues par la communauté de ses pairs. Comment serait-il possible de vérifier la pertinence d'une méthode dont les fondements théoriques seraient déjà obscurs ?

Le second critère concerne **les caractéristiques de l'échantillonnage.** Il est indispensable que les valeurs statistiques obtenues l'aient été sur un échantillon de grande taille et parfaitement représentatif de la population en question. D'autre part, une méthode d'évaluation fiable — qui puisse être utilisée par le professionnel en toute sécurité et en toute quiétude — doit obligatoirement fournir des normes de références fiables qui puissent permettre de véritablement comparer un sujet à son groupe[8].

Si ces différentes exigences ne sont pas respectées, il est fort probable que la méthode d'évaluation utilisée ne possède pas la moindre garantie pour son utilisateur. Ces exigences scientifiques représentent la « complémentarité pratique » des hommes de recherches et des hommes d'action que sont les professionnels des ressources humaines.

---

8. De plus en plus de méthodes d'évaluation — commercialisées sans aucun contrôle — présentent à leurs acheteurs potentiels des études — qualifiées de «scientifiques» — destinées à prouver leur légitimité. Que le professionnel des ressources humaines ne s'y trompe pas : les données sont souvent superficielles et très fréquemment marquées par **le sceau de la simplicité méthodologique**. Le fait de présenter des courbes accompagnées de valeurs numériques est peut-être un argument commercial mais ne constitue pas un critère de garantie et de fiabilité pour l'utilisateur car **on ne connaît pas en général quelles sont les différentes méthodes qui ont permis d'obtenir ces résultats.**

DEUXIÈME PARTIE

La mise à l'épreuve des méthodes d'évaluation

Où le lecteur découvrira concrètement que les procédures les plus utilisées en France, sont curieusement les moins valides.

*Nous venons de montrer qu'il était indispensable qu'une méthode d'évaluation réponde à de véritables exigences. Nous avons pour cela fait référence aux qualités psychométriques d'une part et aux conditions d'utilisation et de passation d'autre part. **La légitimité et la validité d'une procédure reposent, en effet, sur sa mise à l'épreuve.** Cette mise à l'épreuve est synonyme de vérification en suivant les principes de la démarche expérimentale. Prétendre qu'une méthode est valide parce qu'elle « a marché » sur quelques personnes — sans même savoir, parfois, ce que l'outil mesure — constitue, évidemment, une démonstration bien fragile[1]. Ce n'est qu'après cette expertise que l'on pourra véritablement parler de validité et certainement pas avant.*

*Nous allons maintenant nous intéresser au niveau de validité des principales méthodes d'évaluation utilisées dans une perspective de pronostic professionnel. Le contenu de cette partie sera constitué d'une synthèse de la littérature scientifique consacrée au sujet. Cette présentation sera systématiquement accompagnée de résultats concrets et de références précises qui permettront au lecteur qui le souhaite d'aller un peu plus loin dans sa recherche. Ainsi, nous nous intéresserons à l'entretien ainsi qu'aux différents tests utilisés dans le monde professionnel (tests d'aptitudes, de personnalité, etc.). Nous ferons également référence à la technique des « Assessment Centers » ou « Centres d'Évaluation »[2] dont l'utilisation demeure en France beaucoup plus marginale. Si nous avons choisi cette perspective de travail, c'est parce que nous considérons que la meilleure façon de démonter l'efficacité d'une méthode est de la mettre à l'épreuve des faits afin d'avoir accès à des **résultats concrets** qui puissent confirmer ou non la validité de telle ou telle méthode.*

---

1. Il s'agit, pourtant, d'un argument fréquemment avancé : dernièrement, un responsable de formation d'une grande société française nous a confié, que son test (de personnalité) était valide car « ça avait marché » sur quelques membres de son équipe constituée de 4 femmes !
2. Si quelques professionnels en parlent, il faut reconnaître, qu'en général, les fondements et les spécificités de cette méthode sont ignorés.

Chapitre 3

L'entretien

1. LA FRÉQUENCE D'UTILISATION DE L'ENTRETIEN EN FRANCE

Comme le souligne Michel Moulin (1992), « l'entretien, en tant que méthode d'évaluation, a toujours occupé la première place ». Cette affirmation est, en effet, confirmée par un certain nombre d'enquêtes. **D'autre part, la prépondérance de cette méthode — en tant que procédure d'évaluation — se retrouve dans la plupart des grands pays industriels.**

L'enquête menée en 1988 -1989 par M.-L. Bruchon-Schweitzer à partir d'un échantillon représentatif [4] de 102 structures, nous indique que l'entretien est une technique utilisée par les Cabinets à 98%, par les Entreprises privées et nationalisées à 100%. Ces résultats sont confirmés dans une étude plus récente qui indique, quel que soit le mode d'approche du cabinet, que tous les consultants utilisent comme méthode préférentielle l'entretien classique (traditionnel, c'est-à-dire « non structuré »[4]) dès lors qu'il est question de recruter un collaborateur quel que soit son niveau de poste.

Une autre étude réalisée par l'École Supérieure de Commerce de Lyon va dans le même sens. Elle a été menée en collaboration avec l'Université de Cranfield et le cabinet Price Waterhouse auprès d'un échantillon de 5500 directeurs du personnel de douze pays européens. Cette enquête indique que la France arrive largement en tête : ainsi 92% de ses responsables utilisent l'entretien comme méthode de recrutement, (*Les Échos*, mars 1993) tandis qu'en Allemagne, la technique de l'entretien est utilisée une fois sur deux (57 % des cas) pour le recrutement des cadres (Schuler, 1991).

---

3. Représentatif au niveau des caractéristiques des structures ayant répondu à l'enquête (cabinets-conseils, entreprises privées, entreprises du secteur public).
4. Balicco, 1999

La question est de savoir si une telle fréquence d'utilisation traduit la validité de la procédure[5]. En d'autres termes : toutes les informations obtenues dans le cadre d'un entretien sont-elles dignes de confiance ? Peut-on, par exemple, supposer que la rencontre avec un candidat — et la connaissance que l'on aura de celui-ci — est suffisante pour se forger une opinion et prévoir sa réussite professionnelle future ? L'entretien permet-il une évaluation objective du sujet en situation ? Peut-on déterminer avec précision, par exemple, certaines caractéristiques comme ses traits de personnalité, sa motivation, son « intelligence » ? Quand on mène un entretien, est-on toujours maître de son objectivité ? D'autre part, le fait de posséder une expérience dans la conduite d'entretien, constitue-t-elle obligatoirement un atout ? Autant de questions auxquelles il n'est peut-être pas aussi simple de répondre.

Nous verrons que l'entretien ne constitue pas une technique aussi fiable qu'on pourrait le penser. Certes, notre intention n'est pas de vouloir prouver son inutilité — l'entretien demeure, en effet, **une technique tout à fait indispensable** — mais de montrer qu'il serait sans doute beaucoup plus judicieux de lui accorder un poids moins important dans la prise de décision, quelle que soit d'ailleurs la procédure en cours (recrutement, entretien d'évaluation, bilan de compétences, etc.).

2. LES DIFFÉRENTES FORMES D'ENTRETIEN ET LEUR NOMBRE

Au sein des entreprises ou des cabinets-conseils, les formes d'entretien peuvent être extrêmement variables. Elles dépendent non seulement de la culture de l'entité mais aussi de la croyance de ses praticiens en la pertinence de tel type d'entretien par rapport à tel autre. Ainsi, certains professionnels choisiront systématiquement de recevoir le candidat seul (entretien individuel), tandis que d'autres préféreront les rencontres collectives. Parfois, le candidat est reçu par un seul recruteur, parfois par plusieurs. En fait, tous les cas de figure peuvent coexister avec une prépondérance, nous semble-t-il, pour l'entretien individuel. La façon dont l'entretien est mené varie également en fonction de la personnalité du recruteur. Si certains préfèrent mettre le candidat en confiance dès le début de l'entretien, d'autres essayeront de vérifier ce que le sujet « a dans le ventre » en le « mettant sur le grill ». Il existe enfin, une autre forme d'entretien, utilisée comme technique de «pré-

---

5. Vouloir faire correspondre la fiabilité d'une méthode avec sa fréquence d'utilisation est un argument pour le moins fallacieux, du moins en ce qui concerne, certaines méthodes. On retrouve cet argument — apparemment logique — pour légitimer une panoplie de méthodes tout à fait contestables (certains tests, la graphologie, etc.).

recrutement» qui consiste à approcher[6] le candidat par téléphone, cette procédure étant fréquemment utilisée dans la « chasse de tête ».

Combien de fois les candidats sont-ils reçus ? Il semblerait que la réponse à cette question soit tout aussi variable. Ainsi en consultant le détail des méthodes de recrutement des 500 premières sociétés françaises nous avons constaté que la grande majorité des professionnels avaient plutôt tendance à recevoir en moyenne une à deux fois chaque candidat en entretien[7]. D'autres les reçoivent un peu plus (3 ou 4 fois). Notons toutefois le cas de quelques sociétés dont les responsables peuvent revoir un même candidat jusqu'à 15 ou 20 fois !

On ne peut que s'interroger sur la nécessité d'une telle fréquence d'utilisation notamment quand on connaît la faible valeur prédictive de l'entretien en matière de pronostic professionnel. Un tel comportement peut s'expliquer par la nature même de la situation qui d'emblée, est marquée par une crainte majeure : **celle de se tromper de candidat.** La multiplication des rencontres avec celui-ci aurait donc pour fonction de neutraliser progressivement les charges anxiogènes générées par l'incertitude de la situation. D'autre part, on ne peut nier que l'entretien constitue également une méthode qui rassure non seulement le recruteur mais aussi le recruté, comme le souligne d'ailleurs très justement KRAMER (1965) quand il précise que « malgré les erreurs de jugement qu'il entraîne, son utilisation a pour effet de rassurer et celui qui le subit et celui qui le conduit »[8].

Par conséquent, la répétition des entretiens aurait une double fonction : elle serait une manière, pour le recruteur, de gérer son angoisse née de cette incertitude, elle aurait aussi pour ambition de la faire disparaître pour ainsi accéder à une illusion de maîtrise.

3. DÉFINITION ET OBJECTIFS DE L'ENTRETIEN

Avant de poursuivre, n'est-il pas temps de définir ce qu'est « un entretien » et quels en sont les objectifs ? Il est vrai que la question peut surprendre. Ne s'agit-il pas en effet d'une procédure tout à fait banale que chacun de nous peut mettre en œuvre parfois quotidiennement ?

---

6. Le candidat, dans le cadre d'une procédure de recrutement, est souvent « approché » par une « assistante » qui est, en général, la collaboratrice directe des consultants. Parfois, le consultant peut lui-même contacter le candidat potentiel.

7. D'après notre expérience, la fréquence des entretiens en cabinet-conseil varie dans des proportions similaires : de 2 à 4 en moyenne.

8. *In* MOULIN, 1992.

A - L'entretien : la subjectivité par essence

L'entretien est avant tout une rencontre — extrêmement complexe — entre deux ou plusieurs personnes. Nous verrons que d'emblée une telle rencontre est **marquée par le sceau de la subjectivité**[9]. Il se déroule généralement entre deux personnes pour des considérations très souvent organisationnelles et financières. Cette situation de face à face ne ressemble d'ailleurs à aucune autre forme d'entretien (entretien clinique, de soutien...) car cette relation se déroule au sein d'une entreprise ou d'un cabinet. Les enjeux d'une telle rencontre sont donc tout à fait spécifiques.

B - Les trois objectifs de l'entretien

Déterminer les objectifs d'un entretien, c'est d'abord identifier au préalable dans quel contexte le sujet évolue. S'agit-il d'une situation classique de recrutement, ou le sujet se trouve-t-il dans une situation d'évaluation de ses propres compétences (bilan) ? A-t-il répondu à une annonce — dans ce cas, le sujet est demandeur — ou un cabinet-conseil spécialisé en approche directe l'a-t-il contacté ? Il est clair que dans chacune de ses situations, l'entretien sera vécu différemment par chacun des protagonistes. Un sujet déjà en poste « invité » par un « chasseur de têtes » sera beaucoup plus décontracté pendant l'entretien que celui qui à répondu à une annonce (et qui recherche un poste).

L'utilité de l'entretien peut se résumer en trois objectifs[10] :

Faire connaissance avec le sujet (dimension relationnelle et humaine). Posséder un document qui décrit son histoire professionnelle et personnelle est loin d'être suffisant. Cette rencontre permet non seulement d'approfondir le contenu d'un CV mais aussi d'éliminer un certain nombre de préjugés qui peuvent avoir été générés lors de sa lecture. Cette rencontre permet aussi de jauger le sujet en situation. Elle doit s'instaurer sous le signe de la confiance mutuelle[11].

---

9. L'entretien est par nature, subjectif. En effet, le jugement, les sentiments, etc., que l'on peut avoir à propos d'un candidat sont sujets à des variations très nettes qui concernent aussi bien les interviewers que les sujets eux-mêmes. Croire au caractère objectif de l'entretien reviendrait, tout simplement à adhérer au mythe d'une possible rationalité à outrance (le cérébral) et occulter la dimension affective qui nous caractérise tous. En d'autres termes, ce serait raisonner comme une machine et non plus comme un être humain qui « pense aussi avec son cœur et ses préjugés ».

10. Si nous partageons, avec les conseils en recrutement, les mêmes objectifs, nous ne leur accordons pas cependant la même importance.

11. Cette « confiance mutuelle » signifie que, dès le départ, l'interviewer doit instaurer un climat propice à l'échange où le sujet doit être respecté, écouté et non jugé. L'objectif est de favoriser, chez celui-ci un sentiment de confiance et de sécurité qui le motivera à parler de manière la plus sereine possible.

Recueillir un ensemble d'informations (dimension contextuelle et rationnelle). Ces informations devront être les plus pertinentes possible par rapport à la situation. Dans le cas d'une procédure de recrutement, l'entretien servira à compléter le CV ou à corroborer les dires du sujet. Il servira aussi à identifier ses attentes actuelles et à évaluer les différentes caractéristiques de sa biographie professionnelle. Dans le cas d'une situation de bilan, elle aidera le sujet à adopter une vision anticipatoire et prospective.

Recueillir un ensemble d'impressions (dimension subjective et non rationnelle). Les différentes impressions devront, obligatoirement, être confirmées par d'autres procédures. Dernièrement le responsable d'une entreprise de la région parisienne nous expliquait la « philosophie » de ses recrutements. Ainsi, dès qu'une personne franchissait la porte de son bureau, il était à même de déterminer « s'il était fait pour le poste ou non ». Pour lui, l'entretien n'avait pas d'autre objectif que de confirmer sa fameuse « première impression ». Or, nous verrons que cette manière de procéder est tout à fait contestable car dans ce cas ce n'est plus l'entretien que l'on cherche à valider mais une impression purement subjective et considérée comme étant toujours juste. Or, comme le soulignait DEVEREUX, quand on cherche à confirmer une première impression, on trouve toujours dans le cadre d'un entretien des éléments qui vont dans son sens : logiquement, on a donc toujours raison. Une démarche plus judicieuse serait d'adopter une stratégie qui consisterait à infirmer sa première impression.

4. LES DIFFÉRENTS TYPES D'ENTRETIEN

A - Une approche clinique : les entretiens non directifs

Le terme « d'entretien non directif » a été défini, à l'origine, par K. ROGERS qui l'utilisait dans sa pratique clinique. Actuellement ce type d'entretien est très utilisé dans les enquêtes de type psychosociologique où le professionnel a pour devoir de laisser le sujet absolument libre de s'exprimer comme il l'entend. Pour y accéder, l'interviewer adopte une position « d'empathie[12] » ou de neutralité[13], du moins en théorie, car dans la pratique et en particulier en entreprise, cette façon de procéder reste très délicate à mettre en œuvre.

---

12. L'empathie est la « compréhension intuitive » du sujet. Cette dernière est rendue possible grâce à la tolérance et à l'ouverture sur autrui. L'empathie constitue une « technique » qui s'apprend grâce à un travail sur soi-même, elle n'est d'ailleurs possible que dans le cadre d'entretiens non directifs.
13. La neutralité est synonyme d'écoute et d'ouverture, « sans défense ni armure », elle permet l'expression de l'autre. Dans la pratique, la neutralité n'est jamais totalement atteinte : il est seulement possible de s'en approcher.

Différentes techniques sont utilisées dans les entretiens de ce type, la plus connue d'entre elles est celle de la reformulation, qui consiste à renvoyer vers son interlocuteur ce qu'il vient de dire de façon plus synthétique et pas nécessairement avec les mêmes mots. L'objectif est de ramener « en miroir » le discours du sujet pour que celui-ci prenne véritablement conscience de son contenu.

Cette méthode possède, incontestablement, quelques avantages, notamment celui de permettre un recueil efficace des données. Par contre si elle semble bien adaptée, dans le cadre d'un bilan de compétences, elle ne l'est plus dans le cadre d'une procédure de recrutement : en effet, un candidat ne parlera pas spontanément de certaines choses qui pourront jouer en sa défaveur. Dans ce cas, le recruteur sera bien contraint de « perdre » sa neutralité ou son « empathie ». C'est d'ailleurs pour cette raison que nous pensons que ce type d'entretien est beaucoup plus adapté dans le secteur clinique[14], où les enjeux sont fondamentalement différents.

B - Approfondir la biographie : les entretiens semi-directifs

La personne qui dirige ce type d'entretien est directive dans les questions qu'elle pose et non directive dans les réponses qu'elle en attend. Une telle façon de procéder est relativement fréquente, en particulier quand il s'agit d'approfondir certains points particuliers de la biographie du sujet.

Exemple : « Vous avez quitté volontairement votre société alors que vous possédiez un poste à responsabilités et un très bon salaire. Pouvez-vous m'expliquer ce qui vous a motivé à le faire ? ».

Ce type d'entretien est particulièrement adapté aux situations qui nécessitent un échange constructif et riche. En effet, contrairement à « l'entretien non-directif », l'interviewer pose ici des questions précises avec un objectif très simple : **celui de recueillir un maximum d'informations en un minimum de temps**. Là est d'ailleurs sa véritable nature. D'autre part, le fait de permettre au sujet de répondre comme il le souhaite, c'est non seulement le respecter mais c'est aussi favoriser chez lui une motivation à répondre.

Parfois ce type d'entretien peut emprunter une nouvelle forme. C'est le cas, en particulier, de « l'entretien provocateur »[15], méthode semi-

---

14. Ce type d'entretien est d'ailleurs issu de ce secteur, les praticiens l'utilisent dans le cadre de la « psychothérapie non directive ». Il faut d'ailleurs noter que son passage à l'entreprise l'a vidé d'une partie de sa substance. Ainsi, en psychologie clinique, s'il est possible d'écouter avec sympathie son patient voire de le réconforter, il est rarissime que cela puisse être le cas en entreprise.
15. Tixier, 1984.

directive destinée au recrutement de cadres dirigeants. Elle trouve sa légitimité pratique dans la nécessité de « connaître un dirigeant en moins de deux heures », mission qualifiée par l'auteur de « défi quotidien ». Cette technique utilise à la fois des questions ouvertes et des questions « projectives » « permettant d'obtenir une réponse vraie à partir d'un mot clé chargé d'affectivité ». Par exemple : « Aimez-vous l'argent ? ».

Le principe de cette méthode est relativement simple. Plutôt que de rassurer son interlocuteur et d'instaurer un climat de confiance, l'interviewer préfère provoquer le sujet afin de le déstabiliser. L'objectif est de mettre le candidat en difficulté constante afin d'aboutir à « une communication efficace », expression empruntée à l'auteur.

On ne peut que s'interroger sur la véritable utilité de ce type d'entretien notamment pour des considérations à la fois éthiques et pratiques. Dans quelle mesure peut-on être certain que l'entretien provocateur est adapté à la personnalité de chaque candidat ? Quelles peuvent être les répercussions psychologiques de ce type d'entretien : est-on certain d'aboutir à une communication aussi efficace qu'on le pense ?

Nous pensons qu'il est beaucoup plus facile d'obtenir la coopération d'un candidat quand on le respecte et quand il se sent en confiance. Le mettre en difficulté, c'est aboutir inévitablement à une « pseudo-communication » qui ne pourra jamais rendre compte de la complexité d'un sujet et de ses expériences. D'autre part, ce type de recruteur n'aurait-il pas tendance à oublier que l'un de ses rôles consiste à « vendre » l'entreprise à son candidat ? Après un tel entretien peut-il encore le faire dans de bonnes conditions ?

C - Un possible frein à la communication : les entretiens directifs

Dans ce type d'entretien, la notion de liberté est totalement absente chez l'interlocuteur. Il s'agit, en effet, d'une situation où l'interviewer pose des questions précises, son objectif étant d'obtenir des réponses également de même nature. Les questions posées sont généralement fermées, donc sans possibilité d'ouverture pour le candidat.

L'entretien directif est quasiment obligatoire en particulier lorsqu'il s'agit de vérifier des données purement factuelles comme celles que l'on peut trouver, par exemple dans un CV. Ce type d'entretien est surtout mis en œuvre au moment du recueil des informations.

En aucun cas, cette méthode directive ne doit monopoliser l'entretien car elle deviendrait rapidement un véritable frein à la communication et empêcherait le sujet de s'exprimer pleinement. Par conséquent, elle priverait l'interviewer d'un certain nombre d'informations. La caricature du directif, c'est l'enquêteur autoritaire. Nous verrons, dans ce chapitre, que ce type d'entretien se rapproche du questionnaire biographique.

D - Pour s'éloigner de la subjectivité : l'entretien structuré et l'entretien situationnel

Les entretiens que nous venons de présenter trouvent leur origine dans la pratique clinique ou la méthode sociologique. À aucun moment ce type d'entretien ne fait référence à une analyse du travail. **En d'autres termes, les entretiens sont généralement menés de manière empirique et leur mise en œuvre repose sur l'intime conviction qu'ils sont généralement suffisants.**

Il existe aussi une autre catégorie d'entretiens, très peu utilisés en France : il s'agit des « **entretiens structurés** » et des « **entretiens situationnels** ». Cette méconnaissance est surprenante car nous verrons que leur validité est bien supérieure à celle des entretiens « traditionnels ». **Ce fait ne constitue pas un hasard car la construction de ce type d'entretien est toujours réalisée à partir d'une « analyse de travail »**[16].

Les résultats de l'analyse de travail sont fondamentaux car ils doivent permettre d'identifier les comportements ou les performances indispensables pour réussir dans une fonction donnée.

D'autre part, la construction des entretiens situationnels repose sur un postulat qui voudrait que les intentions d'un sujet (lors d'un entretien) et son comportement ultérieur dans le poste soient fortement liés.

1. L'entretien « structuré » (Structured interview)

Par opposition aux entretiens « non structurés » (ou « traditionnels »), « l'entretien structuré » est « une suite de questions relatives au poste avec des réponses prédéterminées, qui sont appliquées sans exception dans tous les entretiens pour un poste particulier »[17]. Ce type d'entretien comporte donc une liste de questions à poser au candidat et réparties en plusieurs catégories (toutes en relation avec le poste en question)[18].

Un premier type de questions est ainsi destiné à savoir comment un sujet répondrait à un certain nombre de situations professionnelles différentes. **Ce sont des questions dites « situationnelles ».**

---

16. L'analyse du travail correspond à une analyse détaillée permettant une décomposition du poste en parties les plus simples : cette décomposition permet la mesure et l'observation. Il existe plusieurs méthodes, parmi celles-ci, on peut citer la « méthode des incidents critiques » de Flanagan où l'on demande à des personnes qui occupent le poste de bien vouloir décrire et discuter de leur poste de travail en relatant des comportements concrets considérés comme réussis ou échoués : dans ce cas il s'agit de décrire les comportements considérés comme des erreurs. L'ensemble des témoignages ainsi recensés permet de les transformer, par exemple, en questions d'entretien.

17. Campion et Gaylord 1980.

18. *Pour construire un entretien structuré*, Balicco, 2001.

D'autres questions ont pour objectif d'évaluer la connaissance de base que doit nécessairement posséder le sujet pour réussir dans son poste. **Ce sont les questions relatives à la « connaissance du poste ».**

De nouvelles questions concernent cette fois-ci des « maquettes d'échantillon de travail » et l'utilisation de la terminologie spécifique du poste. **Ce sont des questions relatives à une situation simulée du poste.**

Enfin un dernier type de questions est destiné à évaluer la motivation du sujet à réussir certaines tâches, dans certaines conditions de travail. **Ce sont les questions destinées à évaluer les exigences que doit posséder un collaborateur dans son poste.**

On peut également trouver dans ce type d'entretien structuré, un ensemble de questions qui font référence au passé professionnel du sujet. Ainsi l'interviewer cherchera à savoir comment le sujet, dans le passé, a répondu à certaines situations professionnelles qu'il a connues. Pour ce faire, il utilisera une nouvelle technique connue sous le nom de « **PBDI** », « Patterned Behaviour Description Interview » où « Entretien permettant de décrire un schème de comportement »[19].

Bien entendu ces questions qui feront référence au passé professionnel du sujet auront été également établies après une analyse de poste. Des échelles de mesure prédéterminées permettront ensuite d'évaluer les réponses du sujet.

2. Les entretiens « situationnels » (Situational interviews)

Dans ce nouveau type d'entretien, les questions de l'interviewer ont pour objectif de déterminer comment un sujet répondrait à une situation dans le futur. Contrairement au PBDI dont les questions étaient relatives au passé, on va demander ici au sujet de se projeter dans l'avenir.

L'entretien situationnel est également réalisé après une étude du poste mais va beaucoup plus en profondeur. **La réalisation du guide d'entretien n'a pas d'autre objectif que de mettre le sujet en face de situations spécifiques et représentatives du poste en question.**

La technique utilisée pour réaliser ce type d'entretien est celle des « **incidents critiques** »[20]. Elle consiste en l'élaboration de comptes rendus d'analyse de poste. Ce travail d'analyse est réalisé par des personnes qui connaissent extrêmement bien les caractéristiques du poste. Il per-

---

19. Un schème de comportement est « un ensemble de phénomènes organisés dans le temps et intervenant dans l'acte de connaissance, par lesquels on anticipe l'avenir et prépare une action » (Sillamy, 1983).
20. J.-C FLANAGAN, 1954.

met ainsi le recensement d'un ensemble de comportements jugés comme étant spécifiquement efficaces ou inefficaces. Ces « incidents critiques » vont ensuite être transformés en questions d'entretien dans lesquelles l'interviewer demandera au sujet comment il se comporterait dans le poste en question et surtout pourquoi[21].

Validité de ces deux types d'entretien : premiers éléments explicatifs

Nous venons de découvrir que, comparativement aux entretiens « traditionnels » (non structurés), les entretiens structurés sont élaborés de manière beaucoup plus formelle. Comme nous le soulignions précédemment, leur suprématie en matière de validité ne constitue pas un hasard pour plusieurs raisons :

- la conception de ce type d'entretien découle d'une analyse de travail ;
- l'évaluation des réponses du sujet est beaucoup plus objective grâce à des « échelles de mesure ». Ces échelles sont fondamentales, dans le sens où elles permettent de ne plus se fier à sa « propre intuition » mais à des référents issus d'une analyse de travail ;
- et enfin, les concepteurs de ce type d'entretiens ont dépassé la croyance en la toute puissance de l'entretien « traditionnel » même s'il est vrai que cette technique demeure un bon recueil de données[22].

5. LES DIFFÉRENTS PARAMÈTRES QUI PEUVENT FAUSSER LE CONTENU DE L'ENTRETIEN

Il existe dans l'entretien et souvent dès le départ, un certain nombre de paramètres qui pourront venir fausser son contenu et, par conséquent, son niveau de validité[23].

L'un d'entre eux concerne l'**âge** de la personne recrutée. On ne peut nier la dimension culturelle de ce facteur, notamment en France, où il semblerait que « l'on soit vieux de plus en plus jeune ». Pour les mêmes compétences, même si cela est rarement avoué, le recruteur préférera systématiquement choisir une personne plus jeune. Cette affirmation est

---

21. « Chaque réponse du sujet sera ensuite évaluée indépendamment par deux interviewers ou plus, sur une échelle à 5 points de type Likert. » . Pour faciliter la notation, des experts ont élaboré des types de comportements qui sont utilisés comme repères ou illustrations pour les réponses 1, 3 et 5. (Latham, Saari, Pursell, Campion 1980).

22. Recueillir un ensemble de données est, certes, important mais ne signifie nullement que ces informations doivent être considérées comme des données majeures et surtout définitives. Ce qui est contestable, ce ne sont pas les données elles-mêmes mais l'importance qu'on leur donne, en particulier quand on pose des questions sans trop savoir où on va (cas de l'entretien « traditionnel »).

23. Voir annexe 5 : les 25 critères qui interviennent dans la prise de décision lors d'un entretien de recrutement.

d'ailleurs confirmée par plusieurs études qui indiquent un effet significatif de l'âge sur les évaluations des interviewers à propos des candidats[24].

D'autre part, il semblerait que lorsque le recruteur est nettement plus âgé que le candidat qu'il reçoit, il existerait une sorte de relation « dominant-dominé », voire « sado-masochiste » entre les deux protagonistes. Pour le sociologue Luc CHAILLEUX, on retrouve un phénomène identique pour ce qui est de l'appartenance sociale.

Le sexe constitue un autre facteur susceptible de biaiser l'entretien. Celui-ci semble d'ailleurs être en étroite relation avec l'apparence physique. Dans une enquête menée auprès des 40 plus grands cabinets de recrutement et de Chasseurs de têtes, le fait d'avoir un physique disgracieux est jugé, dans le cadre d'une procédure de recrutement ou d'*out placement,* comme « rédhibitoire » à 14% et « négatif dans la plupart des cas » à 21% (Le pourcentage est calculé sur 160 réponses, chaque cabinet ayant donné 4 réponses), en particulier pour des postes de nature commerciale ou liés à l'accueil (*Capital,* octobre 1981).

Le fait d'avoir « les mains moites », « une voix désagréable » ou d'être « obèse » sont des paramètres qui sont également jugés très sévèrement.

Il semblerait également qu'il existe une véritable discrimination sexuelle de la part des hommes vis-à-vis des femmes, notamment lorsqu'elles sont « peu séduisantes »[25]. Un autre type de discrimination montrerait que la chance d'obtenir un poste serait en relation avec la conformité sociale de son sexe à ce poste[26]. Ainsi, un homme a peu de chances de se voir attribuer au sein de sa structure un poste de secrétaire (poste considéré comme typiquement féminin). Pour choisir l'exemple du secteur bancaire, les cadres et cadres dirigeants de sexe féminin sont extrêmement rares.

Cette étude est d'ailleurs confirmée par celle d'ARVEY (1979) qui indique une tendance à donner aux femmes des évaluations plus faibles à celles qui postulent à des « postes typiquement masculins ». Le même phénomène se produit chez les hommes qui postulent à des postes « considérés comme typiquement féminins ».

---

24. HAEFNER, 1977. ROSEN et JERDEE, 1976. BALICCO, 1999.
25. DIPLOYE, FROMKIN et WIBACK, 1975.
26. COHEN et BUNKER, 1975

Quant au fait d'être homosexuel[27], les jugements sont extrêmement sévères puisque cette caractéristique est jugée comme « rédhibitoire » à 16 %, comme « négative dans la plupart des cas » à 22 % et « négative dans certain cas » à 34 % (*Capital*, octobre 1981).

Il semblerait également que la « **race** » soit une dimension qui intervienne également très fréquemment dans le cadre de l'entretien. On en retrouve d'ailleurs les traces dans toute la littérature anglo-saxonne qui opère une distinction constante entre les « Noirs », les « Blancs » et les « Hispaniques ». Notons au passage le caractère polémique du concept condamné par un grand nombre de spécialistes (généticiens, anthropologues, etc.) qui ne lui accorde aucune légitimité scientifique.

Dans l'enquête menée par *Capital*, le fait d'être « une personne de couleur » est jugé comme « rédhibitoire » (toujours dans le cadre d'un recrutement) à 2% (désirabilité sociale oblige) et « négative dans la plupart des cas » à 32%. Nous pouvons mettre en relation ces résultats avec un jugement également sévère sur les « candidats de religion non chrétienne » (13 % de réponses négatives).

La formation semble également jouer un rôle puisque le fait d'être autodidacte est considéré comme une caractéristique « négative dans la plupart des cas » à 25 % et « négative dans certains cas » à 45 %, comme s'il allait de soi que les diplômes et la formation étaient suffisants pour prédire la réussite professionnelle future d'un candidat. (*Capital*, octobre 1981). Il semblerait d'autre part qu'il existe une tendance à mieux percevoir le candidat et à privilégier celui-ci, lorsque sa formation d'origine est identique à celle de l'interviewer (voire du client).

Enfin, **les préjugés et les croyances** semblent jouer un rôle non négligeable du côté de l'interviewer. Ainsi la croyance en la validité prédictive de l'entretien professionnel (validité de « conviction »[28]) constitue un biais non négligeable car, bien souvent c'est à partir de celui-ci que l'on cherchera à confirmer la fiabilité d'autres techniques, même si ces dernières sont plus fiables. L'entretien peut lui-même être perturbé par la croyance de l'interviewer en des techniques supposées décrire le candidat (morphopsychologie, PNL, gestuologie, etc.) et qui ne possèdent pourtant pas la moindre garantie scientifique. De telles croyances sont

---

27. Comment se fait il qu'une donnée aussi personnelle puisse intéresser un recruteur, cette information conditionnerait-elle, par hasard, la réussite ou l'échec du candidat dans son poste ? Il serait également intéressant de savoir comment l'interviewer parvient à savoir que le candidat est homosexuel. S'agirait-il, par hasard, d'une « caractéristique » inscrite sur son visage ou s'agirait-il, plutôt, d'un préjugé intuitif de la part de l'interviewer, une sorte de théorie implicite du comportement qui induirait une théorie implicite de la personnalité ?

28. La validité de « conviction » est une sorte de « validation intuitive » : « ça marche, je le sens ». Il ne s'agit pas d'une vérification formelle mais d'une sorte de pseudo-validation personnelle.

désastreuses car elles amènent l'interviewer à partir de ses présupposés, à construire un ensemble des théories implicites (de la personnalité, etc.) dénuées de toute valeur, qui déboucheront immanquablement sur des interprétations abusives ne possédant pas la moindre légitimité scientifique.

Il est certain que d'autres facteurs peuvent aussi intervenir au cours de l'entretien (cf. tableau en annexe 5, BALICCO, 1999). On peut d'ailleurs citer à titre d'illustration le rôle de l'environnement (configuration du bureau, intimité, température...), « le rôle de l'entretien dans le système de sélection, les forces politiques, légales et économiques dans le marché et l'organisation »[29], etc.

Mais revenons dès à présent à la question centrale : quelle est donc la véritable valeur de l'entretien dans un contexte d'évaluation et de sélection professionnelle ?

6. L'ENTRETIEN EST-IL FIDÈLE ?

A - Les entretiens non structurés (ou « traditionnels »)

Le manque de valeur de **l'entretien traditionnel,** que nous avons déjà eu l'occasion de souligner, n'est pas une information bien originale et l'affirmer constitue, en soi, une véritable banalité. Par conséquent, on ne peut qu'être surpris par la confiance et surtout par le poids accordé au niveau de la prise de décision, à une technique à la validité aussi faible.

On peut citer à titre d'illustration l'une des premières recherches ayant trait la fidélité de l'entretien. Dans cette étude le psychologue français Alfred BINET mentionne un faible accord entre trois professeurs qui avaient procédé, sur la base d'entretiens, à des évaluations de l'intelligence chez cinq enfants (WAGNER, 1949).

Ce manque d'accord entre plusieurs évaluateurs se retrouve également dans un contexte industriel[30], même s'il est vrai que parfois la fidélité inter-juges n'est pas aussi mauvaise qu'on aurait pu le supposer[31].

La majorité des travaux ultérieurs, confirme la faible fidélité de l'entretien : dans un contexte de sélection, le degré d'accord entre plusieurs

---

29. ARVEY et CAMPION, 1982.
30. La publication de SCOTT va dans le même sens puisqu'elle indique également une fidélité extrêmement faible entre six Directeurs du Personnel qui avaient procédé à l'évaluation de 36 commerciaux (*in* ARVEY et CAMPION, 1982).
31. Sur les 25 articles retenus par WAGNER et traitant de l'entretien d'embauche, nous découvrons, en effet, que les coefficients de fidélité varient de **.23** à **.97**, avec un coefficient médian relativement moyen de **.57**, dans l'évaluation de traits spécifiques (*in* ARVEY et CAMPION, 1982).

évaluateurs reste médiocre[32]. Ce n'est donc pas un hasard si Maryse Perche[33], en faisant référence aux recherches sur la fiabilité de l'entretien, souligne le fait « qu'il y a de quoi troubler les responsables du personnel qui n'utilisent que l'entretien comme méthode d'appréciation des candidats »[34].

Notons, toutefois, que la fidélité concernant un même interviewer (fidélité intra-juge) demeure relativement bonne puisque celui-ci aboutit à des évaluations semblables à celles qu'il avait pu faire précédemment sur un même candidat. Il est probable que la mémoire puisse, dans ce cas, jouer un rôle non négligeable.

Dans certains cas, la fidélité inter-observateurs (inter-juges) peut augmenter — et même devenir excellente — dès lors **que les interviewers évaluent les candidats en s'intéressant à des données à caractère descriptif** (âge, niveau socio-économique, etc.)[35]. Une autre étude nous indique, également, que la fidélité augmente entre plusieurs évaluateurs **dès lors qu'on détermine au préalable des dimensions précises** que l'on aura à évaluer pendant l'entretien[36].

Quand il s'agit de descriptions plus **qualitatives** comme les caractéristiques de la personnalité, l'accord entre plusieurs interviewers reste faible. Ceci n'est pas étonnant car bien souvent chacun a sa propre conception et définition de la personnalité et ces « théories implicites » — élaborées de façon intuitive — ne partagent rien de commun avec les théories scientifiques. Cependant, il semblerait que certains traits comme la sociabilité et l'intelligence[37] puissent être mieux évalués. Différents auteurs[38] ont ainsi démontré que lorsqu'il s'agissait d'évaluer l'intelligence, la validité de l'entretien devenait bonne (bien que dans ce type d'études on ne savait pas de quel type d'intelligence il s'agissait).

---

32. Mayfield avait déjà conclu, dans son article de synthèse, que la fidélité inter-évaluateurs de l'entretien non structuré, était faible, notamment dans un contexte de sélection. Ce phénomène s'expliquerait, selon lui, par une différence d'interprétation d'une même information par les interviewers et dans le fait qu'une même information sera « pesée » différemment (1964).
33. Maryse Perche est responsable du Département Recrutement de la CORT (1987).
34. *Traité de Psychologie du Travail*, 1987.
35. Vaughn et Reynolds ont procédé à des entretiens menés à quatre mois d'intervalle sur une population de plusieurs centaines de personnes, dans deux villes du Middle West. Leur étude portait sur la fidélité au niveau de l'âge, du « statut éducational », et du niveau socio-économique. Les résultats furent éloquents : les coefficients de fidélité pour les deux échantillons testés étaient respectivement de **.85** et **.80** pour l'âge, de **.82** et **.67** pour le « statut éducationnel » et enfin **.61** et **.48** pour le statut socio-économique (Vaughn et Reynolds, 1951).
36. Reynolds (1979) a enquêté sur la fidélité d'un panel de 3 évaluateurs qui avaient interviewé 67 candidats. Ils ont trouvés des fidélités individuelles qui variaient de **.54** à **.66** pour 7 dimensions évaluées (*in* Arvey et Campion, 1982).
37. Wagner, 1949.
38. Il s'agit d'entretiens menés par des psychologues cliniciens : la validité obtenue est très élevée puisqu'elle est de **.70** (Sperber et Adlerstein, 1961).

Par ailleurs — et ceci peut surprendre — le fait d'être un interviewer expérimenté ne le positionne — en aucune façon — comme étant meilleur qu'un interviewer non expérimenté[39] ou de simples novices[40]. Un tel constat va bien à l'encontre de certaines idées reçues qui postulent que « l'entretien de recrutement (ou d'évaluation) est, avant tout, une question d'expérience ».

Une telle déclaration est pourtant fréquente. Son objectif est double : présentée, en tant qu'argument, elle se veut logique : « Je possède une bonne expérience de l'entretien, par conséquent, je maîtrise de mieux en mieux les informations que j'obtiens ». Elle se veut légitime : « Comme je maîtrise de mieux en mieux l'entretien, il est normal que je continue de l'utiliser ».

Cet argument pourrait sembler légitime — et le serait sans doute — si, par exemple, chaque interviewer posait les mêmes questions à un même candidat. Dans cette perspective, il y aurait de fortes chances — du moins, nous le supposons — qu'il puisse y avoir une certaine convergence des données ainsi obtenues.

Mais que penser d'un recruteur — à la « solide » expérience — dont les questions varient, d'un candidat à l'autre[41]. Comment procédera t-il pour évaluer chacun de ses candidats et surtout, à partir de quelles données ? Autant de questions auxquelles il n'est sans doute pas aussi facile de répondre[42].

B - Les entretiens « structurés » et « situationnels »

Réalisés à partir d'une analyse de travail, on peut légitimement s'attendre à une meilleure fidélité de ce type d'entretiens. Les quelques études que nous avons consultées vont toutes dans le même sens et confirment que le degré d'accord entre plusieurs interviewers est plus important pour les entretiens « structurés » que pour les entretiens « non structurés »[42]. D'autre part, les coefficients de fidélité inter-observateurs sont également élevés[43] dans le cas des entretiens « situationnels ».

---

39. CARLSON, THAYER, MAYFIELD, 1971.
40. DIPBOYE, 1997.
41. Que penser du cas où, pour un même candidat, plusieurs évaluateurs posent des questions différentes : nous voyons que le problème reste le même.
42. Nous faisons, bien sûr, référence à l'entretien « non structuré ». Mais cela ne signifie nullement que ce type d'entretien soit à proscrire. Nous avons tout simplement voulu montrer que se positionner comme étant un interviewer expérimenté constituait un présupposé erroné et qu'il était sans doute préférable d'être un peu plus humble dans sa démarche.
43. Nous pouvons citer, non seulement l'étude de MAYFIELD, (1964) mais aussi celle de CAMPION, PURSELL et BROWN, (1988), où le coefficient de fidélité inter-juges comprenant 3 évaluateurs est de .88, par conséquent extrêmement élevé.
44. Ces coefficients varient, en effet, de **.76 à .79.** (LATHAM, SAARI, PURCELL et CAMPION, 1980).

Cet accord important entre plusieurs évaluateurs nous indique qu'il est donc possible de rendre un entretien beaucoup plus fidèle.

7. LA VALIDITÉ DE L'ENTRETIEN

A - La faiblesse des entretiens « non structurés »

Pour éviter toute confusion, nous rappelons à nos lecteurs qu'une méthode peut être fidèle sans être valide pour autant et à plus forte raison celle qui n'est pas fidèle ne pourra jamais être valide.

Concernant la validité de l'entretien, DUNETTE et BASS donnaient déjà le ton, il y a près de quarante ans : « L'entretien continue d'être la méthode la plus largement utilisée pour sélectionner des employés en dépit du fait qu'il représente une procédure coûteuse, inefficace et habituellement non valide ». D'autre part, ces auteurs avaient également remarqué que les autres méthodes de sélection — les tests psychologiques — étaient « souvent considérés comme des compléments de l'entretien » (1963).

Un tel constat était pour le moins dramatique car il signifiait, de façon sous jacente, que **c'est à partir du résultat des tests que l'on cherchait à confirmer l'entretien (et non l'inverse).** Ainsi quand les résultats des tests allaient à l'encontre des inférences issues de l'entretien, ce n'était pas celui-ci qu'on remettait en cause mais bien les tests. Malheureusement cette façon de procéder est encore d'actualité et il est toujours aussi difficile de comprendre quelles sont les raisons qui motivent les interviewers à considérer l'entretien comme une technique aussi centrale et aussi fiable.

Pourtant, depuis fort longtemps, différents travaux[45] avaient déjà conclu à l'invalidité de l'entretien d'embauche notamment ceux de MAYFIELD qui précisait, que si dans certaines situations données, il existait des fidélités élevées, « **les validités obtenues étaient habituellement de faible ampleur** ». Un peu plus tard, DUBETTE (1969) indiquait que l'entretien, en matière de sélection de personnel, était d'une part à considérer comme une méthode « **notoirement mauvaise** » et d'autre part comme **un mauvais prédicteur du comportement professionnel futur.**

Les différentes recherches actuelles confirment le faible intérêt de cette méthode. Ainsi les résultats d'une première synthèse — menée

---

45. Pendant plus de 50 ans une grande majorité d'auteurs a critiqué la technique de l'entretien. On peut citer par exemple Walter Dill SCOTT, dès 1916, BONNARDEL, en 1943 et MAYFIELD, en 1964.

grâce à la technique de la méta-analyse — montrent que l'entretien uti-lisé à des fins de sélection **constitue une technique à la validité tout à fait médiocre**[46]. Un seconde recherche corrobore la précédente et pré-cise que « **les entretiens sont de très mauvais prédicteurs de la perfor-mance dans le poste. En d'autres mots, ils ne constituent pas une méthode de sélection valide »**[47].

Enfin, nous conclurons par une étude majeure qui précise que le coef-ficient de validité moyen obtenu pour l'entretien non structuré, **varie de .14 à .23, valeurs par conséquent très faibles, pour un échantillon total de 2500 personnes**[48].

Cette dernière étude indique ainsi très clairement que la validité de l'entretien « non structuré » est médiocre.

B - La supériorité des entretiens « structurés » et « situationnels »

Nous avions constaté une meilleure fidélité de ce type d'entretiens. Une validité significative existe-t-elle pour autant ?

La totalité des études que nous avons consultées montrent que **les entretiens structurés ont une meilleure validité que les entretiens « non structurés »**[49]. On peut citer en particulier les travaux de HUFFCUTT et ARTHUR qui ont montré que le niveau de validité de ce type d'entretien était en relation avec son caractère plus ou moins structuré[50]. La pré-sentation des différentes expériences relatives à l'entretien « situation-nel » nous assure, également, de sa supériorité[51].

---

46. Cette étude nous fournit un coefficient de validité de **.14**, donc très faible (HUNTER et HUN-TER, 1984).
47. Il s'agit d'une synthèse des 30 dernières années menée par SMITH, GREGG et ANDREWS, (1989).
48. SMITH et ROBERTSON, 1989.
49. Ainsi les travaux de WRIGHT, LICHTENEELS et PURSELL, qui se sont servis de la technique de la méta-analyse, nous précisent que le coefficient de validité obtenu est de **.39**. (1989). Il s'agit, par conséquent, d'une assez bonne validité, et d'ailleurs nettement supérieure à la valeur obte-nue pour l'entretien traditionnel. Quant à la recherche de CAMPION, PURSELL et BROWN, elle nous indique un coefficient de validité prédictive de **.34** (non corrigé) et de **.56** (corrigé), donc une valeur élevée.
50. Pour les quatre niveaux identifiés (1 : le moins structuré au 4, le plus structuré) les coeffi-cients de validité sont respectivement de **.20, .35, .56, .57** par conséquent remarquablement élevés, HUFFCUTT et ARTHUR, 1994. In BALICCO, 2001.
51. Les auteurs avancent, en effet, des coefficients de validité concurrente relativement élevés : **.46** et **.30**. (pour des ouvriers et des contremaîtres) et des coefficients de validité prédictive de **.39** et **.33** (pour des femmes et des personnes de couleur) (LATHAM, SAARI, PURSELL et CAMPION, 1980). D'autres études donnent des résultats similaires : Coefficient de validité **de .54** pour JANZ (1982), jusqu'à **.61** après correction pour ARVEY et al, (1987), bien que les auteurs soulignent, dans ce dernier cas, que les entretiens «ont fonctionné comme des substituts de tests d'échan-tillons de travail ».

8. COMMENT EXPLIQUER LA FAIBLE PERTINENCE DE L'ENTRETIEN « CLASSIQUE »

Les facteurs qui interviennent sont évidemment multiples et nous avons déjà eu l'occasion d'en citer quelques-uns. La faible fidélité de l'entretien non structuré est simple à comprendre et ce, pour un certain nombre de raisons.

Le guide d'entretien : sans guide d'entretien, il est difficile de poser les mêmes questions à chaque candidat. Ceci contribue à réduire très fortement le degré d'accord entre les évaluateurs (fidélité inter-juges).

La standardisation : les situations ne sont pas standardisées et de ce fait il est fort possible que le changement d'environnement dans lequel est reçu chaque candidat, puisse fausser le contenu de l'entretien.

L'effet de contraste : il ne faut pas oublier que dans la réalité, les consultants ou les responsables de recrutement réalisent rarement un seul entretien dans la journée. Quelle peut être la valeur d'un entretien, quand au préalable on a pu en mener plusieurs ? En réponse à cette question, de multiples études font référence à « un effet de contraste » qui indique « qu'au moins une partie de l'évaluation de l'interviewé serait due à la qualité des interviewés qui l'ont immédiatement précédé »[52].

La forme de la question : dans une relation duelle, il est également fort probable, comme le soulignent d'ailleurs certains auteurs, que la forme de la question puisse influencer la réponse. Sans doute ce phénomène est-il dû, comme le soutiennent certains auteurs, « à la dimension inconsciente de l'interviewer »[53].

Le comportement de l'interviewer : d'autre part, il semblerait que plus un interviewer s'exprime, plus le candidat aurait des chances d'être retenu. Cette hypothèse a été confirmée en particulier par ANDERSON (1960) qui ajoute que non seulement l'interviewer s'exprime beaucoup plus mais il s'adresse au candidat « de façon beaucoup plus amicale dans la première moitié de l'entretien ».

La durée de l'entretien : elle ne semble pas constituer un facteur qui puisse augmenter la validité de celui-ci. Surtout quand on sait que plusieurs études confirment que les interviewers prennent leur décision relativement tôt dans l'entretien. Ainsi pour SPRINGETT (1958), « l'inter-

---

52. *In* N. SCHMITT, 1976.
53. BALICCO, 1999.

viewer serait prêt à prendre sa décision après 4 minutes d'entretien »[54]. Ce constat n'est pas fait pour nous surprendre quand on sait le rôle majeur joué par la fameuse « première impression »[55].

La première impression : cette vision des choses est partagée par les travaux de Luc CHAILLEU qui, après avoir interviewé 140 responsables de cabinets de recrutement et de « chasseurs de têtes » explique, que généralement chez ces professionnels, le phénomène de « première impression » joue un rôle non négligeable (1995, thèse en sociologie).

Pour certains auteurs, les interviewers posséderaient « des stéréotypes du candidat idéal qui a réussi ». Ainsi pour BOLSTER et SPRINGLETT (1961), dans une procédure d'embauche, le candidat réel serait jugé en fonction de ce candidat fictif. Il s'agit, selon nous, d'une hypothèse tout à fait pertinente, même s'il est vrai que quelques auteurs ont pu la contester[55]. Nous souhaiterions d'ailleurs la compléter. Dans une procédure d'évaluation, il semblerait en effet que le choix — ou l'évaluation d'un sujet — se fasse non seulement en fonction d'une représentation personnelle du sujet qui a réussi mais aussi d'une **représentation personnelle des impératifs liés au poste** en question[57].

Bien entendu les quelques variables qui viennent d'être présentées ne sont pas les seules à intervenir. Ce dont il faut prendre conscience, comme le souligne M. PERCHE, c'est que « l'interviewer est souvent victime de sa propre subjectivité, de ses sympathies et antipathies »[58]. On ne sait pas généralement ce qui conduit l'interviewer à une telle perception mais une chose reste certaine : cela ne contribue pas à renforcer la validité de l'entretien.

9. SUGGESTIONS POUR AMÉLIORER L'ENTRETIEN

Dans le cas d'une procédure de recrutement, il serait judicieux, après une étude du poste[59], d'élaborer un guide d'entretien. Ce guide pourrait permettre à chaque interviewer de poser les mêmes questions et surtout

---

54. *In* ULRICH et TROMBO, 1965.
55. Également confirmé dans notre étude (BALICCO, 1999).
56. En particulier MAYFIELD et CARLSON 1961.
57. Hypothèse confirmée (BALICCO, 1999).
58. Nous ajouterons : sans qu'il s'en rende toujours compte.
59. L'étude du poste est synonyme de « l'analyse de poste » (job analysis). Dans cette analyse, certains auteurs distinguent « l'analyse de la tâche » et « l'analyse des conduites ». Cette double approche ne doit pas être confondue avec la démarche qui consiste à identifier les différentes exigences en matière de profil du candidat (âge, diplôme, expérience, etc.) et, dans le meilleur des cas, à recueillir quelques informations sur le poste. Nous sommes très loin de « l'analyse de la tâche descriptive et diagnostique » et de « l'analyse des conduites opératoires » qui vise à connaître les règles de fonctionnement de l'opérateur » (KARNAS, 1987).

de poser uniquement celles qui sont en relation avec le poste. La fidélité n'en serait qu'accrue.

La validité de l'entretien est certes contestable mais il est tout de même possible de l'améliorer sensiblement en se formant, par le biais de séminaires, aux « techniques d'entretien ». Connaître les imperfections d'un entretien, c'est aussi être en mesure de pouvoir mieux les combattre. Dans ce type de formation, différents « jeux de rôles » permettent ainsi d'identifier certains mécanismes psychologiques dont on n'a pas toujours conscience et qui pervertissent la valeur de l'entretien (projection, déni, oublis, etc.).

En pratique, il faut reconnaître que l'entretien est — dans la quasi-totalité des cas — la première technique utilisée pour connaître un candidat[60]. Elle permet, non seulement de faire connaissance avec le sujet mais aussi de « l'évaluer», bien souvent en fonction de critères tout à fait subjectifs (« il présente bien », « il s'exprime correctement », « il est sympathique », etc.). À partir de cette rencontre, l'interviewer décidera ou non, d'aller plus loin. L'entretien préliminaire permet donc un gain de temps et c'est là le seul avantage que nous lui octroyons.

Aller plus loin signifie, en clair, élargir sa connaissance du candidat en le soumettant à un certain nombre d'épreuves d'évaluation comme les tests, par exemple. Or, cette nouvelle phase d'approfondissement est centrale. Comme nous le soulignions précédemment, en privilégiant ce premier entretien, beaucoup d'interviewers vont chercher à « valider » la « première impression » qu'ils ont eue à propos d'un candidat. Une telle façon d'appréhender le sujet constitue un véritable paradoxe. Selon nous, en effet, il serait indispensable de faire confiance, **tout d'abord**, à des méthodes ou à des outils dont la validité a été solidement établie pour pouvoir se servir **ensuite** de l'entretien pour confirmer ou non, les résultats obtenus. En d'autres termes ce ne serait plus l'entretien qui primerait sur les autres méthodes mais l'inverse.

De plus, il est essentiel — pour que les sujets puissent être comparés entre eux — de les placer dans des situations similaires[61]. Certes, dans la réalité les choses ne sont pas toujours aussi simples et même si certains considèrent ce souhait comme un idéal, il est préférable d'avoir cette condition en tête plutôt que d'essayer de l'ignorer.

---

60. Dans certaines grandes sociétés, une première sélection est réalisée grâce à la passation collective de tests. Les candidats retenus sont ensuite soumis à l'entretien. Il s'agit d'une perspective intéressante, encore faut-il que cette épreuve (le test) soit valide et que l'on connaisse les relations qu'elle entretient avec le poste en question.

61. Nous préférons adhérer au « mythe objectiviste » que l'ignorer.

Enfin — et peut-être n'est-ce pas le plus facile — il serait nécessaire de pouvoir se dégager du mythe de la toute puissance de l'entretien même s'il est vrai, comme le souligne JEANNET, qu'il « est difficile, voire impossible d'accepter vraiment que ses propres observations, ses impressions aient bien des chances d'être erronées et que l'individu qu'on examine n'est pas tel qu'on le voit, qu'on le juge » (*in Journal des Psychologues*, 1990).

10. EN GUISE DE CONCLUSION

Comment expliquer la prépondérance — quasi exclusive — de l'entretien « traditionnel » en tant que technique d'évaluation et de sélection alors que sa fiabilité est aussi faible ?

Hormis notre première théorie explicative déjà évoquée, il semblerait que l'utilisation massive de ce type d'entretien puisse aussi s'expliquer par la véritable confusion qui règne entre **validité de « conviction »** d'une part et **validité réelle**, d'autre part. Cette confusion nous paraît d'autant plus importante que l'interviewer aura toujours tendance à considérer sa propre « conviction » comme un élément déterminant et suffisant qui puisse légitimer l'utilisation et la pertinence de l'entretien.

Or, ces deux types de validité ne partagent pourtant rien en commun. L'une repose sur une conviction intime ou sur un « acte de foi » (validité de conviction), l'autre sur la recherche de la preuve (validité réelle). La première fait dire à l'interviewer que l'entretien « ça ne peut que marcher », « que l'on ne peut pas se tromper quand on est face au candidat », etc., la seconde légitime sa position, quant à elle, en démontrant, preuves à l'appui par le biais d'études expérimentales, que l'entretien traditionnel n'a pas prouvé sa fiabilité en tant que technique d'évaluation.

Du côté des candidats, on découvre également un phénomène similaire puisque la plupart d'entre eux est également persuadée que l'entretien demeure la seule méthode véritablement capable de les évaluer de manière objective. On parle dans ce cas de **validité apparente** ou **de surface.**

Toutefois, malgré son manque de pertinence il n'est pas dans notre intention de vouloir abandonner l'entretien, bien au contraire. En revanche, la seule façon de pouvoir accroître sa validité, serait de l'élaborer après une analyse de travail. Différentes méthodes d'analyse[62] sont

---

62. On peut citer la technique de l'entretien (individuel ou de groupe), l'observation directe, la technique des « incidents critiques », le questionnaire, etc.

disponibles et bien que chacune d'entre elles ait ses avantages et ses inconvénients, elles partagent un seul objectif : celui d'établir un lien entre les caractéristiques de la fonction d'une part, et les aptitudes et compétences du sujet d'autre part. Seule une analyse de ce type peut en effet permettre de déterminer objectivement quels types de comportements sont nécessaires pour réussir dans une tâche donnée. Dans l'absolu, l'idéal serait d'utiliser conjointement plusieurs de ces méthodes, ne serait-ce que pour corriger certaines de leurs insuffisances. Dans la réalité, toutefois, une telle perspective ne semble guère réalisable car, sur le terrain, de nombreuses contraintes existent bel et bien[63]. Une telle analyse aurait l'avantage de permettre à l'interviewer d'évaluer beaucoup plus objectivement — à partir d'un guide d'entretien, par exemple — les candidats face à lui.

Nous souhaiterions également insister sur un phénomène qui pourrait expliquer — du moins en partie — pourquoi la quasi-totalité des méthodes — à la validité douteuse — semblent pourtant donner de bons résultats. Si un candidat a été choisi sur la base d'un ou de plusieurs entretiens et qu'il s'intègre parfaitement dans son poste, la logique d'une première analyse pourrait nous faire conclure que l'entretien possède une bonne valeur pronostique. Pourtant la réussite dans un poste ne signifie nullement que ce soit l'entretien — *stricto sensu* — qui ait pu le prévoir. De multiples paramètres peuvent venir en effet influencer — et favoriser — la bonne intégration du candidat dans son poste. Ainsi, l'investissement énorme que font les entreprises dans la recherche ou l'évaluation de leurs collaborateurs[64] motivent celles-ci à tout mettre en œuvre pour que les candidats puissent s'intégrer ou, selon les cas, qu'ils soient à même d'évoluer le mieux possible. Ce n'est plus l'entretien qui a permis la sélection du « bon » candidat, mais plutôt la qualité et la pluralité des facteurs qui ont permis son intégration. Quand une société a versé une somme de 9 147 €[65] à un cabinet conseil pour recruter un candidat et qu'elle lui a payé, pendant sa période d'essai, plusieurs mois de salaire, il est dans l'intérêt de l'entreprise de tout faire pour favoriser une bonne intégration et le conserver en son sein[66].

---

63. Contraintes organisationnelles : disponibilité des acteurs au sein de l'entreprise. Contraintes économiques : l'analyse du poste nécessite un investissement de temps qu'il faut financer.

64. Investissement financier et de temps pour le recrutement et la formation du candidat en poste.

65. Ou beaucoup plus, comme dans la « chasse de têtes » où les honoraires peuvent aller jusqu'à 50% du salaire brut annuel.

66. Favoriser l'intégration d'un candidat peut se faire de différentes façons : il peut s'agir du suivi par un pair pendant la période d'essai, de la participation à des séminaires de formation, etc.

Pour faire une analogie quelque peu grossière, quand on a payé une forte somme d'argent à une voyante, il y a de grandes chances pour que les prévisions qu'elle a pu faire se réalisent. On dira alors que « la voyance, ça marche ». Pourtant, en analysant objectivement cette situation, on découvrira très rapidement que la réalisation de la prédiction est, généralement, en étroite relation avec l'importance de la somme versée. L'argent agit alors comme un véritable catalyseur, la prévision réussie ne constitue plus alors qu'un banal auto-conditionnement[67].

Nous sommes de ceux qui pensent — et cela pourra paraître quelque peu subversif — que c'est bien souvent l'entreprise elle-même qui favorisera la réussite du candidat dans son poste et non les conclusions de l'entretien ou même la « perspicacité » de l'interviewer.

Quoiqu'il en soit, malgré la faible valeur accordée à l'entretien, celui-ci demeure pourtant indispensable pour véritablement rencontrer le sujet et en particulier pour « vendre » sa société au candidat. La seule valeur que nous reconnaissons à l'entretien traditionnel est celle que soulignait DUNETTE qui considérait « l'interview comme fondamental comme procédé de relations publiques » (1969).

---

67. On pourrait résumer l'idée par « puisque c'est cher, ça ne peut que "marcher" ».

CHAPITRE 4

LES TESTS

1. DE QUOI PARLE-T-ON ?

A - Est-on certain de savoir ce qu'est un test ?

1. Un peu d'histoire

L'idée de « mesurer » certaines capacités psychologiques est apparue à la fin du XIXᵉ siècle avec la naissance d'une branche de la psychologie dite « expérimentale ». Ainsi, le premier a avoir introduit le concept de mesure en psychologie fut un philosophe allemand, FECHNER (qui à l'origine était professeur de physique). Il publie, en 1860, un ouvrage consacré à la psychophysique où il énonce, notamment, la relation logarithmique entre la sensation et l'excitation.

En 1865, le médecin français Claude BERNARD expose dans son ouvrage consacré à la médecine expérimentale l'impossibilité de séparer la psychologie de la physiologie. Dans la même perspective, le physiologiste Allemand WUNDT étudie les relations pouvant exister entre les phénomènes psychologiques et le système nerveux. En 1879, il crée le premier laboratoire de psychologie expérimentale où il étudiera la sensation.

Le psychologue allemand EBBINGHAUS utilise sa propre méthodologie qui lui permet de mesurer la mémoire. Vers 1880, la méthode des tests mentaux fait son apparition à partir de la psychologie différentielle. Cette dernière étant définie par GUILLAUME comme « l'étude des variations psychiques, de leur étendue, de leurs degrés de corrélation, de leurs conditions : hérédité, milieu, éducation » (ZURFLUH, 1976).

En France, c'est en 1889 que l'on inaugure, au Collège de France, la première Chaire de Psychologie expérimentale et comparée. Le psychologue français RIBOT en devient le titulaire. Combattant la méthode introspective, il est un des partisans les plus rigoureux de la méthode expérimentale.

En 1890, le psychologue américain CATELL fait passer une série d'épreuves psychologiques à des étudiants d'université. Ces épreuves étaient notamment destinées à évaluer des aptitudes sensori-motrices élémentaires.

En 1894, le psychologue français BINET publie un ouvrage consacré à la psychologie expérimentale où il étudie en particulier la mémoire. Il continue ses travaux sur les processus psychiques supérieurs alors qu'il est nommé Directeur du premier laboratoire de Psychologie Physiologique de la Sorbonne.

BINET est surtout connu pour ses travaux sur l'intelligence, il est à l'origine de la célèbre « Échelle métrique de l'intelligence » (1911) destinée à évaluer le niveau intellectuel d'enfants « normaux et anormaux ».

2. La notion de « mesure » en psychologie

En psychologie, cette notion de « mesure » est à manier avec beaucoup de précaution. Il s'agit, en effet, de comparer la plupart du temps, les résultats d'un sujet par rapport à une population de référence, possédant les mêmes caractéristiques que celui-ci, en se servant de résultats chiffrés.

Ainsi, si un sujet obtient à un test d'intelligence, un résultat de 120 (QI), on va le comparer à une norme représentant la population générale. Cette norme est représentée sous la forme d'une courbe « en cloche» (loi normale) dont la moyenne (pour l'intelligence) est fixée à 100 et l'écart type à 15.

Les caractéristiques de cette courbe vont permettre de dire que le sujet se situe dans le deuxième écart type, c'est-à-dire entre les valeurs comprises entre 115 et 130. Par conséquent, il fait partie des 13,6% des sujets qui ont un QI compris entre ces deux valeurs[1].

3. La double signification du mot

Le mot « test » est dérivé de l'anglais « test » qui signifie « examen », « épreuve » et de l'ancien français « têt » ou « test » : pot de terre servant à l'essai de l'or en alchimie. C'est le psychologue américain MC K. CATELL qui crée, à la fin du XIXe siècle, le terme de « test mental » (mental test) pour désigner un ensemble d'épreuves psychologiques. Le premier test mental pratique fut élaboré par le psychologue français A. BINET et le Dr SIMON, en 1905 : il était destiné à évaluer le niveau intellectuel des « anormaux ».

Toute l'ambiguïté qui s'attache à la notion de test vient du fait qu'il est très souvent employé dans deux sens bien différents.

---

1. En suivant les propriétés de la loi normale, on commencera par faire un calcul de la différence entre le 1er et le 2ème écart type : 95,4 % - 68,2 % = 27, 2 %. La distribution étant symétrique on obtiendra 27, 2 : 2 = 13,6 %. Les sujets qui ont un Q.I entre 115 et 130 représentent 13, 6 % de la population totale.

– Dans le premier, le mot « test » est employé dans son sens originel : il s'agit d'un véritable instrument de « mesure ». Pour PICHOT, « on appelle test mental, une situation expérimentale standardisée, servant de stimulus à un comportement. Ce comportement est évalué par une comparaison statistique avec celui d'autres individus placés dans la même situation, permettant ainsi de classer le sujet examiné, soit quantitativement, soit typologiquement »[2].

– Mais on parle également de « test » quand on fait référence à un certain nombre de situations socioprofessionnelles. Ainsi le fait qu'un collaborateur soit « mis à l'essai » dans sa nouvelle fonction, n'a pas d'autre objectif que de le « tester » en situation professionnelle. Dans cette seconde acception, le mot « test » est utilisé dans un sens beaucoup plus commun et, surtout, plus large pour désigner la vérification, *a posteriori,* d'une prédiction que l'on a pu faire auparavant. Le sujet a été choisi parmi un ensemble de candidats ; il est ensuite mis « à l'essai » pour que l'on puisse vérifier ses véritables compétences. Il s'agit, en quelque sorte, d'un « test » professionnel réel car réalisé *in situ.*

4. La confusion entre les « tests de salon » et les tests scientifiques (valides)

Qui d'entre nous ne s'est pas un jour laissé tenter, par un de ces fameux « tests» de magazine qui vous propose à travers quelques séries de questions, de déterminer les caractéristiques de votre « personnalité » ou le niveau de votre « intelligence ». En général, cela nous amuse d'y répondre, d'autant plus que nous savons pertinemment que ce type d'épreuves ne nous engage à rien. Certes, il nous arrive parfois d'y croire mais le phénomène reste passager car la nature et la notoriété du support nous feront rapidement conclure qu'il y a de fortes chances pour que le « test » en question ne possède pas la moindre garantie scientifique.

Mais cette déduction, à propos du niveau de scientificité d'un test, est-elle toujours aussi évidente et simple que cela à faire ? En effet, ne circule-t-il pas actuellement en France, toute une panoplie d'épreuves qui comme les « tests » de magazine ne présentent pas la moindre garantie scientifique ? N'aurait-on pas tendance parfois à les confondre ?[3]

Il semble, en effet, que l'on ait tendance à oublier que l'élaboration d'un test scientifique nécessite un triple investissement. Le premier concerne le **temps** : ainsi, entre la construction d'un test et sa mise à l'épreuve, il n'est pas rare que plusieurs années de recherche soient nécessaires. Quand le test est effectivement commercialisé, 3 à 6 ans en moyenne se sont écoulés. Cette durée demeure toutefois indicative car

---

2. PICHOT, 1954.
3. Voir le « Test de QI » de M6 ainsi que le magazine associé !

elle sera toujours susceptible de varier en fonction du niveau de complexité de l'épreuve. La seconde dimension est strictement **intellectuelle.** L'élaboration d'un test présuppose des connaissances théoriques approfondies non seulement de sa propre discipline mais aussi d'un certain nombre de techniques qui s'y rattachent. Il ne serait guère sérieux de confier la responsabilité de la conception d'un test de personnalité ou d'intelligence à des historiens ou à des philosophes. Il ne serait pas plus sérieux de confier sa mise à l'épreuve à une personne ignorant les principes même de la méthode expérimentale. La connaissance approfondie de sa discipline est indispensable pour appréhender correctement les concepts et les théories, en particulier dans le domaine de la psychologie où les dérives sémantiques et conceptuelles sont souvent fréquentes. Quant aux méthodes statistiques, leur utilisation demeure indispensable car elles permettront une vérification objective du test (qualités psychométriques) en respectant les critères de la démarche scientifique. La troisième dimension est également importante puisqu'elle est **économique.** L'investissement de temps est indissociable de l'investissement financier. Sans doute cette dimension explique-t-elle en partie, pour quelles raisons il y a aussi peu d'épreuves — utilisées en entreprise et en cabinet-conseil — capables de prouver — objectivement — leur niveau de scientificité.

L'ensemble des recherches qui ont permis l'élaboration de ces tests représente donc une véritable garantie pour le public mais aussi pour les professionnels qui auront toujours la possibilité d'en consulter le détail dans des livrets spécifiques créés à cet effet. Ces derniers accompagnent les tests et fournissent ainsi au lecteur toutes les données scientifiques qui concerneront l'épreuve en question : théorie de l'épreuve, résultats des études de fidélité et de validité (méthodes statistiques utilisées), données précises concernant les caractéristiques de la population d'échantillonnage, caractéristiques de l'étalonnage, consigne, etc. En l'absence de telles données, on peut légitimement s'interroger sur le niveau de pertinence de l'outil en question.

D'autre part, même commercialisé, les recherches sur un test vont se poursuivre. L'objectif essentiel est, en effet, d'améliorer constamment les qualités de l'outil. Cette pratique est habituelle, elle explique pourquoi de nouvelles formes de test apparaissent périodiquement et remplacent des formes plus anciennes. La question de la réactualisation des tests constitue également un élément important qui concerne la traduction et en particulier celle de certains items[4]. La plupart des tests auxquels nous faisons référence sont d'origine américaine ou anglo-saxonne, il est donc indispensable que leur contenu soit adapté à nos normes culturelles qui évoluent sans cesse.

---

4. Comme en atteste la consultation des dernières versions remaniées.

5. Où peut-on se procurer des tests ?

S'interroger sur la provenance des tests, c'est d'emblée vouloir se prémunir contre tout risque de dérive. En France, il n'existe que trois éditeurs de tests[5] qui offrent la même garantie et répondent aux mêmes exigences, notamment celle de ne délivrer les tests qu'à des psychologues titulaires du titre. De plus, ces maisons d'édition disposent de services de recherches extrêmement performants qui concourent à l'amélioration constante des épreuves qu'ils délivrent[6].

Des cabinets-conseils ou certains services de recrutement présentent ou vendent également d'autres « outils ». Mais ce ne sont pas des tests scientifiques — au sens strict du terme — comme en témoigne la faiblesse méthodologique de leur construction et l'absence de véritables études de validation. De plus, ils ont en commun deux caractéristiques faciles à identifier : **hermétisme conceptuel et goût du secret**[7]. C'est le cas notamment de certains tests informatisés qui envahissent progressivement le marché avec toutes les questions pratiques et éthiques que cela pose. Les concepteurs de ces « pseudo-tests » préfèrent d'ailleurs les éditer eux-mêmes car, sans études de validation concluantes, ils savent pertinemment que leurs tests n'auraient aucune chance d'être acceptés et commercialisés par les sociétés d'éditions auxquelles nous faisions référence.

Il faut reconnaître que l'émergence et le développement de ces « pseudo-tests » est en étroite relation avec la demande d'un marché où les acteurs recherchent, avant tout, des outils qui soient capables de les rassurer dans cette situation complexe à laquelle ils sont confrontés : l'évaluation d'un sujet. Les concepteurs s'inscrivent, par conséquent, dans une stratégie dictée par le marketing où l'objectif est clair : il s'agit de fournir au client un outil simple d'utilisation, simple au niveau conceptuel et bien entendu qui soit capable de tout faire. Le tout accompagné d'un tarif prohibitif pour que, bien sûr, tout cela « marche »[8].

---

5. Il s'agit des ECPA, des EAP et des Éditions Dufour.
6. Dans ce cas, les considérations scientifiques supplantent largement les considérations dictées par le marketing.
7. Notamment pour tout ce qui concerne les caractéristiques intrinsèques du test : études de fidélité, de validité, caractéristiques de l'échantillonnage. Quand les études existent, elles sont également marquées par le sceau de la simplification abusive. Nous avons en notre possession le descriptif d'un test très utilisé — la fréquence d'utilisation est souvent un argument utilisé pour légitimer la valeur d'un outil — dont les objectifs sont multiples (il peut tout faire !) sans qu'aucune étude ne soit mise en avant (pas de théorie, aucune recherche mais en revanche, beaucoup de pragmatisme !).
8. C'est en effet parfois le cas, pour les mêmes raisons que nous avons déjà eu l'occasion d'évoquer pour l'entretien.

Il arrive, fort heureusement, que certains responsables prennent conscience que l'outil, qu'ils ont payé très cher, ne donne pas les résultats escomptés. Le directeur des ressources humaines de l'une des plus grosses sociétés industrielles françaises nous confiait dernièrement que son test destiné à recruter ses cadres et à les faire évoluer au sein de son entreprise l'avait profondément déçu. Il avait préféré ne pas trop en parler au sein même de son entreprise, l'investissement ayant été considérable (outil sous licence d'utilisation). Une grande partie des difficultés vient donc de l'ambiguïté entre le sens scientifique du mot test et son sens d'usage commun.

B - Personnalité, intelligence, aptitudes et capacités : des concepts souvent flous

1. La notion de personnalité

Comme pour la notion de test, il faut distinguer le terme utilisé dans son sens commun et le terme scientifique. Très souvent, dans le langage de tous les jours, on entend dire qu'Untel « a de la personnalité » ou que tel autre « n'en a pas ». En général, cela signifie que cette personne est probablement perçue comme sachant s'imposer ou comme quelqu'un ayant de l'autorité, etc., et l'autre non. La notion scientifique de personnalité n'entretient aucun rapport avec cet usage courant.

Étymologiquement, le terme de personnalité semble dériver du latin « *personnalis* », « qui se rapporte à la personne » et de la racine « *persona* », qui serait peut-être d'origine étrusque, qui signifie « masque de théâtre »[9]. En fait, il n'existe pas de définition suffisamment exhaustive qui puisse rendre compte de la complexité de la notion[10] mais celle qu'en donnent DELAY et PICHOT (1975) est l'une des plus précises que nous connaissons puisque la personnalité est définie « **comme l'organisation dynamique des aspects cognitifs (c'est-à-dire intellectuels), affectifs, conatifs (c'est-à-dire pulsionnels et volitionnels), physiologiques et morphologiques de l'individu** ».

Pour PERRON, « la Personnalité est une structure » car, elle est définie par trois caractères que sont la « globalité, la cohérence et la permanence » (1985). **La globalité** fait référence au fait que « la personnalité de quelqu'un est constituée par l'ensemble des caractéristiques qui permettent de décrire cette personne, de l'identifier parmi d'autres » (caractéristiques physiques telles que la taille, son « style moteur tel que le bruit

---

9. PERRON, 1985.
10. On peut citer toutefois celle d'ALLPORT qui considère la personnalité comme « l'organisation dynamique dans le cadre de l'individu des systèmes psychophysiques qui déterminent son comportement caractéristique et ses pensées » *in* HUTEAU, 1985.

de son pas, ses caractéristiques morales comme l'honnêteté...). **La cohérence** repose sur l'idée que tout ce qui vient d'être décrit « constitue un ensemble organisé, où les choses sont supposées « aller bien ensemble », s'appeler et se compléter les unes les autres ». PERRON considère donc la personnalité comme « un système fonctionnel » constitué de « parties interdépendantes ». **La permanence** : « Cette cohérence à un moment donné procède des lois d'organisation dont l'action est permanente ».

Si chaque auteur possède sa propre définition de la personnalité, la plupart d'entre eux est néanmoins d'accord pour la reconnaître comme le résultat d'interactions entre trois sphères : physiologique, affective et cognitive ou « **comme le résultat chez un sujet, de l'intégration de composantes pulsionnelles, émotionnelles et cognitives »**[11].

D'autre part, il est également utile de savoir que derrière chaque définition du concept, il y a toujours une théorie sous-jacente. En fonction de l'obédience théorique de l'auteur, la définition de la personnalité est donc susceptible de varier.

Si elle fait référence à la psychanalyse (théorie de FREUD) : la personnalité est définie dans une perspective essentiellement psychologique, sans aucune référence à la biologie. Ainsi la seconde théorie de la personnalité de FREUD fait-elle référence à trois instances : « le Surmoi, le Moi et le Ça » et à trois niveaux de « conscience » : le Conscient, le Préconscient et l'Inconscient.

Si elle fait référence à « la théorie des champs » de Kurt LEWIN, la définition de la personnalité sera beaucoup plus décrite en termes de comportements sociaux.

S'il s'agit de la « théorie stimulus-réponse » qui dérive de la psychologie expérimentale et psychophysiologique (PAVLOV et sa réflexologie, WATSON et le béhaviorisme, THORNDIKE et sa théorie de l'apprentissage) l'accent sera mis beaucoup plus fortement sur le rôle du milieu et sur les processus d'apprentissage pour expliquer ce qu'est la personnalité.

Si elle fait référence à la psychologie cognitive, le rôle des processus cognitifs, sous-estimé dans les conceptions traditionnelles[12] de la personnalité, devient plus important aux dépens des processus motivationnels.

Le choix et la motivation à utiliser (ou à construire) tel test de personnalité semble également dépendre de la conception que l'on a soi-

---

11. GUELFI *et al*, 1987.
12. Théories dynamiques, phénoménologiques et humanistes.

même de ladite personnalité. Ainsi, si on considère la personnalité comme une entité globale et non réductible à des « traits » et que l'on est sensible aux conceptions de la psychanalyse, alors il y a de grande chances pour que l'on soit beaucoup plus attiré par des « Tests projectifs » comme le Rorschach ou le TAT par exemple. Si on est sensible a une approche, plus analytique et plus expérimentale, le choix se portera beaucoup plus sur des questionnaires où la personnalité est appréhendée en termes de « traits ».

2. Intelligence, aptitudes et capacités : de quoi parle-t-on ?

Dans un souci de clarté, nous avons volontairement séparé ces différents concepts mais ils entretiennent tous, et à bien des égards, des rapports très étroits. En fait, l'intelligence peut être appréhendée soit d'une manière **spéculative**, ce sont les définitions des experts[13] soit **expérimentale**, c'est l'étude des « facteurs de l'intelligence ». Dans cette seconde perspective, nous ferons beaucoup plus référence aux aptitudes[14].

a) Approche spéculative : les définitions de l'intelligence

Commençons par une mise au point : « **l'intelligence** » est, avant **tout, un concept**. En d'autres termes, elle est la partie d'une théorie scientifique — un « trait hypothétique » — que les tests vont chercher à mesurer.

Cette approche est qualifiée de spéculative car il existe autant de définitions que d'experts. Généralement, elles sont d'ailleurs bien insuffisantes pour décrire en aussi peu de mots, une qualité aussi complexe. D'autant plus que ces définitions sont toujours susceptibles de varier, non seulement en fonction de la position théorique de leur auteur mais aussi de leur sensibilité politique, qui conduisent les différents théoriciens à s'affronter. On peut citer à titre d'exemple le fameux débat (dépassé) « inné-acquis ».

Pour certains auteurs comme A.W. HEIM (1987), il serait beaucoup plus légitime de « considérer une description de l'activité intelligente » plutôt que de donner une définition de l'intelligence. D'autres comme ZAZZO, considèrent qu'il n'existe pas une intelligence mais plusieurs « intelligences fort différentes » (*in* revue *Autrement*, 1991).

---

13. Les « experts » sont des personnalités considérées comme des autorités en la matière et reconnues par la communauté des chercheurs. Ce sont toutes les personnes qui ont consacré leurs recherches à ce thème, quelle que soit leur formation d'origine : on trouvera des psychologues, des biologistes, des physiologistes, des neurologues, des philosophes, etc. En France, on peut considérer R. ZAZZO, P. ROUBERTOUX, M. CARLIER comme faisant partie de cette communauté de chercheurs.
14. Capacités et aptitudes sont ici synonymes.

On peut toutefois considérer qu'il existe deux grandes mouvances théoriques : **la première considère l'intelligence comme une activité conceptuelle :** « Un individu est intelligent dans la mesure où il est capable de pensée abstraite » (TERMAN). **La seconde considère l'intelligence comme la capacité de s'adapter à des situations nouvelles.** C'est ici que l'intelligence se confond avec les aptitudes et les capacités. Dans cette perspective, DELAY et PICHOT soulignent ainsi que « les aptitudes sont des dispositions à effectuer des tâches particulières avec une plus ou moins grande efficacité » (1975).

PIERON opère une distinction intéressante entre l'intelligence en tant qu'aptitude et l'intelligence en tant que capacité. Ainsi, **c'est l'intelligence en tant qu'aptitude qui permettrait au sujet de résoudre des problèmes de nature complexe.** Pour cet auteur, l'origine de cette « intelligence-aptitude » serait innée : il parle de « substrat constitutionnel ». **L'intelligence en tant que capacité serait la possibilité de pouvoir effectivement résoudre ce problème.** La capacité ne serait donc que l'actualisation de cette virtualité qu'est l'aptitude. Elle dépendrait essentiellement de l'environnement, de l'apprentissage et de l'éducation.

On peut également citer l'approche originale du psychologue américain H. GARDNER qui démontre qu'il n'existe pas une intelligence unique mais plusieurs formes indépendantes les unes des autres. Ainsi distingue-t-il sept formes ayant chacune leurs forces et leurs contraintes[15].

Quoi qu'il en soit, les différentes définitions n'ont qu'un seul avantage : tout simplement celui de faire découvrir ce que pensent les experts à propos de l'intelligence. En aucune façon, elles ne nous renseignent sur **la nature de l'intelligence.** Comment se fait-il, en effet, que certaines personnes réussissent mieux professionnellement que d'autres ? Pourquoi s'adaptent-elles de manière beaucoup plus performante que d'autres ?

L'approche suivante va s'intéresser aux différences interindividuelles et va utiliser une démarche expérimentale dans laquelle on parlera de « facteurs de l'intelligence » : dans cette conception on ne fera guère de distinction entre les « aptitudes » et les « capacités ».

b) Approche expérimentale : les « facteurs » de l'intelligence (capacités ou aptitudes)

Ici l'intelligence sera appréhendée dans sa nature. On va chercher notamment à savoir comment expliquer la réussite à une tâche (ou à un test). Dans cette perspective, nous parlerons d'une nouvelle notion : celle de « **structure des aptitudes** ».

---

15. L'intelligence linguistique, logico-mathématique, musicale, spaciale, kinesthésique ainsi que les intelligences personnelles (GARDNER, 1997).

En fait la réussite à une tâche dépend de l'action conjuguée de plusieurs aptitudes — ou « facteurs » — dont l'identification a été réalisée grâce à la méthode statistique. Dans cette nouvelle conception interviennent :

• **une aptitude générale** : autrefois appelée « facteur g » ou encore « intelligence ». On préfère maintenant l'appeler « aptitude mentale générale » — « general cognitive ability » pour les Anglos-Saxons — ou « potentiel cognitif ». Cette aptitude rend compte en grande partie de la réussite dans toutes les tâches qui nécessitent une activité mentale ;

• **des aptitudes plus ou moins fondamentales qui** dépendent étroitement de la tâche (ou du test) à réaliser. On peut distinguer :

    – **les aptitudes de groupe** qui contribuent à un nombre important d'activités et qui interviennent dans un grand nombre de tâches professionnelles. Ces aptitudes sont indépendantes les unes des autres et sont peu nombreuses : aptitude verbale, numérique ou spatiale. Ainsi « l'aptitude verbale » interviendrait dans toutes les épreuves qui nécessitent la compréhension du langage verbal ;

    – **les aptitudes spécifiques** enfin, qui interviennent dans certains tests ou certaines tâches spécifiques. Ce sont ces facteurs qui sont influencés par l'environnement (milieu, apprentissage, éducation...). Par exemple : procédures mesurant la maîtrise du vocabulaire, de l'orthographe, la précision de la perception visuelle (comparaison de deux colonnes de mots), etc.

Cette perspective est actuellement partagée par la majorité des chercheurs (« expérimentaux ») qui expliquent que « la réussite à une tâche (ou à un test) donnée est donc toujours due à une aptitude cognitive générale, et à une ou plusieurs aptitudes à large portée (aptitude numérique, verbale, spatiale et numérique), ainsi qu'à une ou plusieurs aptitudes spécifiques »[16]. Cette conception de l'intelligence est dite « hiérarchique».

    c) Intelligence, aptitudes, capacités : que mesurent les tests ?

Décrire les aptitudes qui interviennent dans la réussite d'une tâche ne signifie nullement que ces aptitudes puissent être évaluées par des tests. **En effet, un test ne pourra mesurer que la capacité et non l'aptitude.** Comme le souligne d'ailleurs Pieron: « Seule la capacité peut être objet d'évaluation directe, l'aptitude étant une virtualité»[17].

---

16. Levy-Leboyer, 1990. En fait, cette perspective explicative est le résultat d'une synthèse des travaux de plusieurs chercheurs dont Spearman, Thurstone, Burt et Vernon.
17. *In* Gillet, 1987.

Cette distinction fondamentale explique pourquoi l'environnement est si important quand on est soumis à un test. La mise en œuvre d'une capacité dépend par conséquent de la motivation à passer telle épreuve et de facteurs externes à l'épreuve elle-même (environnement). Nous aurons également l'occasion de faire référence, dans la partie consacrée aux « tests d'intelligence et d'aptitudes », aux différents types d'intelligence que ces épreuves sont capables de mesurer.

C - Les différents types d'épreuves

Il est impossible de présenter un inventaire exhaustif des tests actuellement utilisés en France tant leur diversité et leur nombre est grand. Ainsi, le seul recensement dont nous disposons nous indiquait que déjà en 1990, il existait 1184 tests commercialisés et validés, disponibles en français. Quant aux classifications, elles sont tout aussi nombreuses. Les plus utilisées sont celles qui font référence :

- **à la dimension matérielle ;** les plus connus demeurent les « **tests papier-crayon** » où le sujet répond par écrit directement sur une feuille de test. Ce sont sans doute les plus utilisés. Il existe également des « **tests instrumentaux** » où le sujet doit généralement manipuler des objets. Il existe enfin des « **tests informatisés** »[18] : le sujet doit manipuler un clavier lorsque le contenu du test apparaît à l'écran ;

- **au mode de passation ;** certains tests sont d'application individuelle, d'autres collective. Quelques-uns d'entre eux peuvent être passés, au choix, soit de façon collective soit de façon individuelle ;

- **à ce qui est évalué ;** il s'agit de tests destinés à mesurer les connaissances, l'intelligence, de tests destinés à évaluer la personnalité. C'est d'ailleurs cette classification que nous avons choisie pour vous présenter les différentes catégories de tests.

Quels sont les tests utilisés en milieu professionnel ? L'étude de M. Bruchon-Schweitzer et D. Ferrieux (1991)[19] indique que les tests les plus fréquemment utilisés sont ceux **d'intelligence et d'aptitude** ainsi que **les tests de personnalité**, en particulier dans les entreprises nationales. **Les tests de situation** (« in basket », jeux de rôle...) sont rarement utilisés, probablement à cause de considérations à la fois financières et pratiques (élaboration complexe et coût élevé). Leur fréquence d'utili-

---

18. Nous aurons l'occasion de faire ultérieurement la distinction entre les « tests informatisés » et les « tests informatiques ». Un « test informatisé » constitue la version informatisée d'un test papier-crayon déjà existant.
19. Cette enquête a concerné 102 structures qui représentent 837 consultants, 1 845 951 CV reçus, 277 247 candidats examinés et 33 700 candidats embauchés (surtout des cadres). Bruchon et al, 1991.

sation est toutefois plus élevée au sein des entreprises qu'au sein des cabinets-conseils. Quant aux **tests projectifs**, selon cette étude, ils ne seraient guère utilisés[20]. Une autre recherche menée, essentiellement, auprès de cabinets conseils donne des résultats similaires.[21]

Parallèlement à des ouvrages publiés par des spécialistes du domaine[22], on découvre de plus en plus souvent, toute une « littérature » vulgarisée consacrée aux tests. Toutefois que l'on ne s'y trompe pas : marqué par la simplicité conceptuelle, ce type d'ouvrages — élaborés par des non-spécialistes — ne possède pas la moindre valeur scientifique ni même pédagogique. On y trouve fréquemment des commentaires succincts ainsi qu'un certain nombre d'explications pseudo-savantes qui partagent la même vision réductrice et commune des tests et de leur utilisation. Par conséquent, ils ne représentent pas une garantie pour le professionnel qui les consulte car ils n'apportent pas en général des références scientifiques contrôlables et contrôlées. Mais avant de nous attacher à la fiabilité de toutes les méthodes utilisées dans le domaine des ressources humaines, n'est-il pas temps de définir très précisément en quoi elles consistent ?

1. Les épreuves de personnalité

a) Les « méthodes projectives » : une approche globale de la personnalité

Historiquement, il semblerait que l'expression ait été employée pour la première fois en 1939, par le psychologue FRANK, pour rendre compte de la parenté qui existait entre plusieurs épreuves psychologiques : le test d'association de JUNG, le psychodiagnostic de RORSCHACH (encore appelé le « test des taches d'encre ») et enfin le TAT (Thematic Apperception Test) de MURRAY.

Toutes les « méthodes projectives » reposent sur la notion de « mécanisme perceptif » et sont constituées d'un ensemble d'épreuves qui vont favoriser — à partir d'un matériel plus ou moins structuré — une décharge émotionnelle, une « projection » de la personnalité du sujet dans le test. En d'autres termes, comme le soulignent POROT et al. (1952) ces épreuves « sont destinées à provoquer l'extériorisation des tendances caractérielles de certains sujets ». L'analogie qu'en donnent ANZIEU et al. (1983), est des plus intéressantes puisque « un test projectif est comme un rayon X, qui traversant l'intérieur de la personnalité, fixe l'image du noyau secret de celle-ci sur un révélateur (passation du test) et en permet ensuite une lecture facile par agrandissement ou projection grossissante sur un écran (interprétation du protocole) ».

---

20. Le lecteur pourra en consulter le détail annexe 6.
21. BALICCO, 1999 (annexe 7).
22. Éditeurs de tests, psychologues, chercheurs en psychométrie.

Toutes ces techniques permettent une évaluation holistique — c'est-à-dire globale — de la personnalité qui est à considérer comme un ensemble dynamique en constante évolution. Les épreuves « projectives » les plus utilisées dans le domaine de l'évaluation professionnelle, sont le TAT[23] et le test de RORSCHACH[24]. Elles ne sont pas les seules à être employées dans le domaine[25] des ressources humaines comme nous le verrons dans la partie consacrée à leur fiabilité. La diversité de ces « méthodes projectives» est également importante (cf. annexe 8).

La maîtrise de ces méthodes nécessite une très longue formation qui, en général, s'étale sur plusieurs années après un cursus complet de psychologue. Dans la réalité, il faut en convenir, rares sont ceux qui possèdent cette compétence spécifique. Notons que toutes ces méthodes ont chacune leur intérêt et aucune d'entre elles n'a la prétention d'affirmer qu'elle permet une investigation complète de la personnalité. Seule, la convergence d'un faisceau de preuves — en particulier dans le domaine de la clinique — pourra permettre de poser des hypothèses qui devront par la suite être confirmées.

b) Les tests de personnalité : une approche en termes de « traits »

S'il est vrai que les tests de personnalité et les méthodes projectives évaluent la personnalité, **ces deux méthodes ne peuvent cependant être confondues pour deux raisons principales :**

– leur approche de la personnalité est fondamentalement différente. Ainsi, si les « tests projectifs » s'inscrivent dans une approche **globale** de la personnalité[26], les tests de personnalité s'inscrivent dans une perspective beaucoup plus **analytique** qui décompose la personnalité en « **traits** »[27].

---

23. Le TAT de MURRAY consiste à présenter au sujet un ensemble de planches représentant des scènes, des dessins, des reproductions de tableaux, dans tous les cas la signification reste ambiguë. À chaque présentation de planche, le sujet est invité à raconter une histoire de telle façon que pour chacune d'entre elles, il y ait un commencement et une fin.

24. Concrètement le matériel qui est présenté au sujet est volontairement ambigu : ainsi le psychodiagnostic de RORSCHACH est constitué d'un ensemble de 10 planches représentant des « tâches d'encre » (une par planche). Certaines d'entre elles sont noires, d'autres sont noires et rouges, les 3 dernières sont colorées. Le sujet doit attribuer une signification à chaque tache qui lui est présentée. Ainsi pour la première planche, il peut décrire, par exemple, une tête de loup. L'information ainsi recueillie concerne les perceptions du sujet qui ne feront que traduire certaines caractéristiques de sa personnalité.

25. Le lecteur en trouvera le détail dans l'annexe de l'article de BRUCHON-SCHWEITZER et D. FERRIEUX consacré au recrutement en France ainsi que dans la thèse de C. BALICCO, 1999.

26. Comme le souligne FRANCK, les méthodes projectives constituent « le prototype d'une investigation dynamique et « holistique » de la personnalité, c'est-à-dire que cette dernière y est envisagée comme une totalité en évolution » (*in* Anzieu *et al*, 1961).

27. En effet, la quasi-totalité de ces tests sont constitués de questionnaires qui fournissent une description de la personnalité en termes de « traits » : sociabilité, indépendance, etc.

Pour étudier leur validité, il est impossible de faire un amalgame entre des épreuves aussi différentes. Les « méthodes projectives » constituent une catégorie de tests bien particulière. Certains auteurs se demandent même, « si le terme de test, pris au sens rigoureusement psychométrique, s'applique bien à de telles épreuves »[28]. **Les tests de personnalité constituent des outils beaucoup plus rigoureux.** Non seulement ils obéissent à de solides qualités psychométriques, mais pour certains d'entre eux, ils possèdent des « échelles de validité »[29] qui permettent de vérifier instantanément si le profil obtenu à partir des réponses du sujet, est exploitable.

Dans les tests de personnalité, on distingue d'une part **les questionnaires ou inventaires de la personnalité** et d'autre part, **les tests objectifs de la personnalité**. Quand aux tests de production que nous avons classés comme catégorie indépendante, ils peuvent être associés, en tant que technique constructive, aux méthodes projectives. Nous n'y ferons, par conséquent, pas référence.

• Les questionnaires ou inventaires de personnalité

Ces questionnaires permettent une description de la personnalité en termes de « traits ». Cette notion peut être définie comme « un élément caractéristique permettant d'identifier une personne ». Ainsi avoir peur de s'exprimer devant un groupe relève du trait « timidité ». Certains de ces questionnaires ne mesurent qu'un seul trait de personnalité, d'autres plusieurs, les questions étant regroupées en échelles, correspondant chacune à un trait.

Ainsi, « l'inventaire de personnalité de Californie »[30] comporte 480 questions destinées à couvrir 18 traits de personnalité, comme le sens des responsabilités, la sociabilité, l'efficience intellectuelle, etc. En fonction des tests, chaque trait peut être évalué par une série de questions auxquelles le sujet peut répondre par « vrai » ou par « faux » ou par « oui » ou par « non ». Pour d'autres épreuves, les réponses reposent sur la technique du « choix forcé »[31], éliminant ainsi toute désirabilité sociale. Parfois, le sujet devra choisir entre plusieurs modalités de réponse : « oui - peut être - non ».

Les questionnaires constituent, comme le souligne MOULIN, « la forme écrite et standardisée de l'entretien directif ». Il en existe quatre grandes

---

28. ANZIEU, CHABERT, 1961.
29. Il est en effet possible que certains sujets soient tentés de se présenter, consciemment ou inconsciemment, sous un jour favorable ou défavorable. Si tel est le cas, les résultats obtenus à ce type de questionnaire, n'ont plus aucune valeur. Cette possibilité de contrôle augmente, par conséquent, la fiabilité de ce type d'outils.
30. Le CPI (Californian Personnality Inventory).
31. **Choix forcé** : le sujet doit obligatoirement choisir entre plusieurs propositions qui lui sont soumises, celle qui lui paraît la plus pertinente.

catégories et chacun d'entre-eux a des indications spécifiques (Cf. annexe 7). Seuls les « **questionnaires d'intérêt** » et les « **questionnaires de personnalité** » concernent le domaine de l'évaluation professionnelle. Les premiers sont utilisés préférentiellement dans le cadre de l'orientation professionnelle, les seconds sont très utilisés dans le domaine du recrutement, ce sont aussi les plus fréquemment « piratés », probablement à cause de leur (apparente) simplicité d'utilisation (Autres questionnaires : questionnaire de Strong, le MMPI, le Mini Mult, etc.). Quant aux « **questionnaires d'attitude** », ils sont essentiellement employés dans les enquêtes par sondages et les « **questionnaires d'adaptation** » dans une optique clinique puisqu'ils sont essentiellement destinés à détecter des sujets présentant des troubles plus ou moins importants de la personnalité.

• Les tests « objectifs » de la personnalité

Ces épreuves permettent d'apprécier un trait de personnalité du sujet d'après le comportement que celui-ci aura au cours d'une activité. Les labyrinthes de Porthéus permettent ainsi d'estimer l'intelligence du sujet, si on tient compte de la dimension quantitative. La dimension qualitative s'attache, quant à elle, à la possibilité de pouvoir prédire de manière extrêmement performante l'adaptation ou l'inadaptation sociale. La plupart de ces tests a été élaborée à des fins purement expérimentales[32]. Ils sont par conséquent peu utilisés dans le domaine des ressources humaines.

L'étude de la validité des outils portera donc en grande partie sur les questionnaires.

2. Les tests d'intelligence et d'aptitudes

Comme il existe plusieurs types d'intelligence, différentes épreuves ont été conçues pour les évaluer : on peut citer à titre d'exemple les « tests d'intelligence abstraite », « d'intelligence concrète » et « d'intelligence sociale ». Pour MOULIN (1992), ces épreuves « mettent en action le fonctionnement mental du sujet en lui posant des problèmes, au sens large du terme et permettent ainsi d'évaluer dans quelle mesure ces problèmes ont été résolus, et suivant quelle méthode (ou absence de méthode) ».

a) L'évaluation de « l'intelligence générale » ou « fonctionnement cognitif »

En fait, nous faisons référence au « Facteur g » du psychologue SPEARMAN. La mesure de ce facteur permettrait d'appréhender le fonctionnement mental du sujet ou son « intelligence générale ». Actuellement on préfère utiliser les termes « d'aptitude mentale générale » ou de « fonctionnement cognitif » pour désigner ce facteur.

---

32. Il s'agit de tests élaborés par CATELL et EYSENCK, selon une procédure scientifique reposant sur la mise à l'épreuve.

Les tests utilisés sont des épreuves de raisonnement abstrait où l'objectif est de découvrir les lois qui relient les éléments entre eux. On les appelle aussi « test de Facteur g ». Les relations existantes sont souvent présentées sous forme de chiffres ou de dessins. Ces tests évaluent en partie ce que MOULIN appelle « l'intelligence abstraite ».

Les plus connus sont le PM 38 et le D48 ou sa forme parallèle, le D70[33]. Ce dernier est une épreuve de raisonnement abstrait dont l'objectif est de trouver dans une série de dominos les caractéristiques de celui qui manque (recherche de lois générales). Dans ce test, c'est une intelligence abstraite numérique qui est évaluée. Dans le **PM 38**[34] de RAVEN, il est demandé au sujet d'opérer un choix entre plusieurs dessins qui lui sont proposés pour compléter une série (de dessins) dont on a donné les premiers termes. Son pouvoir discriminatif est très faible. Dans ce test, c'est une intelligence abstraite spatiale qui est sollicitée.

b) L'évaluation d'aptitudes multiples

Les tests précédents avaient pour objectif de mesurer un facteur de façon aussi pure que possible (« facteur g » mesurant le « fonctionnement cognitif » pour le D48[35]). Il existe d'autres tests constitués de batteries d'épreuves permettant d'obtenir un **profil de ses aptitudes.** Cette conception repose donc sur une approche « analytique » de l'intelligence ou chaque « facteur » (ou aptitude) peut être mesuré par une épreuve particulière.

Dans la Batterie d'Aptitudes Primaires de THURSTONE ou la **PMA,** ce sont cinq aptitudes qui sont mesurées : un sub-test mesure la dimension Verbale, un autre mesure la dimension numérique, ainsi de suite pour les dimensions « spatiale », « raisonnement » et « fluidité verbale »[36]. Ainsi dans la PMA, le test destiné à mesurer le facteur verbal consiste à choisir parmi une liste de 5 mots, celui qui est synonyme d'un mot que le sujet découvre à la gauche de son document.

---

33. D comme Domino inventé en 1948 ou en 1970 (D48 et D70).
34. *Progressive Matrices 1938.*
35. Pour VERNON, la saturation du **D48** en facteur g est de **.90,** par conséquent très importante et très faible pour le facteur numérique (**.05**). En d'autres termes, cela signifie que ce Test mesure effectivement, de manière relativement pure, « l'intelligence générale » indépendamment de la connaissance numérique (les valeurs de chaque domino).
Pour le PM38, la saturation est de .79 pour le facteur g et .15 pour le facteur spatial (VERNON). La mesure du « fonctionnement cognitif » est un peu moins « pure ».
36. LEVY LEBOYER (1990) fait également référence à des batteries de même type représentant des aptitudes considérées comme importantes dans l'apprentissage ou l'exercice d'une profession. Elle cite en particulier le DAT « batterie différentielle d'aptitudes » destiné à évaluer 5 aptitudes et la GATB (batterie de tests d'aptitude générale) extrêmement complète.

c) L'évaluation de l'intelligence concrète et abstraite

L'exemple le plus caractéristique est la WAIS (Weschler Adult Intelligence Scale) et sa forme révisée (WAIS-R) plus connue sous la dénomination de « test de Q.I.[37] ». Ce test comprend deux parties : une partie abstraite comportant six épreuves verbales et une partie concrète constituée de cinq épreuves de performance. Ces deux parties permettent d'obtenir un Q.I. Verbal, un Q.I. de Performance et enfin un Q.I. total. Il existe, également une forme pour les enfants (WISC et WISC R).

La WAIS est rarement utilisée dans le monde du conseil ou de l'entreprise où les professionnels préfèrent se servir de méthodes à la passation et à la correction beaucoup plus rapide (D48, PM38, R85, etc.).

Il existe aussi une autre série d'épreuves qui utilise un matériel de nature verbale. C'est le cas du test de vocabulaire de BINOIS-PICHOT qui est à considérer comme une épreuve d'intelligence abstraite. Il s'agit d'un test « par synonymes avec réponses à choix multiples ». Ses indications sont multiples, en particulier comme « test d'intelligence » et en sélection pour du personnel de bureau (d'après manuel des ECPA). Il existe d'autres tests comme les tests de compréhension verbale : BV 8, BV 50, BV 16[38], etc.

d) L'évaluation de l'intelligence concrète

Les tests existants sont destinés à mesurer l'efficacité concrète du sujet en situation, d'observer quelles sont ses stratégies et la façon dont il se comporte face aux difficultés rencontrées. Il est ainsi possible de mesurer la performance du sujet qui se sert d'un ensemble de capacités en vue d'une action et d'une résolution concrète.

Ainsi « les cubes de KOHS » est une épreuve constituée de seize cubes et de dix dessins — que l'on peut comparer à des sortes de mosaïques — que le sujet doit reproduire (en se servant de ses cubes). On peut également citer les cubes B101 et B20 de BONNARDEL, Le MECA, test mécanique de RENNES, etc. Ces épreuves sont également très utilisées dans le domaine professionnel, notamment au sein des entreprises du secteur industriel.

---

37. Le Q.I. permet de mesurer l'intelligence du sujet en faisant intervenir la moyenne (100) et l'écart-type (15) par rapport à une population de référence (étalonnage). Précisons au passage que la stabilité du Q.I. dans le temps est un mythe car on a montré que celui-ci était capable d'évoluer (Recherches de l'INSERM).
38. B comme BONNARDEL, inventeur de ces différents tests et V comme verbal.

e) L'évaluation de l'intelligence sociale, de la créativité

Ces tests sont non seulement récents mais pour certains très rares. Comme le souligne MOULIN (1992), ils « sont à la charnière de la sphère cognitive et de la sphère intellectuelle » et par conséquent, les recherches concernant leur fiabilité sont encore peu fréquentes.

3. Les « tests » de situation : une approche simulée du travail

Formant la quatrième et dernière catégorie d'épreuves, « les tests de situation » sont encore mal connus et par conséquent peu utilisés en France au niveau des cadres. Cette faiblesse d'utilisation est probablement à mettre en relation avec une certaine complexité dans la mise en œuvre. La référence sous-jacente à ces tests, est **la mise effective des candidats en situation**, celle-ci pouvant se faire sous une forme individuelle ou collective. Dans sa forme individuelle, le sujet est seul dans une situation de travail simulée qu'il doit résoudre. Il existe plusieurs variantes (in « basket », simulation de poste, etc.), dans la forme collective, le sujet fait partie d'un groupe de personnes qui sont placées dans la même situation que lui. Ils doivent tous ensemble discuter d'un thème qui leur est soumis ou procéder à la réalisation d'une tâche précise. Ces épreuves de groupe permettent d'appréhender les sujets dans une perspective sociale et collective, dimension inexistante pour les tests à passation Individuelle[39]. Nous reviendrons sur ces « tests de situations » dans le chapitre consacré à la technique des « Assessment Centers » ou « centres d'évaluation ».

D'autres épreuves sont plus fréquemment utilisées mais pour des populations de non cadres. Pour MOULIN, ces épreuves sont utilisées en psychologie du travail car elles possèdent la particularité de « reproduire de façon plus ou moins simplifiée une situation de travail et constituent ainsi des essais professionnels courts »[40].

2. L'ÉTHIQUE ET LA PRATIQUE DES TESTS

A - L'éthique : la morale dans l'action

Dans le domaine des Ressources Humaines, l'éthique constitue une notion centrale notamment quand on s'intéresse à l'utilisation des méthodes d'évaluation et de sélection. Parmi les différentes techniques utilisées, les tests occupent une position bien singulière car ils soulèvent, à eux seuls, une question éthique majeure relative à leurs conditions d'utilisation. Associer l'éthique et la pratique semble dépendre, en effet, de plusieurs paramètres. L'un d'eux concerne le **statut** du professionnel.

---

39. On distingue les épreuves de réalisation et les épreuves de discussion.
40. On distingue les tests psychomoteurs (pour ouvriers et techniciens), les tests de bureau (pour les employés) MOULIN, 1992.

1. Le statut du professionnel et sa position parfois ambigüe

Un consultant salarié au sein d'un cabinet-conseil ne conservera son poste que s'il répond à deux exigences majeures : d'un côté, il devra être rentable, c'est-à-dire être en mesure de réaliser un chiffre d'affaires conséquent, de l'autre il devra surtout ne pas déplaire à ses clients. Si l'un d'eux souhaite, par exemple, obtenir l'analyse graphologique d'un candidat, le consultant ne pourra prendre le risque de refuser cette demande, même s'il sait pertinemment que la validité de cette technique est contestable. En effet, s'il se drape dans des considérations théoriques — ou même éthiques — il y a de grandes chances pour que son client fasse appel à un autre que lui à la « personnalité » beaucoup plus souple. Par conséquent, il est fort probable que ce professionnel, écartelé entre les obligations de sa structure et celles de ses clients, n'ait pas d'autre choix que de laisser de côté ses propres présupposés théoriques et éthiques, notamment en matière de choix des méthodes de sélection.

Le psychologue libéral ou le consultant indépendant — voire le jeune responsable d'un cabinet-conseil — sont placés dans des situations similaires. En effet leur indépendance est tout à fait relative car, tout comme le salarié, ils demeurent soumis à des responsables auxquels ils ne doivent pas déplaire.

Quant aux professionnels des ressources humaines qui exercent au sein des entreprises privées et publiques importantes, ils semblent jouir d'une position privilégiée. Leur marge d'action est, en effet, beaucoup plus grande quant au choix de leur méthodologie de sélection et leurs impératifs sont beaucoup moins contraignants que ceux de leurs collègues consultants. Dans ce type d'entreprise, les professionnels ont la possibilité de choisir leurs propres outils d'évaluation et ont toute liberté de les administrer de manière orthodoxe. Quant aux psychologues exerçant dans le domaine des entreprises publiques, il semblerait que leur indépendance soit encore plus grande puisqu'ils peuvent choisir leurs tests mais aussi en élaborer de nouveaux qu'ils prendront toujours soin de vérifier en suivant les principes de la méthode expérimentale[41].

2. La nature des données obtenues : la question de la confidentialité

L'utilisation de certains tests, en particulier de personnalité, soulève une nouvelle question relative à **la nature** des informations recueillies. La quasi-totalité des tests utilisés dans le domaine des Ressources Humaines est d'obédience clinique (tests de personnalité, « tests projectifs », etc.). Historiquement, il y a donc eu, progressivement, un glis-

---

41. MOULIN, 1990, et en particulier comme en témoigne l'interview de deux psychologues exerçant à la SNCF (in journal Nervure, 1991).

sement du secteur de la santé vers celui de l'entreprise (et des cabinets-conseils). Or, ces différentes épreuves sont capables de fournir des indications extrêmement riches et précises sur la personnalité des sujets, informations qui dépassent de très loin les exigences que nécessite généralement un poste. Est-il nécessaire que des informations à caractère strictement privé voire intime — que l'on pourrait considérer comme légitimes dans le secteur clinique — et qui n'ont rien à voir avec le poste en question, puissent être communiquées au sein de l'entreprise et, *a fortiori*, des cabinets-conseils ?

D'un point de vue strictement éthique, est-il acceptable que toutes les données personnelles et intimes du candidat, que celles-ci soient en rapport ou non avec le poste, puissent être communiquées à l'extérieur de la relation candidat-psychologue ? Certes, on peut parfaitement comprendre que certaines données puissent être transmises à un DRH ou à un responsable d'entreprise — les grandes lignes de la personnalité d'un candidat, par exemple — mais est-il vraiment nécessaire qu'un consultant puisse communiquer de véritables rapports **détaillés** sur la personnalité d'un candidat alors que quelques caractéristiques majeures, au regard du poste, pourraient largement suffire ? D'autant plus que les données obtenues par ce type d'épreuves n'ont guère de pouvoir prédictif en matière de pronostic professionnel.

B - Des garanties existent-elles ?

1. Le danger de « l'interprétation psychologique sauvage »

Qui d'entre nous n'a pas un jour formulé une interprétation psychologique « sauvage » en observant le comportement d'un voisin, d'un ami, etc. ? Qui d'entre nous n'a pas un jour décrit la personnalité de l'un de ses proches ? Nous le faisons d'autant plus facilement que cela nous amuse et nous savons pertinemment que ces évaluations — que nous reconnaissons comme naïves — sont sans grande conséquence pour autrui. Mais cette évaluation critique est-elle systématique pour tout le monde ? Si certains considèrent effectivement leurs interprétations comme peu pertinentes, d'autres ne sont-ils pas séduits par cette capacité innée qu'ils ont d'évaluer autrui et ne seront-ils pas finalement tentés de considérer leur analyse comme étant fiable ? C'est ici que se profile un danger majeur : celui d'avoir la certitude de penser — ou de croire[42] — que chacun est capable de faire des évaluations et des interprétations psychologiques **valides** en se basant simplement sur son expérience. Car la véritable question sous-jacente qui se pose est bien celle de savoir si les interprétations psychologiques que l'on peut faire d'autrui sont véritablement pertinentes. Quand un professionnel des ressources humaines affirme qu'un candidat est motivé pour tel poste ou

---

42. Car il s'agit bien d'un phénomène de croyance.

qu'il possède tels traits de personnalité et que l'on découvre une fois embauché que ce même candidat ne possède ni les traits de personnalité décelés, ni la moindre motivation pour le poste, que pouvons-nous en conclure ? Que le responsable des Ressources Humaines s'est trompé dans son évaluation ? Ou peut-être s'agit-il d'une erreur d'appréciation de ses collègues de travail ? Et si tout le monde finalement se trompait sur ce nouvel embauché ?

Il n'est pas impossible, en effet, que les différents protagonistes soient dans l'erreur. Sans doute est-ce pour cette raison que l'entretien, lieu privilégié de l'interprétation et de l'évaluation psychologiques, demeure un fort mauvais prédicteur de la réussite professionnelle. **N'a-t-on pas tendance en effet à privilégier des variables de nature psychologique, aux dépens de variables strictement situationnelles, c'est-à-dire environnementales ?** Bien souvent, on a en effet tendance à privilégier tout un corpus qui concerne uniquement la « psychologie » du candidat. La réussite d'un futur collaborateur ne dépendrait-elle que de ses caractéristiques de personnalité ? N'aurait-on pas tendance à occulter non seulement les compétences du candidat mais aussi — et surtout — les réalités concrètes de son environnement ? D'autre part, ce « corpus psychologique » auquel on se réfère constamment, possède-t-il une quelconque validité scientifique ou finalement les conceptions qui en sont issues — et dont on se sert constamment — ne sont-elles pas tout simplement le fruit d'une psychologie naïve reposant, la plupart du temps, sur un pseudo-savoir dont la pierre angulaire est le fameux « **bon sens psychologique** » ? Or, cette « psychologie naïve » n'a rien de commun avec celle que l'on enseigne à l'université[43]. Que signifie en effet « avoir un profil de personnalité pour ce poste » ? Et comment est-il possible de juger, dans le cadre d'un simple entretien, que telle personne possède le « sens du contact », que telle autre est « intelligente » ou qu'elle possède le « sens du commandement » ? Dans quelle mesure peut-on être certain de la pertinence et de la validité des évaluations psychologiques que l'on peut faire çà et là ?

Dans la quasi-totalité des cas, faire de « l'évaluation psychologique » signifie — encore à notre époque — mettre en œuvre ce « bon sens psychologique », que l'on considère, très souvent d'ailleurs, comme toujours infaillible. Cette vision naïve de l'évaluation débouche immanquablement sur l'utilisation de méthodes non fiables, dont les retombées ne peuvent être que négatives[44] pour le sujet évalué. Il est donc éton-

---

43. Deux courants actuellement s'affrontent entre ces « deux psychologies », ceux qui défendent une épistémologie de la rupture, ceux qui optent pour une épistémologie de la continuité.
44. Une évaluation fondée sur le « bon sens psychologique » favorise l'utilisation de méthodes ou de techniques où la simplicité conceptuelle domine. Les retombées sont négatives car elles peuvent éliminer le sujet d'une procédure de sélection ou l'exclure d'une promotion au sein de son entreprise.

nant de découvrir la place qu'occupe ce fameux « bon sens psychologique » dans l'évaluation d'un collaborateur, d'autant plus que le professionnel tentera de légitimer la valeur de son « bon sens » par l'expérience qu'il en a et, sans aucune retenue, il évaluera la «personnalité », ou l'intelligence», etc. du sujet — de manière implicite ou explicite — dès lors que celui-ci se retrouvera face à lui[45]. Pour faire une analogie quelque peu grossière, tout se passe comme si certains professionnels des ressources humaines se positionnaient et se comportaient de la même façon qu'un mécanicien automobile à qui on demanderait un avis médical relatif au problème de santé de l'un de ses clients et qui, bien sûr, y répondrait[46].

Or, quand il s'agit de s'intéresser aux caractéristiques psychologiques d'un candidat, qu'il s'agisse de sa personnalité, de sa motivation, de son intelligence..., il nous paraît tout à fait indispensable de faire appel à de véritables professionnels qui ont été formés dans ce but. Leur utilité ne serait pas tant de procéder à l'évaluation d'autrui — chacun de ces professionnels sait pertinemment le danger et les limites de l'interprétation psychologique — mais d'apporter des conseils, des suggestions et des compétences pratiques en matière de choix ou de conception de méthodes d'évaluation. Rien n'est plus délicat, en effet, que de choisir ou de concevoir des méthodes d'évaluation qui puissent être adaptées à chaque cas. Faire appel à des professionnels formés[47] présenterait également un autre avantage majeur, notamment pour les entreprises : celui de leur faire économiser des sommes colossales dans le choix de ces méthodes de sélection. Des conseils judicieux et adaptés au cas par cas leur permettrait en effet de ne plus succomber aux charmes fascinants d'une kyrielle de méthodes qui prétendent pouvoir tout faire et tout résoudre sans apporter la moindre preuve scientifique — et contrôlable — de ce qu'elles avancent.

Cette recherche de la rentabilité des méthodes d'évaluation a déjà été entreprise depuis de nombreuses années par nos homologues. Plusieurs recherches menées au sein de sociétés — principalement anglaises et américaines — ont en effet montré grâce à la technique de « l'analyse utilitaire », qu'il était possible d'économiser quelques millions de francs

---

45. Et quelle qu'en soit la finalité : recrutement, bilan de compétences, « chasse de têtes », etc.
46. Dans la réalité, il existe de fortes chances pour que ce mécanicien ne se risque pas à donner un avis qui ne concerne pas sa compétence. C'est loin d'être le cas en psychologie où tout le monde se positionne systématiquement comme « sujet supposé savoir » ; un « psychologue » naïf en réalité.
47. Nous faisons, bien entendu, référence à l'université, seul lieu où l'enseignement n'obéit pas à des impératifs commerciaux ou économiques. Cet endroit est pour nous un lieu de formation idéal car les enseignants possèdent d'excellentes formations, ils sont également reconnus par la communauté de leurs pairs et le contenu de ce qu'ils délivrent répond à des critères de rigueur. Les sociétés de formation en ressources humaines n'obéissent qu'à une loi : celle du marché.

en mettant en œuvre des procédures d'évaluation simples mais valides — test papier-crayon — dans la sélection de leur personnel. À titre d'exemple, les travaux de Casio et Silbey ont ainsi montré que l'utilisation de la technique des « Assessment Centers » à la place de l'entretien avait permis, dans le cadre de la promotion de 50 directeurs des ventes, d'économiser au sein d'une entreprise une somme de plus de 150 000 dollars, malgré le coût élevé de cette méthode[48].

2. Les psychologues et les spécialistes en ressources humaines

La formation universitaire des psychologues : les conséquences pratiques de la protection du titre. Depuis quelques années déjà, la loi et ses décrets d'application[49] ont prévu un cadre strict qui protège l'utilisation du titre de psychologue[50]. Cette protection du titre a eu pour effet bénéfique majeur d'avoir permis un « écrémage » massif de tout un ensemble de « praticiens » — aux formations trop souvent insuffisantes — qui se présentaient, sans aucun complexe, comme des « professionnels » ou des « spécialistes » de la psychologie ou de l'évaluation psychologique. Ces praticiens avaient l'habitude d'intervenir aussi bien en entreprise, qu'en cabinet-conseil, et nous sommes certain qu'une grande partie d'entre eux est à l'origine de tout un système de croyances qui perdure encore aujourd'hui dans l'esprit des responsables de sociétés ou de cabinets-conseils. Le fait d'avoir pu librement s'intituler « psychologue » pendant des années, a eu l'effet pervers de générer une véritable confusion entre la psychologie académique et un certain nombre de disciplines — totalement inconnues à l'université ou abandonnées depuis longtemps — et issues de cette ô combien fameuse « psychologie naïve » ou quotidienne qui trouve une parfaite illustration dans des « disciplines » comme la caractérologie, la morphopsychologie, la graphologie, la PNL, etc.

La réglementation de la formation a eu un autre effet positif : celui d'offrir au public, dont font partie les responsables d'entreprise, des praticiens à la formation plus homogène et surtout capables de porter un regard beaucoup plus objectif — et beaucoup plus critique — sur les modalités de leur pratique[51].

---

48. Smith et al. 1989.
49. Loi n° 85-772 du 25 Juillet 1985 et décrets d'application de mars 1990. Toute violation du titre entraîne des sanctions prévues par le Code pénal.
50. En France, pour utiliser le titre de psychologue, il est obligatoire de posséder un diplôme de 3ème cycle en psychologie (DEA, DESS ou Doctorat) après avoir suivi une licence et une maîtrise en psychologie. Toutes ces années de formation ne seront pas trop longues pour apprendre à l'étudiant à désapprendre « tout ce qu'il avait, à son corps défendant, reçu et assimilé depuis sa naissance dans cette matière ô combien dominante qu'est la psychologie quotidienne » (Moulin, 1992).
51. L'acquisition théorique, méthodologique et pratique ne peut, selon nous, se faire que dans un cadre universitaire. Bien entendu, la dimension pratique, liée à l'expérience sur le terrain, est indissociable des aspects théoriques.

La question de la formation continue. La nécessité de compléter, constamment, sa formation initiale est devenue une exigence en soi pour de multiples professions. Qu'il s'agisse du psychologue exerçant en entreprise ou du professionnel des ressources humaines, chacun a pris conscience de la nécessité de continuer à se former. C'est ici que se pose le problème du marché de la formation continue, en particulier, dans le domaine des ressources humaines.

Prendre conscience pour un professionnel des Ressources Humaines, de la nécessité de se former n'est toutefois pas suffisant car se pose la difficile question du choix des stages de formation et en particulier, la rigueur de leur contenu. Dans aucun autre domaine que celui des ressources humaines ou de la « psychologie » en général, il n'y a autant de propositions aussi peu sérieuses : le contenu de ces formations nous a longtemps fait sourire, leur impact actuel en entreprise maintenant nous inquiète[52]. Devant la diversité des stages proposés, il est donc extrêmement délicat, pour un professionnel de choisir « le bon stage ». Il n'y a, en effet, qu'à consulter les publicités ou les documentations relatives à ces formations pour «professionnels des ressources humaines » pour découvrir, à travers de fort belles présentations[53], un contenu où l'on retrouve toute une argumentation commerciale **sans aucune garantie scientifique.**

Dans la réalité, il faut savoir qu'il n'existe absolument aucune garantie de qualité quant à la multitude des stages proposés dans le domaine des ressources humaines. Il est par conséquent difficile de choisir une formation dont le contenu soit rigoureux et surtout adapté à ses propres besoins, d'autant plus que bien souvent, les « belles publicités » sont très incitatives au moment d'effectuer un choix. Certes, il est facile de se douter qu'un séminaire qui a pour ambition de former un professionnel— en quatre jours — à la méthodologie de l'entretien de recrutement, ne peut être bien sérieux. Mais comment faire la différence entre plusieurs formations qui se proposent de vous transmettre, chacune, un ensemble de techniques et de méthodes supposées pouvoir vous aider, de façon tout

---

52. Il suffit de consulter la multitude de plaquettes publicitaires destinée aux professionnels des Ressources Humaines pour découvrir des caractéristiques communes : praticiens sans aucune formation (où avec des formations sans aucun rapport avec le domaine des ressources humaines ou de la psychologie) et qui se présentent pourtant comme des « spécialistes » des ressources humaines, praticiens aux qualifications douteuses qui présentent leur technique comme LA vérité (spécialistes d'une « psychologie naïve » qui utilisent une multitude de pseudo-méthodes où se côtoient la programmation neuro-linguistisque, la gestuologie, la morpho-psychologie voire la numérologie ou l'astrologie, etc.).
53. Les belles plaquettes sur papier glacé agrémentées de belles couleurs — qui peuvent impressionner certains — n'ont qu'un seul objectif : attirer le futur client et lui faire croire que la qualité des formations est en étroite relation avec la qualité de la présentation. Il s'agit, bien entendu d'une stratégie marketing.

à fait fiable, à recruter votre futur collaborateur ? Comment savoir identifier, dans un domaine aussi large que celui de la psychologie de l'évaluation, la valeur objective du contenu d'un séminaire ? **La simplicité conceptuelle que l'on y trouve n'aurait-elle pas remplacé depuis longtemps les garanties scientifiques pourtant indispensables en matière de Ressources Humaines ?** Et cette simplicité ne serait-elle pas le facteur qui puisse expliquer le succès de certains types de séminaires ?

Choisissons un exemple banal tiré de l'un de ces séminaires : le cas de la poignée de mains[54]. Il nous est arrivé à tous qu'une de nos relations nous serre la main d'une manière un peu « molle ». Il y a de grandes chances pour que nous ayons fait, tout de suite après, la relation entre cette poignée de main et la personnalité du sujet : « Ce doit être un mou », avons-nous, sans doute, pensé (en silence). Mais une telle analogie entre la personnalité du sujet et sa poignée de main existe-t-elle vraiment ? Si nous considérons qu'une telle relation puisse *parfois* se vérifier, est-il légitime de la **généraliser**, comme on le fait si souvent ?

Voici, en tout cas, un exemple classique de ce qu'est la « psychologie naïve » reposant sur le « bon sens » ou sur l'analogie abusive. Des exemples de ce type constellent, malheureusement, beaucoup de séminaires de formation consacrés aux Ressources Humaines. L'absence de qualification sérieuse de certains formateurs — en particulier, de tous ceux qui utilisent des connaissances en « psychologie », sans en avoir la moindre compétence — les éloignent de toute considération critique et nous incite à poser un certain nombre de questions. Sur quoi reposent toutes les affirmations que l'on peut entendre : « *En observant attentivement le comportement d'un sujet, vous pouvez tout savoir sur lui !* » (gestuologie). « *En observant la forme du visage de votre interlocuteur, vous pouvez déterminer ses traits de personnalité* » (morpho-psychologie), « *En observant le mouvement des yeux de votre candidat, vous pouvez savoir s'il ment ou s'il dit la vérité !* » (PNL). D'où viennent ces « vérités » toutes faites ? Quelles sont les personnes qui les affirment, quelle est leur qualification ? Ces affirmations ont-elles été scientifiquement prouvées et par qui ? Des articles scientifiques ont-ils été publiés ? Autant de questions auxquelles ces praticiens auraient, sans doute, beaucoup de difficultés à répondre : **la culture de l'affirmation péremptoire et gratuite n'est pas la culture de la remise en doute et de la vérification**[55].

---

54. En gestuologie, comme nous le verrons dans le cadre de cet ouvrage, ce type d'exemples abonde. La caractéristique principale de cette pseudo-discipline repose sur l'univocité du signe : tel comportement a un sens et un seul. Cette remarque illustre bien le réductionnisme de la technique et la sous-qualification conceptuelle (et probablement intellectuelle) des praticiens qui l'utilisent.

55. En d'autres termes, la culture du « marchand de certitude » n'est pas celle du scientifique.

3. Les maisons d'édition

En France, ces structures sont les seules à délivrer des tests dont la validité (scientifique) a été prouvée. Or, il semblerait qu'apparaisse depuis quelques années, un nouveau phénomène puisque désormais ces maisons d'édition commercialisent un certain nombre d'épreuves[56] — de nature psychologique — à des « professionnels des Ressources Humaines » qui ne possèdent pas nécessairement une formation spécifique en ce sens. Certes, ces méthodes ne sont pas délivrées sans condition puisque pour les obtenir et les utiliser, chaque « professionnel » devra obligatoirement suivre une formation de plusieurs jours afin d'obtenir une « certification ». Cette ouverture à des non-psychologues est motivée par la nécessité d'empêcher ces « professionnels » de se tourner vers des « pseudo-méthodes » à la conception et à la validité non garanties, commercialisées par d'autres structures.

En première analyse, on peut considérer cette nouvelle perspective comme excellente. Pourtant, un problème majeur se pose : le coût élevé de ce type de formation rend nécessaire le financement par l'entreprise qui sera donc la véritable propriétaire de la méthode. Imaginons que la personne formée décide de quitter son poste, volontairement ou non, dans quelles conditions la formation de son successeur va-t-elle se dérouler ? Il y a peu de chances pour que l'entreprise décide d'investir dans une nouvelle formation. Elle préférera en effet laisser le collaborateur qui s'en va, former lui même son successeur, avec toutes les problématiques majeures qu'un tel transfert comporte[57]. Il est également possible que celui-ci soit « contraint » d'apprendre « sur le tas ». Comment est-il alors possible de garantir, dans le temps, la pertinence d'utilisation de la méthode en question ?

D'autre part, est-il vraiment possible de bien maîtriser un outil de nature psychologique, en seulement quelques jours, quand on ne possède ni de formation en psychométrie, ni de formation en psychologie, ni de formation en statistique ? Ne risque-t-on pas, par ce genre de pratique — qui est d'acquérir un maximum en un minimum de temps — de favoriser chez ces futurs utilisateurs, une utilisation tronquée de l'outil ?

3. LA VALIDITÉ DES OUTILS

Nous passerons ici uniquement en revue les tests les plus importants, actuellement utilisés dans le domaine des Ressources Humaines.

---

56. Seules quelques méthodes sont concernées.
57. C'est la meilleure façon de « diluer » la formation.

A - Que valent les méthodes projectives[58] ?

1. Contexte d'utilisation

Nous avons déjà exposé en quoi consistaient ces méthodes. Toutefois, l'étude de leur validité impose la nécessité d'identifier le secteur d'activité dans lequel elles sont utilisées. Il est en effet indispensable de distinguer, d'une part **le milieu clinique** — où ces techniques sont communément employées — et d'autre part **le secteur de l'entreprise et du conseil**, ces deux domaines étant fondamentalement différents. D'un côté, nous avons « les purs cliniciens » (psychiatres et psychologues) qui s'en servent essentiellement dans une perspective clinique d'aide au diagnostic et d'un autre côté, ceux qui les utilisent uniquement dans le cadre de la sélection et de l'orientation professionnelle. Généralement le domaine de l'un est inconnu de l'autre et inversement.

a) Le cadre clinique et institutionnel

Nous avons déjà souligné que l'utilisation des épreuves de personnalité à des fins professionnelles était contestable, notamment pour des considérations éthiques. Cela est encore plus vrai pour la quasi-totalité des « méthodes projectives ». **À un niveau aussi bien historique que pratique, on oublie trop souvent que l'origine de toutes ces méthodes est essentiellement clinique.**

Progressivement, certaines d'entre elles[59] furent ensuite récupérées et dévoyées — car utilisées sans aucune précaution par des personnes non qualifiées — aussi bien au sein de l'entreprise que dans le secteur du conseil. Sans doute, l'origine clinique de ces méthodes explique-t-elle, du moins en partie, les résultats d'une enquête européenne qui précise que « 20 à 50 % des psychologues (selon les pays) pensent que les tests projectifs ne devraient **en aucun cas** être utilisés pour l'orientation et la sélection professionnelle »[60].

La spécificité des méthodes projectives est d'appréhender la personnalité du sujet de **manière globale.** Dans cette perspective, celle-ci fonctionne comme un tout ou seuls les aspects affectifs et volitionnels sont explorés. Cette description globale de la personnalité est rendue possible grâce à un certain type d'épreuves qui sont toutes constituées de stimuli plus où moins ambigus[61] afin que le sujet puisse plus facilement s'y « projeter ».

---

58. Nous rappelons au lecteur que les « méthodes projectives » sont constituées d'un ensemble d'épreuves qui vont favoriser — à partir d'un matériel plus ou moins structuré — une décharge émotionnelle, une « projection » de la personnalité du sujet dans le test.

59. Notamment le Rorschach, le Thematic Apperception Test, le Test de Szondi.

60. Cité par LEVY-LEBOYER in POORTINGA et al., 1982.

61. Il peut s'agir de « taches d'encres » (Test de Rorschach), de visages « vides » (ROSENZWEIG), etc.

Quand on s'intéresse à la validité des méthodes projectives, on découvre très rapidement qu'il n'y a pas d'accord entre les praticiens. Certains considèrent que ce type de méthodes apporte, dans un contexte clinique, une information extrêmement riche sur autrui, « une finesse clinique qui compense leur moindre rigueur statistique »[62]. Le souci de vérification — au sens psychométrique du terme — n'est d'ailleurs pas considéré comme prioritaire car pour ces praticiens la plupart des méthodes projectives auraient déjà fait leurs preuves dans la pratique clinique. Ce simple argument légitimerait donc leur utilisation. D'autres chercheurs préfèrent adopter une position plus nuancée et s'ils reconnaissent que certaines méthodes ont une « validité incontestable » comme le Rorschach ou une bonne « validité diagnostique » comme le test du Village, ils admettent aussi volontiers que certaines méthodes projectives comme le « test de Szondi » ont « une valeur très controversée »[63]. Enfin, il y a ceux qui considèrent que ces méthodes ne sont pas fiables comme le psychologue américain Eysenck qui faisait, il y a déjà plus de quarante ans, un constat pour le moins pessimiste : « Ce qui vingt ans plus tôt apparût comme une ligne de travail prometteuse, est maintenant révélé comme une méthode d'investigation de la personnalité relativement sans valeur, inférieure sous la plupart des aspects, même aux questionnaires dédaignés ». Le manque de rigueur explique cet échec, pour cet auteur, « parce qu'elles tentèrent de trop faire et que leurs défenseurs jetèrent par dessus bord les contraintes et les exigences d'une véritable validation et de la preuve scientifique » (1955). Sans doute est-ce pour cette raison que B. SEMEONOFF précise que toutes ces méthodes sont à considérer « comme une aide au diagnostic et à la prise de décision, et non comme un instrument suffisant à les permettre. » Cette nuance, rarement mise en avant, nous paraît pourtant fondamentale (1987).

Toutefois, de multiples problèmes méthodologiques[64] se posent quand il s'agit de valider les méthodes projectives. En effet, les différentes techniques utilisées « n'explorent pas une variable unique, mais décrivent un individu en terme d'un schéma dynamique de variables elles-mêmes en inter-corrélation »[65]. Or, il est beaucoup plus facile d'étudier une seule caractéristique de personnalité à la fois que plusieurs réunies, en particulier quand on sait que les unes peuvent avoir une influence sur les autres.

---

62. ANZIEU, CHABERT, (1983). En France, ces deux psychologues sont, sans conteste, les plus grands spécialistes de ce type de méthodes.
63. DELAY, PICHOT, 1975.
64. Le lecteur soucieux d'aborder ces questions, pourra consulter l'ouvrage d'ANZIEU et de CHABERT, 1983 et celui d'ANDERSON dont l'un des thèmes est consacré aux problèmes de validation des techniques projectives, 1965. Le lecteur pourra également consulter le numéro spécial de la Revue de Psychologie Appliquée consacré à la validité des méthodes projectives (1955).
65. ANZIEU, CHABERT, (1983).

Par conséquent, bien que la validité des techniques projectives ne soit pas clairement établie, nous sommes de ceux qui pensent que leur utilisation — dans le domaine clinique — reste tout à fait intéressante. Leur utilité, dans ce secteur, s'explique par la possibilité de pouvoir aider le praticien à établir un profil de personnalité à des fins essentiellement pronostiques, diagnostiques et thérapeutiques.

Les enjeux sont donc fondamentalement différents de ceux de l'entreprise (ou des cabinets-conseils) où la finalité essentielle est de réaliser un pronostic professionnel.

b) Le secteur professionnel (cabinets-conseils et entreprises)

Même si la validité des méthodes projectives avait été clairement établie dans le domaine clinique, ce ne serait pas un argument probant pour légitimer leur utilisation en mileu professionnel : **en effet, il n'est pas concevable d'utiliser un outil dont la fiabilité en matière de pronostic professionnel n'a pas été clairement prouvée.**

En fait le problème qui se pose, quand on cherche à valider les techniques projectives «vient de la difficulté d'intégrer à cette recherche les valeurs, les méthodes et les contributions des trois disciplines classiques : la psychologie expérimentale, la statistique et la clinique »[63]. Cette difficulté méthodologique explique sans doute en partie pourquoi il existe aussi peu d'études consacrées à la validité de ces méthodes.

2. Les méthodes projectives sont-elles fidèles ?

Peu d'études se sont intéressées à la fidélité des méthodes projectives. Les différentes techniques qui permettent de vérifier cette qualité se montrent en effet inadaptées pour plusieurs raisons. Dans le domaine de la psychologie projective, la personnalité est appréhendée de manière globale et il est donc difficile d'étudier un ensemble de caractéristiques de personnalité quand celles-ci sont susceptibles d'inter-agir les unes avec les autres. D'autre part, la personnalité évolue constamment. Par conséquent, il est donc impossible de vérifier, dans le temps, la stabilité des réponses données par un sujet (méthode du Test-Retest). Quant à la méthode des formes parallèles, elle s'avère également délicate à mettre en œuvre car comment pourrait-on fabriquer un test dont les stimuli répondraient exactement à ceux du test original ? Comment pourrait-on construire, par exemple, une épreuve similaire au test de Rorschach, dont les caractéristiques provoqueraient chez le sujet testé le même type de stimulation[67] ?

---

66. Mac Farlane et Tuddenhaum *in* Anderson et Anderson, 1965.
67. Le lecteur qui souhaite aller plus loin pourra consulter Mac Farlane *et al. in* Anderson, 1965.

Pour certains spécialistes[68], il n'existerait que deux méthodes pour tester la fidélité des techniques projectives. **L'interprétation aveugle** et **l'appariement.** Dans la première le praticien ne dispose sur le sujet que de renseignements sur son sexe, son âge et parfois son niveau intellectuel. Dans la seconde on fournit à un juge un ensemble de protocoles (résultats) appartenant à différents sujets. Le juge devra ensuite restituer chacun de ces protocoles au sujet correspondant. Pour choisir l'exemple du test du Rorschach, l'appariement pourra consister en un rapprochement entre chaque psychogramme (le profil du sujet) et un portrait psychologique (anonyme). Un bon appariement serait par exemple celui que ferait un juge qui associerait correctement, un protocole de Rorschach traduisant les signes d'une structure hystérique à une personne, qu'il ne connaît pas et qui possède effectivement les symptômes de cette structure de personnalité. Cette seconde méthode a été notamment utilisée pour mesurer la fidélité des interprétations, données fondamentales dans ce genre de tests[69]. Toutefois, comme le précise MAC FARLANE, la problématique majeure demeure, sans aucun doute, la difficulté d'opérer une véritable distinction entre la fidélité du juge et la fidélité du test (1965).

Les quelques études publiées semblent indiquer une certaine fidélité à ce type d'épreuves. Ainsi, ANZIEU et CHABERT (1983) citent une étude dans laquelle un psychologue américain avait transmis un même protocole à trois personnalités représentatives du mouvement Rorschach aux États-Unis, pour une interprétation aveugle. Selon les auteurs, leurs trois rapports s'accordèrent sur « l'essentiel », reste à savoir ce que signifie « l'essentiel ». Une autre étude citée par ces mêmes auteurs (méthode de l'appariement), précise que «la réussite a été enregistrée, avec plusieurs juges expérimentés, pour les Rorschach de 20 enfants difficiles, ou encore pour apparier le Rorschach de 20 jumeaux identiques avec leur retest effectué six mois après (92 % de réussite) ». La fidélité du TAT, à partir de passations répétées, serait également très élevée mais elle dépendrait de l'importance de l'intervalle de temps entre les passations et du « taux de souplesse-rigidité des sujets en question »[70]. D'autre part, quand on s'intéresse à la fidélité inter-juges du TAT, il semblerait que plus la cotation est simple et grossière, meilleure est l'accord entre les correcteurs. MURRAY a également démontré que l'entraînement intensif de deux correcteurs, avait permis « de faire correspondre leurs cotations avec les siennes » de manière très élevée[71].

---

68. ANZIEU et CHABERT, 1983.
69. ANDERSON *et al.*, 1965.
70. L'un d'eux, TOMKINS, utilise le système de cotation de MURRAY (l'inventeur du TAT) et trouve des coefficients de fidélité qui varient de **.80** à **.90** (*in* ANDERSON, 1965).
71. Jusqu'à **.90** (*in* ANDERSON, 1965).

Le manque d'études, la taille réduite des échantillons ne nous incite pas, actuellement, à considérer la fidélité des techniques projectives comme étant clairement établie. D'autre part, on peut aisément comprendre que cette qualité ne soit pas évidente à obtenir : les conditions de passation sont libres et varient en fonction des praticiens, il n'existe pas de population d'échantillonnage, etc. Enfin, les techniques statistiques traditionnelles se montrent insuffisantes et difficilement applicables à des méthodes dont **l'interprétation est, par essence, essentiellement qualitative.**

3. La validité des méthodes projectives

Il existe des méthodes globales de validation et des méthodes analytiques.

La technique de l'appariement fait partie des méthodes globales de validation et comme le souligne PICHOT (1955), elle constitue la « seule méthode actuellement disponible respectant le caractère « holistique » affirmé des tests projectifs ». Cette technique est d'ailleurs vivement critiquée par certains chercheurs qui lui reprochent, justement, son caractère « trop global » et insuffisamment analytique.

Les quelques études que nous avons consultées qui utilisent cette méthode donnent des résultats **négatifs ou faiblement significatifs.**

Ainsi la recherche de BROWN sur le test de frustration de Rosenzweig, ne donne pas de résultats particulièrement probants[72]. Quant à la tentative de validation du test de Szondi, consistant en un appariement entre dix descriptions cliniques de malades mentaux et dix descriptions de la personnalité fondées sur l'interprétation d'une psychologue spécialiste du test, les résultats sont totalement négatifs[73]. BRUCHON SCHWEITZER trouve un pourcentage d'appariements corrects d'environ **65 %**, un peu supérieur au seuil du hasard, d'après dix études consultées[74] (1987).

Ces méthodes se montrent-elles à même d'identifier un profil de personnalité qui soit spécifique à divers groupes professionnels ? En d'autres termes, existe-t-il une « personnalité professionnelle » ?

---

72. PICHOT, 1955.
73. PICHOT, 1955.
74. Toutefois, il est préférable d'interpréter ces résultats avec beaucoup de réserve, surtout quand on connaît les nombreuses imperfections de ce type de validation.

Les quelques études que nous avons consultées vont toutes dans le même sens[75] et indiquent, qu'en général, de très faibles différences sont trouvées entre les groupes[76]. Seule une étude[77] semble indiquer que les « travailleurs sociaux, les administratifs et les métallurgistes sont plus méthodiques et analytiques dans leur approche des tâches »[78].

L'ensemble de ces résultats illustre bien, comme le souligne d'ailleurs BRUCHON SCHWEITZER (1987) « une croyance, aujourd'hui un peu dépassée, en un "profil" personnel caractérisant certaines professions », présupposé encore très présent dans l'esprit de certains professionnels des ressources humaines.

Les méthodes analytiques de validation sont les plus nombreuses et beaucoup plus fiables que les précédentes. C'est sur ce type de validation que nous insisterons, pour étudier la validité des tests les plus utilisés en ressources humaines.

a) L'utilisation du RORSCHACH est-elle pertinente ?

Les résultats obtenus au test de Rorschach peuvent-ils fournir une indication sur le degré de compétence de collaborateurs ? En d'autres termes, **certaines caractéristiques de cette épreuve permettent-elles d'opérer une véritable distinction entre les « bons » collaborateurs et ceux qui le sont moins ?**

Les résultats sont contradictoires et ils paraissent avoir plus de valeur pour du personnel ouvrier que pour des cadres. Ainsi une étude a montré que 4 indices du Rorschach avaient permis de distinguer **82 %** d'ouvriers mécaniciens considérés comme excellents et **88 %** considérés comme médiocres[79]. Une autre étude a également montré qu'une méthode de cotation avait été en mesure de discriminer deux groupes de machinistes[80]. En revanche, les résultats obtenus au Rorschach n'ont

---

75. Dans le cadre de la sélection professionnelle, la recherche de VILMINOT (1961) a montré — à partir de 400 protocoles de Rorschach — que « dans l'ensemble, les catégories professionnelles sont assez mal différenciées », sauf pour le groupe des ingénieurs de laboratoire qui « semblent former une catégorie à part ». La répartition de cette population de 400 personnes s'est faite à partir de 4 groupes : un groupe de 69 cadres administratifs, un groupe de 145 cadres commerciaux., un groupe de 151 ingénieurs d'exploitation, un groupe de 35 ingénieurs chimistes de laboratoire.
76. RIEGER; ROE in KINSLINGER, 1966, KABACK, ROE in SCHLEGEL, 1969-1970.
77. Celle de HARROWER et COX citée par KINSLINGER (1966).
78. Précisons, toutefois, que l'objectif de cette recherche était de décrire les caractéristiques de personnalité de différents groupes professionnels en se servant du test de Rorschach.
79. PIOTROWSKI in KINSLINGER, 1966.
80. L'étude d'ANDERSON précise que parmi 5 méthodes de cotation du Rorschach, il en existe **une**, capable de discriminer deux groupes de machinistes. Cette « méthode de cotation fournit des évaluations en accord avec les évaluations des compétences dans **65 %** des cas » permettant ainsi de faire une distinction entre les machinistes qui ont été évalués comme ayant des compétences élevées et ceux qui ont de plus faibles compétences.

pas été en mesure de distinguer, dans une population de 42 cadres commerciaux, ceux notés comme excellents et ceux considérés comme « médiocres » **amenant ainsi le chercheur à condamner radicalement cette épreuve**[81].

Les résultats obtenus au test de Rorschach sont-ils capables de prédire la possibilité d'évolution future de collaborateurs ? Par ailleurs, cette épreuve est-elle en mesure de prévoir le degré de satisfaction du collaborateur au sein de son poste ? Et enfin, quelle peut être sa valeur par rapport à un entretien structuré ?

En réponse à la première question, il semblerait que les résultats obtenus au Rorschach puissent permettre de distinguer les hommes qui ont le plus fort potentiel pour évoluer, dans le cadre d'une promotion, de ceux qui ont le plus faible[82]. En revanche, deux autres études nous indiquent qu'il n'existe aucune relation (dans une étude) et une corrélation négative (dans la seconde étude) entre les résultats au test de Rorschach et le niveau de satisfaction au travail[83]. Enfin l'étude de RIEGER nous indique une forte relation entre les évaluations au Rorschach et celles d'un entretien structuré[84].

Quant à l'utilisation du Rorschach en **orientation professionnelle**, il se montre totalement inopérant dès lors qu'il s'agit d'identifier une configuration universelle dans une profession[85].

Dans l'ensemble, les résultats obtenus sont relativement intéressants mais ils ne sont guère convaincants. Ce constat traduit exactement ce que déjà HARRIS exprimait à propos du Rorschach qui ne s'était montré « **ni suffisamment valide ni dépourvu de validité** ».

---

81. Cette étude s'est déroulée en deux temps : dans un premier temps 32 indices du Rorschach ont permis de discriminer, avec une seule erreur, 42 cadres commerciaux, exerçant dans le secteur de l'assurance, notés comme « excellents », de 38 considérés comme « médiocres ». Dans un second temps, une procédure de contre-validation, destinée à confirmer les résultats précédents, a montré que ces mêmes indices échouaient quand il s'agissait d'opérer une distinction, dans un autre groupe homogène au premier, entre les 21 « bons » et les 20 « médiocres » ; KURTZ *in* KINSLINGER, 1966. ANZIEU, CHABERT, 1983.
82. Notons toutefois la faible taille de l'échantillon testé (14 personnes) qui ne peut que relativiser ce résultat (DULSKY ET KROUT *in* KINSLINGER, 1966).
83. KATES *in* KINSLINGER, 1966.
84. Corrélation significative de **.75** mais faible taille de l'échantillon : 30 personnes (RIEGER *in* KINSLINGER, 1966).
85. Si « certains facteurs du test de Rorschach se sont trouvés en fréquence notable dans certains groupes professionnels (...) aucune configuration caractéristique n'est universelle dans une profession; aucune (...) n'est trouvée exclusivement dans une profession quelle qu'elle soit » CASTELLAN *in* ANZIEU ET CHABERT, 1983.

D'autre part, il a été montré que des sujets de catégories socio-professionnelles élevées, pouvaient présenter des signes traduisant une pathologie certaine et être pourtant tout à fait compétents au sein de leur fonction. L'inverse est également vrai puisque des sujets fortement perturbés peuvent avoir un protocole tout à fait « normal »[86].

b) Le « test de Rorschach à choix multiple » (Multiple-choice Rorschach Test) est-il un bon prédicteur ?

Dans le « traditionnel » test de Rorschach, le sujet était invité à formuler librement la perception qu'il pouvait avoir des différentes planches qu'on lui présentait. Cette variante propose au sujet un choix entre plusieurs possibilités de réponses. Cette nouvelle forme possède-t-elle une quelconque valeur prédictive ?

Il semblerait que ce test soit en mesure de prédire l'adaptation professionnelle future des sujets dans leur poste, en particulier pour du personnel administratif. Il serait ainsi « un outil d'une grande valeur dans la prédiction de l'adaptation professionnelle future pour du personnel de bureau ». D'autres études confirment la valeur prédictive de cette épreuve[87]. Ainsi, les résultats d'une recherche ont montré que le test avait été en mesure de différencier le niveau de performance de vendeurs[88].

En revanche, une autre étude a montré, en utilisant un groupe de contre-validation, qu'il n'existait pas de différences significatives entre les conducteurs de tramway qui avaient de nombreux accidents et ceux qui en avaient peu, « quelles que soient les caractéristiques de personnalité considérées »[89].

Dans l'ensemble les quelques résultats présentés ne sont guère convaincants. Certes, il semblerait que cette épreuve — plus formelle dans sa cotation et sa passation — puisse être à même de prévoir la réussite professionnelle de certaines catégories professionnelles (employés). Toutefois, il serait indispensable que d'autres expériences puissent être menées pour confirmer, ou infirmer, la valeur prédictive de cet outil[90].

---

86. Wittenrorn et Sarason, in Schlegel, 1969-1970.

87. Les résultats sont d'autant plus intéressants qu'on les retrouve dans deux études distinctes, aux échantillons par ailleurs fort conséquents (respectivement 144 et 230 personnes). Malheureusement, le résultat de ces études n'a pas été confirmé par une contre-validation (Steiner in Kinslinger, 1966).

88. Les vendeurs qui réussissaient le mieux ont été distingués de ceux qui réussissaient le moins bien à partir de 19 items de ce test (Cox in Kinslinger, 1966).

89. Miller in Kinslinger, 1966.

90. N'oublions pas en effet que les trois autres études citées (Balinsky, Steiner in Kinslinger, 1966) ne sont guère représentatives : la taille de l'échantillon est inconnue pour deux d'entre elles, l'absence significative de corrélation est manifeste pour l'une d'elles.

c) Une adaptation collective du test de Rorschach : Le « Structured Objective Rorschach Test » (SORT)

Son auteur, JB. Stone, prévoit trois façons de l'employer. On peut remettre aux sujets les planches originales, leur fournir un cahier où ces différentes planches sont reproduites ou projeter les planches sur un écran. La cotation se fait selon la méthode à choix multiple (plusieurs possibilités de réponses sont proposées aux sujets). Un profil de chaque candidat est ensuite réalisé.

Plusieurs études semblent confirmer la valeur de cet outil. L'une d'elles indique en effet que les résultats à ce test « améliorent les prédictions de succès des supérieurs »[91], une autre précise que le SORT peut permettre « **d'identifier certaines caractéristiques de tempérament relatives au succès de cadres** »[92]. Enfin une dernière étude a montré qu'en utilisant une nouvelle échelle de cotation, il avait été possible, chez une population de 110 cadres dirigeants, « **de discriminer, de manière significative, les cadres qui réussissaient professionnellement de ceux qui ne réussissaient pas** » (échecs ou rétrogradation)[93].

Les résultats sont donc assez encourageants. Ils semblent indiquer que le SORT peut avoir une certaine valeur prédictive[94]. Ces exemples nous indiquent qu'il est donc tout à fait possible d'augmenter la fiabilité de certaines techniques projectives dès lors que l'on s'intéresse à **leur adaptation spécifique au sein de l'entreprise.**

d) La valeur prédictive du « Thematic Apperception Test » (TAT)

Le TAT est l'une des épreuves projectives les plus utilisées — avec le test de Rorschach — dans le domaine des ressources humaines. Il s'agit d'un test constitué d'un ensemble de planches numérotées de 1 à 20. Celles-ci représentent des êtres humains, ensemble ou seuls, à différents âges de la vie. D'autres représentent des paysages, etc. Enfin, il existe une planche complètement blanche. Cette épreuve projective comprend 3 listes de variables : celle « des motivations », celle « des facteurs internes » et enfin celle relative aux « traits généraux »[95]. Dans la liste des motivations, qui

---

91. Ce résultat est toutefois à appréhender avec des réserves car, dans cette recherche, la taille de l'échantillon n'est pas précisée (Hampton *in* Kinslinger, 1966).
92. 11 des 60 coefficients sont significatifs. Hichs et Stone *in* Kinslinger, 1966.
93. Cette méthode de cotation des réponses du Rorschach (« the Percept-Analytic Executive Scale ») permet de chiffrer les chances de succès d'un candidat dans des fonctions de direction. Elle est constituée de 32 indices (15 indices positifs et 17 indices négatifs) ; Piotrowski *in* Kinslinger, 1966.
94. Cette validité semble particulièrement vraie quand on utilise l'échelle spécifique de cotation (« Percept Analytic Executive Scale » de Piotrowski).
95. Dans la « liste des facteurs internes », on fait référence à l'Idéal du moi, au narcissisme, au Surmoi, etc. Toutes ces notions sont issues de la psychanalyse. Quant à la « liste des traits généraux », elle fait référence à l'angoisse, la créativité, l'émotivité, etc.

en comporte 20, on trouve, notamment la variable « **Need for Power** » que nous avons traduit par « **Besoin de puissance** » (d'autres auteurs traduisent cette expression par « Besoin de Domination ») et la variable « **Need for Achievement** » que nous avons traduit par « **Besoin de Réalisation** » ou « **Besoin de se réaliser** » (que d'autres auteurs traduisent par « Besoin d'accomplissement » ou « Besoin de Réussite »).

Ce test possède-t-il une quelconque valeur prédictive ?

Une première étude a montré que ce test avait été **en mesure de prédire la responsabilité d'accidents,** chez 511 conducteurs de bus[96]. Il semblerait d'autre part, que certaines cartes — en particulier certaines motivations — puissent posséder une meilleure validité prédictive que d'autres. Ainsi en étudiant une population de vendeurs, les résultats ont montré que les meilleurs d'entre eux avaient des scores plus élevés que les autres pour la variable « **besoin de réalisation** », et que le score moyen des supérieurs était deux fois plus élevé pour la variable « **besoin de puissance** », que chez les meilleurs vendeurs[94].

Chez les cadres, l'utilisation du TAT serait également intéressante puisqu'il serait en mesure de prédire — de manière très satisfaisante — **l'aptitude au leadership**[98]. Il semble également pouvoir jouer un rôle dans « **la compréhension de la personnalité des dirigeants** »[99] et que certaines planches de ce test puissent être utilisées dans le cadre « **d'un pronostic d'adaptation au travail** »[100]. Enfin une étude comparative a montré que **les cadres les plus jeunes avaient une manière de penser plus saine et plus optimiste**[101].

---

96. Cette étude a montré une corrélation entre les résultats au TAT et le nombre d'accidents : « Des différences hautement significatives ont été trouvées entre les taux de succès de 212 conducteurs sélectionnés avec le TAT et 299 conducteurs non sélectionnes par le TAT » (Shaw in Kinslinger, 1966).

97. Les résultats ont démontré « que les meilleurs vendeurs, évalués par leurs chefs de vente, avaient des scores significativement plus élevés dans la variable « Besoin de Réalisation ».
- Qu'il n'y avait pas de différence significative entre les « meilleurs vendeurs » et « les vendeurs moyens » pour la variable « Besoin de Puissance ».
- Que le score moyen de la variable « Besoin de Puissance » était deux fois plus élevé, chez les supérieurs que chez les meilleurs vendeurs.» BOTHA ET KOPPER in KINSLINGER, 1966.

97. Les résultats ont démontré « que les meilleurs vendeurs, évalués par leurs chefs de vente, avaient des scores significativement plus élevés dans la variable « Besoin de Réalisation ».
- Qu'il n'y avait pas de différence significative entre les « meilleurs vendeurs » et « les vendeurs moyens » pour la variable « Besoin de Puissance ».
- Que le score moyen de la variable « Besoin de Puissance » était deux fois plus élevé chez les supérieurs que chez les meilleurs vendeurs.» BOTHA et KOPPER in KINSLINGER, 1966.

98. Ainsi la corrélation obtenue serait supérieure à **.60** avec un critère objectif (in ANDERSON, 1965).

99. CHAUFFARD in SCHLEGEL, 1976.

100. CATTIN, SARTON in SCHLEGEL, 1976.

101. Résultats d'une comparaison des réponses obtenues au TAT auprès de 3 groupes de cadres moyens d'âges différents (SHAW et HENRI in KINSLINGER, 1966).

Certains auteurs ont aussi montré, dans le cadre de la sélection professionnelle que « pour les emplois routiniers, une adaptation professionnelle correcte pouvait coexister avec une inadaptation sociale ». Ainsi « **la variable professionnelle peut donner un sens adaptatif à des signes habituellement considérés comme pathologiques et qu'inversement un sujet capable, mais incertain de ses capacités professionnelles, risque de fournir un protocole perturbé »**[102].

Il semblerait ainsi que le TAT puisse posséder une certaine valeur prédictive mais pour confirmer ces résultats, il serait indispensable que des procédures de contre-validation puissent être mises en œuvre. Elles auraient l'avantage de confirmer les conclusions de toutes ces études. D'autres recherches demeurent, par conséquent, indispensables.

e) Les variables dérivées du « Thematic Apperception Test » (TAT)
D'autres auteurs se sont intéressés à certaines variables du TAT — en particulier certaines motivations (besoins) — en cherchant à savoir si certaines d'entre elles avaient une valeur prédictive plus importante que d'autres.

Les résultats semblent ici beaucoup plus contradictoires. Ainsi une première recherche a montré que sur les six variables dérivées du TAT, deux d'entre elles — « Besoin de Réalisation » et « Besoin de Pouvoir » — avaient été en mesure de différencier la **performance de deux groupes de cadres**[103]. En revanche une seconde étude menée auprès d'une population d'étudiants diplômés (MBA) de Standford a aussi montré qu'il n'existait **aucune relation significative** entre les variables « Besoin de Réalisation » et « Besoin de Pouvoir» et le critère « rémunération ». Aucune de ces deux variables ne s'est montrée prédictive quant au salaire futur (à 10 ans)[104].

Au vu de ces quelques recherches menées sur le TAT, il est difficile de confirmer la valeur de telle ou telle variable. Certes, certaines d'entre elles semblent jouer un rôle non négligeable dans l'identification de la performance aussi bien chez les vendeurs que chez les cadres mais **nous avons vu aussi que ces variables pouvaient ne posséder aucun pouvoir prédictif. Tout dépendrait, en fait, du critère choisi.**

Par conséquent, pour confirmer la valeur prédictive de ces variables, il serait indispensable que d'autres expériences puissent être encore menées.

---

102. Holt *in* Anzieu et Chabert, 1983.
103. L'objectif était de comparer la performance de deux groupes de cadres : ceux qui réussissaient le plus et ceux qui réussissaient le moins. Cummin *in* Reilly et Chao, 1982.
104. Cette étude a utilisé une version du TAT (Mac Celland's Test of Imagination) ; Harrel *in* Reilly et Chao, 1982.

f) Les « batteries de tests projectifs » sont-elles plus valides ?

Différents auteurs avaient déjà noté que les résultats obtenus au TAT et au Rorschach, utilisés seuls, n'étaient pas significatifs. D'autres recherches se sont donc intéressées à l'utilisation conjointe de ces deux tests pour vérifier **s'ils possédaient, ensemble, une meilleure validité prédictive.**

Les résultats d'une première étude semblent indiquer que la validité de ces deux tests augmente quand ils sont utilisés ensemble[105]. Toutefois, comme le précise l'auteur, il est possible que le résultat ait été faussé à cause d'un phénomène de contamination. En effet, les sociétés impliquées disposaient déjà des résultats des tests, au moins un an et demi avant que ne soient réalisées les promotions et il est fort possible que, préalablement à celles-ci, certains aient pu avoir accès à ces résultats.

KINSLINGER fait également référence à deux études destinées à identifier des « profils professionnels de personnalité », dans le cadre d'une recherche de « validité descriptive ». La première d'entre elles utilise le Rorschach et le TAT afin « de déterminer les caractéristiques de personnalité d'un groupe de vendeurs itinérants ». Les résultats ne sont guère concluants[106]. La seconde étude utilise une batterie beaucoup plus lourde : TAT, un entretien court et non directif ainsi que « l'analyse projective de plusieurs tests de personnalité traditionnels pour décrire « les communautés de personnalité » d'un groupe d'hommes d'affaires (business executives) qui ont réussi ». **Les résultats indiquent qu'un certain nombre de caractéristiques communes sont susceptibles de décrire les cadres qui ont réussi : « un désir de réussite très fort », « une manière de penser positive envers l'autorité », « la peur de l'échec »**[107].

Il est bien sûr difficile de se prononcer à partir d'un nombre aussi restreint d'études. Par conséquent rien ne nous permet actuellement de confirmer ou d'infirmer la validité de l'utilisation conjointe de ces outils.

g) Le Test de Frustration de ROSENZWEIG

Il s'agit d'un test également très utilisé dans les cabinets-conseils. Une étude déjà ancienne[108] le citait déjà en seconde position entre le test de Rorschach et le TAT. Pour l'auteur de cette étude, il était utilisé par plus de 35 % des personnes interrogées.

L'objectif de cette épreuve est d'apprécier les différents types de réaction du sujet face à la frustration ou, en d'autres termes, d'identifier com-

---

105. La corrélation est en effet élevée puisqu'elle est de **.56** (PHELAN *in* KINSLINGER, 1966).
106. RODGERS *in* KINSLINGER, 1966.
107. HENRY *in* KINSLINGER, 1966.
108. SCHLEGEL, 1976.

ment il réagit face aux stress de la vie courante. Ce test est présenté sous la forme d'une sorte de bande dessinée avec des personnages qui s'expriment dans des « bulles ». L'une d'entre elles est remplie par un texte et concerne le stimulus déclencheur de l'agressivité, l'autre « bulle » est vide. Le sujet doit s'identifier à ce dernier personnage et compléter cette bulle. Pour favoriser l'identification des sujets testés, aucune expression des visages des protagonistes n'a été dessinée. Cette épreuve projective est donc à considérer comme une méthode de complètement de dialogue.

Ainsi, dans une figure empruntée à la forme adulte, un homme déclare à un autre : « Vous êtes un menteur et vous le savez bien ! ». Le sujet testé doit inscrire la réponse de l'autre personnage (celui qui ne s'exprime pas) dans une « bulle vide ».

Cette méthode est-elle fidèle ? Les résultats publiés par le créateur de ce test sont variables puisqu'ils peuvent aller de 60 à 80 % par la méthode du Test-Retest en forme A. Quand à sa validité, nous ne disposons, malheureusement, que de peu d'études véritablement exploitables car la plupart ont surtout testé la validité de ce test en le comparant aux résultats d'autres épreuves de personnalité, elles-mêmes peu fiables comme le TAT. Citons, tout de même, une étude qui a montré que les résultats à ce test avaient permis de prédire la performance de managers dans leur poste[109].

L'avantage de ce test repose sur la possibilité de construire des images en relation avec les caractéristiques de personnalité du sujet que l'on veut étudier. Mais cet avantage constitue aussi un inconvénient majeur. En effet, quand on étudie des fragments de personnalité, il est difficile de distinguer la personnalité, telle qu'elle s'exprime en général et la partie qui est susceptible de varier dans certaines situations. Sans doute est-ce pour cette raison que les psychologues cliniciens, conscients de cette insuffisance, utilisent très peu ce test.

En revanche, il n'est pas surprenant que — issu, lui aussi du secteur de la psychiatrie et de la psychothérapie — il puisse être utilisé dans le domaine de l'évaluation et de la sélection professionnelles. Généralement mis en œuvre par des praticiens non qualifiés, cet outil séduit car il est aussi simple à utiliser qu'à interpréter. La cotation objective de ce test peut faire croire à son utilisateur qu'il possède l'instrument miracle qui lui permettra de découvrir comment le sujet évalué réagit **effectivement** à l'agression. Or, ce n'est pas forcément le cas car si le fait d'avoir

---

109. Une corrélation significative de ce test avec « la performance au travail » a été trouvée mais elle a été réalisée sur une population de 53 managers d'un magasin (SINAIKO in KINSLINGER, 1966).

identifié la direction de l'agression, ainsi que le type de réaction permet objectivement de placer le sujet dans une catégorie[110], on oublie trop souvent que celui-ci ne montre, en général, qu'une toute petite partie de sa personnalité et encore, on ne sait pas, finalement si c'est effectivement la bonne (réagit-il toujours de cette façon ?). N'oublions pas, en effet, que dans un contexte d'évaluation professionnelle, les enjeux sont différents d'une situation clinique et qu'il est, par conséquent, très facile de simuler — consciemment ou inconsciemment — la plupart des réponses afin qu'elles soient les plus socialement adaptées.

Par conséquent, cet outil semble peu adapté au domaine de l'évaluation professionnelle même s'il est vrai qu'il peut donner à certains utilisateurs l'illusion d'un contrôle tout puissant, de soi et de l'autre. Nous abordons alors un domaine qui ne concerne plus le thème de cet ouvrage : celui de la psychologie de l'utilisateur.

h) Le test de SZONDI et sa théorie « anancologique »

Ce test est composé de six séries de huit photographies représentant des malades mentaux et des individus « déviants ». La consigne est simple puisqu'on demande au sujet de choisir, dans chaque série, les deux photographies les plus sympathiques et les deux les plus antipathiques. À partir de ces 24 photographies choisies, on obtient un profil pulsionnel qui serait sensé prédire — pour ceux qui l'utilisent dans un contexte d'évaluation professionnelle — le comportement futur du candidat[111].

Ce test repose donc sur la notion de choix (affectif) qui exprimerait pour SZONDI la « destinée personnelle ». Ainsi, dans le domaine professionnel, le choix de son métier serait déterminé par des « besoins pulsionnels fondamentaux dont les effets dynamiques produisent l'histoire d'une vie ». Il s'agirait donc pour SZONDI « d'une science de la destinée ».

Comme le soulignent un certain nombre de chercheurs, « ce test est très controversé, en raison de la nature conjecturale de la théorie pulsionnelle qui est à la base de son interprétation »[112]. Pour notre part, nous sommes convaincus que les utilisateurs de ce test — quand ils le mettent en œuvre dans un contexte d'évaluation professionnelle (entreprise ou cabinet-conseil) — ignorent absolument tout de l'outil. Constat

---

110. La direction de l'agression peut être extra-punitive (dirigée vers l'extérieur), intra-punitive (le sujet s'accuse lui-même) ou impunitive (quand la personne minimise la situation et dégage la responsabilité de l'agresseur). Quant au type de réaction, il peut y avoir prédominance de l'obstacle (c'est horrible !), défense du Moi (excusez-moi !) ou persistance du désir. On peut donc placer le sujet dans 9 catégories (3x3).
111. L'objectif est d'aboutir à 16 tendances chez le sujet testé.
112. DELAY et PICHOT, 1975.

alarmant pour les personnes qui y sont soumises. Mais si certains utilisateurs connaissent effectivement bien ce test et l'utilisent en dehors du
domaine de la clinique, on peut s'interroger sur les motivations qui les
poussent à utiliser une méthode dont la fiabilité, en entreprise, est aussi
contestable.

Revenons quelques instants à la théorie sous-jacente à ce test. La
théorie de Szondi dite « anancologique »[113] repose sur l'étude de la destinée humaine. Ainsi, chaque individu vivrait son destin déterminé par
des tendances héréditaires de nature familiale. En clair, nos choix, qu'ils
soient personnels ou professionnels, seraient influencés par un passé
familial, de nature héréditaire, dont nous n'avons pas conscience. En
d'autres termes, pour prendre un exemple concret, le fait que deux partenaires puissent se choisir pour former un couple, pourrait s'expliquer,
selon la théorie de Szondi , par une correspondance héréditaire, c'est-à-
dire déterminé par les gènes. Son test de diagnostic des pulsions est,
bien entendu en étroite relation avec cette théorie.

Si un candidat à un poste choisit, par exemple, une photographie
représentant un malade sadique ou meurtrier, il exprimera, à un niveau
interprétatif, un « besoin sadomasochiste ». S'il choisit une photographie
d'homosexuel (ou d'hermaphrodite), il exprimera un besoin de tendresse, de féminité, de douceur et de bisexualité.

Au vu de la théorie et de ces quelques exemples, il apparaît donc surprenant qu'une méthode de ce type puisse être utilisée dans le domaine
de l'évaluation et de la sélection professionnelles. D'autant plus que
Szondi lui-même n'a pas réussi à prouver la fiabilité diagnostique de son
test. Quant à sa théorie du choix, qui reposerait selon lui sur des facteurs
d'origine génique, il nous parait très difficile d'y souscrire.

Pour notre part, nous n'avons pas réussi, à ce jour, à trouver des
recherches suffisamment sérieuses qui prouvent la validité de ce test
dans le secteur professionnel[114]. La seule étude expérimentale de référence dont nous disposons est celle qui a été présentée au Congrès international de Berne et qui a prouvé statistiquement le manque de fiabilité
de l'épreuve[115]. Certes, Szondi a bien fait correspondre aux traits de
caractère une orientation professionnelle mais elle repose sur un postulat qui voudrait qu'à certains traits de caractère, correspondent un
ensemble de professions.

---

113. « Anancologique » vient du grec « ananké » qui signifie « destin ».
114. Nous avons déjà eu l'occasion, dans les pages précédentes, de citer une tentative de validation de ce test dans le domaine clinique. Les résultats obtenus ont été totalement négatifs et
ne nous incitent pas à croire en sa pertinence dans le secteur professionnel.
115. Zurfluh, 1976.

Ainsi à certains traits de caractère comme « le désir de domination, la surestimation de soi, la folie des grandeurs, le Désir de rivalité, etc. (tendance positive) et d'autres traits comme "la rancune, le besoin d'accuser, la tendance à chercher un bouc émissaire, etc. (tendance négative) correspondraient un certain nombre de professions où se côtoient pêle-mêle," l'inventeur, le poète, l'écrivain mais aussi le pharmacien, le chimiste et enfin le psychiatre et le psychologue »[116].

On retrouve ici la tentation — naïve et toujours actuelle — de faire correspondre une profession à certains traits de personnalité (la « personnalité professionnelle »). Toutes les études ont prouvé depuis fort longtemps qu'une telle tentative était plus en relation avec une croyance, qu'avec les faits.

En l'absence d'études de validation sérieuses, il nous apparaît tout à fait inquiétant que le test de Szondi puisse être utilisé dans le secteur des ressources humaines, comme c'est le cas. Heureusement son utilisation reste marginale — en entreprise et en cabinet-conseil — mais quelques-uns s'en servent encore dans certaines procédures de recrutement notamment dans la sélection de commerciaux. Cela est d'autant plus dramatique que dans la pratique, la passation de ce test **n'est jamais réalisée de manière orthodoxe**[117]. Quand certains candidats affirment qu'ils se reconnaissent en grande partie dans la description que l'on a fait d'eux à partir du test, nous sommes certains qu'ils sont dans le vrai. Bien souvent, en effet, le compte rendu ne fera que reprendre un certain nombre d'informations qui ont pu être glanées çà et là au cours de l'entretien préalable. Il est donc normal que quelque part on puisse se reconnaître dans la description de cette épreuve.

i) Une méthode conçue à destination de l'entreprise : le « Worthington Personal History »(PH)

Le fait que cette épreuve projective ait été conçue pour être utilisée essentiellement dans le secteur de l'entreprise, la rend-elle plus valide pour autant ?

Il semblerait que ce test soit en mesure de prévoir la réussite professionnelle. Ainsi **quatre études distinctes indiquent que les résultats obtenus à la forme abrégée du Worthington Personal History sont capables de prédire — de manière importante — le véritable rendement du sujet au travail**. Il est donc possible, à partir de l'analyse qualitative de la personnalité du sujet à ce test, de prédire son rendement

---

116. Anzieu et Chabert, 1983.
117. Dans la pratique, l'épreuve doit être recommencée dix fois, pendant les jours qui suivent la première passation. En entreprise, ou en cabinet-conseil, une telle perspective est impossible.

professionnel[118].Une autre étude montre également qu'il est possible de prévoir l'efficacité des vendeurs au niveau de leur fonction, en particulier de prédire la « titularisation du sujet dans son poste » et son « volume de ventes »[119]. Une nouvelle recherche a également montré qu'il était possible d'identifier des supérieurs hiérarchiques comme ayant un bon ou un faible potentiel à partir de leurs réponses au PH **avec une précision de l'ordre de 85 %**[120]. Enfin deux études distinctes indiquent la possibilité d'obtenir un pourcentage d'accord élevé — **qui varie de 80 % à 85 %** — entre plusieurs évaluateurs quand il s'agit d'évaluer des rapports obtenus à partir des résultats du PH[121].

L'utilisation de ce test dans une perspective professionnelle semble tout à fait intéressante même si deux études citées par KINSLINGER nous fournissent des résultats négatifs. Les résultats obtenus sont dans l'ensemble assez convaincants et ceci ne constitue d'ailleurs pas un hasard. En effet, l'avantage du PH « repose sur le fait qu'il peut être utilisé dans des situations professionnelles, sans apparaître comme un test ». Il est vrai que plusieurs études ont montré que les tests projectifs, en particulier le Rorschach et le TAT, étaient généralement mal vécus par les sujets. D'autre part, « il peut être utile à cause de sa facilité d'utilisation et dans le fait que les réponses sont directement en relation avec le poste dans les situations quotidiennes »[122]. Des études complémentaires semblent toutefois nécessaires pour confirmer définitivement la validité de cet outil.

j) Le « Tomkins-Horn Picture Arrangement Test » (PAT) ou test d'arrangement d'images de TOMKINS et HORN

La première étude révèle deux différences significatives dans les réponses données par un groupe de 44 cadres de haut niveau comparées à celles de deux autres groupes (un groupe de 41 professeurs d'université

---

118. Ces quatre études nous fournissent des coefficients de corrélation élevés (**.66**, **.65**, **.50**, **.61**) entre les résultats au P.H (forme abrégée) et le critère concernant « les données de production ». « Les résultats indiquent que les prédictions du rendement au travail reposant sur l'analyse qualitative de la personnalité du P.H personnel de l'ouvrier corrèlent significativement avec le véritable rendement au travail» (PECK et PARSONS *in* KINSLINGER, 1966).

119. L'étude de SPENCER et WORTHINGTON nous indique que le P.H est « valide pour prévoir l'efficacité de vendeurs comme l'indique une corrélation bisériale de **.34** avec le critère « titularisation dans sa fonction » et **.31** avec le critère « volume de ventes » (*in* KINSLINGER, 1966).

120. Un groupe de 80 supérieurs hiérarchiques nouvellement promus fut divisé en deux parties, au regard des évaluations obtenues à partir de leur P.H. Un groupe était constitué de sujets ayant un bon potentiel, le second un faible potentiel. On évalua ensuite la performance, dans le temps, de chacun de ces managers. Les conclusions des auteurs indiquent que la précision de la prédiction, pour ces deux groupes, était de l'ordre de 85 %. SWINT et NEWTON *in* KINSLINGER, 1966.

121. PEAK et WORTHINGTON, PECK et THOMSON *in* KINSLINGER, 1966. Malheureusement l'étude de PECK et THOMSON repose sur un échantillon de faible taille (17 sujets) et sur un nombre d'évaluateurs insuffisant (2 cadres).

122. TAYLOR et NEVIS *in* KINSLINGER, 1966.

et un groupe de 25 hommes « tout venant »). La première différence consiste en « **une peur généralisée de la maladie qui pourrait bloquer le cadre dans sa recherche de succès et de réussite** ». La seconde différence est « **une tendance à compter sur les autres dans la résolution de leurs problèmes, reposant sur le sentiment d'un certain degré d'impuissance à traiter les demandes complexes relatives au poste** »[123].

Trois autres études de Miner indiquent que le PAT possède une valeur prédictive très intéressante. Ainsi, la première d'entre elles précise que ce test est capable d'évaluer la compétence d'ouvriers opérateurs, **de manière extrêmement performante**[124]. La seconde étude montre également que le PAT peut prédire de manière significative, toujours pour la même population, la **performance du sujet dans son poste**. Enfin la dernière étude menée chez une population de 65 vendeurs, indique que les scores obtenus au PAT, dans une contre-validation, peuvent prédire **la réussite de ces vendeurs** au-dessus d'une période de 4 ans.[125]

Dans l'ensemble, les résultats sont relativement probants, d'autant plus que l'une des expériences présentées a été confirmée par une contre-validation. Devant l'intérêt de cette méthode, d'autres recherches s'avèrent toutefois nécessaires.

k) Quelques autres techniques projectives

Les phrases à compléter : il en existe de très nombreuses versions (STEIN, ROTTER, RHODE...). Comme l'indique l'intitulé de l'épreuve, il s'agit de compléter une phrase :

Quelques items extraits du Test de complètement de phrase de STEIN :
Phrase 17 : Lorsqu'il vit que d'autres réussissaient mieux que lui.........
Phrase 46 : Il se sent toujours diminué.............

Deux études de Geisinger, utilisant deux tests de phrases à compléter, ont montré que ce type de méthode pouvait avoir une bonne validité prédictive, en particulier dans la prévision de réussite dans des fonctions de vendeurs[126].

---

123. Miner et Culver *in* Kinslinger, 1966.
124. Les corrélations obtenues entre les résultats au P.A.T et le critère « évaluation par les supérieurs sur 5 caractéristiques du poste » sont très élevées puisqu'elles varient de **.58** à **.82**. Ces résultats sont d'autant plus à prendre en considération qu'ils sont issus d'un groupe ayant subi une procédure de contre-validation.
125. La corrélation entre les résultats au P.A.T et le critère « Réussite dans la vente au-dessus d'une période de 4 ans » est supérieure à **.50**.
126. Les deux études de cet auteur nous révèlent, en effet, des corrélations très élevées entre les résultats à ces deux phrases à compléter (test) et le critère « réussite dans la vente ». Ainsi pour la population de vendeurs effectuant du porte à porte le coefficient de corrélation est de **.73**, tandis que pour les agents d'assurance-vie, ils sont de **.64** et **.53** (1982).

MINER a utilisé également une échelle de complètement de phrase de 40 items : la « Miner Sentence Completion Scale » pour en tester la validité prédictive. Les résultats ont montré, pour une population de 49 personnes, que cette échelle se montrait capable de prévoir les possibilités de promotion de managers[127]. Dans le cadre d'un second échantillon constitué de 61 responsables de Marketing, cette même échelle s'est également montrée capable de prévoir — de manière importante — si tel supérieur hiérarchique réengagerait ou non tel manager[128].

L'avantage de ce type de test — les phrases à compléter — repose, non seulement sur la rapidité et la facilité de passation mais aussi sur la possibilité de pouvoir en fabriquer sur mesure.

l) Une étude de synthèse

La synthèse, concernant la validité des méthodes projectives, réalisée par REILLY et CHAO, à partir de 6 études nous indique que la valeur des coefficients de validité est relativement moyenne. D'autre part, les auteurs précisent, qu'en excluant le coefficient obtenu dans la recherche de MINER, la validité moyenne serait encore plus faible, pour une population de 335 personnes[129].

4. Conclusion sur la validité des méthodes projectives

La fréquence d'utilisation des méthodes projectives ne peut légitimer leur validité. **Cette confusion entre la fréquence d'utilisation d'une méthode et sa validité est un argument fallacieux et trop souvent invoqué.**

Nous avons vu, en effet, que les résultats obtenus, en particulier en psychologie de la profession, n'étaient guère probants, dans l'ensemble, même si certaines méthodes pouvaient donner des résultats beaucoup plus satisfaisants (le « SORT » par exemple).

Un certain nombre de remarques s'impose quant à l'utilisation de toutes ces techniques. **Elles doivent beaucoup plus être considérées comme des outils complémentaires susceptibles de cerner des dimensions généralement difficiles à appréhender par d'autres techniques, comme les aspects affectifs, motivationnels et volitionnels.**

---

127. La corrélation obtenue demeure, cependant, assez faible puisqu'elle est de **.25.**
128. Ce critère « Séparation-recommandation » : « Ce critère est élaboré par le principal responsable hiérarchique de l'employé sous la forme d'une déclaration comme si ce responsable allait ou non réengager ce manager ». La corrélation obtenue entre les scores à cette échelle et ce critère est très élevée : **.69** (REILLY et CHAO, 1982).
129. Cette synthèse nous indique que la moyenne pondérée des 6 coefficients de validité est de **.28** et si on retire les coefficients obtenus dans les recherches de MINER, il n'est plus que de **.18**, par conséquent très faible (REILLY et CHAO, 1982).

Dans le domaine professionnel, les méthodes projectives s'excluent, par leur nature même, du champ des tests traditionnels pour plusieurs raisons.

La première est **d'ordre éthique,** tout comme le défend Holtzman lorsqu'il affirme que « tout individu a le droit de se protéger contre les intrusions qui menacent sa vie personnelle et de se soustraire aux indiscrétions »[130].

La seconde repose sur des considérations **d'ordre pratique**. D'abord **le facteur « temps »** : l'utilisation de la plupart de ces outils (en particulier le Rorschach et le TAT) nécessite, si elle est réalisée de manière orthodoxe, un investissement de temps très important. Un tel investissement ne va-t-il pas à l'encontre des objectifs de rentabilité, si souvent prônés dans les structures privées ? Certes, il est toujours possible, comme le font certains praticiens — pour « gagner du temps » — de ne plus coter les protocoles (les réponses du sujet), mais cette absence de rigueur n'est-elle pas préjudiciable aux personnes qui sont soumises à ce type d'épreuves ? **La formation** : il n'est pas rare que certains consultants utilisent ce type de méthode, sans même avoir été formés. Or, comme le précise Schlegel, « l'emploi des méthodes projectives est plus délicat et plus difficile que celui d'épreuves mieux standardisées » et « seule une formation approfondie » (acquise à l'université, à l'issue d'un cursus de psychologue), « un souci constant de perfectionnement et de contrôle l'autorisent moralement à les utiliser ». Enfin, toute improvisation ne peut que porter préjudice aux personnes qui y sont soumises[131].

Enfin les raisons **d'ordre scientifique** motivent notre réserve à utiliser la plupart de ces épreuves. Dans l'état actuel de nos connaissances, les méthodes projectives n'ont pas clairement prouvé un réel pouvoir prédictif en matière de réussite ou d'échec professionnel. Ce constat est particulièrement vrai pour les tests projectifs traditionnels comme le test de Rorschach, le TAT ou les batteries d'épreuves projectives. Quand aux tests de Szondi et de Rosenzweig, leur utilisation s'avère totalement inutile.

Toutefois certaines méthodes semblent donner des résultats plutôt encourageants : c'est le cas en particulier du SORT[132], notamment quand est mise en œuvre la fameuse échelle destinée à identifier la réussite (ou l'échec) de cadres dans des fonctions de direction[133]. **Le Test**

---

130. *In* Schlegel, 1969-1970.
131. *In* Schlegel, 1969-1970.
132. Hampton, Hicks et Stone.
133. « Percept-analytic Executive Scale » de Piotrowski.

d'arrangement d'images[134] (le PAT) ainsi que le « WPH » (Worthington Personal History) semblent également donner des résultats intéressants (notamment pour deux études contre-validées pour le PAT), à interpréter toutefois avec précaution. D'autres études devraient en effet être menées pour confirmer la valeur de ces outils.

La seule méthode projective qui ait prouvé sa valeur prédictive du succès professionnel de cadres est « **l'Échelle de phrases à compléter de Miner** » (**La MSCS ou Miner Sentence Completion Scale**) constituée de 40 phrases à compléter. Les réponses à ces quarante phrases permettent, grâce à un code de dépouillement, de mesurer la réaction affective des sujets dans 6 rôles, **étroitement liés à la réalité du travail de cadre.** Pour l'auteur, ce test ne serait valide, cependant, que dans les entreprises de type bureaucratique.

Si le constat n'est guère positif, il doit pourtant être nuancé, car rejeter définitivement les méthodes projectives, comme le préconisent certains auteurs[135], serait adopter une position dogmatique qui ne serait pas une position d'ouverture et de progrès. En fait, ce que nous souhaitons défendre, c'est beaucoup plus une position d'équilibre où l'approche globale et humaine, celle des techniques projectives, ne s'opposerait plus, comme c'est trop souvent le cas, à une vérification de la validité de l'outil que l'on utilise. Schlegel (1969-1970) confirme et illustre parfaitement cette pensée :

« **Le besoin de rigueur ne doit pas fatalement réduire le rôle de l'examinateur à celui d'une machine, et avoir le souci de considérer un sujet dans sa totalité et dans son unicité ne signifie pas tourner le dos aux méthodes de la science** ».

B - La validité des inventaires et des questionnaires

Nous avons déjà eu l'occasion d'exposer les principes de conception de ce type d'outil. La question de l'utilisation de toutes ces épreuves dans un contexte d'évaluation et de sélection professionnelles se pose. Le fait qu'un test ait été **élaboré en obéissant aux principes de la démarche scientifique fait-il de lui un instrument prédictif fiable en matière de réussite professionnelle ?** En d'autres termes, un test réputé comme ayant toutes les caractéristiques scientifiques requises, possède-t-il pour autant une bonne validité en matière de **pronostic professionnel** ? Son utilisation demeure-t-elle pertinente ?

---

134. De Tomkins et Horn.
135. En particulier Jensen.

1. Les questionnaires de personnalité « traditionnels » ont-ils une valeur prédictive ?

Historiquement, la quasi-totalité de ces épreuves a été conçue dans **une optique strictement clinique.** Pendant longtemps les questionnaires de personnalité ont été essentiellement utilisés dans le secteur institutionnel, avant de l'être au sein des entreprises et des cabinets-conseils. Leur utilisation demeure-t-elle pertinente quand on les utilise dans une perspective de pronostic professionnel ? Leur fréquence d'utilisation dans le domaine de la sélection professionnelle suffit-elle à prouver leur efficacité ?

Pour un même sujet, les tests de personnalité sont-ils à même de fournir des résultats équivalents, d'une passation à l'autre ? Les scores qu'il en obtient sont-ils susceptibles de varier en fonction du correcteur ? S'il est soumis à deux épreuves équivalentes (formes parallèles), obtiendra-t-il des résultats similaires ?

Quelle que soit la méthode de fidélité éprouvée (Test-Retest, formes parallèles, consistance interne), **la valeur des coefficients de fidélité est en général, très élevée**[136]. La standardisation des conditions de passation, de cotation et de dépouillement (identique pour chaque correcteur) expliquent ces résultats. Toutefois, une bonne fidélité n'implique pas obligatoirement une bonne validité et affirmer qu'un test possède cette qualité n'est certainement pas suffisant en soi. **Le plus important est de savoir, en effet, par rapport à quoi cette épreuve est valide.**

Les questionnaires de personnalité possèdent-ils une quelconque valeur en matière de pronostic professionnel ? Permettent-ils de prévoir la réussite professionnelle ?

La synthèse de Bruchon-Schweitzer indique que sur les 89 études consultées, 59 ont donné des résultats significatifs, 12 des résultats douteux et 18 des résultats non significatifs. Toutefois, comme le souligne l'auteur, sur l'ensemble de ces travaux, il n'y a en fait que 29 études de validité prédictive dont 15 ont donné des résultats significatifs (dont 3 études confirmées par une contre-validation). Les résultats de cette synthèse sont donc assez décevants.

D'autres auteurs se sont intéressés à la validité des tests de personnalité, dans le cadre du recrutement et se sont demandés si ces outils étaient en mesure de prédire le niveau de production de futurs embauchés. Ils ont également cherché à savoir s'il existait une relation entre les

---

[136]. Les résultats varient, en effet, de **.60** à **.70** pour les plus faibles pour atteindre **.75** à **.91** pour les plus élevés (résultats d'une dizaine de tests consultés).

scores obtenus à ces tests et les notations effectuées par les supérieurs[137]. La synthèse de l'ensemble des résultats — obtenue à partir de l'analyse de 113 études de validation et 8 groupes professionnels — indique que les validités restent faibles, parfois moyennes et qu'elles varient en fonction des groupes professionnels[138].

Dans le cadre de cette recherche, les tests de personnalité se sont donc montrés comme des prédicteurs parfois moyens mais souvent extrêmement faibles de la réussite professionnelle.

Il semblerait, d'autre part, que ce type d'épreuves ait une certaine valeur quand il s'agit de procéder à la sélection de vendeurs et de représentants de commerce[139]. En revanche, ces tests perdraient de leur efficacité quand on s'intéresse à la sélection de contremaîtres[140]. Les résultats de ces recherches sont toutefois à relativiser et devraient être considérés, comme le précise l'auteur de la publication[141], **comme surestimés par rapport aux validités à observer dans les situations d'embauche réelles.** » En effet, il semblerait que la plupart des études menées aient été faites sur des collaborateurs déjà en poste beaucoup plus que sur des candidats à l'embauche.

La faible validité des tests de personnalité est également confirmée par SCHMITT et al. (1984) qui — utilisant la technique de la méta-analyse — précisent que les résultats obtenus par ce type d'outil sont « **manifestement, les moins valides** »[142]. D'autre part, ces épreuves restent de très mauvais prédicteurs en matière de pronostic professionnel, quel que soit le critère utilisé. Ainsi parmi six prédicteurs étudiés, les tests de personnalité sont ceux qui se montrent les moins à même de prédire les **performances professionnelles**[143] ainsi que le « **changement de poste** »[144]. D'autre part, ces épreuves font également partie des plus mauvais pré-

---

137. Les chercheurs ont décidé de ne retenir que les études qui avaient comme critère « un indice de réussite professionnelle du genre : taux de production « ou notations des supérieurs».
138. Les coefficients de validité obtenus varient de **.14** (validité médiocre) à **.36** (validité moyenne). GHISELLI et BARTHOL *in* TIFFIN, MAC CORMICK, 1967.
139. Les coefficients de validité sont de **.36** pour chacun des groupes (validité moyenne).
140. Il s'agit, en fait de « contremaîtres » et de « contremaîtres généraux ». Les coefficients de validité obtenus sont médiocres : ils sont respectivement de **.14** et **.18**.
141. TIFFIN, MAC CORMICK, 1967.
142. Le coefficient de validité moyen obtenu est de **.149**, par conséquent médiocre. Ce résultat a été obtenu à partir de la synthèse de 62 études de validité et à partir d'un échantillon de 8 885 personnes.
143. Le coefficient de validité obtenu à partir de la synthèse de 32 études de validité est de **.206**, pour un échantillon de 4 065 personnes.
144. Le « turn over » peut, en fait, être traduit comme le nombre ou le taux de collaborateurs qui quittent leur poste et leur entreprise pour être remplacés par d'autres collaborateurs. Le coefficient moyen de validité est encore plus faible : **.121** pour un échantillon de 15 927 personnes.

dicteurs de la « **réussite professionnelle / changement d'échelon** »[145]. Enfin, quand il s'agit de prédire le « **changement de statut** »[146] et le niveau des « **salaires** »[147], les épreuves de personnalité demeurent des techniques à la validité bien faible.

Certains auteurs ont réalisé une étude comparative entre les prédicteurs les plus communément utilisés dans le domaine des ressources humaines. Le constat est édifiant puisque **dans cette synthèse, les tests de personnalité sont parmi les prédicteurs de la performance professionnelle les plus médiocres qui existent**[148]. D'autre part, quand on s'intéresse au classement des 12 méthodes de sélection retenues par les auteurs, on constate que les tests de personnalité arrivent en avant dernière position — au niveau de leur efficacité prédictive — à égalité avec « l'auto-évaluation » et juste avant les « tests d'intérêts » (**.10**) et la « graphologie »(**.00**).

Les questionnaires de personnalité traditionnels se montrent, par conséquent, de très mauvais prédicteurs de la performance professionnelle, quel que soit le critère choisi. Ceci n'est pas surprenant car la quasi-totalité de ces épreuves a été réalisée dans une perspective d'évaluation clinique et non de sélection ou d'évaluation professionnelle. Certains ont cru qu'il était possible de les déplacer de ce secteur de la clinique vers celui de l'entreprise **en conservant un même niveau de fiabilité.** Or, les résultats obtenus prouvent depuis fort longtemps leur totale inefficacité et nous rappellent que des épreuves utiles et valides dans un domaine donné peuvent perdre toute leur fiabilité dès lors qu'on les utilise dans un contexte qui n'est plus le leur.

2. Les inventaires de personnalité faits « sur mesure » sont-ils de meilleurs outils ?

Devant la faible valeur prédictive des tests de personnalité « traditionnels », en matière de pronostic professionnel, différents chercheurs ont eu l'idée d'élaborer des « questionnaires sur mesure ». En étudiant différentes populations de sujets, il se sont ainsi intéressés aux réalités de terrain afin d'identifier quelles étaient les caractéristiques psychologiques les plus pertinentes pour réussir dans une profession donnée. Différents questionnaires ont été ainsi construits ou remaniés. Sont-ils pour

---

145. Le coefficient obtenu est tout à fait médiocre : il est de **.152** pour un échantillon de 980 personnes.
146. Le coefficient de validité moyen est de **.126** pour un échantillon un peu plus faible (561 personnes).
147. Il s'agit de la prévision du niveau des salaires. Le coefficient de validité moyen obtenu est un peu plus élevé qu'avec les autres critères mais demeure relativement médiocre : **.268** pour un échantillon de 1720 personnes et, il est vrai, un très faible nombre d'études (10).
148. Sur un échantillon approximatif d'environ 20 000 personnes, le coefficient de validité moyen obtenu est de **.15**, par conséquent très faible.

autant de meilleurs prédicteurs que les tests précédents ? Différentes études semblent le montrer.

La première d'entre elles — pourtant déjà ancienne — montre, qu'après une analyse précise des causes d'accidents, il a été effectivement possible de construire des questionnaires d'attitudes et de personnalité qui « **permettaient une précision quasi infaillible (et vérifiée) du taux d'accident pour les années suivantes** »[149].

Une seconde étude citée par le même auteur indique qu'il est possible d'élaborer des questionnaires pertinents à partir d'une procédure qui consiste à mettre en relation des résultats obtenus à des épreuves par des candidats à l'embauche, avec plusieurs critères témoignant de la réussite professionnelle future. Cette procédure a montré que ces questionnaires (sur mesure) se montraient **les meilleurs prédicteurs de la réussite professionnelle de cadres**.

D'autre part, la synthèse de BRUCHON-SCHWEITZER précise que sur les 15 études consultées, « 12 aboutissent à des résultats significatifs » avec une bonne validité[150]. Ces questionnaires spécialisés sont, par conséquent, comme le précise l'auteur, **un véritable succès.** D'autre part, il semblerait que plusieurs tests de personnalité utilisés conjointement et choisis après l'observation préalable d'une population spécifique, puissent être en mesure de prévoir — de manière excellente — la performance professionnelle[151].

Une autre étude destinée à « l'identification précoce du potentiel d'encadrement » précise qu'il est possible de prévoir cette dimension à partir d'un test de personnalité[152], en utilisant, toutefois, une grille de dépouillement spécifique créée à cet effet. Les résultats indiquent que l'utilisation de cette grille permet d'augmenter la validité de ce test[153] et d'identifier l'aptitude à l'encadrement. Pour l'auteur, il est possible de prévoir le succès professionnel, de manière encore plus élevée quand on associe ce test (et sa grille de dépouillement spécifique) à d'autres tests et mesures également valides[154].

---

149. HANER in QUINTARD, 1968-1969.

150. Avec un coefficient médian d'environ **+.35**.

151. Elle cite en particulier une recherche dans laquelle a été mise en œuvre une batterie de 5 tests de personnalité « choisis d'après l'observation préalable de représentants de commerce ». La corrélation obtenue entre cette batterie et un index global de performance est extrêmement élevée : **+.56** (1987).

152. Le G.Z : inventaire de tempérament de Guilford et Zimmerman (Cf. annexe). Cette recherche a été menée à la « Standard Oil of New Jersey ». LAURENT in LEVY-LEBOYER, 1990.

153. Le coefficient de corrélation obtenu entre le critère (composite) et les résultats au test (en se servant de cette grille spécifique) est de **.32**.

154. On obtient ainsi des coefficients extrêmement élevés de l'ordre de **.60** à **.70** (LEVY-LEBOYER 1990).

Il semblerait d'autre part, que ces questionnaires aient une validité prédictive encore plus élevée, quand ils sont associés à d'autre méthodes valides comme les « tests d'aptitudes ».

Les quelques résultats présentés semblent aller dans le même sens et confirment l'intérêt de ce type de test. Ils montrent — dès lors que l'on s'intéresse aux exigences du terrain et, en particulier, à celles du poste — qu'il est possible de construire des tests qui puissent permettre de prévoir le réussite professionnelle. D'autre part, il est intéressant de noter que l'utilisation conjointe de plusieurs tests de personnalité peut augmenter leur capacité prédictive.

3. Les données biographiques (biodata)

Les données biographiques — qui ne constituent pas un test au sens strict du terme — concernent toutes les informations relatives à l'histoire personnelle et professionnelle de la vie d'un sujet. Certaines informations sont plus objectives et aisément vérifiables (date de naissance, diplômes, expériences, etc.), d'autres le sont beaucoup moins (voyages à l'étranger, passions, sports, etc.). Les « données biographiques » sont à considérer comme un terme générique, car elles peuvent revêtir de multiples formes. Elles reposent d'ailleurs toutes sur un postulat qui voudrait que **l'analyse de l'expérience passée du candidat puisse permettre de prédire son comportement futur (son échec ou sa réussite).** Une telle affirmation semble logique mais est-elle fondée ?

a) Le Curriculum Vitae : sa véritable utilisation

Dans notre culture, la majeure partie des informations concernant le sujet est obtenue grâce au CV. Quel que soit l'objectif poursuivi (recrutement, promotion interne, etc.) il demeure un document central et il sera d'autant plus indispensable que, très souvent, il servira de support à l'entretien.

Or, **l'analyse du contenu d'un CV, ne permet, en aucune façon, de pronostiquer la probabilité de réussite ou d'échec dans un poste donné.** En effet, les personnes qui sont chargées d'étudier et de sélectionner les CV ne disposent d'aucune règle formelle et fonctionnent très souvent selon des théories implicites non valides. Rien n'est, en effet, plus subjectif que la lecture d'un tel document : la perception de son contenu et les représentations qu'il pourra évoquer ne seront jamais neutres et dépendront inévitablement, non seulement de l'expérience du recruteur mais aussi de sa formation, et surtout de ses préjugés.

Ainsi, le fait qu'un cadre, ou qu'un cadre dirigeant, ait pu demeurer sans emploi sur une période plus ou moins longue, est encore considéré à notre époque de chômage important, comme une caractéristique rédhibitoire ou, dans le meilleur des cas, comme très négative[155]. Dans cet exemple la théorie implicite est limpide : si cette personne est restée sans emploi sur une longue période, c'est que probablement elle n'est pas compétente. « Elle n'a pas su se vendre » ou « elle doit avoir un problème » diront certains. Ce simple exemple illustre bien le primat du dispositionnel (personnalité) sur le situationnel (environnement). On se focalise sur la personnalité du candidat et on oublie systématiquement le rôle de l'environnement (les réalités économiques). D'autres préjugés peuvent également jouer. Ainsi, pour un même degré d'expertise entre plusieurs candidats, un responsable de recrutement ou un chef d'entreprise sera beaucoup plus attiré, par exemple, par un candidat issu de la même école que lui ou qui possède une formation identique à la sienne.

Il faut donc considérer les données biographiques issues d'un C.V pour ce qu'elles sont, c'est-à-dire un simple relevé d'informations factuelles à appréhender avec beaucoup de recul et sans prétention. Il faut toujours avoir à l'esprit que ces informations constituent un élément partiel qui, en aucun cas, ne pourront rendre compte du devenir professionnel du sujet. Le CV constitue, par conséquent, une simple base de données susceptible de donner une vision globale et relativement grossière de l'histoire professionnelle du sujet.

b) Inventaires, questionnaires biographiques et comportement professionnel

Différents chercheurs ont essayé d'établir des liens cohérents entre certaines données biographiques et le comportement professionnel. C'est ainsi que l'on a créé des « inventaires biographiques » permettant d'obtenir un score qui puisse véritablement prédire la réussite professionnelle. Ces inventaires sont constitués d'un ensemble de questions qui concernent aussi bien la biographie personnelle que professionnelle du candidat. Leur contenu sera d'autant plus important qu'il servira, bien souvent, de guide d'entretien.

Les différentes recherches que nous avons consultées, plusieurs études de référence[156], ainsi qu'une synthèse de 58 études, indiquent

---

155. « Un trou chronologique de plus d'un an dans un C.V. » est considéré par **78%** des 40 plus importants cabinets (de recrutement et de Chasse de têtes) comme une « caractéristique rédhibitoire » et « négative dans la plupart des cas ». L'exemple n'est pas récent, nos travaux actuels le confirment cependant. *Capital,* 1981.

156. La première synthèse nous indique que le coefficient de validité moyen obtenu est de .37 pour des « inventaires biographiques » » (4 429 sujets) HUNTER et HUNTER (1984). Quant aux résultats de SMITH et ROBERTSON, ils varient de **.24** à **.38,** pour un échantillon de plus de 5 000 personnes (1989).

que **les données biographiques sont parmi les meilleurs prédicteurs de la performance professionnelle**[157] que nous ayons.

LEVY-LEBOYER cite le cas d'un « inventaire biographique» destiné à recruter des vendeurs d'assurance-vie. **Les résultats obtenus indiquent que cet inventaire se montre capable de prédire « le niveau de vente ultérieur des agents recrutés »**[158]. Une autre synthèse[159] précise également que sur les 17 études présentées, 11 ont une bonne validité prédictive. Les résultats sont d'ailleurs confirmés par des contre-validations.

Quant à la synthèse de SCHMITT et al.[160], si elle confirme la valeur prédictive des « données biographiques », elle montre aussi que cette validité est toujours susceptible de varier en fonction des critères choisis. Ainsi il semblerait que « les données biographiques » puissent se montrer un excellent prédicteur des « salaires »[161] et, dans une moindre mesure, du « changement de statut » et de « l'évaluation de la performance »[162].

En revanche, elles ne semblent pas constituer un très bon prédicteur du « turn-over » et se montrent également décevantes dans la capacité à prévoir le niveau de « productivité » et la « réussite professionnelle/ changement d'échelon » des collaborateurs[163].

Enfin, nous terminerons avec une autre étude qui précise qu'un **questionnaire, dès lors qu'il est construit dans une perspective spécifique, peut se révéler comme étant un excellent prédicteur**. L'auteur cite, le cas d'un questionnaire destiné à sélectionner des astronautes capable de prédire — de manière tout à fait exceptionnelle — « le comportements des sujets en milieu confiné »[164].

---

157. Les coefficients de validité moyens, pour chacun des 5 types de critère utilisés, varient en fonction des populations de **.32** à **.46.** Parmi les 6 catégories professionnelles, une seule d'entre elles donne un coefficient assez faible de **.14.** Quant au coefficient de validité moyen global, il est de **.35.** Les auteurs précisent par ailleurs que dans le calcul des moyennes, seuls les coefficients contre-validés ont été utilisés. Les résultats sont, par conséquent, tout à fait satisfaisants (REILLY et CHAO, 1982).

158. Il s'agit du « LIAMA version 7 ». Cet auteur nous indique que le score obtenu à cet inventaire « corrèle avec le niveau de vente ultérieur des agents recrutés » avec un coefficient élevé de **.40** (1990).

159. GUION et al. in BRUCHON SCHWEITZER, 1987.

160. Cette synthèse nous précise que le coefficient de validité moyen obtenu est de **.243.** Utilisant la technique de la Méta-analyse, ce coefficient moyen a été obtenu, à partir de 99 études de validité représentant un échantillon total de 14738 personnes.

161. Le coefficient de validité moyen est élevé (**.525**) mais il n'a été obtenu qu'à partir de 7 études.

162. Les coefficients de validité sont respectivement de **.332** et de **.317,** valeurs, par conséquent, moyennes.

163. Les coefficients de validité sont médiocres : **.209** pour le «turn-over», **.203** pour la « productivité » et **.226** pour la « réussite professionnelle / changement d'échelon ».

164. La recherche citée par BRUCHON-SCHWEITZER nous précise que le « questionnaire d'histoire de vie » de GOETERS (*Life history questionnaire*) s'est révélé comme un outil extrêmement « prédictif du comportement des sujets en milieu confiné » avec un coefficient de corrélation élevé de **+.69** (1987).

144

c) « La description des réalisations antérieures » (l'accomplishment record)

Cette technique, mise au point par HOUGH et ses collègues, repose sur un principe très simple. On demande au candidat de décrire lui-même ses propres réalisations passées en répondant à un inventaire. Celui-ci a été élaboré après une analyse de travail et comporte un ensemble de dimensions, chacune d'entre elles étant caractéristique du poste en question. Pour chacune de ces dimensions, une échelle d'évaluation permet ensuite de coter les déclarations du sujet. Il s'agit d'une échelle comportementale[165] qui décrit d'une manière concrète, après une défi-nition de chaque dimension, une succession de comportements qui vont du plus performant au moins performant.

Dans la recherche de HOUGH (1984), plus de 300 avocats américains ont répondu à un inventaire de ce type (« accomplishement record inventory »), composé de 7 dimensions déterminées à partir d'une ana-lyse de poste. Ces dimensions étaient les suivantes :

- Faire de la recherche ou une enquête.
- Utiliser ses connaissances.
- Planifier et organiser.
- Écrire.
- Plaider de manière communicative et assertive.
- Travailler de manière indépendante.
- Travailler dur et se consacrer à son travail.

Les résultats de cette technique montrent que l'accord entre plusieurs évaluateurs (fidélité inter-juges) est excellent. Notons, toutefois, que celui-ci varie entre les juges en fonction des dimensions en question [166]. Ce type d'inventaire se montre-t-il toutefois capable de prédire la réus-site professionnelle ?

Les quelques recherches consultées fournissent des résultats contra-dictoires. Ainsi, les résultats de l'étude précédente signalent que cet inventaire n'est guère capable de prédire — du moins, de façon convain-cante — la réussite professionnelle ultérieure ni d'ailleurs, la perfor-mance globale de ce type de population.[167] D'autres recherches, au contraire, indiquent que la méthode est capable de prédire la réussite professionnelle ultérieure de manière correcte[168] ou même excellente.[169]

---

165. BARS : Behaviorally Anchored Rating Scales.
166. En fonction des dimensions, le degré d'accord entre les 3 juges varie, en effet, de .75 à .80, avec un coefficient de .82 pour l'évaluation globale (toutes les dimensions).
167. La validité prédictive de cet inventaire est fort décevante puisque les corrélations entre les différentes dimensions énoncées varient de .17 à .25 avec un coefficient de .25 pour la per-formance globale (HOUGH, 1984).
168. Les coefficients varient de .25 à .47.
169. Nous faisons référence en particulier à la méta-analyse de HUNTER et HUNTER qui nous indique que la validité de cette méthode est excellente : .49 (*in* SMITH et *al.*, 1989).

> Ces derniers résultats indiquent que lorsqu'on peut établir la pertinence d'une relation entre certaines données biographiques et la réussite professionnelle, il est alors possible de construire des outils standardisés (inventaires ou questionnaires biographiques) à la validité prédictive tout à fait satisfaisante.

Toutefois, les réponses données à ces questionnaires biographiques peuvent être faussées par la « désirabilité sociale » sans que le sujet s'en rende toujours compte. Cette « désirabilité sociale » peut expliquer le caractère contradictoire de certains résultats[170]. Ainsi, dans une procédure d'embauche, il existe de fortes chances pour que le sujet veuille se présenter sous un jour favorable. C'est une des raisons qui nous motivent à conseiller l'utilisation de ces questionnaires biographiques comme un outil complémentaire dont le résultat devra être confirmé par d'autres techniques.

4. Conclusion sur la validité des questionnaires

Dans le domaine de l'évaluation de la performance professionnelle, la validité des questionnaires de personnalité « traditionnels » n'est pas établie. Les rares études qui fournissent des résultats significatifs sont à relativiser, en particulier à cause de leur faiblesse méthodologique. Ce constat ne signifie nullement qu'il faille pour autant abandonner ce type de questionnaire. Il est, en effet, possible que certains d'entre eux aient une valeur prédictive beaucoup plus élevée pour des groupes professionnels spécifiques et très faible pour d'autres. Par conséquent, il serait utile de déterminer quels sont ces groupes et de poursuivre les recherches pour essayer d'établir quels types de questionnaires (et quelles variables) sont capables de prédire la performance professionnelle de ces derniers.

Quant à la faiblesse des résultats obtenus, plusieurs raisons peuvent l'expliquer :

– **Une raison contextuelle liée aux enjeux de la situation :** il est fort possible que ces questionnaires puissent avoir une meilleure validité quand le sujet est lui-même le demandeur.[171] Quand on décide de faire le point sur sa personnalité, en vue d'un changement de situation par exemple ou pour savoir comment on peut être perçu, il y a fort à parier que l'implication est plus forte et les réponses beaucoup plus sincères.

---

170. On ne répond pas de la même manière quand on est à la recherche d'un poste et quand on est déjà en fonction.
171. Bilan de compétences, stratégie de carrière, etc.

En revanche, dans le cadre d'une procédure de recrutement, il y a de grandes chances pour que le sujet soit tenté de se présenter, consciemment ou inconsciemment, sous un jour beaucoup plus favorable (pour se positionner comme étant le « meilleur » par rapport aux autres candidats). **Ce désir plus ou moins conscient de vouloir se présenter comme tel est d'ailleurs considéré comme étant l'un des inconvénients majeurs des questionnaires de personnalité**[172].

- **La deuxième raison concerne la transparence de certains questionnaires :** comme l'ont souligné quelques auteurs, certains d'entre eux sont tellement transparents qu'il est relativement facile de deviner quelle est la meilleure réponse à donner, comme par exemple dans l'IPV[173] (« Inventaire de Personnalité des Vendeurs »).

- **La troisième raison concerne l'élaboration de présupposés hypothétiques non vérifiés.** Il s'agit tout simplement de **constructions intuitives et personnelles** dans lesquelles on considère certains traits de personnalité comme indispensables pour réussir dans certaines fonctions. Malheureusement, ces traits de personnalité « supposés aller de soi » pour une fonction donnée, n'ont pas la moindre valeur prédictive dès lors qu'ils n'ont pas été spécifiquement identifiés. C'est d'ailleurs ce que souligne BRUCHON-SCHWEITZER, quand elle précise que « pendant très longtemps, on a cru, que certains traits de personnalité comme la sociabilité, l'empathie ou l'ascendance, tels qu'on les trouve dans certains questionnaires, devaient prédire efficacement la réussite dans la vente » (1987). Or, ce n'est pas nécessairement le cas : si la personnalité d'un vendeur est fondamentale, il faut tenir compte également de celle de ses clients. Ainsi, SMITH et al indiquèrent que le fait d'avoir recruté, par questionnaire, des vendeurs « extravertis » avait été un échec (corrélation négative entre le niveau de ventes et les notes au test) tout simplement parce que leurs clients — des chercheurs en chimie — avaient plutôt tendance à être logiques et introvertis. Le caractère « extraverti » des vendeurs avait tendance à bloquer les chercheurs plutôt qu'à les convaincre (1989).

Pour aller encore plus loin et comme le souligne à juste raison LEVY-LEBOYER, il n'est pas évident que les « traits de personnalité » représentent des déterminants importants du comportement, et il est très pro-

---

172. L'étude de A. VOM HOLFE et C. LEVY-LEBOYER (1993) menée sur un échantillon de 113 structures, nous indique, en effet, que **58%** des répondants ont considéré que la « désirabilité sociale » constituait l'un des principaux inconvénients de ce type de tests.
173. Il s'agit d'un questionnaire, composé de 87 items, destiné à évaluer 9 traits de personnalité, susceptibles de rendre compte de la réussite dans la vente (au sens large).

bable que la situation dans laquelle la personne se trouve et surtout la façon de percevoir une telle situation, déterminent le comportement, autant au moins que la personnalité (1992).

Quant à l'utilisation des questionnaires traditionnels, **leur choix semble reposer sur des considérations beaucoup plus d'ordre pratique** — 65 % des répondants « mettent en évidence la commodité de la passation et du dépouillement » — **que scientifiques.** Certes, les utilisateurs sont conscients des inconvénients majeurs de ce type de tests mais aucun effort ne semble être mis en œuvre pour améliorer leur utilisation. On peut être surpris, par exemple, qu'il n'y ait pas plus de recherches de validité prédictive quand **32 % des répondants affirment qu'il existe « une difficulté à établir une relation entre les dimensions psychologiques et les traits de personnalité qui soient en rapport au poste ».** Affirmation surprenante quand on considère que 37 % des répondants déclarent utiliser les tests de personnalité de façon systématique (sur un échantillon de 113 structures) dans « la sélection de candidats qui présentent le meilleur pronostic d'adaptation au poste »[174].

Utiliserait-on des tests de personnalité sans souci de vérification ultérieure ? Il semblerait que cela soit effectivement le cas et que des considérations beaucoup plus pragmatiques que scientifiques, guident certains praticiens. Le manque de temps doit sans doute expliquer pourquoi le souci d'une telle vérification fait tellement défaut.

Quoi qu'il en soit, les résultats les plus satisfaisants sont obtenus quand on décide d'étudier ce qui se passe sur le terrain. Essayer d'identifier les facteurs de personnalité[175] **les plus pertinents dans une profession, c'est déjà adopter une démarche plus réaliste car plus en phase avec les réalités concrètes des sujets que l'on souhaite évaluer. C'est sans aucun doute pour cette raison que les questionnaires réalisés « sur mesure » et que certains « questionnaires biographiques » se montrent aussi prédictifs de la réussite professionnelle. Quant à « l'accomplishment record Inventory », les quelques études citées nous indiquent qu'il s'agit d'une méthode à l'avenir fort prometteur même si les résultats obtenus sont variables.**

---

171. A. Vom Holff et C. Levy-Leboyer, 1993.
175. Tout en sachant que celle-ci n'est qu'un élément parmi d'autres et que pour réussir, elle est sans doute importante mais certainement pas suffisante.

C - La validité des « tests d'aptitude et d'intelligence »

Nous avons déjà présenté dans ce chapitre quelques tests d'intelligence et d'aptitudes ainsi que des épreuves destinées à mesurer simultanément plusieurs aptitudes (verbale, numérique, spatiale, etc.) comme la « PMA » de THURSTONE et la GATB[176].

Nous avons aussi déjà mis en avant les différents liens qui unissaient les notions d'intelligence, d'aptitudes et de capacités mais les recherches que nous allons présenter sont majoritairement d'origine américaine, anglaise ou hollandaise et la distinction entre « aptitude » et « capacité » n'existe pas en anglais. En effet, le terme « ability » recouvre à la fois les termes « d'aptitude » et de « capacité » (PIERON *in* GILLET). Nous avons souligné que certains auteurs opéraient une distinction entre l'aptitude, qui constituerait l'aspect virtuel, et la capacité qui serait l'actualisation de cette dernière. Une telle distinction demeure toutefois artificielle, car, d'un point de vue *stricto sensu* expérimentaliste, les tests mesurent bien les « aptitudes ». Par conséquent, nous traduirons bien « ability » par « aptitude ».

Nous avons vu également que la réussite à une tâche ou à un test dépendait à la fois **d'une aptitude générale** (ou « potentiel cognitif »), d'une ou de plusieurs **aptitudes de groupe** » (aptitude verbale, numérique ou spatiale) et enfin d'une ou de plusieurs **aptitudes spécifiques** », beaucoup plus nombreuses, qui intervenaient dans des tâches (ou des tests) spécialisées.

• Fidélité des tests « d'aptitudes » et d'intelligence

La solidité des théories sous-jacentes (conception hiérarchique de l'intelligence) à ces tests ainsi que leur méthodologie expliquent en grande partie pourquoi la fidélité de ce type d'épreuves est en général extrêmement élevée. **Les quelques tests que nous avons consultés, et qui sont utilisés en milieu professionnel, ont des fidélités extrêmement élevées[177].**

• Validité de ces tests

Nous verrons que la validité de ces tests est importante et qu'ils se situent parmi les meilleurs prédicteurs de la réussite professionnelle.

---

173. **PMA :** il s'agit de la batterie d'Aptitudes Mentales Primaires. **GATB** : General Ability Tests Battery. Nous aurons l'occasion d'y revenir.

177. Les quelques tests que nous avons consultés ont des coefficients de fidélité qui varient en moyenne de **.61** à **.98**. Exemples de quelques tests utilisés dans le milieu professionnel : - Fidélité du D48 : « test des dominos » mesurant l'intelligence générale, non verbal Fidélité test-retest : **.86.** - Fidélité de la batterie d'aptitudes pour programmeurs : **.95** pour la batterie totale (Éditions du centre de Psychologie Appliquée).

Validité des tests d'intelligence : dans une étude par questionnaire, menée auprès d'un échantillon de 88 grandes entreprises allemandes, les tests d'intelligence ont été évalués par leurs utilisateurs, selon 3 critères qui sont la validité, la « praticabilité » et l'acceptabilité. Cette étude a montré, dans le cadre de la sélection externe, que la validité attribuée aux tests d'intelligence par les utilisateurs, était considérée préférentiellement **comme « moyenne » (pour 60 %) et élevée (pour 22%).** Notons, toutefois, que 18% d'entre eux attribuaient une faible validité à ces tests[178].

Validité des tests d'aptitudes mentales (tests of ability). Les résultats de plusieurs études de synthèse indiquent que la validité moyenne des tests d'aptitude mentale générale[179] (*general mental ability*) est tout à fait satisfaisante[180] et qu'ils « sont valides à travers tous les emplois quand il s'agit de prédire la compétence professionnelle »[181]. D'autre part une autre recherche a montré que les différences de performances entre des sujets à fort et à faible potentiel cognitif restaient stables dans le temps et que le potentiel cognitif n'était pas influencé par l'expérience et les connaissances professionnelles acquises. **Les tests d'aptitude mentale générale restent, par conséquent, valides dans le temps et demeurent capables de prédire de manière tout à fait performante la réussite professionnelle[182].**

D'autre part, quand on utilise conjointement un ensemble de tests d'aptitudes (aptitude mentale générale + aptitude psychomotrice) **en relation avec le poste,** on constate que ce « score composite d'aptitudes »[183] peut être considéré comme l'un des meilleurs prédicteurs de

---

178. Schuler et al., 1991.

179. Encore dénommés, tests de fonctionnement cognitif ou tests cognitifs.

180. Les coefficients de validité moyens obtenus varient de .25 à .45 sur un échantillon total d'environ 30 000 personnes Smith et Robertson (1989). Le coefficient de validité moyen obtenu pour les tests d'aptitudes cognitives (« cognitive ability ») est de .45, résultat obtenu à partir de la synthèse de 215 études de corrélation (Hunter, 1984).

181. Pour aboutir à cette conclusion (Hunter a procédé à l'analyse des validités moyennes obtenues par Ghiselli et a réalisé un classement des familles d'emploi, par « ordre de complexité décroissante des exigences du poste ». Ainsi, nous avions par exemple, dans ce classement, en première position, la famille « manager » et en neuvième, celle « d'employé de vente ». Lorsqu'ils sont employés seuls, ils se montrent capable de prédire — de manière performante — non seulement le « succès de l'apprentissage » mais aussi la compétence professionnelle. Les coefficients de validité moyens sont respectivement de .54 et de .45 (Hunter et al., 1984).

182. Les coefficients de validité sont très élevés : de .59 à .74 quand il s'agit d'observations professionnelles; de .69 à .92 quand il s'agit des résultats aux tests de connaissance professionnelle; de .32 à .57 quand il s'agit des notations professionnelles. Schmidt et al. in Levy-Leboyer, 1990.

183. En anglais **« Ability composite »** qui aurait pu être traduit par « Épreuve composite d'aptitudes ». Il s'agit d'une batterie de tests d'aptitudes destinée à évaluer deux types d'aptitudes : l'aptitude mentale générale et l'aptitude psychomotrice.

la performance professionnelle[184]. Le résultat de cette méthode d'évaluation composite se situe à peu près au même niveau de validité que les « échantillons de travail » considérés comme étant l'un des meilleurs prédicteurs de la performance professionnelle[185]. Il n'est guère surprenant que ce score composite fournisse un résultat aussi élevé, car c'est la seule méthode — avec les « échantillons de travail » et les « centres d'évaluation » — qui fasse intervenir préalablement **une analyse de poste.** C'est à partir de cette analyse que l'on décidera de la nécessité d'utiliser, de façon conjointe, aptitudes mentales et aptitudes psychomotrices.

Une autre étude montre qu'il peut exister une forte variabilité pour des familles d'emplois différentes. Cette recherche s'est intéressée aux 515 études de validation menées par le « United States Employment Service » pendant 35 ans. Toutes ces études avaient utilisé la même batterie d'aptitudes : la GATB constituée de 12 Tests[183]. Après avoir étudié les six méthodes d'analyse de poste, ces chercheurs ont considéré qu'il était préférable de grouper les familles d'emploi par « niveau de complexité » plutôt que par « similarité des tâches ». Ils ont ensuite cherché à mesurer les relations existant entre les 3 tests d'aptitudes (cognitive, perceptive et psychomotrice) que mesurait la GATB et 5 niveaux de complexité[184] correspondant à différentes activités professionnelles.

Les résultats[188] de cette étude sont extrêmement intéressants puisqu'ils indiquent que les coefficients de validité moyens obtenus — quel que soit le critère utilisé — varient en fonction du niveau de complexité de la tâche. Ainsi, on constate :

- **que « la validité des tests cognitifs en tant que prédicteur décroît quand la complexité du poste décroît » ;**

- **que les tests d'aptitude cognitive sont d'autant plus prédictifs que le niveau de complexité du poste est élevé ;**

---

184. Le coefficient de validité moyen est excellent : **.53** sur un échantillon d'environ 30 000 personnes. Smith et Robertson 1989.
185. Les coefficients de validité varient de **.38** à **.54**.
186. **G.A.T.B.** : General Ability Tests Battery. Cette batterie permet de mesurer plusieurs aptitudes : l'aptitude générale, l'aptitude verbale, l'aptitude numérique, l'aptitude spatiale ainsi que l'aptitude motrice.
187. Exemple du niveau d'activité 3 : analyser, compiler et traiter des données.
188. Ainsi pour le critère « Succès de l'apprentissage », les coefficients varient de : **.65** à **.50** pour l'aptitude cognitive, de **.53** à **.26** pour l'aptitude perceptive (« Perceptual ability » = aptitude spatiale), de **.09** à **.40** pour l'aptitude psychomotrice. Pour le critère « performance professionnelle », les coefficients de validité moyens varient de **.56** à **.23** pour l'aptitude cognitive, de **.52** à **.24** pour l'aptitude perceptive, de **.30** à **.48** pour l'aptitude psychomotrice. Les coefficients de corrélation multiples obtenus sont respectivement et dans l'ordre pour les 5 niveaux de complexité, de **.59**, **.58**, **.53**, **.50**, **.49**, par conséquent très élevés (Hunter et Hunter, 1984).

– que la validité des tests d'aptitude psychomotrice est d'autant plus prédictive que le niveau de complexité de la tâche diminue.

Les résultats obtenus confirment l'excellente valeur des tests d'aptitude dans la prédiction de la performance professionnelle.

Une étude relativement récente[189] montre que si la validité prédictive des tests d'aptitudes est clairement établie, il semblerait que certains tests soient de meilleurs prédicteurs de la réussite professionnelle et que certains critères soient mieux prédits que d'autres. **Dans cette recherche, tous les tests d'aptitudes utilisés[190] ont été capable de prédire quatre des cinq critères de réussite professionnelle choisis[191].** Toutefois, les tests d'aptitude générale se montrent comme étant plus performants pour prédire « les notations professionnelles » que « la quantité de production ». Les critères les mieux prédits par ces différents tests sont les « essais professionnels » et « les classements réalisés par la hiérarchie[192]. D'autre part, le critère le moins bien prédit par les tests d'aptitude est un critère qualitatif, par conséquent peu fidèle et donc délicat à mesurer.

Les tests d'aptitudes apparaissent, au vu des différents résultats, comme d'excellents prédicteurs de la réussite professionnelle, quel que soit le poste (SCHMIDT et *al.*, 1981). L'utilisation de ce type de test est intéressante notamment pour du personnel débutant qui ne possède pas d'expérience professionnelle. Notons par ailleurs que sur onze prédicteurs étudiés, la combinaison de tests d'aptitudes (aptitude mentale générale + aptitudes psychomotrices) est la méthode la plus performante qui puisse prévoir la réussite professionnelle[193].

Cette validité élevée associée à un faible coût d'utilisation, à une facilité dans leur mise en œuvre ainsi qu'à une assez bonne acceptabilité par les candidats, nous fait conclure que les tests d'aptitudes sont parmi les meilleurs prédicteurs de l'évaluation de la réussite professionnelle future.

---

189. NATHAN et ALEXANDER *in* LEVY-LEBOYER, 1990.
190. Il s'agit de 7 tests : aptitude générale, aptitude numérique, aptitude verbale, aptitude spatiale, mémoire, rapidité perceptive et habilité motrice.
191. Il s'agit des notations professionnelles, du classement réalisé par la hiérarchie, de la quantité de production et de l'essai professionnel (échantillon de travail).
192. Les coefficients de validité varient de **.51** à **.54** (LEVY-LEBOYER, 1990).
193. La validité moyenne de ce « score composite d'aptitudes » est de **.53**, résultat obtenu à partir d'un échantillon de 32 124 personnes, réalisé à partir de 425 études de corrélations (HUNTER et HUNTER, 1984).

D - La validité de quelques autres prédicteurs

1. Les références sont-elles aussi prédictives qu'on peut le penser ?

Les références constituent les données les plus utilisées avec l'entretien et le CV, dans les procédures de recrutement. Elles sont systématiques dans le cadre de missions menées par les « chasseurs de têtes ». Une étude menée en 1992 par l'École Supérieure de Commerce de Lyon, en collaboration avec le Cabinet Price Water House, auprès de 5 500 directeurs de cabinets a montré qu'en France, les « références professionnelles » constitueraient une méthode de recrutement utilisée dans 73 % des cas. Il est fort probable, d'ailleurs, que ce pourcentage ait été sous-évalué.

Une autre étude menée auprès des cabinets conseils indique que 48% des consultants font appel aux références dont 60% de façon systématique (BALICCO, 1999).

Les références professionnelles sont des informations demandées par le futur employeur — ou par le consultant du cabinet — à une ou plusieurs personnes qui connaissent bien le candidat en question. Ainsi, il pourra s'agir d'un ancien supérieur hiérarchique, du dernier employeur ou encore d'un collègue, d'un client, etc. Il s'agit donc de recueillir l'avis d'une personne sur une autre, avec tous les risques et les incertitudes qu'une telle situation suppose.

– La recherche de références s'effectue en général par téléphone. Différentes questions se posent alors : la personne contactée dispose-t-elle de suffisamment de temps pour répondre, est-elle motivée pour le faire, est-elle véritablement disponible, aurait-elle répondu de la même façon par écrit ? etc.

– Certaines données sont aisément vérifiables : c'est le cas des études, de l'expérience et des qualifications professionnelles. Mais que penser de questions moins formelles relatives à la « personnalité » du candidat, à son « sens des relations humaines », à son « intelligence », à son « style de management », etc.

– Certains collaborateurs se séparent volontairement de leur employeur, dans des conditions parfois assez « tendues » : si on contacte ultérieurement cet employeur, restera-t-il objectif et suffisamment honnête dans les réponses qu'il pourra donner ?[194]

– D'autre part, connaît-on les relations qu'entretenait ce candidat avec la personne que l'on contacte ? S'il s'agit d'un supérieur hié-

---

194. En général, le consultant d'un cabinet-conseil demande, préalablement, au candidat quelles sont les personnes qu'il peut contacter. Mais est-ce nécessairement le cas, en particulier en entreprise ?

rarchique qui entretenait des relations amicales avec l'intéressé, doit-on s'attendre à la même « objectivité » de sa part ?

Autant de questions qui incitent à penser qu'il y a de grandes chances pour que ce prédicteur ne soit pas fiable.

Toutefois, si les références sont souvent obtenues par téléphone, elles peuvent revêtir d'autres formes. L'une d'elle est la « lettre de recommandation » laquelle est généralement transmise par le candidat, en même temps que son CV. À une stratégie active de recherche de références réalisée par le consultant ou le futur employeur (par téléphone) fait place une situation où le candidat présente lui-même une lettre qui le décrit, généralement, en termes de personnalité et de compétences professionnelles.

Dans une lettre de recommandation, on peut s'attendre à ce que son contenu soit élogieux pour le candidat. Il y a peu de chances, en effet, que celui-ci puisse transmettre une lettre qui le défavorise. D'autre part, on peut également se demander comment sera interprété le contenu d'une lettre de recommandation. Si celui-ci précise que Monsieur Untel est doté d'une « forte personnalité », comment ce terme va-t-il être interprété ? S'agira t-il d'un candidat qui « sait ce qu'il veut » et « qui sait prendre les bonnes décisions » dans certaines situations professionnelles ou bien s'agira-t-il d'un collaborateur qui n'aimera pas « qu'on lui résiste » et qui sera, par conséquent, incapable de souplesse ? Cette « forte personnalité » va-t-elle l'aider dans sa nouvelle fonction ou va-t-elle, au contraire, le desservir ?

D'autre part, les interprétations qui vont naître à la lecture de la lettre de recommandation, ne vont-elles pas générer des préjugés qui pourront aller jusqu'à pervertir le déroulement de l'entretien ? Autant de questions auxquelles il n'est sans doute pas aussi facile de répondre.

Mais revenons à la fiabilité des « références ». Sont-elles pertinentes dans un processus de recrutement ?

Dans le cadre de la sélection de personnel, peu d'études se sont intéressées à la fiabilité de ce prédicteur[195]. Ce faible intérêt constitue d'ailleurs un paradoxe : comment se fait-il qu'une technique aussi fréquemment utilisée ne soit pas plus étudiée ? Ce manque de recherches semble constituer, selon nous, une « philosophie » bien française qui reposerait sur le fait que **plus une technique est utilisée, moins on a tendance à vérifier si elle est fiable ou non, comme si sa fréquence d'utilisation était suffisante pour légitimer sa fiabilité.**

---

195. Comme le précisait déjà MUCHINSKY, il y a plus de 15 ans : « De toutes les techniques utilisées dans la sélection de personnel, les références sont celles qui sont les moins étudiées » (1979).

D'autre part — et ceci est plus inquiétant — cette méthode est mise en œuvre comme si sa validité était évidente. Mais est-ce vraiment le cas ?

La fidélité des références : des résultats médiocres
Existe-t-il une convergence quant aux informations recueillies auprès de plusieurs interlocuteurs ? Les différentes appréciations, pour un même candidat, se recoupent-elles au niveau de leur contenu ou sont-elles différentes ?

Les résultats de deux études distinctes montre **que la fidélité des références est tout à fait médiocre**[196]. D'autres chercheurs ont étudié[197] les lettres de recommandation de 40 candidats à l'admission d'une Faculté de Psychologie, et ont montré que **le degré d'accord entre les juges**[198] **était tout aussi décevant**. Enfin, une autre recherche[199] a montré que **la fidélité obtenue pour un évaluateur restait extrêmement faible**.

Cette faible fidélité n'est pas surprenante. En effet, rien n'est plus subjectif que la perception que l'on peut avoir d'autrui. D'autre part, il est fort probable que de nombreux facteurs puissent venir parasiter et diminuer la fidélité inter-juges (mémoire, préjugés, etc.).

Validité des références : des résultats souvent décevants
En fait l'utilité des « références » est multiple. Elles servent à contrôler les données d'un CV, notamment au niveau des informations concrètes (vérification des expériences, des statuts, des diplômes, etc.) mais aussi à explorer certaines dimensions, plus qualitatives, du candidat (quelles étaient ses relations avec ses collaborateurs, s'il s'agit d'un cadre opérationnel, quelles étaient ses qualités personnelles ou ses traits de personnalité, quelle était la qualité de son travail, comment manageait-il ses collaborateurs, etc.).

Les références permettent également de vérifier les dires d'un candidat (est-il parti de lui même comme il le prétend ou l'a-t-on aidé par exemple). Mais permettent-elles de prévoir la réussite future du candidat dans son nouveau poste ?

---

196. La première d'entre elles nous indique que les coefficients de fidélité « dans 80 % des cas sont en dessous des **.40** », la seconde donne des résultats encore plus faibles qui sont de **.-12** et **.24**. MOSEL et GOHEEN in REILLY et CHAO, 1982.
197. BAXTER et al in REILLY et CHAO, 1982.
198. Juges : personnes qui ont émis des références sur telle personne.
199. Avec un coefficient de fidélité de **.17** (SHARON in REILLY et CHAO, 1982).

Différentes études indiquent que **la validité des références est souvent faible, parfois pratiquement nulle**[200] et qu'elles s'avèrent **incapables de prévoir la réussite professionnelle**[201]. Il semblerait, toutefois, que le « contrôle des références par téléphone » puisse permettre de prévoir le « turn-over »[202].

D'autre part, de nombreuses études ont montré que bien souvent **les auteurs des références avaient tendance à être indulgents**. Pour éviter ce phénomène, certains chercheurs ont mis en œuvre une nouvelle technique d'évaluation des références sous la forme d'un « questionnaire à choix forcé ». Cette nouvelle technique permet-elle d'obtenir de meilleurs résultats ?

Pour évaluer les références, ces auteurs ont utilisé, d'une part, « une liste de contrôle » et d'autre part, **« un questionnaire à choix forcé »**. Dans cette recherche, ce questionnaire était constitué de 24 paires décrivant des comportements d'employés de bureau. Chacune de ces paires avait été conçue de telle façon que chaque description possède le même niveau de « désirabilité sociale ». Mais sur les deux items composant la paire, un seul était prédictif du succès professionnel. Un calcul de corrélation était ensuite effectué entre les évaluations de ces références (obtenues par le questionnaire à choix forcé) et une évaluation du succès professionnel (réalisé 4 mois après l'embauche, par le supérieur actuel).

Les résultats restent décevants puisque le « questionnaire à choix forcé » possède une validité prédictive tout à fait médiocre quand il s'agit d'évaluer la performance des collaborateurs[203]. Les résultats d'une autre étude confirment la faible validité prédictive d'une « liste à choix forcé » quand il s'agit de prédire la réussite professionnelle ou le « turn-over »[204].

---

200. La première étude indique que les corrélations sont faibles entre « les évaluations des références sur six dimensions » et le critère « évaluations par les supérieurs ». Les six corrélations varient en effet de .02 à .08. Quant à la somme des évaluations (sur les 6 dimensions) elles corrèlent à .13 avec le critère (BROWING in REILLY et CHAO, 1982). La seconde précise que la plupart des corrélations entre le prédicteur (références évaluées sur 5 échelles) et « l'évaluation par des hiérarchiques » **sont proches de zéro**. MOSEL et GOHEEN in REILLY et CHAO, (1982).
201. La validité est de .13 quand il s'agit du critère « évaluations de la performance ». Elle est un peu plus élevée pour d'autres critères mais reste très faible : .19 et .20 pour les critères « supérieurs » et « connaissances » (in REILLY et CHAO, 1982).
202. BARTLETT et al., in REILLY et CHAO, 1982.
203. La validité prédictive moyenne du « questionnaire à choix forcé » et de la « liste de contrôle » sont respectivement de .20 et de .10 quand le critère choisi concerne « les évaluations de la performance ».
204. Ce coefficient obtenu est de .21. Ce résultat a été réalisé à partir du calcul de corrélation entre le total des scores de la « liste à choix forcé » (prédicteur) et le score au « critère composite global » (ce critère était constitué de deux évaluations globales par des supérieurs et des scores obtenus aux items relatifs à la performance au travail). Quant à la validité obtenue entre ce même prédicteur et l'autre critère (turn-over), elle est négative : .-18. CAROLL et NASH (1972).

156

Comme le précisent d'ailleurs les auteurs, le « questionnaire de références à choix forcé » a une certaine validité prédictive mais la relation est si faible qu'elle est de peu de signification pratique »[205].

Toutefois, les auteurs de cette recherche ont démontré qu'il était possible d'améliorer la validité de leur « questionnaire à choix forcé ». Après une analyse des 24 paires d'items, il s'est avéré que 12 paires devaient être supprimées. Les résultats d'une nouvelle expérience ont ensuite montré que la validité prédictive de ce nouveau questionnaire à choix forcé était capable de prédire, de manière excellente, la réussite professionnelle future des candidats[206].

Il est vrai qu'une autre recherche utilisant une « liste de contrôle » (des références) et un « formulaire à choix forcé », a montré qu'il pouvait exister des relations significatives entre les références et « l'évaluation des performances »[207].

Ainsi dans l'ensemble, la validité prédictive de ce type de questionnaire n'est pas clairement établie. D'une part, nous ne disposons pas de suffisamment d'études, d'autre part les relations sont généralement trop faibles pour que l'on puisse affirmer que les « questionnaires de références à choix forcé » aient une validité prédictive, suffisamment importante, de la réussite professionnelle.

Quant aux différentes synthèses, utilisant la technique de la méta-analyse, elles vont toutes dans le même sens et précisent que **les références ont une validité médiocre**[208].

Les différentes méthodes destinées à mieux cerner les références (« questionnaires à choix forcé », « échelles d'évaluation ») n'ont pas, dans l'ensemble, prouvé leur supériorité. **Globalement, nous pouvons donc affirmer que les « références professionnelles » ne sont pas à même de fournir une information suffisamment pertinente qui puisse permettre de prédire la réussite professionnelle future d'un candidat.**

En l'absence d'une procédure véritablement validée, les « références », telles que nous les connaissons, n'ont qu'une valeur pronostique relati-

---

205. Notons que la contre-validation menée entre ce prédicteur et le critère composite global, nous donne un coefficient de validité prédictive plus élevé **.47**, à interpréter, toutefois, avec beaucoup de réserve à cause de la taille réduite de la population (49 sujets).
206. Le coefficient de validité obtenu est de **.56**.
207. RHEA et al., in REILLY et CHAO, 1982.
208. La méta-analyse de HUNTER et HUNTER nous précise, en effet, que le coefficient moyen obtenu, à partir de la synthèse de REILLY et CHAO, est de **.17**, par conséquent très faible. Celle de SMITH et ROBERTSON nous indique que les coefficients de validité moyens varient de **.17** à **.26** pour un échantillon approximatif de plus de 5 000 personnes (1989).

vement faible. Cette quasi-absence de validité prédictive ne signifie nullement que la recherche concernant ce prédicteur doive être abandonnée, bien au contraire. Dans l'attente, les « références » doivent, toutefois, être utilisées sans prétention et pour ce qu'elles sont, c'est-à-dire des informations factuelles, subjectives et incomplètes, très souvent marquées, chez leurs auteurs, par le sceau de l'indulgence.

Tout comme l'entretien, dont la validité prédictive est très proche — et très faible — les « références » peuvent constituer une banque de données, dont certaines informations — comme la « personnalité », en particulier ou les compétences — devront toujours être vérifiées par des méthodes plus fiables.

2. Une forme de subjectivité : l'auto-évaluation

Elle ne constitue pas véritablement une méthode de sélection même si elle peut parfois constituer une technique utilisée au cours de l'entretien. Très fréquemment utilisée dans le domaine de la formation, cette méthode est marquée d'emblée par **le sceau de la subjectivité**. S'auto-évaluer, c'est tenter d'estimer la valeur de certains de ses comportements. C'est estimer concrètement l'image que l'on a de soi. Or rien n'est plus difficile que de se juger soi-même. En effet, bien souvent l'image que nous avons de nous est en étroite relation avec celle que les autres nous renvoient.

Comme pour les références, les quelques études que nous avons consultées ne donnent pas des résultats bien convaincants.

La première synthèse nous fournit des résultats contradictoires. **Ainsi, le fait de procéder à l'auto-évaluation de ses propres aptitudes peut donner des résultats relativement faibles qui peuvent aussi devenir excellents**[209]. Une autre synthèse confirme — du moins sous certains aspects — **la fiabilité excessivement faible de l'auto-évaluation**[210].

Cette grande variabilité et surtout cette faiblesse des résultats obtenus ne constituent pas un argument en faveur de l'utilisation de cette méthode dans un contexte de sélection. La faiblesse de ces résultats est en fait bien compréhensible :

  – La conscience que nous avons de nos « qualités », de nos « défauts », de nos aptitudes, etc. dépend, en premier lieu du sens

---

209. Le coefficient de validité peut être relativement faible avec un coefficient moyen de **.29**. D'autre part, cette méta-analyse a montré que dans les 55 études représentant 267 coefficients de corrélation, les validations variaient de **-.26** à **.80**. Mabe III et West (1982).
210. Avec un coefficient de validité de **.15**. Résultat à interpréter, toutefois, avec précaution à cause de la taille réduite de l'échantillon (environ 500 personnes). Smith et Robertson (1989).

que nous accordons à ces mots. Ainsi, une qualité, chez une personne, pourra être interprétée comme un défaut par une autre. D'autre part, combien de personnes sont à même de faire une distinction précise entre des termes comme « aptitudes » et « compétences », considérés souvent comme des synonymes ?

La connotation positive ou négative dépend également de l'environnement professionnel dans lequel on évolue. Exemple : « Diriez-vous que vous êtes une personne créative » (un peu, moyennement, beaucoup) ? La notion de créativité sera probablement perçue différemment chez un comptable et chez un « créatif » d'une agence de publicité.

— Elle dépend aussi de la manière dont notre environnement nous perçoit. Dans un environnement sclérosé, un collaborateur peut très rapidement perdre ses principaux repères en particulier si on lui transmet constamment des messages négatifs qui ne correspondent pas à la réalité. Ainsi, si un supérieur répète très souvent à sa collaboratrice qu'elle n'est pas douée dans tel domaine, conditionnée par la répétition de ces messages, celle-ci finira par le croire, même si cela ne correspond pas à la réalité.

— Immanquablement, les personnes seront tentées de se présenter sous un jour plus favorable. Cette « désirabilité sociale » peut s'expliquer en fonction des contextes. On aura beaucoup plus tendance à « s'auto-évaluer » de façon relativement élevée dans un contexte d'évaluation professionnelle (où les enjeux sont souvent majeurs : promotion, recrutement, augmentation de salaires, etc.).

Par conséquent, cette méthode est à utiliser de façon prudente et nuancée. Elle est totalement inutile dans un contexte de sélection ou d'évaluation professionnelle. Elle peut apporter des informations intéressantes dans le cadre d'un « Bilan de compétences » où les objectifs et les enjeux liés à la situation, sont fondamentalement différents.

3. Les questionnaires d'intérêts : leur manque ... d'intérêt !

Ils sont surtout utilisés dans le domaine de l'orientation professionnelle. Leur validité, en matière de sélection ou de pronostic professionnel, reste tout à fait médiocre.

Définition des « intérêts : Pour DUPONT et al, « les intérêts correspondent à des tendances ou dispositions relativement stables ou durables (et dont le développement semble associé à celui de l'image de soi), orientées vers différents domaines d'objets, ou plus exactement, vers différents domaines d'activités et d'expériences vécues dans un milieu culturel donné, ces tendances seraient également conditionnées par les pressions plus ou moins fortes définissant les rôles dévolus aux deux sexes »[211].

Il existe de multiples questionnaires d'intérêts dont les plus connus sont ceux de Strong et de Kuder. Leur objectif est de déterminer quelle est l'intensité de ses intérêts au niveau de ses « passions », de ses activités professionnelles et extra-professionnelles, etc. En fait, il s'agit d'une exploration indirecte de la personnalité du sujet, mais appréhendée par le biais de ses intérêts professionnels et personnels.

Certains de ces questionnaires ont été construits et étalonnés de manière empirique comme le « Vocational Interest Blank » ou « questionnaire d'intérêts vocationnels » de Strong; d'autres ont été élaborés « après une analyse descriptive du champ des intérêts » comme « l'indice de préférence de Kuder »[212].

Validilité de ce type de questionnaire

Dans le domaine de l'orientation professionnelle, **les études menées sur quelques questionnaires d'intérêts semblent confirmer leur valeur pronostique.**[213] Toutefois, est-on vraiment certain de la stabilité des intérêts dans le temps ? Les multiples pressions sociales (économique, culturelle, voire politique) n'influencent-elles pas la structure des intérêts obligeant le sujet hyperadapté aux fluctuations de l'environnement, à faire le deuil constant de ceux-ci ? Quoi qu'il en soit, il n'existe aucune recherche actuelle qui démontre une stabilité des intérêts dans le temps.

En matière de prédiction du succès professionnel, « **les tests d'intérêts » ne permettent pas de réaliser des prédictions fiables de la réussite professionnelle**[214]. Une expérience citée par Dupont montre que les résultats obtenus, grâce à l'inventaire de Strong, ne permettent pas de faire une distinction entre des physiciens « éminents », moyens et médiocres : « **Tout se passe comme s'il n'existait pas de profils particuliers d'intérêts caractérisant les individus exceptionnels, quelle que soit leur profession** » (1987).

Cette conclusion amène d'ailleurs certains auteurs à émettre une hypothèse reposant sur un double constat. D'un côté, il semblerait que

---

211. Dupont, *in* Levy-Leboyer et *al.*, 1987.
212. Levy-Leboyer, 1990.
213. Cf. Aubret, 1989.
214. La synthèse de Smith et *al.*, nous indique que la validité des « tests d'intérêts » est tout à fait médiocre avec un coefficient de validité moyen de **.10** pour un échantillon de 1 500 personnes.

la réussite d'un sujet, considéré comme doué, ne dépend pas de ses intérêts. D'un autre, il semblerait également qu'un sujet peu doué et qui posséderait des intérêts marqués ne réussirait pas mieux pour autant. **Les intérêts permettraient donc de prédire la réussite des sujets peu doués à condition qu'ils travaillent dans un environnement professionnel qui corresponde à leurs intérêts**[215]. Reste à savoir ce qu'est un individu « doué » ou « peu doué », notions à connotation innéistes.

Nous pouvons par conséquent conclure, que la possibilité de falsification ainsi que la faible valeur prédictive des questionnaires d'intérêts les excluent du champ de la sélection et de l'évaluation professionnelle.

Leur faible validité prédictive ne constitue d'ailleurs pas une surprise car l'élaboration de ce type de questionnaire n'est jamais réalisée en relation avec les exigences des postes de travail.

4. L'évaluation par les « pairs ou les supérieurs » [216]

Le lecteur ne sera sans doute pas surpris de découvrir que « l'évaluation par les pairs ou les supérieurs » est un très bon prédicteur. En effet, comme le soulignent plusieurs auteurs, « qui peut mieux évaluer les forces et les faiblesses d'un candidat à un poste, que ses pairs »[217] ? Les résultats de leur travail de synthèse montrent que **ce prédicteur est capable de prévoir, de manière tout à fait performante, la réussite professionnelle, en particulier les possibilités de promotion**[218]. **D'autres recherches vont dans le même sens et confirment la valeur prédictive tout à fait excellente de « l'évaluation par les pairs »**[219]. Dans cette étude, il est intéressant de noter, que « l'évaluation par les pairs » est prédictive de l'évaluation que feront les supérieurs.

---

215. Dupont in Levy-Leboyer, 1987.

216. Ce prédicteur est souvent aussi utilisé comme critère.

217. Reilly et al., 1982.

218. La validité moyenne de ce prédicteur est de .31 lorsque le critère est le succès de « l'apprentissage » (échantillon total de 3682 sujets), de .51 lorsque le critère est la « promotion », (échantillon total de 4 742 sujets), de .37 pour le critère « évaluations de la performance » (échantillon de 3 774 sujets). Et enfin un coefficient de corrélation moyen de .41 est obtenu, tous critères confondus, pour un échantillon total de 12 749 sujets (Reilly et al., 1982).

219. Ainsi le coefficient de validité moyen est de .49 quand le critère est la « promotion » (échantillon de 6909 sujets), de .49 entre les « évaluations des pairs » (prédicteur) et « les évaluations des supérieurs » (critère) pour une population totale de 8 202 sujets et enfin de .36 quand le critère est « le succès de l'apprentissage ».
Smith et al. nous indiquent à partir de leur synthèse, que « l'évaluation (antérieure) par les pairs et les supérieurs » est aussi un bon prédicteur, avec un coefficient de validité moyen de .43, par conséquent de niveau sensiblement équivalent à la validité de « l'Assessment Center ». Notons que ce résultat a été aussi obtenu sur un échantillon de plus de 8 000 sujets (1989).

La convergence des résultats nous incite, par conséquent, à affirmer que « l'évaluation par les pairs » et « l'évaluation antérieure par les pairs ou les supérieurs » constituent d'excellents prédicteurs de la performance professionnelle. Comparativement aux autres méthodes d'évaluation, ils sont à considérer comme faisant partie des meilleurs prédicteurs.

E - La question des tests utilisés sous système informatique

Ces dernières années ont vu l'émergence d'une multitude de tests présentés sous la forme de logiciels informatiques ou informatisés, destinés en majorité au recrutement. Or il semblerait que leurs utilisateurs, virtuels ou non, soient beaucoup plus fascinés par des considérations techniques (rapidité d'utilisation, correction automatique, etc.) que véritablement scientifiques (qualités métriques du test).

1. Choisir le « bon logiciel »

Il faut dès à présent en distinguer deux sortes :

D'un côté, nous avons tous les **logiciels qui sont issus de tests « papier-crayon »** déjà existants. Nous les appellerons « **tests informatisés** ». Généralement nous avons affaire à des outils qui avaient déjà fait preuve de leur fiabilité (16 PF, Matrices de RAVEN-PM38, Inventaire de personnalité d'EYSENCK, etc.). Informatisés depuis très longtemps, ces tests « sont généralement aussi valides que les versions « papier-crayon »[220]. Il n'y a aucune raison, en effet, pour qu'un test fiable ne le demeure pas, une fois informatisé. À l'inverse, un « mauvais » test papier-crayon ne sera jamais un « bon » test informatisé.

L'autre catégorie est constituée de **logiciels directement élaborés**, c'est-à-dire sans que l'on passe par une version « papier-crayon ». Nous les dénommerons « **tests informatiques** ». Leur apparition est récente et la quasi-totalité des versions commercialisées en France n'obéissent pas à des critères scientifiques suffisants. C'est de ces versions dont nous allons parler. Toutefois, et contrairement aux chapitres précédents, nous n'allons pas faire référence aux résultats des études de validité — qui sont quasi-inexistantes pour ces « tests » — mais nous allons fournir au lecteur quelques repères qui puissent l'aider, le cas échéant, à faire la différence entre les « bons » et les « mauvais » logiciels.[221]

---

220. *In* SMITH et ROBERTSON, 1989.
221. Cette clarification s'adressera aussi bien aux futurs acheteurs qu'à toutes les personnes qui pourront passer ce type de test.

Premier conseil : un logiciel d'évaluation doit posséder obligatoirement les mêmes caractéristiques métriques que les tests traditionnels « papier-crayon ». Dans cette perspective, l'éditeur qui commercialise le logiciel doit impérativement (et concrètement) être en mesure de prouver la validité de son « produit ». Par conséquent, il doit obligatoirement pouvoir répondre à quelques questions.

– Le logiciel fait-il référence à un **modèle théorique**, si oui lequel ?

– **Étude de fidélité** : de quel type de fidélité s'agit-il ? Quelle est ou quelles sont les méthodes utilisées ? Quelles sont les valeurs obtenues ? Quelles sont les caractéristiques de la population testée, etc.

– **Étude de validité** : de quel type de validité s'agit-il ? Quelles sont les méthodes utilisées et quelles sont les résultats obtenus ? Détail de procédures utilisées. Caractéristiques de la population testée, etc.

– Informations détaillées sur **la construction** de l'épreuve.

– Caractéristiques détaillées de **la population d'étalonnage**.

– Quelle est la véritable **valeur de l'interprétation** donnée par le logiciel ?

D'autres questions peuvent être posées. Les réponses obtenues devront être accompagnées de données factuelles qui puissent être contrôlées.

Deuxième conseil : il est en relation avec le premier et concerne la nécessité d'analyser certaines réponses fréquemment citées par ceux qui commercialisent ce type de produit[222]. Ces réponses types n'ont qu'une seule ambition : celle de légitimer l'utilisation de certains de ces tests informatiques. Ces réponses peuvent prendre les formes suivantes :

« Ces données sont de nature confidentielle » : si après avoir posé votre question sur les caractéristiques scientifiques du test, votre interlocuteur vous répond, de façon outragée, que toutes ces données sont de nature confidentielle, il y de grandes chances pour que vous ayez en face de vous une personne qui commercialise un produit sans aucune valeur. Présenter toutes les données scientifiques d'un test de ce type constitue, en effet, le strict minimum requis. Si ces informations sont présentées comme « confidentielles », c'est que probablement, elles sont soit insuffisantes, soit inexistantes.

---

222. Ces questions peuvent également s'appliquer à des tests qui ne sont pas utilisés sous informatique.

« Les plus grandes entreprises l'utilisent déjà » : si ce même interlocuteur vous répond que son logiciel est utilisé par les plus grandes entreprises, depuis des années, ne soyez surtout pas impressionné par le nom des sociétés qu'il vous cite. Ce type d'argument ne constitue pas une garantie. D'une part, le fait qu'une société ait pu acheter tel logiciel à un moment « t1 » ne signifie nullement qu'elle continue de l'utiliser à un moment « t2 ». D'autre part, même les grandes sociétés peuvent être laxistes quant à la sélection de leurs méthodes.

« La fréquence d'utilisation de ce type de logiciel est élevée » : cet argument fréquent ne présente aucune garantie, d'autant plus qu'en France les méthodes d'évaluation les plus utilisées sont aussi celles qui sont les moins valides (graphologie, entretien, etc.). Ne faites surtout pas le lien entre la fréquence d'utilisation d'une méthode et son niveau de validité, en particulier tant que l'on ne vous a pas présenté les différentes études qui prouvent la pertinence de l'outil. En effet, le seul critère qui vous permet de connaître le niveau de fiabilité d'un outil — qu'il s'agisse d'un logiciel ou non — est la lecture des différentes études scientifiques qui vous le démontrent.

« Notre logiciel a été solidement mis à l'épreuve » : attention également aux « grandes déclarations » de ceux qui vous affirment que « leur outil a été solidement mis à l'épreuve » et que » sa fiabilité ne fait aucun doute », sans jamais être en mesure de vous le prouver. Combien de grandes entreprises se sont laissées berner pour découvrir plus tard, que leur « fameux » logiciel ne donnait pas les résultats escomptés.

« Notre logiciel est fiable et nos études scientifiques le prouvent » : attention également à certaines de ces études qui ressemblent à s'y méprendre, à de véritables recherches scientifiques. Elles sont faciles à repérer : quand une méthode d'évaluation a prouvé sa fiabilité, **elle donne lieu systématiquement à une série de publications dans des revues scientifiques et spécialisées**. Si ce n'est pas le cas, c'est un premier indice. D'autre part, quand on vous présente des études avec de belles courbes et des valeurs numériques dans tous les sens, essayez de voir sur quoi toutes ces valeurs reposent. En vous attardant quelques instants sur le détail de ces « études », vous découvrirez très vite qu'elles ne possèdent pas la moindre garantie scientifique. Comment est-il possible — pour choisir un exemple concret et vécu — de présenter à ses clients une courbe de Gauss, destinée à légitimer la fiabilité d'une méthode d'évaluation, quand aucune moyenne, ni écart-type n'a été calculé ? Comment est-il possible de parler de la validité de son logiciel quand on ne connaît même pas les caractéristiques de la population qui a servi à son étalonnage ?

Pour l'anecdote, sachez seulement que sur les 10 nouveaux « tests informatiques » que nous avons consultés, trois seulement répondaient totalement aux exigences que nous venons d'énoncer. En pratique, ces trois tests ne sont malheureusement pas les plus utilisés.[223]

2. Avantages et inconvénients des tests informatisés [224]

Les avantages des tests informatisés — et validés — reposent, en grande partie, sur des considérations pratiques. Voyons-en, dès à présent les principaux :

Il s'agit d'une méthode rapide : le candidat se met en face d'un écran d'ordinateur et répond aux différentes questions qui lui sont soumises. Pour ce faire, il lui suffit de manipuler les touches de son clavier.

Il s'agit d'une méthode économique : hormis le prix de vente du logiciel, en général très élevé, l'ordinateur et son logiciel ne nécessitent plus la présence d'une autre personne. Les consignes sont directement données au sujet testé, qui peut également s'exercer à partir de quelques exemples, avant de véritablement commencer le test.

La correction du test est automatique : les risques d'erreurs disparaissent et les résultats s'affichent.

Les résultats du test peuvent être obtenus sur papier, de façon plus ou moins détaillée. Il peut s'agir, par exemple, d'une feuille de profil, d'un dossier de restitution, etc.

Certains logiciels informatiques sont constamment réétalonnés automatiquement (au fur et à mesure des passations).

Les inconvénients sont liés à des considérations **humaines** mais aussi **techniques** voire **juridiques**.

La dimension humaine : une situation d'évaluation est avant tout une rencontre entre deux ou plusieurs personnes. Se retrouver devant un écran d'ordinateur, souvent quelques minutes après un entretien, n'est pas une situation nécessairement facile. Certaines personnes peuvent

---

223. Sur 10 tests informatiques couramment utilisés, 3 ne font référence à aucun modèle théorique solide (Carrière-Conseil, Job-Orientation, Synergie). Pour 4 autres, nous n'avons pas réussi à obtenir les résultats détaillés de leurs études de validation, ni les techniques statistiques employées (Performanses-dialecho, Sigmund potentiel, Sigmund Intelligences, Papi) (BALICCO, 1999).
224. Nous rappelons au lecteur qu'il s'agit de tests validés, souvent issus de versions « papier-crayon » déjà existantes.

vivre ce rapport à la « machine » comme une situation artificielle et véritablement anxiogène qui pourra même aller jusqu'à « bloquer » certaines d'entre elles, en particulier toutes celles qui n'ont pas été habituées à ce type de relation.

Certains logiciels laissent un temps déterminé pour répondre : si le sujet attend trop longtemps, le logiciel passe à la question suivante. Il est certain que le temps de passation pour les tests « papier-crayon » est également limité mais il est beaucoup plus facile de gérer son temps sur du papier que sur un écran. Par conséquent, cette absence de maîtrise devant l'ordinateur peut constituer, chez certains sujets, une nouvelle source de stress.

Les résultats obtenus sont parfois commentés — quand il s'agit de véritables professionnels — malheureusement, il arrive aussi très souvent que ceux-ci ne soient même pas connus par les personnes qui ont passé le test.

La dimension technique (elle se confond parfois avec la dimension précédente).

Quand il s'agit d'un recrutement en masse, les candidats sont placés chacun devant un écran et au « top départ », ils commencent à répondre au test. Différents problèmes se posent alors :

– Comment est-il possible que ceux qui font passer ces tests puissent ensuite commenter les résultats de chaque candidat, quand, entre temps, ils ont quitté la salle ? (C'est, en effet, souvent le cas.)

– Si certains « évaluateurs » peuvent rester dans la salle, sont-ils véritablement en mesure d'observer chaque candidat en situation : la manière dont ils se comportent en face de leur écran, leur degré de nervosité, leur tension, leurs remarques, etc.

– Que se passe-t-il si un candidat a besoin d'aide, en pleine passation de son test, alors qu'il est seul dans la salle ?

Quelle est la formation des personnes qui font passer ces tests : s'agit-il de « techniciens » dont la seule responsabilité est de vous commenter quelques résultats chiffrés ? S'agit-il de secrétaires dont la seule fonction est de vous accueillir, de vous saluer et le cas échéant, de vous aider lorsque vous utilisez l'ordinateur ?

Lors de la restitution des résultats, à qui a-t-on affaire ? A-t-on, au moins, déjà rencontré cette personne ? La restitution concerne-t-elle essentiellement les résultats chiffrés et la feuille de profil, ou tient-elle compte de dimensions plus larges (influence de l'environnement, stress, etc.) ?

• La dimension juridique

L'utilisation de l'informatique à des fins de sélection pose également des questions de droit que beaucoup d'utilisateurs semblent ignorer. Cette dimension est si importante que nous avons préféré lui consacrer un chapitre.[225]

3. Qui peut utiliser ce type de tests ?

Il faut, tout d'abord opérer une double distinction :

– entre l'achat du matériel et son utilisation ultérieure ;

– entre les tests dont la fiabilité a été prouvée et ceux dont la validité reste à démontrer.

• Les logiciels validés

L'achat et la commercialisation : en général, ces outils sont commercialisés par des maisons d'éditions.[226] Certains d'entre eux — en particulier ceux qui sont issus de tests « papier-crayon » déjà existants — sont uniquement destinés aux psychologues. Les autres logiciels sont vendus aux « professionnels des ressources humaines » (Cabinets de Consultants, Directeurs des Ressources Humaines, etc.) et aux psychologues. Ils peuvent être accompagnés d'une formation obligatoire ou facultative, en fonction des outils.

L'utilisation de ces logiciels : en théorie, les personnes qui ont suivi la formation consacrée à l'utilisation d'un logiciel sont les seuls utilisateurs. Mais en pratique, il en va bien différemment. En effet, l'objectif d'une entreprise est de rentabiliser son investissement et d'éviter de multiplier le coût d'une formation au moment du départ ou d'un changement de poste d'un collaborateur. La personne qui a bénéficié de la formation est donc celle qui formera son successeur avec toutes les incertitudes qu'une telle situation implique.

• Les logiciels non valides

Ceux que nous connaissons sont commercialisés moyennant le paiement ou l'utilisation sous licence sans aucune autre condition et peuvent donc être utilisés très librement par toute personne qui en fait la demande sans que les impératifs de validité soient pris en compte.

---

225. Nous reviendrons en détail sur cette dimension dans le dernier chapitre de cet ouvrage.
226. En France : Éditions d'Applications Psychotechniques (E.A.P), Éditions du Centre de psychologie Appliquée (E.C.P.A) et les Éditions Dufour.

4. Conclusion sur les tests utilisés sous système informatique

Nous assistons actuellement à une recrudescence de toutes sortes de logiciels qui partagent le « goût du secret ». Or, il est indispensable que les professionnels des Ressources Humaines aient accès à toutes les données qui puissent confirmer que le test utilisé sous informatique possède toutes les garanties scientifiques indispensables à son utilisation. En l'absence de ces informations, nous pouvons raisonnablement déduire que le test n'a qu'une valeur relative — ou une absence de valeur — et que les acheteurs potentiels investiront en pure perte.

La plupart de ces outils sont utilisés dans une optique de recrutement et mesurent — ou du moins le prétendent-ils — des données comme les traits de personnalité, les styles de comportement, etc. La nature de ces informations nous permet de penser qu'il est indispensable que le législateur se mobilise pour interdire, purement et simplement, la multitude de ces « pseudo-outils » dont on ne connaît rien. Leur nature même heurte non seulement le droit, comme nous le verrons mais aussi l'Éthique.

Quant aux logiciels validés, il est dommage que certains d'entre eux puissent être délivrés à des non-psychologues. De par leur nature essentiellement psychologique, ces tests perdent sans aucun doute une grande partie de leurs qualités et ne constituent plus la certitude d'une garantie d'utilisation optimale pour les sujets « testés ». La notion d'équité entre les candidats serait-elle en France une considération secondaire ? D'autre part, quand on parle d'évaluation psychologique, l'Éthique et le respect d'une pratique ne sont-elles pas des caractéristiques qui doivent prévaloir dans ce type de situation ?

Comme le soutiennent d'ailleurs plusieurs auteurs spécialistes du domaine, les tests psychologiques informatisés concernent les psychologues et leur développement ne devrait être exécuté que par eux-mêmes[227].

---

227. BERTRAM et al., 1984. BALICCO, 1999.

CHAPITRE 5

LES « ASSESSMENT CENTERS » OU « CENTRES D'ÉVALUATION »

La traduction littérale, en français, peut laisser supposer que le « centre d'évaluation » constitue un lieu physique. Ce n'est nullement le cas. Sans doute est-ce pour cette raison que les différents auteurs — qui ont introduit la méthode, en France — ont préféré remplacer la dénomination américaine par le terme de « bilan comportemental » (V. ERNOULT, de J.-P. GRUÈRE et de F. PEZEU. 1984).

Par analogie au bilan financier, le bilan comportemental serait en effet, « une photographie de la situation (...) à un moment donné ». Celui-ci permettrait de faire le point pour ensuite pouvoir agir en conséquence. D'autre part, et ceci constitue un élément important, le terme de « comportemental » signifie que cette méthode s'intéresse uniquement aux comportements et que « leur caractère positif ou négatif n'est déterminé qu'en fonction de la situation à laquelle ils répondent ».

1. EN QUOI CONSISTE CETTE MÉTHODE ?

Le « Centre d'Évaluation » est à considérer comme une méthode tout à fait spécifique qui ne ressemble à aucune autre. Comme le soulignent d'ailleurs *Smith* et *al.*, « la principale caractéristique qui différentie les centres d'évaluation des autres procédures, repose sur le fait qu'ils utilisent de multiples techniques d'évaluation et plusieurs évaluateurs qui évaluent les compétences ou les caractéristiques personnelles des gens qui assistent à ces centres » (1989).

Pour BOEHM, un des spécialistes de la méthode, le centre d'évaluation « consiste en six éléments clés, soit :

– un système d'évaluation destiné à identifier le potentiel des cadres,

– ayant recours à des techniques variées,

– mettant l'accent sur l'évaluation du comportement en rapport avec le vécu,

– confié à plusieurs spécialistes de l'évaluation,

- axé sur l'observation et l'évaluation du comportement de plusieurs candidats,

- un système dans lequel les phases « observation » et « évaluation » sont bien séparées. »[1]

On peut donc considérer le « Centre d'évaluation » comme une méthode tout à fait spécifique et originale, destinée à évaluer les comportements de sujets placés dans des situations très proches de la réalité professionnelle.

Le caractère novateur, dans cette démarche, repose sur les spécificités suivantes :

- la pluralité des techniques d'évaluation mises en œuvre,

- la pluralité des observateurs,

- le caractère standardisé de la procédure,

- la relation entre exercices réalisés et fonction simulée.

La validité de cette méthode ne constitue donc pas un hasard. Nous verrons, en effet, que cette procédure est actuellement l'une des techniques d'évaluation les plus valides qui existent. D'ores et déjà, nous pouvons oser affirmer, en paraphrasant TAPERNOUX, que le « Centre d'évaluation » est à l'évaluation des potentiels, ce que la Rolls Royce est à la voiture.

2. UN PEU D'HISTOIRE

Même si cette méthode commence à être connue, elle reste encore peu utilisée dans le domaine des Ressources Humaines. Pourtant, ses origines sont assez lointaines puisqu'elles remontent au début du siècle.

En fait, comme a pu le préciser un certain nombre d'auteurs[2], le « centre d'évaluation » est né de la rencontre de **la psychométrie** (outils d'évaluation), de **l'observation du comportement et de l'évaluation clinique.**

---

1. In TAPERNOUX, 1984.
2. En particulier BOEHM (*in* TAPERNOUX, 1984).

À ses débuts, cette approche était essentiellement utilisée dans le domaine militaire et économique. En effet, la méthode semble avoir vu le jour en Allemagne, dès la Première Guerre mondiale. Elle était mise en œuvre, sous une forme beaucoup plus simple que celle que nous connaissons aujourd'hui et avait pour objectif le recrutement de candidats officiers. L'approche était essentiellement psychométrique (utilisation de tests) et sociale (groupe d'évaluation).

Pendant la Deuxième Guerre mondiale, les Britanniques procédèrent à la sélection des cadres supérieurs de l'armée en utilisant la triple approche à laquelle nous venons de faire référence. Aux États-Unis, cette méthode fut utilisée pour la sélection de futurs espions. La responsabilité de cette tâche fut confiée à une équipe de psychologues dirigé par H. MURRAY, le créateur du test projectif, le TAT.[3]

Pour MURRAY, il était indispensable d'observer chaque sujet dans des situations spécifiques. L'évaluation de chacun d'entre eux se faisait à partir d'exercices pratiques, destinés à mesurer un ensemble de neuf critères supposés être représentatifs du « bon espion » (capacité d'observation, aptitude physique, etc.).

Après la guerre, la méthode fut appliquée au monde de l'entreprise, sans doute à cause de « cet empirisme qui faisait la conquête des industriels »[4]. Les « Centres d'évaluation » étaient alors utilisés, soit pour le recrutement de personnel, soit pour « l'évaluation du potentiel d'évolution des jeunes diplômés ».[5]

Mais en fait, ce qui fit véritablement connaître la méthode, fut l'étude menée à l'American Telephone & Telegraph (A.T & T), à partir de 1956. Cette dernière permit ensuite le développement de la technique au sein du secteur industriel. Cette recherche, dont la mise en œuvre fut un modèle[6], avait pour objectif de suivre l'évolution d'un groupe de cadres et de déterminer quels étaient les paramètres qui intervenaient dans la réussite ou l'échec de leur carrière. Cette étude est toujours considérée comme une référence à notre époque. Elle contribua au développement de la méthode dans les plus grandes entreprises américaines (IBM, General Electric, Standard Oil, etc.), son expansion « étant soutenue par des études scientifiques de base et plusieurs publications destinées aux chefs d'entreprise » (TAPERNOUX, 1984).

---

3. Le TAT ou Thematic Apperception Test auquel nous avons déjà consacré une analyse.
4. ERNOULT et al., 1984.
5. ERNOULT et al., 1984.
6. Cette étude a été menée en respectant des critères de la démarche scientifique et expérimentale.

3. FRÉQUENCE D'UTILISATION EN FRANCE

La première étude dont nous disposons est celle qui a été menée au sein de l'Association Nationale des Directeurs et Cadres de la Fonction Personnel » (ANDCP)[7]. Cette enquête avait été réalisée sous la forme d'un questionnaire qui fut transmis aux 270 membres de cette association.

Moins de 10% des personnes consultées avaient répondu à cette enquête. Sur les 22 réponses ainsi obtenues, 10 d'entre elles étaient positives (« ont entendu parler des centres d'évaluation »). Elles se répartissaient de la façon suivante : 8 entreprises n'utilisaient pas la méthode, 1 d'entre elles l'utilisait partiellement (secteur de la métallurgie), tandis que la dernière se trouvait dans une phase d'expérimentation de cette technique[8].

Une autre recherche, plus récente, menée par Y.M. BEAUJOUAN indique, à partir d'une synthèse de trois études concernant les pratiques de recrutement, que les Assessment Centers seraient utilisés par une entreprise sur cinq à six (16 à 25%)[9], estimation probablement surévaluée. Notre expérience nous a en effet clairement démontré que la méthode était faiblement utilisée au sein des entreprises, du moins de manière orthodoxe, tels que nous le confirmeront la grande majorité des consultants que nous avons interviewés dans le cadre de notre recherche[10].

Ces études ne constituent bien évidemment pas des recherches représentatives[11]. Toutefois, si les résultats semblent traduire un intérêt plus que relatif pour la méthode (ou pour l'enquête !) on peut tout de même s'étonner qu'une technique aussi ancienne — et surtout qui a fait ses preuves, comme nous le verrons — n'ait pas encore réussi, à pénétrer significativement le secteur de l'entreprise (a fortiori, celui du conseil). Certes, il semblerait qu'un certain nombre de structures utilise effectivement la technique, mais de manière partielle sous la forme de « tests de situation »[12]. Les difficultés de mise en œuvre de cette méthode ainsi

---

7. Sur la demande de TAPERNOUX dans le cadre de son travail de thèse.
8. Comme le soulignait TAPERNOUX, ces dix entreprises, « concernant les méthodes de recrutement conventionnelles, semblaient plus progressistes que les 12 premières ».
9. BEAUJOUAN, 2001
10. BALICCO, 1999.
11. Le nombre de réponses est, en effet, tout à fait insuffisant. D'autre part, les entreprises contactées ne sont certainement pas représentatives des sociétés françaises en général.
12. Ainsi l'étude de BRUCHON-SCHWEITZER et al, va dans ce sens, puisqu'elle indique que « les tests de situations » (« in basket », jeu de rôle...) sont utilisés par : 28 % des cabinets (6,5 % systématiques, 21,5 % occasionnels); 41 % des entreprises privées (3 % systématiques, 38 % occasionnels) et 46 % des entreprises nationales (23 % systématiques, 23 % occasionnels).

que son coût financier expliquent sans doute — du moins en partie — ce manque d'orthodoxie[13].

4. PRINCIPES

Dernièrement, le responsable d'un cabinet d'intérim — spécialisé dans le secrétariat — précisait que la meilleure façon de vérifier les compétences d'une secrétaire était, tout simplement, de la mettre à l'épreuve. Après avoir identifié les différentes exigences professionnelles que chacune d'entre elles devait posséder, il avait déterminé un ensemble « d'exercices » qui, systématiquement, étaient proposés à chaque candidate. Certes, ces différents exercices pratiques destinés à évaluer le comportement du sujet en situation, ne constituent pas à eux seuls un « centre d'évaluation » mais beaucoup plus des « tests de situation ». Toutefois, ces différentes épreuves présentent l'avantage de placer le sujet dans des situations très proches de celles qu'il aura à connaître dans la réalité. Sans doute est-ce pour cette raison que l'acceptabilité par les candidats à ce type d'épreuves est aussi grande.

Ce lien entre le poste et les exercices constitue le principe du « centre d'évaluation ». En effet, **les exercices de simulation proposés au candidat sont toujours en relation étroite avec la fonction et le poste de travail.** Cependant, comme le précise l'équipe D'ERNOULT, le bilan comportemental doit être précédé de quatre étapes.

La première concerne **l'analyse du poste et de la situation de travail.** Elle permet une description des différentes tâches inhérentes à une fonction donnée. Il s'agira, en fait, de « déterminer et de définir les exigences du poste, en termes de dimensions de comportement qui serviront de critères d'utilisation ».

Ces dimensions représentent, en fait, les aptitudes et les compétences indispensables pour réussir dans un poste. SMITH *et al* citent quelques-unes de ses « dimensions typiques que sont : le « leadership » (qualités pour diriger du personnel), la capacité de négocier avec les gens, la capacité d'analyse, la communication orale (l'art de s'exprimer) et la communication écrite ». En fait , comme le soulignent ces auteurs, « le caractère central d'une analyse de travail est d'identifier un échantillon représentatif d'éléments du travail qui pourront ensuite être simulés »(1989).

---

13. L'équipe d'ERNOULT précisait, en 1984, qu'en France, il n'y aurait seulement que « trois entreprises qui utiliseraient cette méthode de façon complète et exhaustive », chiffre pour le moins faible.

La deuxième étape concerne **le choix et la définition des critères d'évaluation.** L'objectif sera ici de procéder à une sélection chronologique des dimensions les plus importantes. En d'autres termes, de déterminer et de classer, par ordre d'importance, quels sont les comportements les plus significatifs du poste en question. Il est préférable que le nombre de dimensions soit en dessous de sept, car au-delà, la tâche des évaluateurs serait trop lourde[14].

Troisième étape : **le choix de la construction des exercices de simulation.** Ces exercices devront être en totale relation avec les situations de travail déjà décrites. Ainsi, pour l'exemple de la secrétaire, on ne pourra lui faire faire un exercice de négociation par téléphone que si son poste le nécessite effectivement. Une règle d'or voudrait que chaque dimension soit évaluée par deux exercices au moins.

Enfin, la quatrième étape concerne **la formation des observateurs :** le travail d'observation ne s'improvise nullement; il s'adresse en particulier à tous ceux qui ne sont pas familiers à ce genre de procédure.

Pour que cette procédure soit réalisée de façon optimale, l'implication de la hiérarchie de l'entreprise doit être totale. D'autre part, il existerait un autre principe selon lequel « **il faut considérer la personnalité dans son ensemble avant d'établir des notations spécifiques** »[15].

Ce sont toujours plusieurs observateurs qui ont la responsabilité de l'évaluation. Il s'agit généralement de cadres hiérarchiques et de responsables des ressources humaines qui par leurs compétences, se complètent les uns par rapport aux autres. Pour permettre une observation objective et fiable et devant la multitude de critères, chaque observateur n'observera qu'un nombre limité de dimensions. L'observation est une phase active qui ne peut être confondue avec la phase d'évaluation réalisée à la fin de la procédure.

Les différents exercices sont élaborés de telle façon qu'ils doivent faire apparaître plusieurs fois les comportements recherchés, ces derniers correspondant à ceux exigés dans une situation de travail donnée. D'autre part, un centre d'évaluation classique constitue un investissement de temps puisque selon SMITH *et al*, il dure en moyenne deux jours et implique six candidats, trois évaluateurs et un psychologue (1989).

---

14. Comme le précisent SMITH *et al*, 1989.
13. *In* TAPERNOUX, 1984.

5. LES DIFFÉRENTS TYPES D'EXERCICES QUI COMPOSENT UN CENTRE D'ÉVALUATION

Comme il s'agit d'une procédure destinée à observer les comportements de sujets en situation, l'essentiel de la méthode est donc constitué d'un ensemble **d'exercices concrets**. Ces derniers seront d'ailleurs toujours complétés par un ensemble de techniques qui aideront à fiabiliser la méthode (tests, entretiens, etc.).

Dans un « Centre d'évaluation », on peut distinguer, selon TAPERNOUX, d'une part des « exercices de simulation en groupe » et des « exercices de simulation individuels ». Dans le « bilan comportemental », des exercices semblables sont retrouvés. Le nombre de techniques utilisées est tout à fait variable : il est en général de 7, mais il peut varier dans un rapport de 1 à 10, c'est-à-dire de 4 à 40[16].

A - Les exercices de simulation de groupe

Il en existe de multiples formes.

L'entretien simple : la mise en œuvre est simple et consiste à réunir un groupe (de 12 personnes maximum). Après leur avoir transmis un thème de discussion, différents évaluateurs sont chargés de noter leurs observations.

L'entretien avec rôle attribué : il s'agit d'une discussion de groupe, sans meneur de jeu, où chaque participant « doit défendre avec conviction un rôle donné et tendre vers une solution qui recueille l'adhésion du groupe ». Ce type d'entretien est souvent utilisé lors du recrutement de commerciaux afin d'identifier un certain nombre de caractéristiques indispensables à ce genre de poste (aisance verbale, qualité de l'argumentation, relations interpersonnelles, etc.).

L'entretien sans rôle attribué : les participants se retrouvent le plus souvent en tant que partenaires d'une société (« jeu d'entreprise »).

Les travaux en groupe : le groupe est ici divisé en deux parties qui doivent défendre des positions opposées. Les sujets doivent négocier ensemble et parvenir à un accord. Dans le « bilan comportemental », le travail de groupe peut être constitué d'objectifs communs ou différents.

Objectif commun : réaliser un montage à partir d'une planche lumineuse et de plusieurs diapositives[17].

---

16. BENDER *in* TAPERNOUX, 1984.
17. ERNOULT *et al.*, 1984.

Objectifs différents : composer la vitrine d'une agence de voyage, chaque membre du groupe va jouer le rôle d'un représentant et défendre sa position[18].

B - Les exercices de simulation individuels

Exercices « in basket » : ce sont les plus connus. Il s'agit d'une corbeille « arrivée » qui contient un certain nombre de documents que le sujet devra traiter dans un temps limité. Un entretien est indispensable, *a posteriori*, pour comprendre ce qui a motivé chaque décision du candidat.

Exercice « in tray » : cette technique consiste à remettre au candidat un dossier constitué d'un ensemble important de documents fort divers, relatifs à un problème dont la solution doit être trouvée rapidement. Il s'agit aussi d'une épreuve dont la durée est limitée et qui place également le candidat « sous pression ».

Autres exercices de simulation[19] :

« Le client furieux » : le participant va recevoir la visite ou une communication téléphonique d'un client mécontent, à propos d'un produit fourni. Le rôle du client est joué par un compère. Dans cette simulation, un scénario est fourni au participant qui connaît également le temps dont il dispose.

« La visite du représentant » : le participant doit réussir à convaincre un client, qui est également un compère du « Centre d'évaluation ».

Ces deux dernières simulations[20] sont beaucoup moins utilisées que les précédentes, car elles nécessitent de la part du compère une formation spécifique (et sans doute aussi du talent !).

« L'épreuve rédactionnelle » : on demande au candidat d'élaborer une lettre « ferme » mais courtoise.

« L'exposé commercial » : il est demandé au participant d'élaborer une stratégie de l'entreprise, pour les prochaines années et de la présenter, oralement, devant un ou deux évaluateurs.

Ernoult *et al.*, opèrent, quant à eux, une distinction entre deux types d'exposés : **« l'exposé oral préparé »** et **« l'exposé non préparé »**.

---

18. Ernoult et *al.*, 1984.
19. Cités par Tapernoux, (1984).
20. Dans le « bilan comportemental », ces deux dernières simulations sont dénommées « jeux avec compères » (Ernoult *et al.*, 1984).

« Le test de l'aptitude à écouter » : pour mesurer l'aptitude du sujet à retenir de nombreux détails d'un film qui lui a été projeté.

C - Les tests « papier-crayon »

Il est certain que les exercices de simulation ne peuvent prétendre évaluer des caractéristiques purement qualitatives (personnalité, aptitudes, intelligence, etc.) qu'il est, pourtant, indispensable de connaître. Les exercices de simulation ne contribuent, en effet, qu'à une observation des comportements du sujet.

Les tests qui seront utilisés permettront, comme le soulignent plusieurs études, de « compléter l'évaluation globale en y ajoutant en précision »[21]. Mais ils pourront permettre, également, « d'entrevoir l'évolution de carrière » et d'identifier à long terme le potentiel des cadres d'une entreprise.

Comme le souligne fort justement TAPERNOUX, ces tests pourraient également constituer un « moyen de pré-sélection ». Ils permettraient ainsi d'identifier les sujets qui sont les plus à même d'en tirer profit, cette présélection permettant de mieux gérer une technique dont le coût est relativement élevé.

D - L'entretien personnel

Il n'est pas toujours mis en œuvre, bien que son importance soit manifeste. Les simulations vont essentiellement permettre l'observation du sujet en situation. En aucun cas, ces observations ne permettront l'identification de ce qui a motivé tel comportement. C'est pour cette raison que l'entretien constitue une étape fondamentale et en son absence « il subsiste très souvent, à l'issue des épreuves de gros points d'interrogation concernant le candidat que seul l'entretien personnel est à même de tirer au clair »[22].

Il existerait deux types d'entretiens, que l'on retrouve d'ailleurs dans la plupart des structures de recrutement. Le premier est mené par un psychologue — formé à la technique — son approche consiste à identifier certaines caractéristiques psychologiques du sujet (personnalité, sens relationnel, etc.). Le second type d'entretien est axé sur la dimension professionnelle et sera mené par un opérationnel de l'entreprise.

Nous avons vu que la validité prédictive de l'entretien, en matière de pronostic professionnel, était faible ; c'est un fait et il n'est pas question ici de prétendre le contraire. Cependant, il faut savoir qu'un entretien

---

21. TAPERNOUX, 1984.
22. TAPERNOUX, 1984.

mené **en fin** de procédure peut tout de même apporter des éléments de réponse qui pourront servir à affiner certains résultats ou préciser quelque point resté obscur.

Ainsi, dans l'exercice de simulation in basket, l'entretien permettra d'identifier les véritables raisons qui ont motivé le candidat dans ses choix. D'autre part, le fait de mener un entretien après une mise en situation, évite tous les phénomènes de préjugés qui peuvent exister quand on l'utilise au début d'une procédure.

Certains « Centres d'évaluations » utiliseraient également des « entretiens structurés », à la validité, il est vrai, plus élevée[23].

E - Autres techniques utilisées dans un « Centre d'évaluation »

L'entretien centré sur la recherche des faits : cette technique, bien connue des Anglos-Saxons, repose sur le postulat qui voudrait que le comportement passé permettrait de prédire le comportement futur. Il s'agit d'un entretien purement factuel durant lequel le sujet est invité à parler de ses expériences passées en y associant des faits concrets (résultats obtenus). Les questions qui composent ce type d'entretien devront permettre de « découvrir des faits manifestant les comportements recherchés aux différentes étapes du passé professionnel »[24]. L'utilisation de ce type d'entretien devra toutefois être relativisée, notamment à cause de son faible pouvoir prédictif[25].

Le questionnaire biographique : s'il paraît avoir donné satisfaction dans le cadre des « Centres d'évaluation », comme le soutient Taper-noux (1984), cela ne semble guère confirmé par de multiples études qui donnent de faibles résultats[26].

L'auto-description : on demande au candidat de faire son propre portrait en se mettant successivement dans la peau de deux personnages opposés : dans celle d'un ami puis dans celle d'un ennemi.

L'entretien simulé entre deux candidats : on demande à un candidat de jouer le rôle d'un conseiller ou d'un évaluateur auprès d'un autre candidat.

---

23. Car réalisés après une analyse de travail. Smith et al., 1989.
24. Ernoult et al., 1984.
25. La valeur moyenne obtenue est de **.23** (Hough et al. in Smith et al., 1984).
26. Les coefficients de corrélation moyens qui varient de **.24** à **.38**, par conséquent, relativement moyens (Smith & Robertson, 1991).

6. LA VALIDITÉ DES « CENTRES D'ÉVALUATION »

Le principe du « Centre d'évaluation » repose sur une double ambition : celle de reproduire une réalité très proche de la situation de travail à travers un certain nombre d'exercices de simulation et celle de faire apparaître, à travers ces derniers, les comportements recherchés. Ce lien entre les exercices de simulation et la réalité du poste de travail peut déjà laisser supposer que la méthode doit être fiable. Si tel est le cas, comment expliquer alors une utilisation aussi marginale en France ?

Les recherches concernant la fiabilité de la méthode sont nombreuses et, en général, assez homogènes dans les résultats.

A - La « validité apparente » et la « validité de conviction »

La validité apparente (face validity) : généralement, les candidats qui participent à un « centre d'évaluation » acceptent très bien l'ensemble des procédures auxquelles ils sont soumis. Il est vrai que la plupart d'entre eux ont le sentiment d'être jugés sur des bases rationnelles et objectives, correspondant à une certaine réalité professionnelle, que ne possèdent pas d'autres méthodes. Certes, à un niveau purement psychométrique, ce type de validité n'a, *stricto sensu,* aucune valeur, elle revêt pourtant un intérêt majeur : **celui de faire participer le candidat de façon motivée et confiante, même « si elle ne doit pas faire oublier les risques d'erreur concernant l'évaluation des personnes »** comme le souligne très justement Y.M. BEAUJOUAN (2001).

La validité de conviction (faith validity) : cette validité concerne tous les professionnels qui participent à l'évaluation du candidat. Elle est également d'un intérêt central car lorsqu'on est convaincu par la pertinence d'une méthode, on la met en œuvre, vis-à-vis du sujet évalué, de manière encore plus convaincante.

B - La fidélité

La fidélité inter-juges

Il semble difficile de mettre en œuvre une procédure de ce type et de la répéter plusieurs fois de la même façon. Cela semble d'ailleurs particulièrement vrai pour certains exercices de simulation (jeux avec compères par exemple).

Toutefois, plusieurs études indiquent que l'accord entre différents évaluateurs (fidélité inter-juges) est élevé[27]. D'autre part, il semblerait que le

---

27. En particulier celles citées par LEVY- LEBOYER, 1990. Quant au travail de synthèse de TAPERNOUX, il indique très clairement que l'accord entre plusieurs évaluateurs est en général très élevé. Sur les 6 études citées, on découvre des coefficients de corrélation, qui varient de **.60** à **.99** (1984).

type d'évaluateur n'ait que très peu d'influence sur les évaluations[28]. En revanche, le degré d'accord dépendrait étroitement de la qualité explorée, ainsi l'accord entre plusieurs évaluateurs serait nettement meilleur pour le « degré de participation » que pour le « dynamisme »[29]. Ce qui fait dire à TAPERNOUX que « **d'une manière générale, plus le comportement est observable directement, plus les conclusions sont fiables** ».

Il semblerait également, que **le degré d'accord augmente avec l'entraînement des évaluateurs et que leur formation ne joue pas un rôle majeur**[30]. Comme le précise d'ailleurs TAPERNOUX, « le mode d'appréciation se retrouve régulièrement chez des évaluateurs différents et à des moments différents ».

La fidélité Test-Retest

Existe-t-il une stabilité des résultats dans le temps ? Si on fait passer cette méthode à deux moments différents, à un même groupe de sujets, obtient-on des résultats similaires ?

La seule étude que nous avons consultée nous indique une stabilité de la mesure tout à fait correcte[31].

Les quelques résultats présentés montrent que la fidélité de cette méthode est correcte. D'autres synthèses indiquent, elles aussi, que les résultats obtenus par cette technique sont « tout à fait fidèles »[32].

C - La validité de la méthode

Cette méthode se montre-t-elle capable de prédire la performance et la réussite professionnelle des futurs collaborateurs ?

Comme nous le supposions, la validité prédictive de cette méthode — dans un contexte d'évaluation professionnelle — est très élevée. Le résultat des principales recherches — en particulier, de synthèse — font dire à certains auteurs que la « **validité des "Centres d'évaluation" en tant que prédicteur de la performance future dans le poste a été établie...** », précisant d'autre part que « **tous les projets de recherche et les articles ont confirmé qu'ils sont certainement parmi ce que nous avons de mieux** »[33].

---

28. TAPERNOUX, 1984.
29. Ainsi, la corrélation entre plusieurs observateurs serait de **.74** pour le « dynamisme » et de .93 pour le degré de participation TAPERNOUX, 1984.
30. RICHARDS et JAFFEE in TAPERNOUX, 1984.
31. Le coefficient obtenu est de .73 (MOSES in TAPERNOUX, 1984).
32. SMITH et al., 1989 qui vont jusqu'à qualifier la fidélité des Centres d'évaluation, « **d'impressionnante** ».
33. SMITH et al., 1989.

Pour illustrer la fiabilité de cette méthode, revenons un instant sur l'une des recherches les plus représentatives qui avait été réalisée en 1956 chez A.T. & T. Cette étude longitudinale[34] avait été menée auprès de 274 candidats, tous titulaires d'un diplôme de l'enseignement supérieur. Le principe de base consistait à évaluer chaque candidat dès son embauche et de le suivre tout au long de son expérience. L'objectif de cette étude était de mesurer la relation existant entre les prédictions de réussite de chaque candidat (prédictions réalisées à l'issue du C.E.) et la réalité ultérieure.

Pour éviter tout biais dans la procédure, **il avait été décidé de conserver toutes les données secrètes et, par conséquent, de ne pas les communiquer aux candidats.** Ce choix avait pour but, d'éviter des *self-fulfilling prophecy*, ou en d'autres termes « des prophéties qui puissent influencer la réalité »[35], et qui donc, auraient pu fausser les prédictions.

Au cours de la première évaluation, les observateurs n'avaient fait des prédictions que sur un nombre limité de candidats. Les résultats indiquaient que sur les 123 candidats encore en poste huit ans après « **64 % de ceux qui avaient été évalués comme devant évoluer dans les 10 années, le firent réellement, alors que seulement 32 % de ceux que l'on n'avait pas identifiés comme ayant un potentiel satisfaisant réussirent à évoluer** ».[36]

D'autre part, les auteurs avaient mis en évidence que **l'utilisation conjointe de plusieurs techniques** (test *in basket*, exercices de groupe, etc.), **sauf celle des questionnaires de personnalité, « contribuait à améliorer la validité prédictive »** du centre d'évaluation.

D'autre part, lorsque l'on compare la méthode des *Assessment Centers* à d'autres techniques, les résultats sont encore plus édifiants : l'auteur de cette recherche[35] conclut, en effet, « que la probabilité de choisir un cadre qui sera noté ultérieurement « satisfaisant » est de :

– **15 % lorsque la sélection est faite à partir d'impressions ;**

– **35 % lorsque la sélection est le résultat d'une évaluation complétée par une évaluation du potentiel autre que l'***Assessment Center* ;

– **76 % lorsque la sélection est le résultat d'une concertation entre supérieurs hiérarchiques et les résultats de l'***Assessment Center.*

---

34. Nous nous baserons sur les auteurs du bilan comportemental.
35. LEVY-LEBOYER, 1990.
36. ERNOULT *et al.*, 1984.
37. J. HUCK *in* ERNOULT *et al.*, 1984.

Une autre étude menée à l'American Telephone and Telegraph Company, confirmait, il y a déjà plus de 30 ans, la fiabilité de ce prédicteur en matière de réussite professionnelle.[38] L'étude avait été réalisée à partir d'une population de 355 jeunes cadres. Les résultats indiquaient que parmi toutes les techniques étudiées, **les « méthodes situationnelles » et les « tests d'aptitudes » étaient de meilleurs prédicteurs de progrès que les questionnaires de personnalité »**[39].

D'autres études confirment la validité prédictive importante des « Centres d'Évaluation ». L'une d'elles[40] s'est intéressée à la validité d'un « Centre d'évaluation » destiné à sélectionner des policiers dans le cadre d'un « plan accéléré de promotion ». Les procédures d'évaluation choisies étaient relativement classiques (groupe de discussion, tests cognitifs, entretiens, test de connaissances, etc.). Les résultats indiquaient que la procédure était valide pour un des trois critères choisis (évaluation par les supérieurs). Cette étude montrait également que les tests d'aptitudes n'avaient en fait qu'une importance limitée, résultat paradoxal[41], qui fit suggérer à un chercheur que probablement « au-delà d'un certain niveau « d'intelligence », d'autres facteurs tels que les compétences interpersonnelles et d'ordre administratif, deviennent plus importantes en tant que déterminants de la réussite professionnelle »[42].

Dans un article antérieur[43], plusieurs auteurs s'étaient également intéressés à l'aspect financier des Centres d'évaluation. Ils indiquaient que si à la place des entretiens, on employait cette méthode, **le bénéfice** pour les services de police serait de 550 000 livres sterling par an. Cette donnée nous paraît d'autant plus fondamentale que l'argument généralement avancé pour expliquer ce refus d'utiliser cette méthode est précisément son coup financier considéré comme « trop élevé ». On ne cherche pas à calculer le retour sur investissement qu'elle procure à long terme ni même l'argent qu'elle fait gagner à l'entreprise[44]. En d'autres termes, on s'attache beaucoup plus au coût de la méthode et on oublie systématiquement les bénéfices qu'elle procure à terme pour l'organisation elle-même.

---

38. Les relations entre le jugement des experts et la réussite ultérieure en management (...) indiquent que les prédictions de ces experts étaient tout à fait précises. Bray & Grant, 1966.
39. Les résultats indiquent que les « méthodes situationnelles » (exercices de groupe et « in basket ») sont celles qui ont le plus grand poids dans la procédure. Les tests d'aptitudes « papier-crayon » ont un peu moins d'importance et ce sont les questionnaires de personnalité qui ont le poids le plus faible.
40. Feltham, 1988.
41. Nous avons vu, en effet, que ce type de tests était un très bon prédicteur de la réussite professionnelle.
42. Huck in Feltham, 1988.
43. Bedford & Feltham, 1986.
44. N'oublions pas qu'un recrutement ou une orientation est un véritable investissement, de temps et d'argent. Les erreurs, quand elles se produisent, coûtent très cher à l'entreprise.

TAPERNOUX, dans son travail de synthèse, confirme également l'excellente validité prédictive des « centres d'évaluation », capables de « **prévoir l'efficacité future des cadres** »[45].

D'autres études de synthèse — utilisant la technique de la méta-analyse — vont dans le même sens et indiquent, en effet, **que la validité des « centres d'évaluation, en matière de pronostic professionnel, est très élevée**[46]. Quant à celle de ROBERTSON et *al.*, elle nous indique, que sur les 12 techniques les plus employées, dans un contexte d'évaluation de la performance professionnelle, les deux plus performantes sont les « **échantillons de travail** » et les « **Centres d'évaluation** » considérés comme étant les meilleurs prédicteurs qui existent actuellement[47].

Nous pouvons donc considérer la méthode des « Centres d'évaluation » comme un prédicteur extrêmement fiable de la réussite professionnelle future. La validité confirmée, dans de nombreuses études, nous fait dire sans réserve, que cette méthode est l'instrument prédictif le plus intéressant qui existe.

7. POURQUOI AUTANT DE RÉSISTANCES À LA MÉTHODE ?

En 2002, le constat reste semblable à celui que nous énoncions il y a 5 ans : comment se fait il qu'une méthode, qui a prouvé objectivement depuis des années sa validité en matière de pronostic professionnel, ne soit pas plus utilisée en France ? Comment expliquer les raisons d'une telle désaffection ?

Certains praticiens français avaient pourtant prédit il y a 10 ans à cette méthode un avenir brillant et plein de promesses. Comment se fait-il que le développement prévu ne soit pas encore au rendez-vous et que l'évolution soit aussi lente ?

Les raisons qui expliquent ces résistances sont multiples, certaines sont rationnelles, d'autres le sont beaucoup moins.

---

45. Pour TAPERNOUX, « leurs prédictions sont assez précises, un coefficient de l'ordre de **.50 à .60** ou davantage, étant couramment obtenu », coefficients, par conséquent, très élevés.
46. Une autre étude citée par FELTHAM nous indique que le coefficient de validité moyen est de **.41**, par conséquent très élevé (1988).
47. La technique la plus performante est « l'échantillon de travail » avec un coefficient moyen de **.53** (pour un échantillon de 3 000 personnes). La technique qui arrive en seconde position, est le « Centre d'évaluation » avec un coefficient de validité moyen qui varie de **.41** à **.43**, donc élevé, en particulier quand on sait que le résultat a été calculé à partir de d'un échantillon important de 15 000 personnes (1987, 1989).

Les raisons rationnelles fréquemment avancées

L'investissement de temps. Qu'il s'agisse de la conception d'un centre d'évaluation ou de sa mise en œuvre, il est vrai que l'investissement de temps peut être considérable. Il sera d'autant plus important que la complexité des postes que l'on cherchera à évaluer sera grande.

Le coût de la méthode. Cet argument est indissociable du précédent. L'objectif d'un responsable est de rentabiliser son investissement et dans la réalité, pourquoi utiliserait-il une procédure aussi coûteuse pour recruter des collaborateurs, alors qu'il a à sa disposition toute une panoplie de méthodes au coût dérisoire ? D'autre part, le manque de validité de la quasi-totalité des techniques utilisées ne serait-elle pas contrebalancée par la rapidité des résultats qu'elles sont capables de fournir ? Pourquoi perdrait-on des jours a évaluer des cadres alors que l'on peut le faire en quelques heures ?

Les connaissances spécifiques. L'élaboration et la mise en œuvre d'un Centre d'évaluation nécessitent des connaissances ainsi que des compétences multiples et variées qui ne sont sans doute pas à la portée du non-spécialiste. Ces connaissances concernent aussi bien les différentes techniques d'analyse de poste que les outils, leurs conditions de mise en œuvre et leur validité (tests classiques et de situation, etc.). Il est également indispensable de pouvoir maîtriser les techniques issues de la psychologie sociale et clinique (jeux de rôle et de simulation, notamment ou interviennent des « compères » du Centre d'évaluation, etc.) ainsi qu'un ensemble de techniques spécifiques (techniques d'entretien, techniques d'observation avec codification, etc.). D'autre part, le véritable spécialiste n'ignorera pas les principes méthodologiques et expérimentaux de sa démarche qu'il faut connaître pour éviter tout phénomène qui pourrait fausser l'évaluation. Enfin, les connaissances de base aussi bien en psychologie qu'en sociologie des organisations nous semblent fondamentales. Ces différentes compétences ne sont, bien entendu, pas exhaustives.

La lourdeur de la méthode. Plutôt que d'investir dans une méthode qui a prouvé sa pertinence en matière d'évaluation et de sélection professionnelles, certains professionnels préfèrent encore continuer à investir et à se servir de méthodes qui n'ont pas prouvé leur fiabilité. La problématique sous-jacente à ce « conservatisme théorico-pratique » est probablement le fameux « **désir de maîtrise** » au schéma fort clair : « la procédure que l'on me présente est complexe et me dépasse intellectuellement, par conséquent, je préfère continuer à utiliser mes anciennes méthodes que je comprends facilement — qui me rassurent — et dont je me sers depuis des années. Je sais que ce ne sont pas les plus fiables mais au moins, je les maîtrise ».

Vu sous cet angle, la méthode des « Centres d'évaluation » est en effet très lourde et de ce fait peu intéressante.

8. CONCLUSION SUR LES « CENTRES D'ÉVALUATION »

Au vu des résultats — convergents — des différentes études, on peut considérer, que les Centres d'évaluation représentent la méthode la plus fiable qui existe en matière de pronostic de la réussite profession-nelle. Cette fiabilité s'explique non seulement par les relations étroites qu'entretient cette méthode avec le poste de travail, mais aussi par la rigueur de la méthodologie de mise en œuvre. Les divers exercices uti-lisés n'ont qu'un seul objectif : celui d'observer et d'évaluer le compor-tement de sujets dans des situations variées qui sont les plus proches possible de la réalité professionnelle existante.

Certes, cette méthode ne représente pas, à elle seule, une panacée et il serait prétentieux de croire que toutes les dimensions se suffisent à elles-mêmes. On oublie, trop souvent le rôle de l'environnement, qui ne pourra jamais être totalement modélisé. Comment, en effet, adapter à un « Centre d'Évaluation », la culture d'une entreprise, les « non-dits » qui pervertissent sa dynamique, etc. ?

Quoi qu'il en soit, le « Centre d'évaluation » reste actuellement l'une des rares méthodes capables d'apporter une information aussi riche et surtout aussi fiable en matière de pronostic professionnel. En revanche, nous ne partageons pas l'optimisme de certains auteurs qui prédisaient, à cette méthode, il y a quelques années, un développement et un ave-nir brillant. Les faits actuels nous indiquent, en effet, que la méthode reste encore très faiblement utilisée en France et qu'il est probable qu'elle le demeure encore longtemps[48].

---

48. Sur les quelques 62 consultants que nous avons interrogés, 1 seul utilisera dans sa pratique la technique de l'« Assessment Center » et encore le fera-t-il de façon occasionnelle. Quant à ceux qui nous expliqueront utiliser la méthode, nous découvrirons la confusion entre le pré-tendu « Assessment Center » et le simple « test de situation », BALICCO, 1999.

TROISIÈME PARTIE

Les pseudo-sciences

VOYAGE AU PAYS DE LA MYSTIFICATION

**Où le lecteur découvrira, qu'à l'aube du 3e millénaire,
nous demeurons encore, à bien des égards,
très proches de croyances moyenâgeuses.**

Nous allons maintenant faire référence à certaines pratiques irrationnelles mises en œuvre dans le secteur des ressources humaines. Nous
avons volontairement choisi le terme de « pseudo-science » car son étymologie — du grec « pseudès » qui signifie menteur — semble traduire
de manière beaucoup plus juste le caractère contestable de toutes ces
méthodes. Si nous nous intéresserons, en priorité, à celles qui sont les
plus fréquemment utilisées dans le domaine professionnel, nous ferons
aussi référence à d'autres techniques — d'utilisation beaucoup plus
marginale — qui indiqueront au lecteur que, dans le domaine des ressources humaines, certaines croyances sont encore bien vivantes.

1. LES CARACTÉRISTIQUES COMMUNES DE TOUTES CES MÉTHODES

La fascination pour l'irrationnel a toujours tenu une place importante
dans le cœur des hommes (et des femmes). Pour les anthropologues, le
recours à des pratiques de ce type serait un moyen de neutraliser une
charge anxiogène trop importante (par exemple, la peur de se tromper
de candidat, dans une procédure de recrutement). Une première analyse
pourrait laisser supposer que cet intérêt pour l'irrationnel — voire pour
l'occulte — doit trouver sa force dans l'ignorance. C'est loin d'être le cas
car de multiples recherches ont montré que cet attrait, voire cette fascination pour l'insolite était indépendant, non seulement de la culture
mais aussi du niveau de formation que l'on possédait. Ainsi, on peut être
universitaire et adhérer, sans réserve, à l'astrologie ou à l'hémato-psychologie. Certains iront même jusqu'à utiliser leur titre — ou leur statut
social — pour légitimer leur pratique : ainsi tel universitaire ou tel chercheur mettra en avant sa formation de physicien pour cautionner la
numérologie, par exemple.

Toutes les méthodes auxquelles nous ferons référence dans cette partie seront appréhendées dans un contexte uniquement professionnel. En
effet, nous ne considérons pas comme choquant qu'un particulier se
fasse faire à titre privé et, pour le plaisir, une analyse graphologique ou
que telle personne consulte son horoscope, dans son journal préféré.
Chacun d'entre nous a en effet la liberté de choisir ses passe-temps,
d'autant plus que très souvent le résultat issu de toutes ces « techniques » ne nous engage en rien. **Ce que nous contestons, en revanche,
c'est l'utilisation, de plus en plus systématique, de toutes ces tech-**

niques dans le cadre de la sélection, de l'orientation et de l'évaluation professionnelle : non seulement la liberté de choix n'existe plus mais de plus les enjeux de la situation sont fondamentalement différents.

Cette infiltration progressive de méthodes ne possédant pas la moindre garantie scientifique est loin d'être marginale. Il suffit de choisir l'exemple de la graphologie pour découvrir que nous sommes l'un des seuls pays au monde à utiliser cette technique avec une aussi grande fréquence dans le cadre de la sélection de personnel.

Il est également intéressant de savoir que toutes ces méthodes ainsi que leurs acteurs, partagent des stratégies communes, qui font d'ailleurs leur force. Tenter de légitimer sa discipline, c'est utiliser un certain nombre de techniques dont la principale est **le recours à l'affirmation péremptoire.** Ainsi, pourra-t-on découvrir qu'en graphologie « l'écriture est un geste psychomoteur qui révèle instantanément la personnalité »[1] et que l'astrologie « permet de connaître les grands traits de la personnalité et le mode de fonctionnement d'un individu »[2]. Les numérologues affirmeront qu'en « recrutement, la numérologie permet de déterminer si le candidat entre dans un bon cycle de vie »[3], enfin les adeptes de la morphopsychologie affirmeront que les bases du visage les « renseignent sur les possibilités et les richesses de chaque individu »[4]. Ces affirmations seront parfois **teintées de mégalomanie :** « Notre science est nouvelle mais sa portée est universelle » pour la morphopsychologie[5] ou : « L'astrologie est la reine de toutes les sciences, la science du XXIe Siècle »[6] pour ne citer que ces quelques exemples.

Dans tous les cas le souci d'une vérification scientifique est systématiquement absent. La prédiction de la réussite ou de l'échec d'un candidat dans son poste — à partir de ces méthodes — repose uniquement sur des **actes de foi** résultant de **convictions personnelles ou de croyances intuitives.** Ces actes de foi s'illustrent dans des déclarations magistrales, qui pour leurs auteurs, ont une valeur quasi-démonstrative. Combien de fois n'avons-nous pas rencontré des graphologues qui ne comprenaient pas que nous puissions contester la pertinence de la relation pouvant exister entre l'écriture et la personnalité. Bien entendu, ces déclarations ne sont **jamais** accompagnées de preuves scientifiques qui puissent légitimer la valeur de ces méthodes.

---

1. Dulcy in Capital, mars 1995.
2. C. Aubier in *Capital*, mars 1995.
3. D. Girard in *Capital*, mars 1995.
4. J. Marechalle in *Capital*, mars 1995.
5. J. Marechalle in *Capital*, mars 1995.
6. Frezal, 1990.

La mise à l'épreuve de ces techniques n'est pas vécue comme une nécessité : **c'est toujours l'évidence intuitive qui prime et jamais la vérification expérimentale.** Cela constitue d'ailleurs la force de ces praticiens qui n'ont jamais à prouver scientifiquement le caractère fondé de leur pratique. Seuls, leur charisme et les présupposés d'un discours à l'apparence scientifique suffisent à convaincre leur entourage. La caractéristique commune de toutes ces méthodes est de reposer essentiellement sur une notion : celle de **dogme.** Constitué d'un ensemble de croyances et d'opinions, celui-ci est toujours considéré par ses adeptes comme une vérité absolue qui ne peut être remise en cause : la mise à l'épreuve de la méthode s'avère, par conséquent, tout à fait inutile. D'ailleurs, qui aurait la prétention de vérifier ce que le « maître » a dit, qui aurait la prétention de faire courir le moindre risque à sa discipline[7] ?

Toutes ces méthodes possèdent un caractère à la fois fixiste et réducteur car on se sert des caractéristiques stables du sujet. Ainsi, en numérologie, on se servira du nom, du prénom et de la date de naissance du sujet. Et en remplaçant les lettres par des chiffres, on déterminera quels sont ses différents traits de personnalité. Si nous prenons le cas de l'astrologie, il suffira que le candidat communique la date, le lieu et l'heure de sa naissance à l'astrologue pour que celui-ci lui construise son « thème astral ». Son avenir sera ainsi écrit de manière décisive et définitive. D'autres techniques se serviront également de caractéristiques tout aussi stables comme la forme du visage (morphopsychologie), le groupe sanguin (hémato-psychologie), etc.

Toutes les analyses, issues de ces méthodes, ont donc pour conséquence d'enfermer définitivement le sujet dans des constructions où des descriptions extrêmement rigides. Dans toutes ces théories, le rôle de l'environnement est nié : il n'a plus aucune influence car on ne peut modifier ce qui a été fixé dès le départ.

Ce caractère fixiste impliquera très souvent des interprétations psychologiques abusives car dénuées de tout fondement scientifique. Si vous êtes né, par exemple, aux alentours de Noël, vous aurez une « tendance à la fête » et il y a de grandes chances pour que cette étiquette vous « colle à la peau », à moins que vous ne décidiez de changer votre date de naissance!

Savez-vous également que vos origines biologiques ou physiques pourront, dans certains cas, vous porter préjudice ? Nous faisons réfé-

---

7. Le dogmatisme des praticiens qui utilisent ces techniques (numérologie, astrologie, morphopsychologie, graphologie, etc.) ne ressemblerait-il pas à celui délivré par les gourous de sectes ?

rence, par exemple, à l'hémato-psychologie (groupe sanguin) et à la morphopsychologie (forme du visage et du corps). Certains vont même jusqu'à prédire votre devenir professionnel en étudiant les différentes lignes de la main (chirologie).

La terminologie « psychologique ». Les descriptions « psychologiques » sont vagues et tellement générales que tout le monde peut s'y reconnaître très facilement. C'est le fameux **« effet puits »** du physicien Henri Broch pour qui « plus un discours est profond, profond dans le sens de creux, plus les personnes qui l'écoutent peuvent se reconnaître et se reconnaître majoritairement dans ce discours ». Selon l'auteur, « des expériences ont en effet montré que des déclarations vagues ou générales avaient beaucoup plus de pouvoir persuasif qu'une description (...) faite par des psychologues de métier[8]. Ce phénomène est d'ailleurs systématiquement retrouvé dans toutes les pseudo-sciences qui décrivent l'homme en termes de personnalité. Il est donc tout à fait normal que chacun puisse se reconnaître dans les comptes rendus qui sont réalisés à partir de ces méthodes, d'autant plus que les termes « psychologiques » employés seront, bien souvent, ceux que l'on peut trouver dans le langage de tous les jours[9].

Quant au caractère réducteur de toutes ces méthodes, il est facile à comprendre : la complexité d'une personnalité et de son développement ou la difficulté à prédire la réussite d'un sujet dans son poste, ne peuvent se laisser réduire à la simple connaissance de son groupe sanguin, de son écriture, de la forme de son visage ou de la position des planètes lors de sa naissance, pour ne citer que ces quelques — malheureux — exemples.

2. QUELLE EST LA FRÉQUENCE D'UTILISATION DE CES « PSEUDO-SCIENCES » ?

Il est difficile d'évaluer de façon objective l'importance de telles pratiques en entreprise et, *a fortiori*, en cabinet conseil. Plusieurs facteurs peuvent, en effet, expliquer ce phénomène. Le principal demeure toutefois **« la désirabilité sociale »** : le souci majeur de certains praticiens est de conserver une totale discrétion sur les méthodes qu'ils utilisent, notamment quand elles sont identifiées, par la plupart des gens, comme des techniques véritablement marginales (morphopsychologie, astrologie, hémato-psychologie, etc.). Dans la réalité, la majorité d'entre eux

---

8. H. BROCH, 1985.
9. Il s'agit d'une psychologie bien souvent naïve et quotidienne. Si des termes psychologiques sont effectivement utilisés, ils le sont en général à mauvais escient.

n'avouera jamais utiliser de telles méthodes, préférant en attribuer toujours l'utilisation à d'autres. Il est fort probable également que lorsque des enquêtes sont menées par des universitaires, ces mêmes praticiens, pour ne pas trop se « décrédibiliser » à leurs yeux, « oublient » de mentionner certaines techniques qu'ils savent peu recommandables. En revanche, quand certaines d'entre elles sont considérées comme « intuitivement bonnes » par une majorité de personnes, il semblerait que les préjugés, au moment de les citer à des tiers, disparaissent. Tel est le cas de la graphologie.

Si quelques-uns restent discrets sur les méthodes qu'ils utilisent, il existe également tout un ensemble de personnalités qui le sont beaucoup moins. Certains sont des consultants indépendants, qui font référence aux grandes entreprises connues pour légitimer la fiabilité de leur pratique. Ainsi peut-on découvrir que des entreprises françaises extrêmement importantes ont déjà fait appel à la morphopsychologie[10]. Parfois ce sont des cadres dirigeants qui mettent en avant leur statut et leur entreprise. Ainsi, d'après le Président d'une grande société, la graphologie et la morphopsychologie seraient des techniques utilisées au sein de sa structure[11]. Certains responsables de cabinets avouent spontanément utiliser l'astrologie, l'un d'eux précisait toutefois que peu de gens étaient au courant de son travail, même au sein de l'entreprise. On comprend sa discrétion[12].

En France, une étude réalisée sous la forme d'une enquête par questionnaire par deux universitaires[13] a montré au niveau d'un échantillon de 102 structures que les cabinets conseils[14] étaient les seules entités à utiliser des méthodes irrationnelles. En effet, **25%** d'entre eux utilisent les techniques suivantes : **morpho-psychologie systématique : 12%**, **astrologie occasionnelle : 8 %, neurobiologie systématique : 1,5%**, **numérologie occasionnelle : 1,5%**... Une autre recherche, plus récente, indique que le phénomène est loin de disparaître puisque plus de 45% des consultants de notre échantillon utilisent des méthodes irrationnnelles soit de façon consciente (16%), soit de manière beaucoup plus "intuitive" (29%)[15]. Les entreprises nationalisées et les entreprises privées n'utilisent pas, **dans l'échantillon** (de la 1ère étude), de méthodes de ce genre.

---

10. Dixit Carleen Binet, *Capital*, septembre 1993.
11. *Capital*, septembre 1993.
12. *Capital*, mars 1995.
13. Bruchon-Schweitzer et Ferrieux en 1988-1989.
14. 60 au total.
15. Ces méthodes sont systématiquement associées à l'entretien, Balicco, 1999.

Quand à la graphologie, elle constitue à elle seule un véritable paradoxe car en dépit de sa validité, plus que médiocre, elle demeure une technique très utilisée. Ainsi dans la première étude, **97% des 60 cabinets conseils** utilisent cette technique[16], **96,5% des entreprises privées**[17], **69% des entreprises nationalisées**[18].

Dans notre échantillon constitué de 62 consultants, ils sont 95% à l'utiliser dont 52,5% de façon systématique et et 47,5% de façon occasionnelle (BALICCO, 1999), Cf. annexe 7.

Une telle fréquence d'utilisation est surprenante. La question fondamentale est de savoir si ces méthodes sont valides dans une optique de **pronostic professionnel**. Leur mise à l'épreuve constitue la seule façon de le savoir. Nous commencerons d'ailleurs par étudier celle qui est la plus sujette à polémiques : la graphologie.

---

16. Dont 72% de façon systématique et 25% de façon occasionnelle (BRUCHON-SCHWEITZER et al., 1991).
17. Dont 38% de façon systématique et 58,5% de façon occasionnelle.
18. Dont 15% de façon systématique et 54% de façon occasionnelle. Les entreprises privées et publiques sont au nombre de 42.

CHAPITRE 6

LA GRAPHOLOGIE

Il semblerait que la graphologie soit l'une des techniques de sélection les plus utilisées, en France, avec l'entretien. Seule une enquête menée par l'Observatoire des ressources humaines CRANFIELD-ESC Lyon auprès de 5 500 directeurs du personnel de douze pays européens semble relativiser ce constat. Elle indique toutefois que la France, comparée aux autres pays européens, vient largement en tête dans l'utilisation de la graphologie. Bien que les résultats de cette étude — 57% — nous semblent bien en deçà de la réalité (*Les Échos,* mars 1993) comme le montrent les deux études précédentes que nous venons de citer.

Avant de vérifier la pertinence d'une telle méthode, nous allons présenter au lecteur quelques éléments d'ordre historique. Nous définirons, ensuite, la nature de cette technique, pour éviter, notamment, de la confondre avec une autre discipline fondamentalement différente : l'expertise en écritures. Nous tenterons également de clarifier les fondements de cette pratique qui engage le devenir professionnel et humain de tant de personnes.

1. UN PEU D'HISTOIRE

Il semblerait que la relation entre les caractéristiques de l'écriture et de la personnalité ne soit pas une découverte récente et que SUÉTONE, un historien de l'Antiquité, ait été le premier à avoir établi une correspondance entre écriture et personnalité. Ainsi avait-il associé l'avarice et la méfiance de l'empereur Auguste à certaines caractéristiques de son écriture. Précisons toutefois que cette relation fut faite, d'une part, bien après la mort de l'empereur et que d'autre part, la méfiance et l'avarice auxquelles faisait référence SUÉTONE, étaient connues de tous[19]. Au xie siècle, les Chinois auraient également relevé une relation entre l'écriture et la personnalité. Au xviie siècle, l'Italien Camillo BALDI publie un traité dont le dernier chapitre fait succinctement référence aux signes de l'écriture[20].

---

19. Cette stratégie qui consiste à décrire la personnalité de sujets déjà connus par tous (personnalités du monde politique, du spectacle, etc.) est communément utilisée par beaucoup de pseudo-sciences.
20. « *Tratto come da una lettera missiva si cognoscano la natura e qualità dello scritorre* », 1622.

L'idée se précise en Europe après la Renaissance mais c'est au XIXᵉ siècle que s'affirment les idées concernant l'écriture. En 1871, l'abbé MICHON — qui est à l'origine du terme de « graphologie » — publie ses travaux dans un ouvrage considéré comme le premier véritable traité de graphologie. Initié lui-même par l'abbé FLANDRIN, il explique sa théorie en s'appuyant sur les travaux du biologiste BICHAT, « en énonçant que toute sensation a son centre dans le cerveau » et que « toute écriture, comme tout langage, est l'immédiate manifestation de l'être intime, intellectuel et moral »[21]. Traitant l'écriture comme une fonction de l'organisme, il parle de « physiologie graphique, qui est l'étude des mouvements, des fonctions, des combinaisons de traits ».

Les travaux de MICHON furent poursuivis par celui que l'on considère comme le fondateur de la graphologie : Jean CRÉPIEUX-JAMIN qui publia en 1898 son fameux livre *L'écriture et le caractère*. Actuellement ses travaux servent toujours de base aux graphologues qui considèrent que ses critères d'analyse et d'observation de l'écriture sont toujours d'actualité. Mais est-on bien certain de savoir ce qu'est véritablement la graphologie ?

2. QU'EST-CE QUE LA GRAPHOLOGIE ?

Étymologiquement, le vocable est issu du grec *graphein* qui signifie « écrire » et de *logos* « discours, science ». Il s'agit, par extension d'une méthode destinée à décrire la personnalité d'un sujet à partir des caractéristiques de son écriture. L'écriture serait donc considérée comme « le reflet de la personnalité intime » de son auteur[22].

Quels en sont les grands principes[23] ? Si nous décidons de nous référer au système de CRÉPIEUX-JAMIN, le graphologue réalisera son analyse en s'intéressant à différentes caractéristiques de l'écriture (« les genres »)[24]. Celle-ci devra toujours être appréhendée dans son ensemble. Ainsi étudiera-t-il en particulier sa forme (anguleuse, arrondie, artificielle, etc.), sa direction (montante, inclinée, sinueuse, etc.), sa dimension (dilatée, grande, petite, etc.). Il s'intéressera aussi à la pression (écriture épaisse, fine, etc.), à la vitesse (lancée, lente, rapide, etc.), à l'ordre (ordonnée, enchevêtrée) et enfin à la continuité de l'écriture (inégale, inhibée, etc.). D'autre part, à chaque spécificité (« ou espèce ») de l'écriture serait associée une caractéristique psychologique. Ainsi, une écriture inclinée serait, pour un graphologue, « un signe de tendresse ».

---

21. HERTZ, 1947.
22. HERTZ, 1947.
23. D'après HERTZ, 1947.
24. Chaque genre se subdivise en plusieurs espèces.

Dans la pratique, selon l'auteur, une seule espèce d'écriture serait toujours associée à d'autres espèces, qui s'influenceraient les unes sur les autres pour aboutir « à une nouvelle signification, la résultante ». En sachant que « c'est l'espèce dont l'intensité est la plus forte qui est modifiée, la moins forte servant d'agent modificateur ». Ainsi une écriture surélevée serait « le reflet de la fierté et de l'orgueil » mais associée à une écriture rigide et égale, qui traduirait « la froideur des sentiments », elle donnerait, par voie de résultante, le dédain.

Il existerait également des « lettres témoins » qui donneraient des indications supplémentaires sur la personnalité du scripteur : ainsi le « i » témoignerait de l'affirmation du Moi, le « o et le a » concerneraient le domaine des sentiments tandis que le « t » serait celui de la volonté. Il faut savoir également que tout graphologue doit non seulement éviter de réaliser une étude à partir d'un seul document mais il devra également « n'utiliser dans ces travaux que des signes graphologiques observés et connus avec certitude ».

Voilà donc les quelques fondements d'une théorie qui trouve sa force dans un postulat très simple qui voudrait que « l'écriture et la personnalité soient liées ». Ce postulat est honorable mais il ne possède pas la moindre trace de légitimité tant qu'il n'a pas été vérifié : il est donc à considérer comme une simple hypothèse.

La question est par conséquent de savoir quelle est la pertinence de cette méthode lorsqu'elle est mise à l'épreuve des faits. En d'autres termes, nous chercherons à vérifier si la graphologie est véritablement capable de décrire la personnalité — de façon précise — comme elle le prétend. Nous chercherons notamment à **vérifier si elle se montre aussi pertinente** que ses praticiens l'affirment pour **prédire la réussite professionnelle** d'un candidat à un poste donné. En résumé, nous chercherons à savoir si cette méthode est digne d'intérêt sur un plan professionnel : nous le verrons dans la partie consacrée à la validité de l'outil.

3. QUELQUES PRÉCISIONS POUR ÉVITER TOUT MALENTENDU

Pour éviter tout malentendu, il nous est apparu indispensable de clarifier tout ce qui concerne la profession de graphologue.

La formation des graphologues. Elle est assurée exclusivement dans des structures soit associatives ou privées, se dénommant elles-mêmes « Écoles de graphologie » qui n'entretiennent aucune relation avec l'Éducation Nationale. La plus connue de ces associations est la Société Française de Graphologie, créée à la fin du siècle dernier par MICHON et qui délivre un « diplôme en graphologie » au bout de trois ans. Cette obtention permet ensuite au candidat d'accéder à une nouvelle institution au sein de laquelle il préparera un « diplôme », en deux ans, au « Groupement des Graphologues-Conseils de France » (Institution fondée après la Seconde Guerre mondiale).

La durée de la formation. Officiellement, la Société Française de Graphologie forme ses graphologues en trois ans et les Graphologues-Conseils en deux ans supplémentaires mais, dans la réalité, à quoi correspondent ces durées de formation ?

S'il est vrai que le diplôme à la Société Française de Graphologie se prépare bien en trois ans, la formation se fait uniquement en cours du soir, à raison de deux heures de cours par semaine. D'autre part si l'on tient compte des congés scolaires, environ 12 semaines par an, on peut estimer que chaque futur graphologue suivra sur 3 ans environ 240 heures de cours, soit environ l'équivalent de 6 semaines à temps plein[25]. Pour les graphologues qui décident de préparer le diplôme du Groupement des Graphologues-Conseils de France, la formation se résume à 8 journées par an soit, sur deux ans, à environ 130 heures.

Ce qui fait donc un total d'environ 370 heures de formation, correspondant à l'équivalent d'un peu plus de 2 mois de travail à temps complet.

Il est clair d'autre part, quand on s'intéresse au contenu des enseignements, qu'il existe un décalage impressionnant entre la graphologie dont les présupposés et la teneur n'ont pratiquement pas variés depuis cent ans et le développement considérable des sciences humaines. Comme le souligne fort justement M. BRUCHON-SCHWEITZER, on ne trouve dans ce contenu « aucun corpus théorique, aucun modèle relatif aux conduites humaines, aucune proposition présentée comme une hypotèse réfutable mais seulement un ensemble de croyances, d'affirmations et d'évidences, d'emprunts à d'autres domaines, de convictions répétées de génération en génération de façon fixiste et dogmatique »[26].

La valeur de ces « diplômes » : si certains se prévalent d'être des diplômes de l'enseignement supérieur, ils oublient de préciser que leur diplôme en graphologie n'a qu'une valeur purement symbolique. Bien évidemment l'Éducation Nationale ne délivre aucun diplôme de cette nature et seules le font des écoles privées possédant bien souvent une forme associative. Il existe toutefois un diplôme délivré par le ministère

---

25. N'oublions pas les travaux dirigés (3 par an).
26. BRUCHON-SCHWEITZER, 2001.

du Travail — et homologué au niveau II — mais celui-ci a été remis en cause en 1993, quand les membres de la Commission nationale d'homologation des titres et des diplômes du Ministère du Travail a décidé **« de se prononcer pour la suppression de l'homologation accordée depuis 1978, au diplôme du Groupement des Graphologues-Conseils de France ». « Les 35 membres de ladite commission ont en effet jugé, à une large majorité, que les bases scientifiques et techniques de la graphologie (....) n'étaient pas établies »**[27]. Depuis janvier 1992, les homologations font en effet l'objet d'un contrôle, tous les trois ans, avec une possibilité de suppression rétroactive pour toutes les formations jugées quelque peu « douteuses ».

Le titre de graphologue. La profession n'étant pas protégée, chacun peut s'intituler du jour au lendemain « graphologue » ou « psycho-graphologue » ou encore « expert-graphologue » (cela fait plus sérieux). Notons au passage l'utilisation parfaitement illégale de certains titres, comme celui de grapho-psychologue ou de psychologue-graphologue, pour tous ceux qui ne possèdent pas de formation universitaire de 3e cycle en psychologie[28].

La prétendue caution de l'Éducation Nationale. Beaucoup d'institutions, dont celles qui enseignent la graphologie, utilisent une stratégie qui consiste à préciser dans leur publicité qu'elles sont « sous contrôle de l'Éducation Nationale » ou qu'elles « possèdent un enseignement visé par le Rectorat ». D'autres pourront également préciser que leur organisme « est inscrit au service des Établissements Privés du rectorat de l'Académie de Paris » pour ne choisir que ces quelques exemples. Que le lecteur ne se laisse pas abuser par cette publicité qui ne signifie nullement que ces institutions soient reconnues par l'Éducation Nationale.

4. LA VALIDITÉ DE LA GRAPHOLOGIE

Pour vérifier si la graphologie est une méthode valide en matière de sélection et de pronostic professionnel, la première question qui se pose est celle de savoir s'il existe une relation entre l'écriture et la personnalité.

Cette relation si souvent affirmée semble fort séduisante et paraît tellement évidente qu'on ne se pose même plus la question de savoir si elle est vérifiée. Consultons les résultats de quelques études scientifiques.

---

27. *Science et Vie*, 1993.
28. Et qui semblent « oublier » qu'un psychologue possédant un DESS a bénéficié de 3 200 heures de cours sur ses 5 années de formation, sans compter ses stages obligatoires.

A - La fidélité de l'écriture

L'écriture d'un sujet est-elle stable dans le temps ou est-elle sujette à des fluctuations ?

Toutes les études consultées vont dans le même sens et indiquent que lorsque des sujets sont soumis à une évaluation à deux moments différents — par la méthode du Test-Retest — **on constate que leur écriture reste assez stable dans le temps**[29]. Cependant, la stabilité de l'écriture sur une longue période a été peu étudiée. Pour certains auteurs, il est fort probable, toutefois, qu'elle le demeure « sur une période de plusieurs mois »[30].

D'autre part, l'écriture peut être modifiée par certaines influences comme la peur, le stress, etc. ou d'autres facteurs volontairement conscients et limités dans le temps : ainsi, comme le soulignent SMITH *et al* : « La plupart des gens peuvent améliorer le soin qu'ils apportent à leur écriture quand ils désirent créer une bonne impression ».[31]

À la question de savoir s'il existe un degré d'accord entre plusieurs graphologues (fidélité inter-juges), les résultats indiquent que **si parfois il peut exister un accord tout à fait correct entre plusieurs graphologues, ce n'est malheureusement pas toujours le cas**[32].

Pour étudier la fidélité de l'écriture, un chercheur[33] a eu l'idée de décomposer l'analyse de celle-ci en plusieurs parties. L'une d'elles correspondant à des mesures rationnelles comme « l'espace entre les lignes » (**« mesures graphométriques »**), la seconde s'intéressant à des données plus descriptives comme « la rondeur de l'écriture », « son aspect décoratif », etc. (**« caractéristiques grapho-impressionnistes »**) et enfin la dernière permettant d'évaluer des caractéristiques psychologiques comme « la force du moi » ou « la stabilité émotionnelle » (**« échelles grapho-diagnostiques »**).

Les résultats de cette recherche indiquent que **la fidélité peut être très bonne dès lors qu'on s'intéresse aux caractéristiques rationnelles de l'écriture**[34] **(mesures graphométriques). En revanche cette fidélité est**

---

29. Les coefficients de corrélation, par la méthode du Test-Retest, sont tous supérieurs à **.70** (dont : FLUCKINGER et *al.*, 1961; KLIMOSKI et *al.*, 1983; NEVO, 1986). La synthèse d'une dizaine d'études réalisée par BRUCHON-SCHWEITZER, indique des coefficients également très élevés, variant de **.77** à **.92**. (1987) toujours par la méthode du Test-Retest.
30. SMITH et *al.*, 1987.
31. SMITH et *al.*, 1989.
32. Ainsi, il existe une grande variabilité dans les résultats qui selon les études, vont de **.39** (coefficient d'accord moyen) à **.74**. (HOFSOMMER et *al.*, 1965).
33. NEVO, 1986.
34. NEVO trouve des coefficients de fidélité qui varient de **.70** à **.90** pour les mesures graphométriques (*in* EFRAT NETER et *al.*, 1989).

beaucoup plus fluctuante, dès lors que l'on s'intéresse à des caractéristiques moins formelles de l'écriture (grapho-impressionnistes) et
encore plus faible quand on s'intéresse à des caractéristiques psychologiques[35] (échelles grapho-diagnostiques).

Il semblerait également qu'une obédience théorique commune puisse
augmenter le degré d'accord entre plusieurs graphologues. En revanche,
cette concordance s'affaiblirait dès que les graphologues seraient issus
d'écoles différentes, il y aurait également un faible accord entre graphologues et novices[36].

Une autre recherche — utilisant la technique de la méta-analyse — a
également montré que la fidélité moyenne était très fluctuante et que le
degré d'accord entre plusieurs juges — à deux moments différents —
était tout aussi fluctuant[37].

En résumé, il semblerait que la fidélité de la graphologie soit assez
bonne, en particulier dans le cas bien précis où les graphologues sont
issus du même courant théorique. Notons, toutefois, que l'accord entre
plusieurs graphologues est constamment sujet à de grandes fluctuations : si la fidélité peut être bonne, elle peut être aussi très médiocre.

Cette fidélité relativement bonne de la graphologie n'implique pas
pour autant que la méthode soit valide. Il s'agit d'une nuance qu'il est
indispensable de rappeler. **Plusieurs graphologues peuvent, en effet,
être d'accord tous ensemble sur une interprétation — on parle alors
d'une bonne fidélité inter-juges — sans que ladite interprétation soit
juste (valide).** Cette distinction est souvent confondue, en particulier
chez les graphologues.

B - La validité de l'écriture

En général, la mise à l'épreuve de la graphologie afin d'en mesurer la
fiabilité n'est guère appréciée par les graphologues. Sans doute est-ce
pour cette raison que nous n'avons pas réussi à trouver, dans l'abon-
dante littérature publiée par les graphologues, de recherches scienti-

---

35. Les coefficients de fidélité varient de **.40** à **.80** pour les « Caractéristiques grapho-impressionnistes » et enfin de **.30** à **.60** pour les « Échelles grapho-diagnostiques » (*in* EFRAT NETER et
al., 1989).
36. L'accord entre des évaluateurs homogènes (de même qualification) chargés d'estimer, à
partir d'un même échantillon d'écriture, soit divers signes graphiques, soit divers traits de personnalité est assez satisfaisant (de **.45** à **.93** d'après dix études différentes, avec un médian de
.75) BRUCHON-SCHWEITZER, 1987.
37. L'étude de GEOFFREY DEAN (1991) qui utilise la méta-analyse nous indique, à partir de la
synthèse de 42 études, que les coefficients de fidélité moyens varient de **.35** à **.86**. Quand il
s'agit de la méthode du Test-Retest avec les mêmes juges, les coefficients varient de **.59** à **.87**,
quand les juges sont différents, l'accord varie de **.29** à **.85**.

fiques suffisamment pertinentes. Les quelques dizaines que nous avons consultées ne respectent pas les critères de la démarche expérimentale classique et ont la fâcheuse tendance à opérer de véritables confusions entre les concepts scientifiques. Soutenir, par exemple, que la graphologie est **vérifiée** grâce à des recherches de **fidélité** de plusieurs dizaines de graphologues sur quelques personnes est la criante illustration de ce type de confusion, où deviennent synonymes des notions aussi spécifiques que la fidélité inter-juges et la validité. D'autres erreurs sont tout aussi fréquentes : elles concernent la taille de l'échantillon (trop faible), les techniques statistiques utilisées (basiques ou inappropriées), etc.

Dans la réalité d'un recrutement, il faut également préciser que dans la quasi-totalité des cas, les graphologues disposent d'une lettre manuscrite de chaque candidat **systématiquement accompagnée de son CV.**

Ce document constitue un biais considérable — analyse-t-on, en effet, l'écriture, ou opère-t-on indirectement une analyse de celle-ci à partir du CV ? Les graphologues ne semblent pas avoir conscience de l'importance de ce biais puisqu'ils n'hésitent pas à préconiser son utilisation systématique dans toute analyse.

Mais poursuivons : l'écriture est-elle à même de déterminer les caractéristiques de personnalité de son scripteur ? Un graphologue peut-il prédire la réussite d'un candidat, à partir de son écriture ? Consultons les résultats de quelques études scientifiques de référence.

1. La relation ente l'écriture et la personnalité existe-t-elle ?

La relation supposée exister entre l'écriture et la personnalité est considérée, par beaucoup, comme une évidence. **Pourtant, cette relation n'a été retrouvée que dans une seule étude sur la douzaine consultée**[38].

Encore faut-il appréhender le résultat de cette étude avec beaucoup de réserve. Cette recherche a, en effet, utilisé la technique de **l'appariement** qui, comme le soulignent certains auteurs « n'est pas très fiable, l'exactitude d'un appariement donné dépendant de l'exactitude des autres »[39]. De ce fait, si un praticien (psychologue ou psychiatre) se trompe dans l'évaluation de la personnalité d'un sujet, l'accord qui pourra exister entre le jugement de ce praticien et celui d'un grapho-

---

38. Dans l'expérience d'Eysenck, l'appariement consistait à comparer les jugements du graphologue (à partir de leur écriture) avec ceux opérés sur les malades. Le jugement de chaque malade, sur ses propres traits de caractère avait été, au préalable, revu par des psychiatres et des psychologues « jugés sur leur exactitude clinique et leur honnêteté essentielle ». La corrélation obtenue est de **.62** ; par conséquent relativement importante (1945).
39. Dont Bruchon-Schweitzer, 1987.

logue n'aura absolument aucune valeur. **Dans les onze études restantes, les relations sont soit faibles, soit inexistantes**[40].

Une autre synthèse réalisée à partir de **26 études indique également que seules 5 d'entre elles aboutissent à des relations significatives entre écriture et personnalité.** Comme le souligne, l'auteur « ces résultats sont sans ambiguïté, car même dans les études menées avec beaucoup de soin (...) **il faut bien conclure à l'échec** et cela même lorsque l'évaluation est faite par des graphologues professionnels »[41].

Nous sommes bien loin de la conclusion d'EYSENCK, qui n'hésitait pas à affirmer — prématurément sans doute — que les résultats de son étude, pris dans l'ensemble « semblent montrer qu'il est possible à un graphologue entraîné de diagnostiquer des traits de personnalité, à partir de l'écriture avec un succès supérieur au coefficient de hasard »[42].

Pour en terminer une fois pour toutes avec ce parallélisme si souvent affirmé entre écriture et personnalité, nous citerons une dernière étude utilisant la technique de la méta-analyse, qui **confirme également de façon magistrale que la graphologie ne peut être en mesure de décrire la personnalité d'un sujet**[43].

Grâce à cette synthèse des recherches — la méta-analyse — nous sommes très loin des cas particuliers et rarissimes cités par les graphologues.

2. La graphologie peut-elle prédire la réussite professionnelle ?

La graphologie représente-t-elle une technique capable de prévoir la réussite ou l'échec d'un candidat à un poste ? Parmi l'ensemble des travaux consultés, nous n'avons trouvé **qu'une seule étude** qui l'indique[44]. **Toutes les autres études, en particulier celle de GEOFFREY DEAN**[45], **nous**

---

40. Les relations se situent généralement bien en dessous du seuil de hasard puisque les coefficients de corrélation varient de **.00** (Absence totale de relation) à **.14**.

41. BRUCHON-SCHWEITZER, 1987.

42. Coefficient de hasard : supérieur à 50 % (1945).

43. La synthèse de son travail porte sur 53 études et 72 échantillons de sujets représentant un total de **3 426 manuscrits** : le coefficient de validité moyen obtenu est de **.104**, par conséquent ridiculement faible (GEOFFREY DEAN, 1991).

44. Cette étude nous fournit un coefficient de corrélation médian de **.55**. Ce coefficient est le résultat de la mesure de la relation existant entre les prédictions réalisées par des graphologues et les évaluations réalisées par les « superviseurs » (Critère) pour une population de gardes forestiers (HOFSOMMER, 1963).

45. Utilisant la technique de la méta-analyse, cette étude nous indique que le coefficient de corrélation moyen obtenu est de **.137** si le critère est la réussite professionnelle. Ce coefficient ayant été calculé à partir de la synthèse de 18 études et 37 échantillons pour un total de **2 788 manuscrits** (GEOFFREY DEAN, 1991).

précisent que la graphologie se montre incapable de prévoir la réussite professionnelle[46].

Une autre étude s'est également intéressée à la validité prédictive de l'écriture effectuée par des graphologues qualifiés. Très souvent, les graphologues considèrent que la justesse d'une analyse dépend « exclusivement de la compétence de l'expert »[47], tout en reconnaissant que les « graphologues dotés d'une véritable formation estiment qu'une analyse comporte une marge d'erreur de 15 à 20 % »[48]. Dans quelle mesure le fait d'avoir une bonne expérience de l'analyse graphologique ou « d'être un praticien confirmé » contribue-t-il à la fiabilité de ses prédictions ?

Trois chercheurs de l'Université de Jérusalem ont procédé à la mise à l'épreuve de la graphologie afin de vérifier la validité prédictive de ses inférences. Pour cela, ils ont sélectionné 17 études de référence traitant de la validité de cette méthode dans la sélection de personnel, en utilisant la méta-analyse[49]. Cette étude portait sur un total de **1 223 manuscrits** (« scripts ») évalués par 63 graphologues et 51 « non-graphologues », n'ayant aucune connaissance en graphologie et servant de groupe-contrôle.

Dans cette étude, il y avait trois types de « juges » : un groupe de graphologues, un groupe de psychologues (n'ayant aucune connaissance en graphologie) et un groupe de « novices ». Deux types de manuscrits ont été étudiés, les uns porteurs d'un contenu (content-laden) susceptible de transmettre un sens capable de renseigner le juge sur le scripteur, les autres étant parfaitement « neutres » (neutral scripts).

La validité prédictive concernait l'efficacité professionnelle (« work proficiency »), les caractéristiques psychosociologiques (« social-psychological attributes ») et enfin une évaluation générale des sujets. Chaque étude était de plus représentée par un coefficient de corrélation unique défini par les auteurs comme « dimension générale ».

Quels sont les résultats obtenus ?

Lorsque les manuscrits sont porteurs d'un sens : quel que soit le groupe en question, la graphologie demeure un très mauvais prédicteur.

---

46. Les coefficients médians obtenus sont très faibles pour certains (10 études ont des coefficients qui varient de **.01** à **.20**) et un peu plus élevés pour d'autres (4 études avec des coefficients médians qui varient de **.21** à **.42**).
47. DULCY, *Capital*, septembre 1993.
48. DULCY, Personnel, 1990.
49. EFRAT NETER et GERSHON BEN SHAKAR, 1989.

De plus, le groupe constitué de graphologues expérimentés est celui qui se montre le moins performant quant à ses prédictions[50].

Lorsque les manuscrits sont neutres : lorsque les manuscrits ne sont plus porteurs du moindre sens, on constate que les graphologues expérimentés obtiennent des résultats pratiquement nuls[51].

Les résultats de cette recherche nous conduisent à un double constat :

Le premier concerne l'expérience du graphologue : ainsi, le fait d'être un graphologue expérimenté ne constitue pas un facteur déterminant susceptible de pouvoir augmenter la validité des inférences tirées de l'écriture. Les résultats de cette recherche vont par conséquent à l'encontre de certaines affirmations qui voudraient que plus on a d'expérience en tant que graphologue, plus on est compétent.

Le second concerne la recherche d'un sens : les résultats extrêmement médiocres obtenus à partir de manuscrits neutres — c'est-à-dire non porteurs du moindre sens — nous indiquent que les graphologues s'intéressent aussi au **sens** des documents qui leur sont soumis et non plus seulement aux caractéristiques de l'écriture manuscrite.

Sans doute est-ce pour cette raison que les graphologues exigent systématiquement le seul document qui leur soit accessible et porteur d'un véritable sens susceptible de les aider : le CV du candidat. Il est vrai qu'à sa lecture, il est fort probable que l'on puisse inférer assez facilement — à partir des caractéristiques de son contenu — un certain nombre d'informations sur la personnalité du sujet[52]. **Mais les inférences tirées d'un C.V sont-elles fiables ?** Certes, si l'on constate que le sujet est possesseur d'un doctorat, on peut supposer qu'il s'agit d'une personne à « fortes capacités intellectuelles »[53]. Si le contenu du CV indique un changement de poste, en moyenne tous les six mois, il existe de grandes chances pour que le graphologue conclue à une « forte tendance à l'instabilité », etc. Dans tous les cas, ce n'est plus l'écriture qui est jugée mais le contenu du CV. Voilà pourquoi, beaucoup de graphologues sont « perdus » ou ne sont plus d'accord entre eux, quand ils ne disposent plus de ce document[54].

---

50. Les coefficients de corrélation moyens sont respectivement : de **.153** à **.177** pour les graphologues ; de **.180** à **.193** pour les psychologues (ne possédant aucune connaissance en graphologie) ; de **.136** à **.206** pour les « novices ».
51. Les graphologues obtiennent, en effet, une corrélation moyenne véritablement insignifiante de **.033**.
52. Il suffit, pour cela, de vérifier ses diplômes, son parcours professionnel, etc. Mais cette analyse est-elle fiable pour autant, nous n'en sommes pas du tout convaincus.
53. Encore faut-il se mettre d'accord sur la signification de ces deux mots : capacités intellectuelles.
54. Une expérience que nous avions menée, il y a quelques années, pour une émission de télévision nous l'avait déjà confirmé (E = M6).

Cette distinction entre les inférences que l'on peut faire à partir du sens d'un texte et celles qui sont faites à partir des caractéristiques de l'écriture est importante. Elle nous indique, en effet, que l'écriture peut révéler — dans une certaine mesure — une partie de soi à travers le sens de ce qui est écrit. Dans cette perspective, le contenu d'un texte manuscrit pourrait être considéré comme le résultat d'une projection de la propre personnalité du scripteur.

La graphologie peut être considérée de la même façon qu'une simple technique projective avec toutes les incertitudes que cela suppose.

Ainsi l'étude graphologique et en particulier toutes les inférences que l'on peut faire, n'a absolument aucune validité sur le plan professionnel.

Il est abusif de croire, d'autre part, que les inférences tirées d'une analyse de l'écriture puissent prévoir le succès professionnel.

Depuis très longtemps un grand nombre de chercheurs et de praticiens d'entreprise avaient émis un avis plus que défavorable sur cette méthode. Ainsi plusieurs d'entre eux concluaient, dès 1983, dans la synthèse de leur recherche, que **« la graphologie n'était pas une méthode d'évaluation viable »**[55] et que si celle-ci arrivait en seconde position en tant que technique d'évaluation — juste après l'entretien — elle apparaissait en dernière position quand on s'intéressait à sa fiabilité avec **un coefficient de validité absolument nul**[56].

D'autres auteurs[57], dans leur travail de synthèse (par la méta-analyse) ont montré dans leur recherche consacrée à la « précision des méthodes d'évaluation », que **la graphologie constituait une méthode dénuée d'intérêt — à égalité avec l'astrologie — avec un coefficient de validité également nul.**

Une autre étude menée[58] cette fois-ci en Allemagne avait également démontré le faible impact de la graphologie dans la sélection. Cette étude avait été réalisée auprès des 500 plus grandes entreprises, représentatives des branches d'activités les plus courantes. Parmi l'ensemble des méthodes répertoriées, la graphologie avait la plus faible évaluation avec respectivement **une valeur faible** (low validity) **pour 90 % des utilisateurs et moyenne** (medium validity) **pour 10 % d'entre eux.** « Cette méthode n'a pas seulement mauvaise presse, précisent les auteurs, mais

---

55. RAFAELI et KLIMOSKI (1983).
56. ROBERTSON et al., 1989. Il est vrai que l'échantillon testé n'était pas très important : environ 500 personnes.
57. SMITH et al. (1989).
58. SCHULER et al., 1991.

les évaluations des utilisateurs peuvent difficilement être plus mauvaises et cela correspond au fait qu'à ce jour les données concernant sa validité sont rares et décourageantes»[59].

5. COMMENT EXPLIQUER LA POPULARITÉ DE LA GRAPHOLOGIE ?

Comment se fait il qu'une méthode possédant une aussi faible valeur puisse être encore utilisée avec une telle fréquence aussi bien au sein des entreprises que des cabinets-conseils ? Pourquoi la France demeure-t-elle la dernière nation au monde à la pratiquer avec une telle ferveur ? Les hypothèses sont nombreuses et de différents ordres :

La graphologie est une méthode facile à mettre en œuvre : une simple lettre manuscrite — et un C.V. — suffisent au graphologue. D'autre part, dans le cas des premiers tris, il n'est pas nécessaire de faire venir le candidat. Et par voie de conséquence, il n'est donc pas utile de lui demander son autorisation préalable[60].

Le coût financier pour une société ou un cabinet est faible : dans le cadre d'un recrutement ou d'un bilan de compétences, le coût d'une analyse varie, en fonction des prestations, de 76,2 à 91,5 €, 198,2 à 228,7 €. Ce qui, pour l'anecdote, fait dire au Ministère du Travail que les graphologues jouent fréquemment le rôle de « cabinet-conseil du pauvre »[61].

Son acceptation par les candidats est élevée : quand des candidats sont soumis à cette technique, ils ne peuvent que l'accepter. La raison en est double : la situation économique ne leur laisse guère le choix. Refuser cette pratique pourrait être mal interprété par le recruteur. « Si des cadres refusent de s'y soumettre, j'interprète cela pour de l'arrogance » indiquait il y a quelques années le Président d'un cabinet-conseil en parlant de la graphologie, qu'il utilise d'ailleurs systématiquement[62].

La seconde raison concerne la **validité apparente.** Elle repose sur une croyance du candidat en la pertinence de la méthode dans une situation donnée (recrutement, bilan, etc.). Ainsi, la graphologie constituerait pour celui-ci une technique tout à fait valide qui permettrait de déterminer non seulement ses caractéristiques de personnalité mais également de prédire sa possibilité de réussite — ou d'échec — dans un poste donné.

---

59. SCHULER et al., 1991, p. 24.
60. Bien que cette façon de procéder soit tout à fait illégale (cf. dernière partie consacrée à la dimension juridique).
61. *Science et Vie*, mars 1993.
62. *Capital*, octobre 1994.

La certitude, de la part des évaluateurs, que cette méthode est valide, est également importante. Nous faisons référence à la « **validité de conviction** » qui repose sur une « foi inébranlable » en la pertinence de la méthode : elle concerne ici, tous les agents qui la mettent en œuvre (et non plus les candidats). Cette conviction s'accompagne rarement d'un souci effectif de vérification.

Le discours des graphologues n'est pas un discours scientifique. L'argumentation des graphologues pour légitimer la validité de leur méthode prend souvent la forme d'affirmations gratuites telles que : « La collaboration du graphologue avec les chefs d'entreprise ou leurs services de recrutement, comme avec les cabinets spécialisés, démontre la valeur de sa technique quand elle se trouve confrontée à d'autres épreuves, entretiens ou tests »[63]. « Des études de corrélation ont été entreprises avec un certain nombre de tests dûment validés et prouvent le caractère « scientifique de la graphologie »[64] **sans que jamais publications sérieuses ou preuves concrètes il y ait.**

Toutes ces déclarations ont l'apparence d'un discours scientifique mais leur contenu ne constitue pas une garantie. Ainsi quand on affirme que « ...la graphologie ne prend toute sa valeur, et c'est là une constatation essentielle, que lorsque l'on peut la corréler avec d'autres moyens d'investigation du caractère, tels que les tests projectifs de personnalité ou les entretiens »[65], on oublie qu'une grande quantité d'études ont **prouvé** depuis fort longtemps que les tests projectifs et les entretiens se situaient parmi les techniques d'évaluation les moins valides qui existaient. Dans cette perspective, est-il sérieux de vouloir prouver la légitimité de la graphologie en la corrélant avec des méthodes dont la validité contestable a déjà été scientifiquement prouvée ? Ce discours pseudo-scientifique n'a qu'une ambition : celle de tromper et comme le précisait déjà PICHOT en 1954, « **il n'est pas de domaine où le charlatanisme à camouflage pseudo-scientifique ne se soit plus largement développé que dans celui de la graphologie** »[66].

La fréquence d'utilisation de la graphologie en France est inversement proportionnelle au nombre de recherches sérieuses publiées. Un tel constat pourrait signifier — c'est du moins notre hypothèse — que plus il y aurait, dans un pays donné, de publications et de recherches ayant trait à la validité de la graphologie, plus il y aurait de chances pour que l'utilisation de cette méthode aille en décroissant. Cette hypothèse semble vérifiée dans de nombreux pays, aussi bien en Europe

---

63. DULCY, *Personnel*, 1990.
64. DULCY, *Personnel*, 1990.
65. DULCY, *Personnel*, 1990.
66. PICHOT était professeur à la faculté de médecine et à l'Institut de Psychologie de PARIS.

qu'aux **États-Unis où la graphologie commença à disparaître dès lors que ses praticiens décidèrent de la mettre à l'épreuve des faits.** Et la France occupe une place toujours aussi isolée. **Tous les pays européens ont en effet l'un après l'autre abandonné la graphologie.** Ainsi, les industriels allemands n'utiliseraient plus cette méthode que dans 4,5 % des cas, « soit une diminution de 10 % sur une décennie ». Quand à l'Italie, l'Angleterre et la Norvège, elles utiliseraient cette technique de façon encore plus marginale (respectivement : 4%, 3%, 2%)[67].

La confusion entre l'« ancienneté d'une pratique » et sa validité. Le fait que cette méthode soit utilisée depuis plus de 80 ans ne signifie nullement que son efficacité soit prouvée. La quasi-totalité des pseudo-sciences — astrologie par exemple — avance le même argument qui présuppose une pseudo-logique du type : « puisque c'est utilisé depuis longtemps en entreprise, c'est donc que ça marche ». Cela va à l'encontre de la démarche scientifique qui voudrait que tout système, toute théorie soit constamment remis en cause. En graphologie, une telle perspective est impossible car elle pourrait mettre en péril les fondements d'une technique auxquels ses praticiens croient fermement. Le caractère dogmatique de cette technique ne fait donc aucun doûte.

Bien entendu, les raisons de l'utilisation de la graphologie ne sont pas exhaustives. Au vu du résultat des différentes études, nous pouvons à juste titre dénoncer cette pratique qui est à classer soit dans la catégorie des supercheries, soit dans celle des escroqueries[68].

Ce que nous regrettons le plus, c'est que la législation actuelle — dont les textes existent bel et bien — ne protège pas suffisamment toutes les personnes qui sont soumises, bien souvent involontairement, à cette méthode. Dans le monde du conseil ou de l'entreprise il n'est pas rare que cette méthode soit la seule utilisée, avec l'entretien, quel que soit l'objectif poursuivi (« Chasse de têtes », recrutement, évaluation, etc.). Il n'est pas rare non plus que cette technique soit utilisée, lors des premiers tris (« le flash graphologique »), ce qui naturellement est encore plus contestable. Surtout quand on sait, devant l'afflux de candidatures, qu'il est parfois nécessaire de faire ce « tri » de façon très rapide. Il est également inquiétant que de plus en plus de revues, destinées à des chefs d'entreprises, fassent la promotion d'une telle méthode. Il suffit de citer le « Nouveau courrier » distribué par la chambre de Commerce et d'Industrie de PARIS, à plus de 200 000 responsables d'entreprise de la

---

67. BRUCHON-SCHWEITZER, *Pour la Science*, juillet 1994.
68. Comme l'affirmait, d'ailleurs, il y a quelques années l'un des responsables de recrutement du Crédit Agricole : « La graphologie est une escroquerie » à un niveau professionnel (*Personnel*, n° 317, 1990).

Région Parisienne. Dans l'article consacré au recrutement, on pouvait trouver la citation d'une graphologue qui avouait sans complexe que l'analyse graphologique (....) était non seulement facile à mettre en oeuvre mais qu'elle permettait « d'éclairer certains points de la personnalité et l'adéquation du candidat au poste à pourvoir ». Bien entendu, publicité oblige, on pouvait également trouver à la fin de cet article, l'adresse du syndicat auquel appartenait ce graphologue. Une autre manière déguisée, de légitimer une pratique et de la glorifier auprès de ces 200 000 chefs d'entreprise[69].

On peut également s'interroger sur la possibilité qu'ont certains organismes officiels d'autoriser l'utilisation d'une pratique aussi peu fiable, dans le cadre des bilans de compétences (Agréments délivrés par le FONGECIF Ile-de-France, L'AGECIF CAMA et l'AGEGAFORIA à des cabinets-conseils)[70]. Est-il bien sérieux de labelliser des structures qui utilisent une technique aussi contestable ?

Que penser également de graphologues professionnels qui vous proposent via le Minitel, de réaliser « l'analyse de votre écriture en direct »[71] ? Que penser des logiciels d'analyse d'écriture qui établissent votre « formule tempérentielle » selon la typologie ancestrale des tempéraments ? En effet, si l'on se réfère à l'antiquité, Galien — comme Hippocrate — avait fondé sa physiologie sur une théorie des humeurs. Il opérait une distinction entre quatre tempéraments : le mélancolique, le flegmatique, le sanguin et le colérique. La classification qu'utilise ce logiciel ainsi que les graphologues est la même : le sanguin, le lymphatique (pour le flegmatique), le nerveux (pour le colérique) et enfin le bilieux (pour le mélancolique). Des commentaires supplémentaires sur une classification aussi dépassée, ne sont sans doute pas nécessaires. En tout cas, d'après son directeur, le logiciel aurait « été vendu à tous les grands cabinets de recrutement parisiens et à de nombreuses sociétés », dont la RATP, qui précisait toutefois qu'elle « l'avait rangé dans un placard »[72].

---

69. *Nouveau courrier*, n° 34, mars 1995.
70. Cf. *Liaisons sociales*, novembre 1993.
71. *Science et Vie*, mars 1993.
72. *Partenaires*, février 1983.

6. UNE CONFUSION FRÉQUENTE : L'EXPERTISE EN ÉCRITURE ET LA GRAPHOLOGIE

Un expert en écriture n'apprécierait sans doute pas que l'on puisse le confondre avec un graphologue avec qui il ne partage, ni les méthodes, ni la démarche, ni les objectifs[73]. Certes, ces deux techniques utilisent le même objet d'étude, le texte manuscrit, mais c'est le seul élément qui leur est commun. Il est pourtant facile de les distinguer puisque **la graphologie est à la croyance et au dogme, ce que l'expertise en écriture est à la science.**

Dans la graphologie, à partir de certaines caractéristiques scripturales, le graphologue est censé pouvoir déterminer un certain nombre de traits de personnalité ou faire des prédictions sur le devenir de son auteur. Les bases théoriques sont anciennes et sont issues de typologies auxquelles plus personne ne se réfère. Quant à la classification de LE SENNE, elle nous apparaît tellement anachronique et naïve, qu'il nous semble curieux que des graphologues puissent encore s'y référer[74].

L'expertise en écriture consiste, à l'instar de la graphologie, à donner des réponses claires à des questions bien précises. Ainsi, dans le cas d'une lettre anonyme, on peut demander à un expert en écriture, de déterminer qui en est l'auteur. On peut également lui demander de procéder à l'expertise de certains documents, pour les authentifier, par exemple. Leurs techniques sont sophistiquées et ne cessent de s'améliorer : leur souci constant est la recherche de fiabilité.

Mais la distinction entre le graphologue et l'expert en écriture concerne aussi le langage utilisé : à la clarté intellectuelle et démonstrative de l'expert, s'oppose la terminologie obscure, réductrice et

---

73. Même si certains d'entre-eux n'hésitent pas à se servir de leur statut et de la position qu'ils ont auprès des tribunaux. Il arrive ainsi que certains se transforment en graphologues — jouant sur la confusion existant entre ces deux professions — et fassent de véritables descriptions de la personnalité d'autrui (du conjoint dans le cas d'une procédure de divorce pour reprendre l'exemple que nous a confié dernièrement un avocat).

74. La classification de LE SENNE part des trois propriétés constitutives que sont l'émotivité (émotif, non émotif), l'activité (actif, non actif) et le retentissement (primaire, secondaire). En les combinant les unes avec les autres, l'auteur aboutit à une classification de 2X2X2= 8 types qui sont : les nerveux, les sentimentaux, les colériques, les passionnés, les sanguins, les flegmatiques, les amorphes et enfin, les apathiques (LE SENNE, 1945).

pseudo-scientifique du graphologue[75]. Illustrons cela par un exemple extrait du discours d'un graphologue :

« La grande (écriture) est celle des gens qui peuvent s'accorder une certaine importance, qui ont un sentiment de soi qui est relativement développé, alors qu'une écriture petite où vous avez un sentiment de vous-même qui est moins développé ».

Cette phrase traduit l'analogie abusive — car jamais démontrée — entre la taille de l'écriture et « le sentiment que l'on se donne ». De cette analogie , la prédiction est ensuite, légitimée : *« La grande écriture peut vous conduire vers un milieu de la communication et de contact, la petite vers un métier d'analyse et de réflexion ».*

Ce n'est pas un hasard si de nos jours on retrouve le descriptif de cette technique dans le **Dictionnaire des Sciences Occultes,** réédité en 1979[76]. Nous terminerons enfin ce chapitre par une citation de CRÉPIEUX JAMIN qui, plus lucide que nos graphologues actuels, affirmait : « Je vous avoue que je considère la graphologie comme un art, justement à cause de l'imprécision de certaines données, que je ne vois pas le moyen de rendre plus précises »[77].

---

75. La graphologie est sans doute l'une des pseudo-sciences qui utilise la terminologie psychologique la plus commune et la plus naïve qui soit. D'autre part, il apparaît que certains concepts utilisés ne le sont pas toujours à bon escient : des dizaines d'études graphologiques que nous avons consultées nous ont maintes fois montré, pour ne choisir que cet exemple, que peu de graphologues étaient à même d'opérer une distinction sémantique entre trois termes qu'ils utilisent pourtant communément : personnalité, tempérament et caractère. Mais le plus navrant, c'est que ce type d'analyse est tellement vague et peut s'appliquer à tellement de monde que chacun peut s'y reconnaître : « Le scripteur peut faire preuve d'intelligence dans certaines situations, il sait écouter, observer et peut être capable de s'emporter si l'environnement le lui permet... Il sait capter les informations venant du monde extérieur et est capable de prendre des décisions en fonction des circonstances » (extrait d'une analyse graphologique d'un cadre dirigeant). Est-il possible d'être encore plus vague ? Qui ne se reconnaîtrait pas dans cette « description » ?
76. Publié sous la direction de F. BOUTET, 1937.
77. *In* EYSENCK, 1955.

POURSUITE DU VOYAGE
AU CŒUR DE LA MYSTIFICATION

Nous allons continuer à nous intéresser aux différentes méthodes utilisées dans le domaine des ressources humaines. Celles que nous allons vous présenter sont fort diverses, ainsi si certaines d'entre elles font référence aux comportements comme la **gestuologie** (ou la **PNL**, mais dans une moindre mesure), d'autres s'intéressent aux particularités de la main (**chirologie**) ou à la forme du visage (**morphopsychologie**). Certaines sont teintées d'une pseudo-scientificité et tentent même de légitimer leur pratique à partir d'associations constituées de données issues à la fois de la science mais aussi de la croyance populaire. Tel est le cas, par exemple, de l'**hémato-psychologie** qui, pour déterminer la personnalité d'un sujet, utilise les caractéristiques de son sang.

Nous nous intéresserons également — de manière plus succincte toutefois — à certaines techniques divinatoires, également utilisées dans le domaine des Ressources Humaines. Certaines d'entre elles font référence aux astres (**astrologie**), d'autres aux nombres (**numérologie**).

Toutes ces méthodes, comme nous le verrons, se caractérisent par une démarche et des fondements qui ne sont pas ceux de la science[1], mais ceux de la croyance voire de la superstition.

Il est difficile de croire que de telles méthodes puissent être utilisées dans le secteur des Ressources Humaines, pourtant nous verrons que le phénomène n'est pas aussi marginal qu'on pourrait le penser.

Commençons par **la gestuologie**. Cette technique s'intéresse à la communication dite « non-verbale » et se propose de donner une interprétation « psychologique » de chacun de nos comportements. Elle occulte donc purement et simplement le rôle de l'environnement et *la nature sociale* de la quasi-totalité des comportements que nous pouvons avoir. **La morphopsychologie** s'intéresse à la forme du corps et par extension, aux caractéristiques du visage. L'analyse de celui-ci permettrait ainsi de déterminer le comportement et la personnalité du sujet. Ainsi, le « dilaté » (dont « les formes sont épanouies en largeur ») serait quelqu'un d'influençable, d'ouvert aux autres, etc. Quant à **la numérologie**, son principe en est simple puisqu'à chaque lettre de votre nom, de votre prénom et de votre date de naissance correspond une valeur numérique, qui permettrait ainsi de déterminer les caractéristiques de votre personnalité, votre cycle de vie, etc. Toutes les autres techniques ont également la même prétention que les précédentes : celle de décrire

---

1. C'est-à-dire du questionnement et de la remise en doute.

vos traits de personnalité soit en étudiant votre main, c'est le cas de la **chirologie**, ou votre groupe sanguin, c'est le cas de l'**hémato-psychologie**. Quant à l'**astrologie**, « l'art divinatoire par excellence », elle permettrait de connaître sa destinée ainsi que sa personnalité en se fondant sur « l'observation des astres et des phénomènes célestes ».[2]

La PNL ou programmation-neuro-linguistique occupe une place particulière dans les pseudo-sciences. D'apparition relativement récente, c'est une « technique » qui propose également une interprétation des comportements, des attitudes et des expressions, toujours à partir de l'observation. D'autre part, elle constituerait une méthode qui permettrait « d'installer en chacun d'entre nous, une orientation de pensée, une manière d'être et d'agir »[2]. Nous verrons qu'il s'agit, en effet, d'une méthode dont le credo est la manipulation mentale puisqu'elle s'inscrit dans une relation d'influence, en s'appuyant notamment sur des techniques qui n'ont pas leur place en entreprise, en particulier **l'hypnose.**

Origine historique de toutes ces méthodes

Pour mieux comprendre le phénomène lié à l'utilisation de toutes ces techniques, il nous est apparu indispensable de nous intéresser à leur origine, tant historique que théorique. Ces méthodes ne sont pas aussi récentes que l'on pourrait le supposer. Ainsi, par exemple, l'origine de ce que nous appelons maintenant « morphopsychologie » remonte à l'Antiquité et au Moyen Âge, le terme que nous connaissons aujourd'hui n'a été inventé que beaucoup plus tard — en 1947 — par CORMAN.

Depuis fort longtemps, l'homme a cherché à appréhender, « les profondeurs de l'âme » de son prochain. De cette recherche, deux courants ont émergé. Le premier se référait à certaines spécificités de l'homme que l'on observait : ainsi, à partir de ses mouvements, de la forme de son corps, de son visage ou de son crâne, il était possible d'interpréter certaines caractéristiques de sa personnalité. De cette recherche sont nées des techniques aussi diverses que la morphopsychologie, la gestuologie, la chirologie, etc.

Le second courant s'inscrivait dans une perspective beaucoup plus symbolique où la présence du sujet n'était plus indispensable. Seuls suffisaient la date, l'heure et le lieu de sa naissance ou les lettres de son nom, pour déterminer les caractéristiques de sa personnalité et faire des prédictions. C'est le cas, par exemple, de la numérologie, de l'astrologie, etc.

---

2. *Dictionnaire des Sciences occultes*, 1979.
3. *Repère*, avril 1993.

Le premier courant trouve son origine dans une discipline déjà fort ancienne : **la physiognomonie**, que nous considérons comme la mère de toutes les croyances populaires contemporaines. Le second courant, sans doute plus marginal, se réfère beaucoup plus à **l'ésotérisme et à l'occulte.**

Pendant très longtemps, la physiognomonie a été considérée comme une véritable « science descriptive », avant de se lier au Moyen Âge, à l'astrologie et la divination. L'étymologie de **physiognomonie** éclaire le sens du mot, de façon très intéressante : du grec *phusis* « nature » et de *gnômôn* « qui connaît », le vocable signifierait donc littéralement « celui qui connaît la nature » ou comme le décrivait le philosophe britannique BACON, elle constituerait « **une découverte des dispositions de l'esprit, par les traits corporels** ». Cette relation entre le corps et l'esprit ne constitue pas une idée bien nouvelle. Depuis la Haute Antiquité, avec Aristote qui effectuait des comparaisons entre les caractéristiques de l'homme et celles de l'animal, jusqu'au XIXe siècle, de multiples études « **ont cherché à répondre à la question de la signification du corps et des gestes** »[4].

Ainsi dans l'Antiquité, il existait quatre règles en physiognomonie[5]. La première d'entre elles — **la convenance apparente** — établissait une correspondance entre un air externe et un tempérament interne. Ainsi « à un air joyeux correspondait un tempérament joyeux ». La seconde reposait sur une **analogie entre les caractéristiques physiques de l'homme et une qualité psychologique supposée chez l'animal.** Ainsi, si telle personne possédait un visage de renard, il était supposé être rusé comme lui. **La distinction des sexes** jouait un rôle non négligeable puisque l'observation extérieure aboutissait à une interprétation intérieure : ainsi un homme qui ressemblerait à une femme n'aurait pas de qualités viriles. Enfin, **le climat des régions influencerait les « races »**. Rien de particulièrement novateur ne fut apporté par la suite.

Bien entendu, jusqu'ici, le parallélisme entre les caractéristiques extérieures (du corps) et les « dispositions de l'esprit » constituait uniquement une analogie reposant sur le bon sens.

Il semblerait que le véritable « inventeur » de la physiognomonie soit HIPPOCRATE. ARISTOTE en aurait ensuite codifié les principes qui « consistaient à juger des inclinations, des habitudes et des passions d'un être humain en examinant le mouvement (démarche, gestes, maintien), la beauté ou la laideur, la couleur, l'expression du visage, la qualité de la peau, l'embonpoint, la forme et la dimension des parties ».[6]

---

4. WINKIN, octobre 1982.
5. D'après Alexandrian, 1983.
6. Alexandrian, 1983.

Quant au physicien italien Jean-Baptiste DELLA PORTA, il a été le premier à élaborer un traité sur la physiognomonie, qu'il définissait comme « une méthode qui fait connoistre quels sont les moeurs et le naturel des hommes par les signes qui sont fixes et permanents au corps, et par les accidents qui changent les signes »[7]. Tout comme ARISTOTE, il effectuait la comparaison entre la morphologie humaine et la morphologie animale, dont on retrouve d'ailleurs le parallélisme dans nos expressions actuelles. Ainsi l'expression « Fort comme un lion » reposait sur une croyance qui voulait que « l'homme idéal doit ressembler à un lion ».

La « codification figurative » du peintre Français Charles LE BRUN, comme le précise, P. DUBOIS n'avait pas d'autre objectif que de « fournir (aux peintres) les moyens de bien lire les marques expressives que la passion peint naturellement sur les visages des hommes et de bien les lire pour les mieux imiter, en les peignant à leur tour sur les visages de leurs personnages »[8]. **Ici l'artiste, n'entre pas dans l'interprétation mais dans la représentation.** À ce titre, il ne peut être considéré comme un véritable physiognomoniste.

Le plus célèbre physiognomoniste est le pasteur J.K LAVATER, auquel se référera un peu plus tard Charles DARWIN. Bien qu'il établisse une relation entre le visage et la personnalité, il n'établira aucune théorie et ne sera pas en mesure de démontrer la justesse de son système. Il passe d'ailleurs pour celui qui a rénové la physiognomonie, se situant toujours dans la même perspective que ses prédécesseurs, puisque pour lui sa discipline demeurait une science qui « jugeait de l'intérieur par l'extérieur ». Son but était essentiellement religieux : aider les gens à mieux choisir leurs relations (réussir à opérer une distinction entre « les méchants et les amis » pour reprendre ses termes).

Au XIXe siècle, Charles DARWIN publiera « *L'Expression de l'émotion chez l'homme et les animaux* » en s'attachant notamment aux travaux du neurologue Anglais Charles BELL, pour qui certains groupes de muscles seraient associés aux émotions et à certaines expressions du visage que sont les mimiques. Il se référera aussi à LAVATER et à Guillaume DUCHENNE qui lui a permis de découvrir quels muscles sont, ou ne sont pas sous contrôle volontaire.

Une partie de la théorie de DARWIN est généralement bien connue : l'homme, en tant qu'espèce, descendrait par sélection naturelle de ses cousins les singes. Il défend d'autre part une théorie qui voudrait que les expressions du visage, chez l'homme, soient le résultat d'une adaptation

---

7. BERTHELIN, 1654 *in* Alexandrian, 1983.
8. *In* WINKIN, 1985.

fonctionnelle à l'environnement, ces expressions ayant été transmises par les espèces précédentes, aujourd'hui disparues.

Dans cette rapide présentation, le lecteur aura sans doute identifié l'origine historique de certaines méthodes que l'on utilise encore de nos jours. Ainsi, si avec la définition de BACON, on devine la **morphopsychologie,** avec celle de LAVATER, on est certain de son origine. Quand Aristote fait référence, de manière très explicite, à l'examen du mouvement et en particulier celui de la démarche, des gestes et du maintien, il ne fait que donner la définition de **la gestuologie.**

Il est donc incontestable, bien que les praticiens s'en défendent, que la **physiognomonie demeure le terreau intellectuel de toutes les autres méthodes qui prétendent « interpréter l'intérieur par l'extérieur ». En font ainsi partie : la chirologie, la phrénologie[9], la PNL, etc.** Ces idées reposent sur une évidence intuitive qui voudrait que « l'extérieur soit en relation avec l'intérieur ». Ce présupposé pourrait d'ailleurs se traduire à notre époque par : « À voir sa tête on devine tout de suite à qui l'on a affaire ». Sous-entendu : « Si tu te montres à moi, je te dirai qui tu es ». Le postulat de départ reste toujours le même : il existerait une relation entre le corps et la personnalité. Ce parallélisme reposerait sur le rapport direct entre un signe et son sens. Qu'il s'agisse de la physiognomonie ou de toutes les disciplines annexes que nous venons de citer, le principe reste rigoureusement le même.

Ainsi, en gestuologie, se croiser les bras face à son interlocuteur sera interprété comme un signe psychologique de « fermeture » et tant pis si vous êtes plutôt quelqu'un « d'ouvert ». À chaque comportement correspondrait une interprétation **et une seule,** bien sûr non vérifiée. De plus, cette interprétation serait toujours de **nature psychologique** et jamais **situationnelle,** c'est-à-dire sociale et environnementale.

On retrouve une analogie similaire en graphologie : à l'écriture d'un sujet (production externe), correspondrait certaines caractéristiques de personnalité (dimension interne).

Pourquoi toutes ces méthodes sont-elles contestables ?

Le manque de rigueur et l'absence de preuves. Comme le souligne la totalité des chercheurs, si les hypothèses sont légitimes, il faut reconnaître que jamais aucune de ces techniques n'est fondée sur des preuves. Il est tout à fait possible que cette absence de vérification explique, en partie, pourquoi de telles méthodes ont réussi à survivre. Si, on peut comprendre

---

9. Ou « crâniologie » : s'intéresse aux bosses du crâne afin de déterminer les « traits de caractère ».

que par le passé, la recherche de la preuve n'ait pas été un souci majeur, on peut s'étonner qu'il ne le devienne pas à notre époque. L'absence de valeur scientifique des travaux de LAVATER a déjà été démontrée[10] mais que penser de toutes les méthodes qui s'y réfèrent actuellement ?

Réhabilitation de croyances populaires. Ce qui aujourd'hui nous parait le plus inquiétant, c'est la tentative de réhabilitation de croyances populaires grâce, en particulier, au discours savant de certains « spécialistes » de ces méthodes irrationnelles. Ce qui fait dire à certains chercheurs **« que la croyance populaire nourrit, aujourd'hui encore, le discours savant »**[11]. Certains d'entre eux vont jusqu'à présenter leur discipline comme étant récente. C'est le cas, par exemple, de la gestuologie et de bien d'autres méthodes « qui fonctionnent comme s'ils voulaient gommer leur passé honteux, comme s'ils avaient peur de voir un ancêtre venir jeter un doute sur leur légitimité toute nouvellement acquise »[12].

Le discours pseudo-scientifique n'a qu'une ambition : celle de faire croire au public qu'il est possible, en observant le sujet, de lire à livre ouvert. Ainsi il y aurait « des gestes vérités » qui reposeraient sur le postulat que nos gestes nous révèlent.

Le caractère contestable de toutes ces interprétations repose sur « l'univocité du signe » : le comportement que vous pouvez avoir donnera lieu à une seule interprétation et à aucune autre. Comme le souligne Y. WINKIN, « il y a un rapport direct, unique entre le signe physique et le sens. Les signes sont transparents dès le moment où le lecteur entre en possession du code que lui révèle l'auteur du traité. Il n'y a pas de double ou de contre-sens possible. Le signe est univoque »[13]. La conséquence de cette « univocité du signe » est grave : en morphopsychologie si votre visage est « étroit et long », vous aurez « peu de forces vitales », vous aurez tendance à agir lentement et vous aurez besoin de beaucoup de temps pour vous décider. Et tant pis si la réalité des faits prouve le contraire.

Toutes ces techniques nous font d'ailleurs penser à ces fameux « dictionnaires des songes » qui offrent une signification à chacun des rêves que nous avons pu faire. Mais approfondissons le contenu de ces différentes techniques.

---

10. Cf. en particulier M. DUMONT *in* Winkin, 1988.
11. Y. Winkin, novembre 1985.
12. Y. Winkin, 1982.
13. Octobre 1982.

CHAPITRE 7

1. LA MORPHOPSYCHOLOGIE

La morphopsychologie, dont le terme a été inventé par CORMAN en 1947 — mais dont la pratique intuitive remonte à l'antiquité — propose de décrypter la personnalité d'un candidat à partir de la forme de son visage[14]. Ainsi, pour cet auteur, les formes d'un visage seraient « modelées par les puissances de vie qui œuvrent en chaque individu ».

A - Les principes de base

La classification des sujets repose sur une loi de base qui opère une distinction entre deux sortes de personnes : les « dilatés » et les « rétractés ». Ainsi **le dilaté** est une personne « dont les formes se sont épanouies en largeur, quelquefois un peu en hauteur mais principalement en largeur », il s'agirait donc d'une personne « qui a un visage plus large que long » et qui aurait « un corps assez trapu avec des épaules larges et un cou puissant ». « **Un rétracté,** au contraire, est quelqu'un qui aura un visage étroit, avec souvent des petites épaules et une taille plus ou moins grande mais un corps étroit comme le visage ». Bien entendu, dans cette classification, aucun visage n'est entièrement dilaté ou rétracté : « Nous sommes tous des types mixtes, des alliages de dilatation et de rétraction ».

Conformément à la philosophie des physiognomonistes, l'apparence extérieure permettrait ensuite d'appréhender la dimension intérieure. Ainsi, le « dilaté » serait « psychologiquement » ouvert vers les autres, tandis que le « rétracté » serait tourné vers lui-même. Le « dilaté » « serait à l'aise dans tous les milieux, sans état d'âme avec une sensibilité assez faible... », tandis que le « rétracté » serait quelqu'un « d'hypersensible, très difficile et sélectif, il aura beaucoup de mal à se trouver un endroit où il sera vraiment à l'aise. Un rétracté est beaucoup plus difficile à vivre qu'un dilaté ».

---

14. Pour être plus précis, la morphopsychologie s'intéresse aux formes du corps mais comme il est impossible de déshabiller les gens, ainsi que le soulignait un consultant en recrutement, on s'attache à ce qu'il y a de plus visible : le visage.

B - Quelques commentaires

Un raisonnement analogique contestable : en fait la distinction entre « dilaté » et « rétracté » repose sur un raisonnement analogique qui voudrait que tout ce qui évolue dans un milieu favorable se dilate et tout ce qui vit dans un milieu défavorable se rétracte ou se « recroqueville ». Bien entendu, la valeur d'un tel postulat n'a jamais été démontrée : on ne peut que s'interroger sur la légitimité d'une telle analogie qui voudrait que l'environnement modèle nos caractéristiques physiques.

Une typologie réductrice : quand on connaît la complexité d'un sujet, il est difficile d'admettre qu'il soit possible d'enfermer définitivement celui-ci dans une classification aussi rigide.

Une psychologie naïve et populaire : la terminologie psychologique se caractérise par **un antagonisme binaire constant** (si le dilaté est ouvert aux autres, le rétracté est replié sur lui même ; si le dilaté recherche la quantité, le rétracté recherche la qualité, etc.).

La signification psychologique est univoque : pour reprendre les termes d'une praticienne, « le modèle rond aurait un besoin de contacts charnels et de protection. Le modèle ondulé aimerait tout ce qui est concret et clair ».

Le découpage du visage est purement arbitraire : en morphopsychologie, le visage est divisé en trois parties. Le premier étage serait la zone de la réflexion (sommet du crâne et partie du front), le deuxième celui de l'affectivité (le reste du front jusqu'au-dessous du nez) et enfin le troisième celui de la vitalité (le reste du visage). Ce découpage permettrait ainsi de déterminer trois « profils » : « dominante cérébrale, dominante affective, dominante instinctive ». Ce « savant » découpage n'est pas, sans rappeler la division tripartite de la « psyché », que PLATON avait déjà instaurée, il y 24 siècles, dans *La République*. Sa théorie « psychologique » découpait, en effet, la « psyché » en « une partie appétitive », une autre « émotionnelle » et une dernière « rationnelle ». Bien entendu, le caractère contestable n'est pas tant la conception tripartite de la « Psyché » mais son application brute et sans fondements à la forme du visage. À partir d'une théorie ancienne on aboutit ainsi à un découpage artificiel et arbitraire du visage en trois zones.

Le déterminisme fixiste est manifeste : la forme de votre visage et de votre corps est définitive, par conséquent vos traits de personnalité et vos comportements le sont également.

Et enfin, la terminologie « psychologique » est des plus vagues : ainsi le « dilaté » serait intéressé par « beaucoup de choses », il serait un « touche-à-tout », ces formulations illustrent parfaitement bien ce que nous entendons par « psychologie naïve et populaire ».

C - L'utilisation en entreprise

1. Le statut de la morphopsychologie

Comme toutes les pseudo-sciences, cette méthode est enseignée dans des structures pour la plupart associatives régies par la loi de 1901. Ces entités se dénomment elles-mêmes, « Institut », « Société » ou « Groupement » (« Institut de morphopsychologie appliquée », association loi de 1901, à TAVERNY. « Société Française de morphopsychologie »).

Bien qu'elles se réfèrent toutes à la doctrine de Corman, certaines d'entre elles associent la morphopsychologie à l'ésotérisme (« Institut d'études astrologiques et morphopsychologiques » à Nantes) ou à la partie « sulfureuse » de la psychologie de JUNG. La plupart délivre également des diplômes dont la dénomination « pompeuse » ne doit pas faire oublier que leur valeur est essentiellement symbolique : « Certificat préparant à la profession de morpho-psychologue » (violant, par là-même, le Titre de psychologue) ou « Diplôme du Dr Corman »[15]. D'autre part, cette technique n'est pas à confondre avec la « Gestalt-théorie » ou « théorie de la forme » avec qui elle ne partage rien de commun.

2. Que prétend cette méthode dans un cadre professionnel ?

La morphopsychologie prétend déterminer, non seulement les traits de personnalité, mais aussi l'adéquation du sujet à son poste. Ainsi, certains profils seraient caractéristiques de certains postes : « le modelé serait le type même du commerçant », « le rétracté frontal correspondrait à un poste administratif », le « rétracté latéral » correspondrait à un commercial », etc.

Voici, par exemple, le contenu d'un fax, transmis à l'un des plus grands groupes industriels, en France : « *Le visage parle... écoutez-le et découvrez comment connaître et valoriser efficacement votre potentiel, développer les arguments qui convaincront votre interlocuteur, déceler l'aptitude du candidat à s'intégrer à l'équipe existante, communiquer avec succès et efficacité, par la morphopsychologie, technique de diagnostic, méthodique et précise, intégrant la psychologie du conscient et de l'inconscient* ».

De telles affirmations ne peuvent que faire sourire, surtout quand on sait qu'aucune preuve n'est venue encore étayer le fait qu'il était possible de prévoir la réussite d'un sujet dans son poste, à partir de la forme de son visage.

Si C. BINET n'hésite pas à affirmer, de façon péremptoire que « c'est la seule technique d'évaluation qui décèle toutes les potentialités d'une personne »[16], elle admet toutefois, en parlant des « morphopsycho-

---

15. FRÉZAL, 1990.
16. *Capital*, septembre 1993.

logues », que leur « faiblesse, c'est que le docteur Corman n'a jamais publié les travaux de validation de ses observations »[17]. Or la publication de ses travaux ont près de 50 ans. Tout se passe comme s'il avait été impossible, depuis, de vérifier expérimentalement la validité de cette technique.

3. L'utilisation de cette méthode en entreprise et en cabinet

Il n'est guère possible de déterminer, avec précision, le degré d'infiltration de cette technique au sein des entreprises. Comme pour la graphologie, beaucoup de gens la considèrent comme pertinente : intuitivement, l'analogie entre le visage et la personnalité semble évidente. Par conséquent, comme pour tout ce qui « coule de source », la recherche de la preuve n'est pas considérée comme utile.

Certains professionnels avouent que les chefs d'entreprise pratiquent spontanément la morphopsychologie en ajoutant que « lorsque l'on a recruté des centaines de collaborateurs, on reçoit dans la première seconde une impression spontanée qui se révèle souvent être la bonne »[18].

Les résultats de l'étude de M. BRUCHON-SCHWEITZER et FERRIEUX, que nous avons déjà eu l'occasion de citer, sont probablement sous-évalués. Ainsi, la morphopsychologie serait utilisée de façon systématique par 12 % des 15 cabinets qui utilisent des techniques « irrationnelles » (sur un échantillon représentatif de 60 cabinets)[19]. Nous sommes cependant convaincus que nombre de responsables d'entreprises et de cabinets-conseils préfèrent occulter le fait qu'ils utilisent cette technique. Par conséquent, nous ne sommes pas étonnés que C. BINET affirme que « les entreprises qui nous font confiance ne veulent surtout pas que ça se sache »[20]. Désirabilité sociale oblige.

D'autre part, il est surprenant de découvrir cette pseudo-discipline dans l'enseignement officiel du Centre de Formation des Professions Bancaires (CFPB). La vocation de cet organisme est en effet de préparer à certains examens officiels des professionnels de la banque. Dans ce cadre, les professionnels de la banque doivent ainsi apprendre à observer le visage de leur client afin de mieux communiquer avec celui-ci. Des conseils, en fonction du type de sujet, leur sont ensuite proposés : ainsi pour le « dilaté » il faudra « éviter les affrontements et les choix douloureux, faciliter un climat de

---

17. Capital, mars 1995.
18. Le Mensuel des Échos.
19. Notre recherche indique que près de 21% des 62 consultants que nous avons interrogés utilisent cette technique soit de façon "intuitive", soit de manière "formelle" en l'associant toujours à l'entretien (BALICCO, 1999).
20. Capital, Mars 1995.

confort »[21]. Ce simple conseil est amusant car a-t-on besoin, en effet, de connaître la morphologie d'un sujet pour savoir que dans toute relation commerciale — et quel que soit le client — il est préférable « d'éviter les affrontements » et « favoriser un climat de confort » ?

D'autre part, l'engouement pour une telle pratique incitait certains patrons à venir assister à une présentation de cette technique qui était offerte chaque mois à l'association Progrès du Management (qui émanait de l'ancien Centre National du Patronat Français)[22] : les croyances ont la vie dure.

D - Pour l'anecdote, une variante : la phrénologie

Si la morphologie se réfère à la forme du visage pour déterminer la personnalité, la phrénologie se sert des caractéristiques du crâne. L'origine de cette méthode, autrefois dénommée « crânioscopie », demeure la même : la physiognomonie. Née de l'observation des hommes et des animaux, elle s'était fixée pour objectif de déterminer les traits de caractère à partir des bosses du crâne.

GALL, le créateur de la méthode, affirmait qu'il était possible de reconnaître certains traits de caractère et de déterminer l'excès ou le déficit de certains « organes » grâce à la palpation extérieure du crâne. Il avait ainsi identifié 36 régions, véritables « organes » de la personnalité (« organe » de l'étonnement, de la vanité, de la prudence, etc.). Ainsi, GALL définissait la phrénologie comme « l'art de reconnaître les instincts, les penchants, les talents et les dispositions morales et intellectuelles par la configuration du cerveau et de la tête ». La conception est donc purement innéiste.

Son système va toutefois se complexifier avec ses successeurs, pour atteindre « plus de 100 divisions avec FOWLER, en 1916 ».[23] Cette discipline a eu un succès considérable, du XVIIIe au XIXe siècle avant de tomber en désuétude. Il est vrai que ses successeurs sont allés jusqu'à décrire « des zones correspondant à des facultés comme le républicanisme ou l'amour fidèle »[24].

Il est difficile de penser qu'à notre époque, une telle méthode puisse être utilisée. C'est pourtant encore le cas, puisqu'un chasseur de têtes se servirait d'une tête (factice) divisée en 300 secteurs « dont il se refuse à donner le sens »[25]. En fait cette pratique actuelle, quoique marginale,

---

21. CFPB, p. 2-55.
22. *Capital,* mars 1995.
23. BEAUCHESNE, 1986.
24. BEAUCHESNE, 1986.
25. *Mensuel des Échos,* 1987, *Ça m'intéresse,* 1986.

traduit bien l'utilisation d'autrefois « souvent voisine du charlatanisme »[26] et montre clairement la méconnaissance de mécanismes intellectuels et cognitifs, bien souvent interdépendants.

E - Conclusion sur la morphopsychologie

La croyance en un parallélisme entre la forme du corps et les « dispositions de l'esprit » ne constitue pas une idée récente. Aujourd'hui la morphopsychologie, tout comme son ancêtre la physiognomonie, se propose également d'établir une relation entre la forme du visage (ou du corps) et les caractéristiques de la personnalité. Une telle hypothèse est bien séduisante mais malheureusement, comme le souligne Leyens (1993), aucune étude scientifique n'a jamais été en mesure de prouver qu'il existait bien une corrélation entre la personnalité et la forme du corps ou du visage. Cet auteur cite un exemple extrêmement révélateur issu du secteur de la clinique. On a remarqué que les personnes qui souffraient d'une psychose maniaco-dépressive étaient, en général, assez grosses (c'est le type « pycnique » de Kretschmer, c'est-à-dire petit et joufflu). Mais on a aussi constaté que ce type de malade était, en moyenne, nettement plus âgé. Or, cet embonpoint n'aurait-il pas tendance à croître avec l'âge, en particulier dans nos pays occidentaux ?

Ayant également pénétré le domaine des ressources humaines, cette technique s'est donnée une nouvelle vocation : celle de prédire la réussite des collaborateurs dans leur poste. Ainsi, à un visage donné correspondrait un poste spécifique. Or, à l'heure actuelle, il n'existe pas le moindre indice scientifique qui puisse prouver la pertinence de ce postulat dans une optique de pronostic professionnel. Il est étonnant qu'une technique aussi ancienne n'ait pas encore réussi à prouver scientifiquement ce qu'elle avançait.

Pour notre part, c'est sans regret que nous considérons cette pratique comme véritablement charlatanesque. La seule valeur légitime que nous lui reconnaissons, c'est la place que nous lui octroyons dans la catégorie des « pseudo-sciences ». Quant à la phrénologie, que nous avons citée, à titre d'anecdote, nous la considérons beaucoup plus comme une « croyance délirante » susceptible de ne plus leurrer qui que ce soit.

---

26. Beauchesne, 1986.

2. LA GESTUOLOGIE OU L'INTERPRÉTATION NAÏVE DU COMPORTEMENT

La gestuologie est une de ces nouvelles « sciences » qui va s'intéresser aux spécificités dynamiques de votre comportement (gestes, attitudes, posture). Ainsi, les réactions de votre visage, les gestes de vos mains, de vos jambes, possèdent un sens et renseigneront le « gestuologue » sur vos dispositions du moment.

A - Le postulat de base

Cette technique « inventée » par F. Sulger[27], repose sur un postulat qui voudrait que le langage soit « le meilleur instrument du mensonge »[28] et que par conséquent seuls les gestes renseigneraient véritablement l'observateur sur le sujet placé en face de lui. Chaque geste aurait ainsi **une** signification bien particulière : nous retrouvons ici le caractère univoque du signe qui voudrait qu'à chaque comportement corresponde une interprétation et une seule. D'autre part, cette interprétation serait toujours de nature psychologique comme si l'environnement n'existait pas. Pour illustrer notre propos, choisissons quelques exemples tirés, au hasard, dans une revue de la presse économique[29] :

Si vous vous croisez les bras ou les jambes lors d'un entretien, cela sera interprété comme un **signe psychologique de fermeture** ou **de repli** de votre part. Si vous adoptez un comportement contraire au précédent, celui-ci sera alors considéré comme **un signe d'ouverture.** Si l'interprétation de ces comportements peut sembler relativement plausible avec toutes les nuances que cela suppose[30], les suivants le sont beaucoup moins :

En effet, le fait de « vous étirer » sera interprété comme de la fuite, et surtout n'approchez pas la main de votre bouche : si vous la touchez « cela signifie que vous recherchez votre mère »[31]. Il y aurait ainsi, des « gestes barrière », des « gestes parasites », etc. qui possèderaient tous un sens.

B - Confusion entre communication non verbale et « langage du corps »

Actuellement, dans le secteur de la recherche scientifique, il existe un ensemble considérable de travaux qui se propose d'étudier plusieurs modes de communication ne reposant pas sur le langage oral. Ces

---

27. Pour être plus exact, ce n'est pas la méthode qui a été inventée par SULGER mais le nom de « gestuologie ». Le lecteur a pu découvrir que cette technique avait déjà été codifiée par Aristote, dès l'Antiquité (Cf. la Physiognomonie).
28. *Partenaires*, 1992.
29. *L'entreprise* N° 124, janvier 1996.
30. Tous les exemples cités peuvent être facilement contredits.
31. Partenaires, 1992.

recherches concernent la « communication non verbale » et s'intéressent de ce fait aux gestes, aux caractéristiques dynamiques ou statiques du visage, etc. Toutefois, ces travaux — auxquels nous faisons référence — et « **qui contribuent à délimiter un champ de la légitimité scientifique en matière de communication non verbale** » ne doivent certainement pas être confondus avec ceux « **qui traitent la communication non verbale de façon « non scientifique » en la transformant en « langage du corps** »[32]. Entre ces deux domaines, **il n'existe aucune relation hormis l'objet d'étude : le corps**.

La « gestuologie » appartient à cette seconde catégorie. Elle fait partie de ces travaux, comme le souligne d'ailleurs fort justement Y. Winkin, qui « constitue la trame de l'immense littérature populaire qui fleurit aujourd'hui en marge du champ de recherche « proprement dit »[33]. Tous ces ouvrages partagent une ambition commune qui est celle d'apprendre au lecteur « Comment lire une personne comme dans un livre » en entretenant une véritable illusion : celle de lui faire croire qu'une telle lecture de l'homme est possible.

Cette méthode est contestable pour un certain nombre de raisons.

La dimension historique est contestable : comme le souligne Winkin, l'ensemble des travaux faisant référence à la communication non verbale, est écrit comme si cette dernière « était née dans les années 60, avec quelques précurseurs dans les années 30 à 50 ». L'hypothèse avancée par cet auteur serait que cette CNV[34] présentée comme une discipline récente, ne serait rien d'autre qu'un prolongement d'une « CNV ancienne, quelque peu douteuse scientifiquement » et portant le nom de « chirologie », « physiognomonie », etc. Hypothèse, nous semble-t-il, tout à fait crédible.

Les présupposés théoriques sont naïfs : si « le langage est le meilleur instrument du mensonge »[35] cela suppose par **généralisation** que tout sujet qui s'exprime est un menteur. Cela présuppose aussi que le corps, lui « ne ment » jamais (CQFD, il fallait y penser).

Un pseudo-discours scientifique tente de légitimer la pratique : si certaines déclarations font sourire — tant leur contenu est superficiel — d'autres sont, en revanche capables d'impressionner une partie du

---

32. Y. Winkin Nous avons volontairement choisi cet auteur pour plusieurs raisons : c'est le meilleur spécialiste en Europe des questions liées à l'anthropologie de la communication. Sa démarche est celle d'un scientifique et non celle d'un « vulgarisateur commercial ». Ses publications et ses recherches font autorité. Il est professeur à l'université de Liège. Winkin, 1982.
33. Y. Winkin, 1982.
34. CNV : abréviation de « Communication Non Verbale ».
35. *Partenaires*, 1992.

public. Prenons au hasard, une déclaration effectuée par un gestuologue : « Le geste vient des parties les plus primitives du cerveau, on s'approche du subconscient »[36]. Une telle affirmation, dans sa globalité, peut séduire tant elle paraît crédible. En effet qui pourrait contester le fait que notre système nerveux central, dont fait partie le cerveau, est à l'origine de notre comportement ? Mais quel être sensé pourrait faire croire que chacun de nos comportement a un sens particulier et ce, quel que soit le sujet et la situation ? D'autant plus, comme le souligne le psychiatre Edouard Zarifian, que « le comportement humain est la résultante d'un ensemble de phénomènes dont nous n'avons aucune idée[37] ».

D'autre part, le fait d'associer les deux approches totalement antagonistes que sont l'anatomie (le cerveau) et la psychanalyse (le subconscient) traduit parfaitement la pauvreté intellectuelle et conceptuelle de la méthode. Cet argument qui établit un lien entre le cerveau et la signification du comportement, n'est d'ailleurs pas très original : on en retrouve une explication semblable en graphologie qui fait référence au « principe de l'universalité du rapport entre le cerveau et l'écriture »[38].

Lorsque son « fondateur » explique qu'en gestuologie, il reste des choses à découvrir : « Entre autres, le lien entre des gênes physiques et psychologiques, s'exprimant au travers des gestes de souffrance par des blocages des zones corporelles, et la signification profonde de ces blocages », il doit certainement provoquer l'hilarité de la majorité des chercheurs, amusés par le caractère péremptoire de la déclaration mais aussi par sa simplicité conceptuelle. Pourtant, elle ne doit pas faire oublier que la seule ambition de ce discours pseudo-scientifique est de trouver une certaine légitimité auprès du public en lui faisant croire que son questionnement se situe du côté de la science. Malheureusement, et nous le verrons, la gestuologie ne se positionne certainement pas dans une perspective d'évaluation critique de ses fondements et encore moins de vérification systématique de ses prétentions. On retrouve dans cette technique la même philosophie sous-jacente où il est préférable d'affirmer que de prouver.

L'absence de preuves : jusqu'à ce jour, il n'existe aucun argument sérieux qui puisse prouver que la gestuologie soit une méthode fiable. Cette absence de preuve n'est pas un hasard quand on sait qu'un consultant affirme, à propos des différentes techniques qu'il utilise — dont la gestuologie — qu'elles sont irrationnelles, parce que « l'homme

---

36. *Partenaires*, 1992.
37. Le professeur Édouard Zarifian est professeur de psychiatrie au C.H.U de Caen. *Sciences et Avenir*, septembre 1995.
38. Hertz, 1947.

est irrationnel »[39]. D'autre part, toutes les interprétations des comportements d'autrui, effectuées par les gestuologues peuvent être très facilement contredites. Ainsi, qui d'entre nous ne s'est pas un jour étiré, dans certaines situations ? S'agit il d'un « comportement de fuite », comme l'affirme la gestuologie ou d'une simple détente musculaire ? Qui d'entre nous ne se croise pas les bras ? Peut-on toujours interpréter ce comportement comme « un signe de fermeture », ou doit-on aussi tenir compte du rôle de l'environnement : n'aurait-t-on pas tendance, en effet, à se croiser les bras quand on a froid comme pour se réchauffer ? Ne s'agit-il pas dans ce cas d'un banal réflexe ? Et quand une personne se gratte le crâne, ne peut on pas, tout simplement supposer qu'elle puisse souffrir de démangeaisons ?

Certains gestes comme le tripotage du menton ou d'un stylo, par exemple, sont qualifiés de « parasites » en gestuologie et interprétés comme étant des mensonges. Ne peut-on dans ce cas considérer un tel comportement comme une réaction en miroir du sujet face à son interlocuteur ? Certains interviewers n'ont-ils pas, eux-mêmes des comportements qui peuvent induire chez leurs interlocuteurs ces fameux « gestes parasites » ?

C - L'utilisation en milieu professionnel

L'analogie entre certains comportements et leur signification psychologique est séduisante. Par conséquent, la gestuologie est une technique qui ne peut qu'attirer car elle possède un avantage majeur : celui d'expliquer très simplement la dimension psychologique cachée de tous nos comportements. L'apprentissage de cette méthode est, de plus, extrêmement simple car il suffit de consulter des ouvrages de gestuologie et de rechercher n'importe quel comportement pour découvrir immédiatement sa signification psychologique ! Ce n'est donc pas un hasard si de nombreux consultants l'utilisent. D'ailleurs, certains professionnels du recrutement ne s'en cachent pas[40]. D'autres considèrent que « le comportement non verbal fournit au consultant des indications tactiques »[41].

Cette technique est également très utilisée en entreprise, en particulier dans le secteur de la formation (communication, formations à la vente). Dans ce domaine, l'objectif est le même : être capable soit d'améliorer son comportement, pour être mieux perçu par son interlocuteur, soit de décrypter le comportement de son client pour savoir quelles vont être ses réactions.

---

39. *Partenaires*, 1992.
40. *Partenaires*, 1992.
41. Dans le cadre de la «chasse de têtes», TIXIER, 1984.

Malheureusement, rares sont les consultants capables d'opérer une distinction entre **la dimension sociale du comportement** et **la significa-tion psychologique** que l'on peut inférer à partir de celui-ci. Pour illus-trer une telle distinction, choisissons l'exemple du regard. Lorsque deux personnes se parlent, il est préférable que les deux protagonistes de la situation puissent se regarder dans les yeux. C'est un comportement social communément admis au sein de notre culture. En revanche si l'un des protagonistes ne regarde pas son interlocuteur, il est fort probable qu'un tel comportement puisse être interprété comme un « manque de franchise » : au comportement social considéré comme « déviant » suc-cède immédiatement une interprétation de nature psychologique que l'on aura d'ailleurs tendance à généraliser. La question qui se pose est de savoir si cette interprétation est vraie (en particulier dans tous les cas). On pourrait, à première vue, le supposer. Pourtant, différentes expériences ont démontré que plus un sujet était proche de son interlocuteur, plus celui-ci avait tendance à reculer ou à ne plus le regarder dans les yeux.

Cet exemple indique qu'une cause extérieure au sujet — la proximité — peut constituer un facteur suffisant pour expliquer un comportement de ce type. On pourra dire de ce sujet qu'il a été probablement gêné par la proxi-mité de son interlocuteur (explication situationnelle) et non plus « qu'il manque de franchise » (explication dispositionnelle ou psychologique).

D - Conclusion sur la gestuologie

Reposant sur un postulat qui voudrait que le corps ne mente pas, la gestuologie n'a pas encore prouvé le fait qu'il était possible d'interpré-ter, de façon valide, chacun de nos comportements. Nous venons de voir que la signification univoque d'un comportement n'avait guère de sens. Il ne faut pas perdre de vue, en effet, que lorsque l'on est face à autrui, le comportement peut être influencé par des dizaines de para-mètres extérieurs à celui-ci[42].

La publication de nombreux ouvrages, présentés par leurs auteurs comme scientifiques, ne doit pas faire oublier au lecteur que leur voca-tion est essentiellement commerciale et publicitaire. Cependant, à la lumière de disciplines connexes, il serait intéressant de soumettre cette méthode à l'épreuve des faits, c'est-à-dire en suivant les règles de la démarche scientifique.

Utilisée dans le domaine de l'évaluation professionnelle[43], cette tech-nique ne peut actuellement être considérée comme valide, même si cer-

---

42. Ces paramètres sont souvent d'origine environnementale.
43. Recrutement, Bilan de compétences, etc.

tains n'hésitent pas à affirmer qu'elle « est une technique complémentaire et de validation de l'entretien » dont on connaît déjà la faible valeur. Cette méthode est donc bien une « pseudo-science ».

3. QUELQUES MÉTHODES MARGINALES

A - L'analyse de la main : la chirologie

Avec cette autre « technique », nous pénétrons de plus en plus dans le domaine de l'irrationnel, puisqu'après avoir étudié successivement le visage, le crâne, les gestes, nous allons cette fois-ci analyser les caractéristiques de la main.

Si nous tenons compte de l'étymologie du vocable, du grec *kheir* « main » et *logos* « étude », il signifierait littéralement : « étude de la main ». Cette technique permettrait, à partir de l'étude de la main, de déterminer un certain nombre de compétences et d'aptitudes. Pour en donner une définition plus complète, laissons la parole à un « spécialiste », Jean de BONY, chirologue de son état, qui s'exprimait dans le journal « Ça m'intéresse ». « La chirologie est une science comme la graphologie, à la différence près que la main montre l'inné conditionné par l'acquis... » et de poursuivre « il y a l'intelligence, les connaissances et la compétence. Cela suppose que certaines aptitudes sont génétiquement déterminées comme le sens des affaires, le sens du commandement, la créativité, etc. À partir de là, si ces aptitudes sont déterminées, la main qui est génétiquement programmée, ou le visage diront tout sur ces divers talents » (p. 18 à 20, 1986).

Certes, une telle technique est peu utilisée dans le domaine de l'entreprise. Personnellement nous connaissons deux structures-conseils qui l'utilisent, accompagnée d'ailleurs d'autres techniques comme la morphopsychologie et la « métoposcopie »[44]. D'autre part, il faut savoir que cette technique n'est jamais présentée telle quelle au candidat, mais de façon détournée. Discrétion oblige.

D'ailleurs, une enquête menée en 1993 montrait que 23% des gens croyaient encore en la possibilité de lire la destinée dans les lignes de la main[45].

---

44. Lecture des lignes du front.
45. Enquête SOFRES réalisée du 16 au 25 janvier 1993, sur un échantillon national de 1500 personnes, représentatif de l'ensemble de la population âgée de 18 ans, interrogées en face à face. Méthode des quotas (Sexe, âge, profession du chef de ménage par catégorie sociale) et stratification par région et catégorie d'agglomération (*La pensée scientifique et les parasciences*, Albin Michel, 1993).

La chirologie n'est rien d'autre que la version adaptée et contemporaine d'une méthode divinatoire — la chiromancie — très en vogue dès l'Antiquité jusqu'au xv-xviiie siècle. La chiromancie — « véritable art divinatoire » — se proposait d'interpréter non seulement les lignes de la main mais aussi la forme des doigts. Très en vogue, cette technique est surtout connue du public grâce à l'image qu'en ont donné les films de série B où l'on voyait des diseuses de bonne aventure décrire l'avenir de leurs clients en leur lisant les lignes de la main. Cette technique a eu un succès considérable, notamment au Moyen Âge et à la Renaissance. On dit que François Ier possédait un traité de chiromancie, auquel il attachait beaucoup d'importance. Comme toutes les pseudo-sciences, les chirologues n'ont jamais été d'accord entre eux et l'unicité du système était loin d'être possible quand on sait que la discipline comptait plus de « 433 systèmes différents, dont chacun prétendait être le plus autorisé »[46].

Au xviie siècle, la chiromancie classique s'est liée au diagnostic médical puisqu'elle enseignait comment repérer les maladies et leurs prédispositions. À la chiromancie, le Capitaine d'Arpentigny associait la chirognomonie, qui permettait de décrire la personnalité ainsi que les qualités et les défauts à partir de la forme de la main. Son ouvrage prétendait également « reconnaître les tendances de l'intelligence d'après les formes de la main » (1843). Ce personnage n'est pas inconnu des chirologues, qui le présentent d'ailleurs comme un « scientifique ». Ainsi dans un ouvrage contemporain consacré au recrutement — Le recrutement de A à Z — on peut lire : « En 1835, C. d'Arpentigny jette les bases de la première observation de caractère scientifique »[45], ce qui est pour le moins original.

Au xixe siècle, un dénommé Desbarolles, publiait un ouvrage qui se proposait de démontrer la pertinence de la chiromancie dans l'orientation professionnelle. Notons que le caractère innéiste de sa perspective le demeure toujours à notre époque puisqu'à certaines caractéristiques de la main correspondraient des aptitudes en relation avec une profession. Au début du siècle, ses adeptes décidèrent de transformer l'ancienne terminologie en celle que nous connaissons aujourd'hui. Entre temps, il est vrai, au second congrès des Sciences Physiques Expérimentales de Paris, en 1913, la communauté scientifique reconnaissait cette discipline comme ayant le statut d'une science naturelle.

Une telle reconnaissance par les autorités de l'époque peut surprendre mais de tout temps les systèmes de croyances ont toujours réussi à pénétrer le secteur de la science. Ce phénomène reste égale-

---

46. P. Christian, 1870, in Alexandrian, 1983
47. J. Agard, P. Vaz cité par V. Frezal, 1990.

ment vrai à notre époque. Ainsi, dans le secteur de la médecine, certains praticiens défendent « la médecine astrologique » ou utilisent des techniques qui sont beaucoup plus en relation avec la croyance que la science. À partir d'une discipline reconnue comme scientifique, on tente ainsi d'associer une technique qui ne possède pourtant pas la moindre preuve de ce qu'elle avance. C'est le cas par exemple de l'homéopathie, de l'iridologie, etc., ce qui montre bien que la crédulité est aussi bien du côté des utilisateurs que de celui des praticiens[48].

Bien que la terminologie se soit actualisée, la chirologie reste une « technique divinatoire » dont les fondements trouvent leurs racines dans la superstition. Bien que les « chirologues » ne souhaitent pas être confondus avec les « chiromanciens », leur perspective de travail et leurs présupposés « théoriques » et pratiques restent les mêmes. Leur discours pseudo-scientifique — en particulier pseudo-génétique — ne doit pas faire illusion : cette technique est du ressort de la falsification à outrance et rien d'autre.

Il est donc dommage qu'à notre époque, il y ait encore des professionnels qui puissent défendre cette technique dans des ouvrages consacrés au recrutement[49]. Attention également aux tentatives de manipulation d'une technique qui ne voudrait plus donner son nom. Ainsi, le mot « chirologie » se transformerait en une terminologie pompeuse telle que « chiro-psycho-biotypologie dynamique » (*sic* !)[50].

B - Groupes sanguins et personnalité : l'hémato-psychologie

Avec cette nouvelle technique, le « spécialiste » va tenter de déterminer les caractéristiques de la personnalité en se servant des quatre groupes sanguins existant.

Comme le souligne J.-P. ALBERT, si la définition du ROBERT fait d'emblée place à la physiologie du sang, elle déborde de cette dimension « pour exprimer bien autre chose : l'hérédité, le caractère et l'émotion », « le recours à ces images résiste au progrès du savoir, qui nourrit l'imagination tout autant qu'il la brime »[51]. Nous nous apercevons déjà que des considérations psychologiques sont associées au sang qui de tout temps « a tenu une place considérable dans les mythologies et les croyances des cultures dites « traditionnelles »[52].

---

48. Le lecteur intéressé par le sujet pourra découvrir un contenu beaucoup plus détaillé dans la revue « *Autrement* » dont le thème « Autres médecines, autres mœurs », fait référence à « l'explosion des nouvelles techniques de santé » (Série Mutations, N° 85, décembre 1986).
49. *Le recrutement de A à Z*, déjà cité.
50. Cité par V. FREZAL, 1990.
51. *La Recherche*, Mai 1993.
52. J.-P. ALBERT *in La Recherche*, mai 1993.

Il n'est donc pas surprenant que certains aient cherché à établir ainsi une relation entre le sang et certaines caractéristiques de notre personnalité. D'autre part, le parallélisme « sang-psyché » ne fait que reprendre une croyance biblique qui voudrait que « le sang soit le siège de l'âme », ou la théorie de GALIEN qui précise que « l'équilibre terminal entre forces et « humeurs » réalise les tempéraments »[53].

Cette seconde théorie est intéressante : comme le précise BEAUCHESNE, « elle va marquer les connaissances jusqu'à l'époque moderne ». Son système distingue des parties solides, des humeurs et des esprits. Il existe quatre « humeurs » qui sont la bile, l'atrabile, la pituite et enfin « le sang humain rouge, chaud et humide où se retrouvent les quatre éléments fondamentaux en parties égales »[54]. Dans cette conception, le sang a donc une importance capitale et on découvre que la classification de GALIEN, après 18 siècles, reste encore très présente de nos jours dans les esprits. Ainsi, il opérait une distinction entre quatre tempéraments : le sanguin, le flegmatique, le bilieux et le mélancolique. Classification que l'on retrouve, encore aujourd'hui, dans de multiples typologies.

Les croyances liées au sang ont persisté pendant longtemps et ce malgré les découvertes scientifiques. Ainsi « à la fin du XVIII⁸ siècle, la saignée était toujours un moyen thérapeutique fréquemment employé en dépit de la découverte de la circulation du sang en 1628 par HARVEY. Ce n'est qu'au début du siècle (1902) que LANDSTEINER réussissait à déterminer « quels sérums agglutinent quels groupes sanguins ». C'est d'ailleurs à partir de ses travaux et de ceux qui le suivirent, que l'on distingua les quatre groupes sanguins majeurs que l'on connaît aujourd'hui : A, O, AB, B.

Il était ensuite très tentant d'associer les quatre tempéraments de l'ancienne médecine gréco-latine aux quatre groupes sanguins découverts en début de siècle. On obtenait ainsi un mélange symbolico-mystique teinté de scientificité. La tentative de légitimation scientifique de la discipline reposerait sur des études statistiques mesurant le degré de corrélation entre les groupes sanguins et les caractéristiques psychologiques des sujets. Ainsi, au groupe A, « les harmoniques » (créateurs) correspondrait « une priorité à l'harmonie et à l'affectivité », le groupe O, « mélodique » et « généreux », « une priorité aux échanges et à l'équilibre », le groupe B, « une priorité à l'ego et à l'action » tandis que le groupe AB aurait « un caractère instable et riche »[55].

---

53. BEAUCHESNE, 1986.
54. BEAUCHESNE, 1986.
55. *Le Mensuel des Échos*, 1987. *Ça m'intéresse*, 1986.

Ces prétendues corrélations entre groupes sanguins et caractéristiques psychologiques sont-elles retrouvées dans d'autres études ?

Cela ne semble pas être le cas. En effet, la consultation d'une autre publication nous indique que les interprétations psychologiques que l'on peut faire à partir des groupes sanguins dépendent beaucoup plus des chercheurs et de leur culture qu'autre chose[56]. Ainsi, pour un auteur japonais et « spécialiste » du domaine, les A seraient « des perfectionnistes, des ordonnés, des méticuleux, des industrieux, des idéalistes, discrets et prudents », les O seraient en revanche « des leaders forts, décidés, enthousiastes, optimistes, doués en affaires », les B seraient des flexibles, passionnés, non conformistes et ont une excellente capacité de concentration ». Enfin les AB « sont censés être des meneurs nés, de grands organisateurs, diplomates, rationnels et imaginatifs »[57].

L'origine de cette « technique » est tout aussi intéressante. Ainsi, pour le sociologue V. FREZAL, cette technique serait issue des « doctrines racistes du XIXe siècle », notamment sous l'impulsion de VACHER de LAPOUZE, A. de GOBINEAU et H.S. CHAMBERLAIN[58]. La véritable théoricienne de cette méthode, à laquelle beaucoup se réfèrent, est Leone BOURDEL dont les prétendues études scientifiques feraient sourire le plus désinvolte des chercheurs. D'après P. THUREAU DANGIN, elle aurait établi une classification alors qu'elle travaillait au Ministère du Travail, en 1942, à VICHY et, selon les mêmes sources, des entreprises japonaises ainsi que quelques consultants utiliseraient cette technique[59].

L'analogie pouvant exister entre le groupe sanguin et les caractéristiques de personnalité constitue une véritable escroquerie intellectuelle. Comme toutes les méthodes que nous venons de présenter, les preuves sont inexistantes et les « pseudo-recherches » contestables. Elles ne répondent d'ailleurs pas aux critères d'une véritable recherche car la légitimation de cette pratique se situe beaucoup plus du côté de l'idéologie et relève par conséquent plus du dogme que de la démarche scientifique.

C - Une nouvelle forme d'évaluation psychologique à partir des neuromédiateurs

Actuellement nous assistons à la naissance d'une nouvelle technique qui va se servir de certaines substances chimiques issues du cerveau, que l'on trouve également dans le sang : les neuromédiateurs[60].

---

56. Elle est issue d'un ouvrage japonais *You are your blood type* de TOSHIKITA NOMI.
57. *The Washington Post* in *Courrier International,* n° 273.
58. FREZAL, 1990.
59. *Le Mensuel des Échos* 1987.
60. Les neuromédiateurs (ou neuro-transmetteurs) sont des substances chimiques sécrétées par certaines cellules du cerveau — les neurones — qui participent à l'activité de celui ci. Ils jouent un rôle très important dans la transmission de l'influx nerveux entre les neurones.

Ce modèle a été élaboré par un psychiatre américain — R. CLONINGER — et repose sur un postulat qui voudrait que parmi les dizaines de neuro-médiateurs qui interviennent au niveau cérébral, quatre d'entre eux soient responsables de notre comportement : il s'agirait de la dopamine, de la noradrénaline, de la sérotonine et de l'acétylcholine. Ils permet-traient de déterminer les principales caractéristiques de la personnalité. Une simple analyse de sang permet de mesurer le dosage de chacun de ces neuromédiateurs[61].

Cette approche s'inscrit dans le droit fil de la tradition psycho-biolo-gique américaine et repose sur un postulat qui voudrait que le taux san-guin d'un neuromédiateur puisse permettre de décrire le comportement et les caractéristiques de personnalité d'un sujet. Ainsi un individu qui aurait un taux de sérotonine élevé dans le sang serait une personne timorée, inquiète, inhibée, etc. Un sujet qui aurait un taux de noradré-naline et de sérotonine élevé et un taux de dopamine normal serait ambitieux, travailleur, sentimental, fidèle, etc.

Pour plusieurs spécialistes du système nerveux, le taux des neuromé-diateurs présents dans le sang ne refléterait en rien le taux que l'on peut trouver au niveau cérébral. Les mesures effectuées à partir du sang sont donc probablement fausses. Comme le souligne d'ailleurs F. RIGAL, « le cerveau humain n'est pas accessible à une exploration directe et les index périphériques des sécrétions centrales ne sont que des indicateurs imparfaits »[62]. Constat confirmé par M. HAMON[63] qui explique cette dif-férence de taux entre le cerveau et le sang par la présence de la barrière hémato-encéphalique[64]. Ainsi pour J.-L. DEVOIZE, la dopamine, par exemple, ne passerait pas cette barrière. La mesure du dosage des neu-romédiateurs présents dans le sang n'est donc pas fiable puisqu'elle ne respecte pas ce que l'on peut trouver au niveau cérébral.

D'autre part, le postulat de CLONINGER est à considérer uniquement comme une hypothèse dont la pertinence n'a jamais été encore démon-trée. On sait très bien, comme le précisent différents auteurs, « qu'à un certain niveau, la distinction théorique entre le psychique et le somatique s'estompe »[65]. En effet, il est impossible de savoir si ce sont les neuro-médiateurs qui déterminent le comportement ou si ce sont les comporte-ments qui déterminent le niveau de sécrétion de ces neuromédiateurs.

---

61. Le dosage biologique peut également se faire au niveau des urines.
62. F. RIGAL, 1984.
63. *Sciences et Avenir*, septembre 1995.
64. La Barrière hémato-encéphalique constitue un ensemble de « mécanismes qui restreignent les échanges entre le sang, et d'autre part le liquide céphalo-rachidien et le parenchyme du système nerveux central ». DEVOISE, 1984.
65. HANUS, 1984.

En d'autres termes, on ne sait pas quel est le *primum movens*. Comme le souligne d'ailleurs M. HANUS, « il est connu que des manifestations émotionnelles intenses entraînent des effets métaboliques décelables, en particulier au niveau des cathécolamines[66]. À l'inverse, des perturbations biochimiques peuvent déterminer des manifestations émotionnelles ».[67]

Comme le souligne le psychiatre E. ZARIFIAN, « le modèle CLONINGER décrit des typologies psychologiques figées comme si chacun de nous était programmé pour la vie »[68] (vision innéiste commune aux pseudo-sciences : morphopsychologie, astrologie, etc.). Tout comme le modèle CLONINGER, elles nient par conséquent l'influence de l'environnement et l'adaptation de chacun de nous à celui-ci. Certes, CLONINGER affirme que l'environnement joue un rôle important, mais il ne précise pas dans quelle mesure et dans quelles circonstances il intervient. Sans doute cet argument constitue-t-il une stratégie susceptible de désamorcer les attaques des détracteurs de sa méthode.

Qu'en est-il, d'autre part, de la question de la preuve et de la vérification de la théorie ? Toutes les recherches sont-elles convergentes ? Cela ne semble pas être le cas, comme le souligne E. ZARIFIAN, « les résultats négatifs établissant un lien entre le taux sanguin d'un neuromédiateur et un comportement humain ne sont jamais publiés ». Cette manière de procéder que l'on retrouve systématiquement dans le domaine des pseudo-sciences indique que la motivation qui guide certains chercheurs repose très souvent sur des considérations idéologiques et financières[69].

Il y aurait bien d'autres critiques à formuler, notamment celle de vouloir déplacer les résultats de l'expérimentation de l'animal vers l'homme. Cette discipline s'inscrit dans une idéologie qui, sous le couvert du biologique, tente d'effacer une multitude de paramètres — notamment environnementaux — qui interviennent dans tel comportement. Il s'agit d'une approche réductrice qui a la prétention d'être aussi — et ceci est plus grave — totalement déterministe. Ainsi, certains spécialistes affirment sans sourciller que les personnalités ayant un fort taux en dopamine, associé à un déficit en sérotonine et une faible sensibilité

---

66. Les catécholamines sont des neuromédiateurs. Il s'agit de substances synthétisées à partir de la tyrosine : les principales sont la dopamine, la noradrénaline et l'adrénaline.
67. 1984.
68. *Sciences et Avenir,* septembre 95.
69. Comme le précise E. ZARIFIAN, « si Cloninger veut des crédits pour sa recherche, il lui faut produire des publications qui aillent dans le sens de ses financeurs » (en particulier les laboratoires pharmaceutiques qui commercialisent déjà des médicaments basés sur ses recherches). *Sciences et Avenir,* septembre 95.

à la noradrénaline ont des comportements se traduisant par un « manque de coopération dans l'enfance, une hostilité et un abus de drogues pendant l'enfance, et l'absence d'empathie, de tolérance sociale, de compassion et de principes moraux à l'âge adulte »[70]. Dans ce modèle, tout semble fixé à l'avance. Ainsi l'éducation et l'apprentissage ne peuvent plus avoir la moindre influence; quant à la notion « d'adaptation aux circonstances », elle est totalement inexistante.

Nous avons souhaité faire référence à cette nouvelle technique car, selon nous, elle répond exactement aux interrogations et aux angoisses de la plupart des responsables des Ressources Humaines. Qui d'entre eux, en effet, n'a pas souhaité vouloir connaître — de manière la plus fiable et la plus approfondie possible — les comportements précis des futurs candidats ? Cette méthode ne prétend-elle pas pouvoir identifier — *via* une véritable « carte chimique » — les principales caractéristiques du comportement humain ? Voulez-vous que l'on sache si vous êtes fidèle, volage ou sentimental ? La méthode le précisera. Êtes-vous comédien, sans scrupules ou en quête de sérénité ? La technique renseignera aussi le responsable sur ce point.

En revanche, imaginons un seul instant que cette technique puisse être un jour utilisée. Sans nul doute, elle rencontrerait de multiples difficultés dans sa mise en œuvre. Si beaucoup de méthodes se font actuellement à l'insu du candidat[71] — comme la graphologie, la morphopsychologie, etc. — la mise en application de cette nouvelle technique nécessiterait obligatoirement la présence du sujet. Ensuite, il serait indispensable de lui demander une autorisation pour pouvoir prélever un échantillon de son sang ou de ses urines. Enfin, il faudrait lui expliquer pour quelles raisons on procède à ce prélèvement. Certes, on pourrait supposer que dans le cadre d'une entreprise, le médecin du travail fasse lui-même ce prélèvement et qu'il communique ensuite les résultats, après une analyse dans un laboratoire, au responsable qui en ferait la demande. Une telle possibilité relèverait, sans nul doute, du fantasme et de la paranoïa. Il n'est guère donc vraisemblable que cette technique puisse un jour être employée en entreprise ou même remplacer, en cabinet-conseil — comme certains le présentent naïvement — les tests psychologiques ou les analyses graphologiques.

---

70. *Sciences et Avenir*, septembre 95.
71. Et de ce fait vont à l'encontre de la loi : Cf. dernier chapitre consacré aux considérations juridiques.

CHAPITRE 8

LE COURANT DES SCIENCES OCCULTES ET DE L'ÉSOTÉRISME : L'ASTROLOGIE ET LA NUMÉROLOGIE

1. L'ASTROLOGIE : UN MARCHÉ COLOSSAL

Il est difficile de concevoir que la « croyance en l'influence des astres sur la destinée humaine » puisse être simplement évoquée en entreprise. De là à l'utiliser, la chose paraît bien peu probable et pourtant[1] ! Certes cet engouement pour l'irrationnel est en corrélation étroite avec des considérations financières beaucoup plus rationnelles : en France « l'astrologie, la numérologie ainsi que toutes les activités liées à l'irrationnel représentent un chiffre d'affaires fabuleux de quelque **9,15 Milliards d'euros** »[2].

L'astrologie est-elle vraiment utilisée au sein du secteur de l'entreprise ? Il semblerait que oui. Le témoignage anonyme de quelques « chasseurs de têtes » dans une émission consacrée aux procédures de recrutement, est là pour le confirmer[3]. Autre cas authentique cité par V. FREZAL : « Nous ne pouvons pas vous engager. Votre thème astral révèle que la proximité de votre date de naissance (le 20 décembre) avec les fêtes de fin d'année vous prédispose à un esprit dilettante »[4]. Annonce parue dans la presse : « P.M.E., implantée à l'est de Paris, recherchons directeur commercial France et export, né sous le signe du Lion, Bélier ou Sagittaire. Écrire sous référence en précisant votre date et heure de naissance au journal qui transmettra »[5].

D'après l'astrologue Solange MAILLY-NESLE, « Certains cabinets font de plus en plus appel à l'astrologie, soit en l'utilisant conjointement avec la graphologie, soit très rarement en l'utilisant seule »[6]. Dans une autre

---

1. On peut citer par exemple le cas de ce conseiller de l'APEC, à qui un PDG d'une grosse société parisienne avait demandé de rechercher un candidat qui devait obligatoirement être du signe zodiacal du Lion (l'*Expansion*, 1989).
2. *Challenges économiques*, 1994.
3. Extraits de l'émission de France 2, juin 1994.
4. *Science et Vie*, 1992.
5. Partenaires, février 1992.
6. *Challenges*, 1994.

revue, elle précise que « les patrons ou les recruteurs nous consultent eux-mêmes. Puis, lorsqu'ils ont à choisir un collaborateur, ils nous demandent tout naturellement de dresser son thème astral pour valider leur impression »[7].

D'autre part, il semblerait également que le recrutement de nouveaux collaborateurs par le biais de l'astrologie et de la numérologie soit un phénomène qui s'étende[8], bien que l'ancien CNPF (MEDEF aujourd'hui) en condamne la pratique[9]. Pour R. Papin, consultant qui dirige le département « Entrepreneurs » à HEC, une entreprise sur 10 ferait appel à des astrologues. Il précise : « Interrogez les chefs d'entreprise qui viennent donner des conférences dans mon département d'HEC, ils utilisent aussi l'astrologie, mais ne vous le diront pas »[10].

Quant à l'étude de Bruchon-Schweitzer, elle indique que parmi les 25 % de cabinets qui utilisent des techniques irrationnelles, seulement 8,5 % utilisent l'astrologie de façon occasionnelle. Pour des raisons de « désirabilité sociale » il est fort possible que cette étude ne soit pas aussi représentative qu'on pourrait le croire et que certains cabinets-conseils puissent faire appel, de façon ponctuelle, à des « astrologues-conseils » exerçant, souvent pour plusieurs structures, sous le statut de « Free lance » (libéral).

Quoi qu'il en soit, il est impossible, à l'heure actuelle de donner avec précision le nombre exact de structures, qui en France utilisent une telle technique. D'ailleurs notre objectif était simplement de montrer qu'elle pouvait être utilisée dans le secteur des Ressources Humaines. Mais nous supposons, toutefois, cette pratique marginale.

A - Qu'est-ce que l'astrologie et que prétend-elle apporter ?

Contrairement à une idée reçue l'astrologie n'a pas précédé l'astronomie. On a pu, en effet, situer le début de l'observation systématique du ciel en Mésopotamie, en Égypte, en Inde et en Chine aux alentours de – 2900 avant J.-C. avec un développement particulier de l'astronomie en Babylonie aux environs de – 2500 ans avant J.-C.[11]. Les documents astrologiques mésopotamiens « distincts des inscriptions de type astronomique, remontent au IIe millénaire avant l'ère chrétienne ». Quant à l'horoscope, c'est bien après l'astrologie qu'il a vu le jour puisque « le plus ancien « thème » connu date de 419 avant J.-C. »[12].

---

7. *Capital*, mars 1995.
8. *Challenges économiques*, 1994.
9. *Le Mensuel des Échos*.
10. *Le Mensuel des Échos*.
11. M. Serres, 1989.
12. René Alleau, 1989 in Encyclopédia Universalis.

Mais dès la Haute Antiquité, d'après R. ALLEAU, on a affaire à plusieurs astrologies, que « l'on peut épistémologiquement distinguer entre elles, selon trois systèmes principaux ». **L'astrologie religieuse**, la plus ancienne, est « préastrologique et sumérienne ». Selon l'hypothèse de l'auteur, elle aurait été précédée dès la Préhistoire, « par des procédés d'orientation astronomique et par des pratiques d'observation du gibier ». Toujours selon l'auteur, la naissance de l'astrologie est fixée « sous ses premières formes caractéristiques » approximativement « au plus tôt au IIe millénaire avant notre ère ». **L'astrologie mystique et mythique** est un système beaucoup plus tardif qui marque « le passage d'un système du destin à une conception d'un ordre cosmologique, politique ou social nouveau, générateur de tensions puissantes, adaptées aux premières grandes découvertes de la réflexion philosophique et de la pensée scientifique ». Enfin **l'astrologie classique ou savante**, troisième système postérieur à l'ère chrétienne, serait composée d'un ensemble « de survivances et de systèmes philosophiques d'origines diverses ». Jusqu'au XVIIe siècle, le statut scientifique de l'astrologie était un fait. D'ailleurs dans la science grecque, mais aussi égyptienne et arabe, elle occupait une place importante. Les premières critiques ont émané, non pas des astronomes mais des religieux et c'est en 1666 que l'enseignement de l'astrologie à la Sorbonne a été supprimé définitivement par COLBERT.

L'astrologie actuelle dériverait de ce troisième système puisque l'objectif de l'astrologie grecque était « de prévoir l'accomplissement lointain », l'échéance et le développement d'un ensemble de données déduites de l'analyse et de l'interprétation analogique, de la position des aspects angulaires mutuels et de la progression des « sept planètes » par rapport à de nombreux repères différents, dont les principaux étaient les signes du zodiaque et les « douze maisons » de l'horoscope[13].

L'astrologie se propose donc de prévoir ce qui va se passer dans le futur en se fondant sur le postulat d'une relation entre l'homme et les planètes. Ces astres auraient, par conséquent, « une influence sur le cours des événement terrestres »[14]. Elle se propose également de déterminer les caractéristiques de personnalité du sujet, et va même jusqu'à prévoir la réussite professionnelle de celui-ci.

---

13. René ALLEAU, 1989 *in Encyclopédia Universalis.*
14. Dictionnaire Larousse.

B - Quelques commentaires

Avant de poursuivre, procédons à deux mises au point :

L'étymologie du vocable est trompeuse : le « logos » sous-entend une dimension « scientifique » qui ne correspond pas à la réalité. Si le LAROUSSE définit l'astrologie en tant « qu'Art divinatoire » il serait beaucoup plus honnête alors, de parler « d'astromancie » (du grec *manteia*, « divination ».)

Les astrologues se présentent de plus en plus souvent comme des « spécialistes » de la **prévision** alors que leur perspective de travail devrait se situer dans l'ordre de la « **prédiction** ». « Son métier actuel lui convient, mais elle a intérêt à se diriger vers l'inédit et la création », propos péremptoire émanant de l'astrologue C. AUBIER[15].

En connaissant l'heure, le lieu et la date de naissance d'un sujet, l'astrologue va élaborer, après de « savants calculs » un « thème astral ». L'analyse et l'interprétation de celui-ci va lui permettre de prévoir l'avenir professionnel du sujet. Certains astrologues vont « jusqu'à proposer l'étude astrologique du service qui accueillera le candidat », « pour déterminer », précise l'astrologue Y. LENOBLE, « s'il est susceptible de s'accorder avec l'équipe déjà en place. »[16] L'astrologie se montre aussi capable de préciser si « vous vous sentez bien dans votre poste » (comme si vous-même vous l'ignoriez...).

Bien entendu, nous retrouvons dans cette méthode, la possibilité « de connaître les grands traits de personnalité et le mode de fonctionnement d'un individu »[17]. Il n'est donc plus nécessaire que le candidat soit présent. À la lecture du C.V., l'astrologue possède déjà la date et le lieu de naissance. Comme le précise l'article de la revue *Capital,* il n'y a plus qu'à téléphoner au service de l'état civil de la mairie de naissance pour obtenir l'heure de votre naissance (CQFD)[18].

Comme le précise Pierre THULLIER, historien des sciences, « toutes les tentatives expérimentales qui ont été menées pour prouver ou réfuter l'astrologie tournent toujours court ». Il est vrai ajoute-t-il, que « les astrologues et les scientifiques n'ont pas le même langage ». L'astrologie dans le domaine des ressources humaines est contestable pour diverses raisons :

---

15. *L'expansion,* juin 1989.
16. *Capital,* mars 1995.
17. Catherine AUBIER, *Capital,* mars 1995.
18. Bien que la délivrance de ce type d'informations soit tout à fait illégale.

Pour un astrologue, l'absence du sujet ne constitue pas un handicap : dans une procédure de recrutement, l'élaboration d'un « thème astral » ne nécessite aucunement la présence du sujet. Dans ce sens, elle se situe dans la même perspective que la graphologie. Il est donc possible de faire un pronostic, sans que le candidat soit présent.

Le caractère « innéiste » et déterministe de cette « méthode » enferme l'individu dans une destinée sur laquelle il n' a pas prise : chacun de nous est ainsi soumis aux astres qui influenceraient, de façon définitive, son devenir terrestre.

A la lecture de l'homme se substitue une lecture des cieux : en la croyance en la possibilité de décrypter l'homme, à travers ces gestes (gestuologie), son visage (morphopsychologie), son groupe sanguin (hémato-psychologie) se substitue une croyance encore plus forte en la possibilité de déchiffrer l'homme dans « le livre du ciel ». Dans les deux cas, on découvre le même phénomène : la tentative de lire l'homme à travers des signes supposés donner un sens.

Les bases scientifiques de l'astrologie sont fausses : L'ignorance des astrologues, en astronomie, est indiscutable : comme le précise d'ailleurs P. THULLIER, « le ciel des astrologues est demeuré le même depuis la plus Haute Antiquité ». Il est vrai que le ciel des astrologues n'a rien à voir avec celui des astronomes et ce, malgré les découvertes constantes dans ce domaine. Ainsi, comme le précise l'astronome C. NITSCHELM, les astrologues « associent aux constellations des propriétés irréelles et étranges liées à leur nom » (1994). Précisons au passage, comme le souligne cet astronome, que les formes de ces constellations, de même que leur nombre n'ont été fixés que vers 1930. Enfin les astrologues ne tiennent compte ni du mouvement des astres, ni du mouvement de l'axe de la rotation de la terre, ni même des éruptions solaires.

La liste de leurs ignorances pourrait encore continuer. Ce n'est pas tant leur ignorance qui est grave, c'est surtout la non-prise en compte des découvertes récentes en astronomie, véritable preuve de leur dogmatisme. Ainsi a-t-on récemment découvert que le soleil ne parcourait pas douze constellations — ou signes zodiacaux — mais 13 avec la constellation dite « du Serpentaire ».

Antagonisme entre physique traditionnelle et « influences célestes » : en astrologie, l'homme serait soumis à certaines influences qui trouveraient leur origine dans les astres. Ces influences n'ont jamais fait la preuve de leur existence pour la bonne raison qu'aucun astrologue, à ce jour, n'a été en mesure d'en préciser les caractéristiques. Comme s'interroge C. NITSCHELM, on ne sait pas si ces influences sont des « forces » ou des « énergies » et ce bien qu'en physique on en connaisse un certain nombre (1994).

Une terminologie « psychologique » vague : comme nous le précisions, il est difficile de ne pas se reconnaître dans les descriptions « psychologiques » tant leur contenu est vague et général : « il vous arrive parfois de douter et de regretter certaines de vos décisions », « vous ne vous emportez jamais sans raison », etc. D'autre part, cette terminologie « psychologique » est naïve et emploie des concepts dans une acception commune : « vous avez une « personnalité » capable de s'affirmer dans des situations spécifiques », « vous êtes une personne « intelligente » parfois plus que les autres », « vous recherchez un idéal mais pour y accéder vous traversez des moments de déprime » et la liste de ce fatras « psychologique » pourrait être longue.

Les études de validation de l'astrologie sont relativement rares. Pour l'anecdote, en 1979, un prix de 500 livres (environ 5 000 FF) était offert à quiconque serait capable de prouver la validité scientifique du lien existant entre les signes du soleil et la personnalité. Personne ne se présenta[19]. « Jamais encore dans l'Histoire on n'a vu un aussi grand nombre de gens se fonder sur aussi peu » commentait un chercheur[20].

La seule étude scientifique réellement sérieuse dont nous disposons est celle parue, il y a quelques années, dans la prestigieuse revue anglaise « Nature ». Cette recherche avait pour but de tester la thèse fondamentale des astrologues, qui voudrait que « les positions des « planètes » au moment de la naissance puissent être utilisées pour déterminer les traits de personnalité généraux du sujet et les tendances de son tempérament et de son comportement, et d'indiquer les résultats principaux que le sujet a des chances de rencontrer »[21].

L'objectif était donc de tester si les « thèmes astraux » (astrological natal charts) pouvaient être capables de décrire, de façon précise, les traits de personnalité des sujets testés. L'expérience fut réalisée en « double aveugle »[22], de manière très rigoureuse. Ainsi, toutes les précautions furent prises pour éviter tous les phénomènes qui auraient pu fausser la recherche. Comme le précise l'auteur de l'article, ces précautions furent prises pour que l'on donnât à l'astrologie toute chance raisonnable de succès. Le test de personnalité utilisé dans cette procédure était le CPI, choisi pour des questions de fiabilité[23].

---

19. Smith et al., 1989.
20. Smith et al., 1989.
21. Carlson, 1985.
22. Quand on décide de tester l'action d'un médicament sur une population, on peut très bien dissimuler sa véritable action à la fois au **médecin** et au **patient** : on parle alors d'un test en double aveugle.
23. Le C.P.I (Californian Personality Inventory) : il s'agit d'un questionnaire de personnalité.

Les résultats de cette étude sont édifiants, et prouvent, selon l'auteur, que « **l'expérience réfute clairement l'hypothèse astrologique** ». Bien qu'il s'agisse d'astrologues considérés comme étant les meilleurs de leur région et bien qu'ils aient été en tous points d'accord avec les procédures, l'astrologie a échoué et les prédictions des astrologues se sont révélées fausses. D'autre part il est utile de noter que « **la relation prédite entre les positions des planètes et autres objets astronomiques à l'heure de la naissance, et les personnalités des sujets testés n'existe pas** »[24].

Quant à la relation entre la position des planètes et la réussite professionnelle, elle est totalement inexistante comme le précisent quelques chercheurs : « L'astrologie nécessite une sorte de croyance mystique car il n'existe pas de lien scientifique connu entre la position de corps célestes (...) et la capacité de quelqu'un à faire son travail »[25].

Il n'est sans doute pas utile de poursuivre un développement qui ne ferait que confirmer le caractère contestable de la méthode notamment dans le domaine professionnel. L'astrologie fait partie de ses « sciences divinatoires » et comme elles, elle souhaite accéder au statut de science à part entière. Fort heureusement c'est cette même science qui est maintenant capable de prouver, de façon incontestable, que cette discipline ne présente pas la moindre garantie. Le refus des astrologues de considérer les découvertes actuelles légitime l'astrologie dans sa position de dogme. Ce n'est donc pas sans raison que J.-C. PECKER, membre de l'Académie des sciences et titulaire de la chaire d'astrophysique théorique, « exclut catégoriquement l'astrologie du champs des sciences »[26].

D'autre part, et c'est d'ailleurs essentiellement dans cette perspective que nous critiquons l'astrologie, il est déplorable que certaines personnes puissent promouvoir sa pratique non seulement en entreprise mais aussi dans l'enseignement.

Astrologie et recrutement : depuis que les astrologues ont réussi à pénétrer le secteur des Ressources Humaines, ils ont pris conscience qu'il était devenu nécessaire de s'adapter à cette nouvelle réalité. À la crédulité populaire et au manque de critique de leurs anciens clients (les particuliers), ils découvraient l'entreprise et ses nouveaux enjeux. C'est sans doute pour cette raison que la présidente du GAPP (Groupement des astrologues psycho-professionnels) « estime que trois conditions doivent être impérativement réunies pour légitimer l'avis de l'astrologue sur un recrutement ». Ainsi « il est indispensable que celui-ci ait une for-

---

24. CARLSON, 1985. p. 425.
25. SMITH et al., 1989.
26. La Recherche, 1983.

mation psychologique...[27] », « ...il doit exiger un entretien avec le candidat... », ce qui fera dire à certains que l'astrologie « ça marche » oubliant que ce qui a renseigné l'astrologue, ce n'est pas le thème astral du candidat, mais le contenu de l'entretien et l'impression que l'on a pu en tirer. Enfin, « il doit posséder une connaissance approfondie de l'entreprise et des qualités requises pour exercer les différentes fonctions qu'elle génère... », c'est ce qui s'appelle faire une analyse de travail sans s'en rendre compte[28]. Une fois ces trois conditions réunies, l'utilisation de l'astrologie est-elle encore pertinente ?

Astrologie et enseignement : « L'astrologie fonctionne et donne des éléments qui concordent avec la graphologie » défendait un jour le responsable d'un département d'École de commerce qui utilise ces deux techniques pour sélectionner ses futurs étudiants[29]. Il est également encore plus surprenant de découvrir que « cette discipline pourrait de nouveau être enseignée »[30]. Elle émane de la très médiatique Élisabeth TESSIER qui n'hésite pas à prétendre que « l'astrologie est la reine de toutes les sciences, la science du XXIe siècle »[31]. Cette affirmation, à elle seule, ne traduit-elle pas l'ignorance de la démarche scientifique ? Si certains « sont amusés par l'idée », d'autres en revanche en font leur sujet de thèse en médecine[32]. Ce qui d'ailleurs rejoint les considérations que le lecteur pourra trouver dans la revue *Autrement* déjà citée.

Quand la croyance côtoie la science...

2. UNE PROCHE PARENTE DE L'ASTROLOGIE : LA NUMÉROLOGIE

Avant-dernière méthode à laquelle nous ferons référence, la numérologie peut être considérée comme « une proche parente de l'astrologie » (P. THULLIER) avec laquelle elle partage certaines caractéristiques. D'ailleurs, « le nombre a suscité au cours des temps, comme objet de savoir, une importante tradition de pensée relevant à la fois de la magie et de la religion »[33].

---

27. Le lecteur aura sans doute noté qu'il ne s'agit ni de formation en psychologie, ni de formation de psychologue. Sans doute, cette astrologue fait-elle référence à ces kyrielles d'instituts privés qui se proposent d'enseigner une psychologie qui n'a qu'un rapport extrêmement lointain avec celle qui est enseignée à l'université.
28. Citations extraites de *Challenges économiques*, 1994.
29. *Le Mensuel des Échos*, 1987.
30. *Figaro* du 10 février 1994.
31. FREZAL, 1990.
32. E. TESSIER a elle-même soutenu une thèse en sociologie consacrée à l'astrologie qui a provoqué une levée de boucliers dans la communauté scientifique.
33. J.-P DUMONT, 1993.

L'actuelle numérologie n'est rien d'autre que la résultante d'un courant mystico-symbolique ancien. Et c'est donc ce courant que l'on retrouve également en entreprise.

A - Le principe de la méthode

Le principe de cette méthode est simple : à chaque lettre de l'alphabet correspond un chiffre, qui va de 0 à 9, suivant la correspondance :

A	B	C	D	E	F	G	H	I
J	K	L	M	N	O	P	Q	R
S	T	U	V	W	X	Y	Z	
1	2	3	4	5	6	7	8	9

Ensuite, le numérologue va se servir de votre nom et de votre prénom (ou de vos prénoms) et le convertir en chiffre. Les chiffres vont être ajoutés les uns aux autres pour aboutir à un seul. À chaque chiffre ainsi obtenu correspondra une signification donnée : ainsi le 5 « correspondrait à des personnes faites pour diriger, ce sont des fonceurs, des gagneurs ».[34]

Cette technique permettrait ainsi de déterminer vos **traits de personnalité** grâce à la somme des voyelles. Elle permettrait également de déterminer votre **motivation** et votre **comportement.** Quant à votre « chemin de vie », il serait calculé à partir de votre date de naissance. Avec ce dernier calcul, on retrouve bien la « symbolique de l'origine » (votre date de naissance), comme en astrologie.

D'autre part, comme toute méthode ayant pénétré le secteur de l'entreprise, elle se propose également de faire de la prédiction de votre « avenir professionnel » et même de déterminer pour quelles fonctions vous êtes fait. Les relations que cette méthode entretient avec l'astrologie sont beaucoup plus précises.

Il existe de multiples « écoles », qui divergent d'ailleurs entre elles. L'une de leurs nombreuses divergences concerne, par exemple, l'utilisation du prénom : faut-il tenir compte de tous les prénoms ou seulement du prénom usuel ?

B - L'origine ésotérique de la méthode

Les praticiens de toutes les méthodes irrationnelles ont en commun une caractéristique : le désir de légitimer leur pratique en présentant leur technique comme une science. La numérologie ne fait pas exception à la règle. Certains numérologues vont même jusqu'à affirmer que « la

---

34. *Partenaires*, 1992.

numérologie est une science exacte »[35]. Mais leur ignorance leur fait également « oublier » la véritable nature de leur technique dont les origines sont occultes. Il est fort probable en effet que la numérologie soit la forme contemporaine de « l'arithmosophie », partie de la philosophie occulte. **L'arithmosophie « traite du symbolique des nombres, de leurs fonctions métaphysiques et des opérations magiques que l'on peut effectuer avec eux ».**[36]

Cette discipline se serait constituée à partir de quatre sources bien distinctes, « celle de la philosophie grecque faite des doctrines de PYTHAGORE et de PLATON sur « les nombres idéaux », celle de la gnose établissant une concordance entre les chiffres et les lettres, celle de la mystique juive et plus précisément de la Kabbale (....) et enfin celle du christianisme comprenant, non seulement la numération fantastique de saint JEAN dans son Apocalypse, mais aussi toute l'exégèse des « nombres mystérieux » pratiquée par saint AUGUSTIN et les autres Pères de l'Église »[37].

En nous éloignant de notre propos principal — la valeur de cet outil dans le secteur des ressources humaines — nous avons tout simplement voulu montrer que l'on oubliait très souvent l'origine « magique » de ces méthodes. Il est vrai que le praticien qui utilise une telle technique n'avouera jamais clairement son origine « symbolico-mystique ». Il préférera rester dans le vague, précisant toutefois qu'il s'agit d'une méthode scientifique dont l'origine se perd dans la nuit des temps mais dont la mise en oeuvre reste parfaitement adaptée au monde de l'entreprise.

Les seules lois auxquelles les numérologues obéissent sont celles de l'addition. C'est d'ailleurs la seule dimension rationnelle de leur méthode. En approfondissant leur mode de calcul, on retrouve un même système de croyances. Ainsi, le fait d'ajouter les nombres entre eux n'est rien d'autre que la **« réduction théosophique »,** une des règles émanant de la « mathèse » des théologiens chrétiens et des occultistes ; cette « mathèse » étant « l'utilisation conjuguée de la métaphysique et des mathématiques pour définir la vie universelle »[38].

Il est vrai qu'à notre époque, les numérologues ont su s'adapter aux enjeux de l'entreprise d'aujourd'hui, mais on reste surpris par le voca-

---

35. I. QUENIN cité par FREZAL, 1990.
36. *Alexandrian*, 1983.
37. *Alexandrian*, 1983.
38. *Alexandrian*, 1983.

bulaire délirant que certains d'entre eux emploient[39]. Certains numérologues ont même transformé le vocable numérologie en « numérimétrie », considérant sans doute que le mot « faisait plus sérieux. »[40]

Par conséquent, il serait contestable de parler de « fiabilité » de la méthode. Y croire serait tout simplement, adhérer à tout un système mystico-philosophique, qui n'a bien évidemment pas sa place en entreprise. Mais justement, est-il vraiment possible qu'une méthode aussi délirante soit utilisée en milieu professionnel ?

Des « gourous » ont fait beaucoup de publicité sur leur méthode notamment Michel GENEVIERE directeur de L'IRPOP, organisme de formation proche de l'ancien CNPF[41] (MEDEF aujourd'hui). La caution patronale lui était-elle acquise ? D'autre part, François CEYRAC, ancien Président du Centre National du Patronat Français, n'hésitait pas, il y a quelques années à préfacer un ouvrage consacré au « pouvoir des nombres ». Ainsi, écrivait-il : « La numérologie n'est pas une fantaisie de l'esprit, mais une technique déjà appliquée avec fruit par les grandes entreprises américaines ». Personnellement, j'étais *a priori* comme tout bon Français, sceptique, même méfiant. Un examen plus approfondi et une expérience personnelle m'ont conduit à voir en elle, au contraire, une contribution réelle aux progrès de la civilisation de l'entreprise »[42].

Personnellement, nous pensons qu'il est fort probable qu'elle soit effectivement utilisée en entreprise, mais, de façon beaucoup plus marginale que les précédentes méthodes[43]. Notons le développement considérable des articles consacrés à cette méthode depuis quelques années.

---

39. *L'expansion*, 1989.
40. FREZAL, 1990.
41. Cité par FREZAL.
42. Notons au passage, dans cette simple assertion, la rigueur de la preuve : « un examen approfondi » (de quel type ?), « une expérience personnelle » : ça a « marché » sur moi, par conséquent, ça ne peut que marcher sur les autres ... Sans commentaires (*in* ADAM, 1993).
43. Il ne nous est pas apparu nécessaire de citer, dans le corps du texte, les revues que nous avons consultées. Le lecteur pourra tout de même aborder, s'il le souhaite, les revues suivantes : *Partenaires*, février 1992. *L'expansion*, 1989, et la revue *Capital*, mars 1995.

CHAPITRE 9

UNE MÉTHODE DE CONCEPTION RÉCENTE : LA PROGRAMMATION NEURO-LINGUISTIQUE

Très utilisée dans le domaine des ressources humaines — en particulier par un certain nombre de cabinets-conseils en formation et, dans une moindre mesure, en recrutement — la Programmation Neuro-Linguistique (ou PNL) constitue un ensemble de techniques dont les fondements, nous semblent très contestables.

Certes, il serait abusif d'affirmer que la PNL trouve son origine dans le même courant que les méthodes que nous venons de citer. Pourtant, à certains égards, on retrouve de curieuses analogies, en particulier celle de vouloir interpréter certains comportements humains en observant, notamment, les mouvements des yeux du sujet.

1. ORIGINE ET FONDEMENTS DE LA MÉTHODE

Selon un de ses spécialistes, CAYROL, la PNL a été conçue dans les années 1970, en croisant les « apports méthodologiques de la cybernétique, de l'informatique, de la linguistique, avec d'une part, les approches communicationnelles issues de « l'école de PALO ALTO », et d'autre part l'apport des sciences cognitives ».

Actuellement, il n'existe pas de praticien de la PNL qui ne se réclame de cette fameuse « école de Palo Alto ». Il ne s'agit pourtant pas d'une « école » au sens strict du terme mais d'un ensemble de chercheurs et de cliniciens groupés autour de Grégory BATESON[1]. Ce « groupe de Palo Alto » s'est intéressé, dès le départ, **à la nature générale de la communication et, en particulier, à l'existence de différents niveaux de messages avant de procéder à l'étude de la communication des schizophrènes.** Après avoir étudié au sein des familles comment ce type de communication pouvait s'établir, le groupe formalisait la théorie de la « double contrainte » (« double -bind »).

---

1. Il n'y a jamais eu d'entité physique portant le nom d'ÉCOLE de PALO ALTO pour la bonne raison qu'elle n'a jamais existé.

Ainsi quand une mère dit, par exemple, à son fils « sois spontané ! », elle génère un message contraignant. En effet, on ne peut dire à quelqu'un d'être spontané, cette qualité ne pouvant venir que de soi[2].

Les effets de la communication étaient, par conséquent, étudiés essentiellement dans une perspective psychopathologique, le groupe de Palo Alto recherchant notamment comment utiliser les messages paradoxaux (« double contrainte ») sur un plan thérapeutique.

« L'école de Palo Alto » était donc bien éloignée des préoccupations des PNL'istes actuels et plus encore du monde de l'entreprise. Mais poursuivons.

La PNL s'inscrit dans une perspective essentiellement pragmatique où la théorisation n'a que peu d'importance. La méthode a été élaborée grâce à l'observation[3] de personnalités qui obtenaient d'excellents résultats dans « l'art d'influencer les autres ». La perspective des « inventeurs de la méthode, BANDLER et GRINDLER, était simple : « Observer et comprendre pourquoi certaines personnes, dans leur communication avec autrui, étaient plus douées que d'autres pour pouvoir ensuite les enseigner, au plus grand nombre. »[4]. Le postulat de départ repose par conséquent sur trois éléments. 1. Certaines personnalités sont plus douées que d'autres en matière de communication. 2. Il est possible d'étudier leurs comportements pour savoir comment elles font. 3. Il suffit ensuite, à chacun de nous, de suivre — par le biais d'un « enseignement » — un certain nombre de recettes (des « modèles ») pour devenir à son tour un excellent communicateur.

Par conséquent la PNL s'intéresse au « comment » et non au « pourquoi ». En d'autres termes, si certains ont des difficultés dans leurs relations, il leur suffirait de suivre les quelques principes de la PNL pour qu'ils puissent devenir, à leur tour, des « as » de la communication.

Intéressons-nous maintenant à la définition de cette technique.

---

2. Dans la théorie, formalisée par BATESON, WATZLANWICK et WEAKLAND, le sujet est pris dans une série d'injonctions paradoxales qui le bloquent dans une situation et l'amènent au symptôme pathologique. Le principal inducteur en serait la mère.
3. La P.N.L s'est construite à partir de l'observation. Or, chacun sait qu'elle demeure une technique qui pose de multiples problèmes (phénomènes de biais, préjugés, subjectivité ...). Un exemple : on n'observe généralement que ce que l'on veut bien observer. D'autre part, le plus gênant ce n'est pas tant que l'observation soit utilisée mais qu'elle le soit de façon **exclusive**.
4. CAYROL, 1990.

2. QU'EST-CE QUE LA PNL ?

A - Pourquoi le terme de PNL ?

Quand on connaît l'extrême complexité de disciplines comme la linguistique ou la neurologie, on pourrait s'attendre à une explication relativement complexe. C'est pourtant loin d'être le cas, puisque la PNL s'intéresse tout simplement à la « programmation créée par les interactions entre le cerveau (neuro), le langage (linguistique) et le corps qui produisent aussi bien des comportements efficaces qu'inefficaces »[5].

En d'autres termes, quand on s'intéresse aux fondements de la PNL, on découvre que les « inventeurs » de la méthode ont fait des découvertes tout à fait étonnantes. Ainsi, en étudiant la linguistique, ils ont découvert que nous nous servions d'un langage qui indiquait de quelle façon nous pensions. Quand ils ont plongé dans cette discipline, ô combien complexe qu'est la neurologie, ils ont découvert que nous possédions un cerveau (neuro) et un système nerveux qui nous permettaient d'avoir un contact aussi bien avec notre environnement interne qu'externe. Enfin, ils ont ajouté un peu d'humour à leur technique en nous expliquant que notre activité neurologique nous permettrait de nous « programmer ».

Ainsi le système explicatif qui légitime l'utilisation de l'expression « P.N.L. » est des plus simples. C'est d'ailleurs cette simplicité qui a fait le succès de cette méthode. La question qui se pose maintenant est de savoir ce qui se cache exactement derrière ces explications pseudo-savantes.

B - Tentative de définition

Donner une définition rigoureuse de la PNL est une tâche ardue, tant la diversité de celles que nous avons consultées est grande.

Pour certains, cette technique se définirait comme « une étude de l'expérience subjective » ou comme « une nouvelle approche de communication et de changement ». Pour d'autres, sautant allègrement le pas de la communication à la psychologie, elle serait « une nouvelle approche de la personnalité »[6].

Ces définitions sont les plus accessibles que nous ayons trouvées.

Pour d'autres, la PNL serait « un processus et le modèle d'un processus », elle serait « un modèle de la structure de notre expérience subjective et la manière dont cette expérience influe sur notre comportement ».

---

5. HEVIN et TURNER, 1995.
6. *Repères*, 1993.

« En tant que modèle, la PNL peut être considérée comme une « épisté-mologie » de l'expérience. Les modèles épistémologiques tels que le modèle de la PNL sont des modèles uniques, dans la mesure où l'acte de penser à de tels modèles les fait devenir une partie de notre expérience »[7].

Nous verrons que derrière cet hermétisme pseudo-conceptuel se dis-simule un certain nombre de contre-vérités. Ne nous laissons donc pas impressionner par ces tentatives de définition.

Au contraire, poursuivons et essayons de nous demander à quoi sert la PNL ? Que prétend-elle ? Concrètement, la PNL est une méthode qui se fixe pour objectif de permettre de « mieux communiquer » avec autrui ou pour être plus précis « d'atteindre l'excellence en communi-cation » grâce à un ensemble de techniques et de modèles qui trouvent leurs fondements dans une partie des différentes disciplines que nous venons d'évoquer. À première vue, voilà un objectif noble. Mais que signifie « atteindre l'excellence en communication » ? Nous verrons en effet que l'utilisation de la PNL pose une question majeure que les pro-fessionnels des Ressources Humaines semblent ignorer : **celle de la rela-tion d'influence que certains praticiens de la PNL n'hésitent pas à entretenir avec leurs interlocuteurs**[8]. De façon sous-jacente se pose donc une nouvelle question d'éthique.

C - La formation des praticiens : limitée dans le temps et chère financièrement

Elle a lieu dans une kyrielle « d'instituts » ou de « centres de déve-loppement » de toutes sortes, sous la forme de « séminaires ». Chacun peut y accéder, très facilement, sans condition de formation aucune[9], la seule exigence est de s'acquitter du prix de la formation.

Ce qui est frappant, quand on aborde « l'univers de la PNL », c'est l'utilisation systématique d'une phraséologie à l'apparence scientifique mais sans grande consistance. « Il n'y a pas une annonce de séminaire de PNL, qui ne présente ses organisateurs comme de hautes autorités en la matière » précise fort justement Y. WINKIN[10].

---

7. DILTS *in* HEVIN et TURNER, 1995.
8. Toute relation d'influence peut être qualifiée de manipulation.
9. La plupart des consultants de cabinets qui se forment à cette technique — et qui malheu-reusement la transmettent à leurs clients comme une « science du comportement » — ont éga-lement une passion pour une « psychologie naïve ». Ne disposant en général que de connais-sances réduites, ils ne peuvent donc pas avoir un sens critique très développé.
10. Y. WINKIN est professeur d'Anthropologie de la communication à Liège, c'est lui qui a intro-duit les théories de « l'école de Palo-Alto » en Europe après les avoir traduites en français.

Ainsi peut-on lire sur la plaquette publicitaire de l'un de ces organismes un message qu'il n'est pas rare de trouver : « Si *X* est reconnu par tous par la qualité et la richesse de ses formations, cela est dû notamment au **haut niveau de compétence** de ses quatre **enseignants certifiés** qui animent des formations avec **certification** ». Et de poursuivre : « En effet, ils capitalisent à eux quatre, plus de 50 ans d'expérience en NLP ». Une petite précision : cela « fait très chic » de parler de NLP comme « Neuro-Linguistic Programming ».

Le lecteur aura probablement été frappé par la redondance systématique d'une certaine terminologie (« certifié », « certification », « master certifié », « enseignante certifiée », etc.) Sans doute est-elle destinée à légitimer une pratique ou à impressionner le public. Mais à quoi cette terminologie fait-elle au juste référence ?

Ignorée par le système universitaire et rejetée par la communauté scientifique, la PNL est enseignée dans des organismes qui se positionnent systématiquement — et avec beaucoup d'humilité — comme étant chacun le meilleur. Certaines de ces structures n'hésitent pas à se présenter comme des institutions reconnues au niveau international[11] (ce qui peut encore impressionner du monde!) et comme étant les seules à pouvoir délivrer des « certifications », elles aussi reconnues à un niveau international (ce qui doit impressionner encore plus de monde).

Dans le cursus de la plupart des organismes, il existe trois niveaux de certification. Ainsi, il est possible de devenir au choix, soit praticien certifié, soit maître praticien certifié (les plus chics disent « master » en PNL) et enfin enseignant certifié en PNL La durée de formation pour chacun de ces organismes est variable. Pour le premier niveau, elle dure une trentaine de jours. Pour le second niveau, elle peut être identique ou, pour certaines structures, inférieure (20 jours). Au passage, vous devrez vous soulager de quelques milliers de francs (environ 6 098 € pour un particulier et plus de 9 909 €/ personne pour une entreprise)[12].

Progressivement, on passe à un domaine qui n'a plus rien à voir avec la communication. En effet, beaucoup de praticiens formés à la méthode se positionnent — quand ils interviennent comme « conseils » en entreprise — comme des sujets détenteurs de « la » technique qui peut tout résoudre. Et comme les difficultés sont souvent d'origine psy-

---

11. Par les autres associations de PNL'istes, bien sûr !
12. Il s'agit de tarifs de 1993 que nous avons consultés dans une plaquette publicitaire (environ 40 000 et 65 000 francs). La PNL serait-elle donc un business ?

chologique, certains de ces « conseils » n'hésitent pas alors à se transformer en de véritables « psychothérapeutes »[13], sans avoir bénéficié de la moindre formation en clinique et en thérapeutique.

D - L'absence de fondements scientifiques

La PNL est présentée comme la synthèse d'un travail d'observation et de compréhension. L'élaboration a été rendue possible grâce à l'utilisation d'outils conceptuels et de méthodes bien connues et déjà existantes (théories de « l'école de Palo Alto », linguistique, cybernétique, etc.). La discipline se positionne donc d'emblée dans une perspective scientifique. Mais qu'en est-il au niveau de la réalité ?

1. Le discours sur le statut de la discipline n'est pas homogène

Certains revendiquent clairement le statut de la PNL dans les sciences du comportement. Mais une discipline qui occulte la théorie et qui préfère le pragmatisme, sans aucun souci de vérification, ne peut se prévaloir de la démarche scientifique[14].

Il y a ceux qui expliquent que la PNL « ne se statue pas en tant que théorie mais plutôt en tant que modèle - une série de procédures dont l'utilité, et non la véracité sert à mesurer sa valeur »[15]. En d'autres termes, ce qui validerait cette technique serait tout simplement son « utilité » et non sa véracité. Cette déclaration à elle seule, l'exclut totalement du champ de la démarche scientifique.

Comme le précise d'ailleurs WINKIN, à la lecture de quelques ouvrages de PNL : « l'univers scientifique est régulièrement évoqué à travers des noms et des titres célèbres, mais l'attitude générale n'est pas celle de la recherche, du questionnement, de l'évaluation critique. C'est celle de l'application claire, concrète, rapide sur la base des « découvertes » de la Science » (1990).

---

13. Reconnaissons que l'objectif des séminaires de PNL donnés à l'extérieur de l'entreprise par certains organismes n'est pas de préparer au métier de psychothérapeute, mais combien d'anciens stagiaires — devenus ensuite conseils en entreprise — n'ont-ils pas succombé à cette tentation de se positionner comme tels ? La PNL ne constitue t-elle pas une nouvelle approche de l'humain et de sa personnalité ? Un problème de même nature se pose dans le coaching. Les dérives sont fréquentes et le sont d'autant plus que les personnes sont bien souvent insuffisamment formées.
14. CAYROL, 1989 in WINKIN, 1990.
15. DILTS, 1980.

2. Des évidences communes sont transformées en véritables présupposés

Des évidences, que chacun de nous a pu découvrir, au travers de ses expériences et son vécu, sont transformées en présupposés de la méthode. Certaines sont d'ailleurs « empruntées » à l'expérience clinique et thérapeutique du « groupe de PALO ALTO » et déplacées dans le monde de l'entreprise. Ainsi l'expression : « Nous ne pouvons pas ne pas communiquer »[16] est l'une d'elles.

D'autres « présupposés » sont d'une extrême « richesse » : « Plus nous avons le choix, mieux c'est » (à moins que l'on ne soit masochiste...). « Nous captons et nous traitons les informations venant du monde avec nos cinq sens ». Cette discipline « qui étudie la nature de l'expérience humaine, montre que chaque personne est vraiment unique »[17]. Avions-nous vraiment besoin de la PNL pour le découvrir ?

3. Dans la PNL, la modestie n'est pas de mise

Les auteurs ont découvert la méthode miracle qui fonctionne dans tous les domaines. Ainsi, pour un de ses spécialistes, « la PNL présente des outils spécifiques qui peuvent être appliqués efficacement à n'importe quelle interaction humaine »[18].

L'analyse des personnalités a permis d'établir des modèles, c'est-à-dire une série de comportements efficaces « qui n'étaient auparavant accessibles que de manière intuitive »[19]. Ensuite, logique oblige, la généralisation de cette observation de quelques sujets permet d'aboutir, ô miracle, à « une série de modèles reproductibles et enseignables »[20].

Une telle démarche laisse rêveur. En effet, chaque scientifique connaît pertinemment les problématiques et les limites soulevées par la technique de l'observation (partialité...). Pour l'épistémologue australien A.F. CHALMERS, la position qui voudrait que la base de la connaissance scientifique soit fournie par les observations réalisées par un observateur dénué de tout préjugé, est « absurde et intenable ». En effet, dans cette perspective l'observation et l'expérience ne peuvent être guidées que par la théorie[21]. Or, le problème en PNL est que la théorie ne constitue absolument pas un souci majeur.

---

16. Il s'agit de l'un des principes, non pas de la PNL, mais de la « pragmatique de la communication » étudiée par « l'école de PALO ALTO ». Cet art de l'emprunt est une caractéristique constante de la PNL. Le constat est clair puisque beaucoup de gens pensent faire référence aux concepts de la PNL alors qu'il s'agit de ceux de « l'école de PALO ALTO ».
17. Repères, 1993.
18. DILTS et al., in HEVIN et TURNER, 1995.
19. CAYROL, 1990.
20. Repères, 1993.
21. A. F. CHALMERS, 1988. Il était l'un des meilleurs spécialistes mondiaux en épistémologie des sciences. Il se situait radicalement à l'opposé de l'école du positivisme logique.

Le plus contestable demeure, cependant, ce passage de l'individuel vers le collectif, cette tentative de systématisation à des lois générales. Comme le précise, fort justement, Winkin, il n'existe pas « l'ombre d'une hésitation ou d'une humilité : la vérité est du côté de la PNL » (1990). Sur le terrain de la réalité en entreprise[22], c'est d'ailleurs le même dogmatisme et la même certitude qui se dégagent. Mais le plus extraordinaire, c'est que bien souvent, les « techniques » qui sont mises en œuvre ne relèvent absolument pas de la PNL mais d'emprunts faits çà et là, témoignage concret de la pauvreté conceptuelle des praticiens de cette méthode.

4. L'absence de preuves est un fait constant

Les postulats ou les déclarations sont à considérer comme des vérités que l'on ne peut contester. Comme on pouvait s'y attendre, les preuves qui légitimeraient ces déclarations sont souvent inexistantes. Ce phénomène se retrouve également en gestuologie ainsi que chez tous ceux qui utilisent des typologies, la stratégie demeure la même : on inonde le public de chiffres ou de pourcentages dont la source est inconnue.

Ainsi dans le jargon des PNL'istes, on trouve souvent le code <VAKO>. Ce terme est « utilisé pour noter la structure de toute expérience sensorielle particulière »[23]. En plus simple, les PNL'istes nous apprennent que nous nous servons de différents sens : Visuel, Auditif, Kinesthésique et Olfactif/Gustatif. Pour Grindler et Bandler, « 40 % des gens environ seraient des Visuels, et 20 % des Kinesthésiques »[24]. Bien entendu, aucune source ne vient étayer ces déclarations et on ne sait pas d'où viennent ces pourcentages.

5. Des théories rigoureuses, des concepts et des résultats expérimentaux sont détournés de leur sens

Elles sont destinées à rendre plus « scientifique » une pratique dont les fondements théoriques sont insuffisants. Illustrons notre position par quelques exemples.

La grammaire transformationnelle de CHOMSKY. N. Chomsky, linguiste américain, était à l'origine d'une théorie qui se fondait sur l'origine innée du langage et l'universalité des structures syntaxiques profondes. Dans sa théorie, la grammaire comporte trois composantes : une « composante syntaxique », une « composante sémantique » et une « composante phonologique »[25]. Dans son approche de 1957, la com-

---

22. Nous parlons essentiellement des consultants qui l'enseignent en entreprise.
23. Hevin et Turner, 1995.
24. In Winkin, 1990.
25. La syntaxe peut se définir comme le système de relations qui s'observent entre les différents éléments qui composent une langue. L'aspect sémantique s'intéresse au sens du discours et l'aspect phonologique au son.

posante syntaxique est formée « d'une composante de base » qui permet d'obtenir de chaque phrase une structure profonde et d'une « composante transformationnelle » qui permet, pour chaque phrase, de dériver de sa structure profonde vers une structure de surface[26]. Dans la quatrième version de sa théorie, il abandonnera d'ailleurs le terme de « structure profonde ». La théorie de Chomsky s'inscrit, on le voit, dans une perspective essentiellement linguistique.

Les praticiens de la PNL font constamment référence à la théorie linguistique de cet auteur en « oubliant » toutefois, comme le précise WINKIN, que **les expressions utilisées en PNL et empruntées à la « grammaire transformationnelle » de N. Chomsky sont totalement détournées de leur sens** (1990). Ainsi, les PNL'istes n'hésitent pas à se servir de la « structure de surface » qui, pour eux, devrait « aider le sujet à retrouver son expérience sensorielle initiale et enrichir son modèle du monde »[27]. D'une théorie linguistique, on aboutit à un discours dont l'objectif est thérapeutique. Or devons-nous rappeler au lecteur que les théories de Chomsky n'ont rien à voir avec un tel discours ?

La capacité de la mémoire à court terme[28]. La capacité de la mémoire à court terme — ou mémoire immédiate — a été beaucoup étudiée par les psychologues expérimentalistes et les résultats des différentes expériences ont montré depuis fort longtemps que la capacité de mémorisation d'un sujet variait approximativement de 5 à 9 mots[29]. Ce résultat signifie, par conséquent, que nous sommes capables de retenir, à court terme et surtout de façon **non consciente,** environ 7 plus ou moins 2 éléments d'information.

Or ce résultat a été également repris par les PNL'istes pour être totalement détourné de son sens et de son contexte. Ainsi la capacité de la mémoire immédiate se transforme en PNL, et sans complexe aucun, en un « état dans lequel le sujet utilise ses 7 + ou – 2 unités d'informations disponibles **consciemment** pour capter les informations venant de son monde interne ou externe »[30]. Par conséquent, d'une donnée scientifique issue d'études expérimentales concernant la capacité de notre mémoire à court terme en tant que mécanisme **non conscient,** on aboutit à un système de perception **conscient** qui n'entretient plus aucune relation avec la mémoire. D'autre part, cette capacité ne concernerait

---

26. La structure de surface concerne, pour simplifier, le contenu de ce que nous disons. Quant aux structures profondes et de surface, en réalité « ce sont forcément des structures abstraites car elles n'ont encore reçu ni interprétation en termes de sons, ni interprétation en termes de sens (Reuchlin, 1979).

27. Hevin et Turner, 1995.

28. Encore appelée « Empan perceptif ».

29. S. Ehrlich (1972) *in* Reuchlin, 1979.

30. Hevin et Turner, 1995.

plus l'individu en général mais pour les PNL'istes « l'individu moyen et ordinaire », formulation traduisant une catégorisation de l'homme tout à fait curieuse.

La notion de « kinesthésie ». La terminologie de la PNL fait référence à la neurologie et utilise des mots empruntés à cette discipline. Choisissons, par exemple, l'un de leurs termes « fétiche » : celui de « kinesthé-sie » qui trouve, en effet, sa signification en anatomie et, en particulier, en physio-logie du système nerveux central. *Il concerne la sensation consciente que nous avons des mouvements de notre corps dans l'espace et qui nous ren-seignent sur les positions de ses différentes parties.* Cette définition est d'ailleurs en étroite relation avec l'étymologie du vocable[31].

En PNL, la kinesthésie fait certes référence aux sensations corporelles mais elle s'étend également au domaine des émotions. Cette dérive du sens ne s'arrête d'ailleurs pas là puisque le mot est « utilisé pour rendre compte de ce qui est capté par le sens du toucher », « de ce qui se repré-sente par l'imagerie mentale en sensations et en émotions », etc. Ainsi, le mot utilisé en neurologie a été également détourné, en partie, de son sens. En effet, d'une sensation interne — d'origine musculaire et articu-laire — et consciente qui concerne exclusivement les mouvements de son corps (neurologie), on aboutit à un système de perception qui concerne non seulement ses émotions mais aussi ce que l'on touche, etc. Les PNL'istes iront jusqu'à qualifier les personnes qui ont cette ten-dance à « toucher » autrui, de « kinesthésiques », ignorant probable-ment que cette caractéristique n'est sans doute pas aussi « program-mée » qu'ils pourraient le supposer[32].

Une nouvelle terminologie en remplace une autre : une nouvelle ter-minologie à l'apparence plus « scientifique » en remplace une autre déjà existante. Ainsi on peut parfois découvrir dans le contenu de certaines définitions de la PNL des emprunts de concepts plus anciens issus d'autres disciplines. Choisissons, au hasard, la définition de la « modélisation iso-morphique ». Un extrait nous indique qu'elle « est un processus par lequel l'individu assimile un aspect, une propriété, un attribut de l'autre et se transforme totalement ou partiellement, sur le modèle de celui-ci ».

Cet extrait est pratiquement celui que donnaient déjà Laplanche et Pontalis, dans leur **Dictionnaire de psychanalyse**, il y a presque 30 ans quand ils définissaient le concept « d'identification ». Ainsi ils le décri-

---

31. Du grec *kinein*, se mouvoir et *aisthêsis*, sensation.

32. Nous faisons référence à tous les professionnels de la relation (psychothérapeutes) qui ont été formés aux « psychothérapies par le corps ». Dans ce cas « le toucher » n'est pas quelque chose de « programmé » mais d'appris en tant que technique thérapeutique (Cf. l'excellent ouvrage consacré à ce thème de M.A. Descamps : *Histoire des psychothérapies par le corps*, 1992).

vaient comme un « processus psychologique par lequel un sujet assimile un aspect, une propriété, un attribut de l'autre et se transforme, totalement ou partiellement, sur le modèle de celui-ci »[33].

Cet art de l'emprunt est une stratégie assez banale dans la plupart des « pseudo-sciences » ; la PNL, comme nous venons de le voir n'échappe pas à ce phénomène. Pourtant, cette technique utilise une autre stratégie qui consiste, hormis celle de l'emprunt, à déplacer le sens des concepts pour pouvoir mieux les adapter au contenu de leur technique. Pour reprendre l'exemple précédent, la « modélisation isomorphique » est, pour les auteurs « une fonction naturelle chez l'homme que l'on retrouve dans l'apprentissage de la marche, de la parole, etc. ». Dans cette perspective, l'acquisition se fait donc par le biais d'un apprentissage conscient. Dans la définition de LAPLANCHE et PONTALIS, l'identification est un processus psychologique que le sujet ne peut maîtriser car il n'a pas la possibilité d'y avoir accès (mécanisme inconscient).

D'autre part, il est étonnant que cette définition de « la modélisation isomorphique » s'inspire d'une discipline qui s'intéresse uniquement au passé du sujet (la psychanalyse) et non à « l'ici et maintenant » comme en PNL, ces deux approches étant totalement antagonistes. Sans doute, certains PNL'istes ignorent-ils également la différence qui existe entre l'identification — toujours inconsciente — et l'imitation, strictement consciente.

6. L'interprétation abusive des comportements

Prenons le cas des « mouvements oculaires ». Pour les PNL'istes, il serait possible de procéder à un décodage du mouvement des yeux. Ainsi, il existerait 6 mouvements oculaires qui constitueraient une sorte de grille de lecture[34]. Choisissons un exemple concret et prenons le cas du « visuel ». Si je pose une question à ce sujet (droitier) du type « qu'as-tu mangé hier soir ? », cette personne va regarder en haut et à sa gauche pour s'en rappeler : c'est ce que les PNL'istes appellent le « visuel souvenir ». Si je lui demande de s'imaginer habillé en clown, ses yeux vont se diriger vers le haut et à sa droite : il s'agit du « visuel construit ».

Bien entendu, aucune recherche de validation ne vient étayer ces déclarations. Aucune donnée scientifique ne prouve actuellement qu'il y ait un lien entre la façon dont nous pensons et le mouvement de nos yeux. De telles études seraient pourtant très faciles à réaliser. D'autre

---

33. LAPLANCHE et PONTALIS, *Dictionnaire de psychanalyse*, 1967.
34. Il existerait ainsi 6 mouvements des yeux principaux : en haut à gauche (visuel souvenir), en haut à droite (visuel construit), au milieu à gauche (auditif souvenir), au milieu à droite (auditif construit), en bas à droite (kinesthésique) et en fin en bas à gauche (auditif interne digital). HEVIN et TURNER, 1995.

part, on retrouve ici les indices d'une typologie qui voudrait que le mouvement des yeux renseigne l'observateur sur la valeur de ce que dit le sujet. On retrouve ici les prémisses de toutes les méthodes qui prétendent « lire » dans le comportement d'autrui.

Cette tentation nous paraît particulièrement inquiétante, en particulier dans le cas de procédures de recrutement. En effet, en posant certaines questions au candidat, certains recruteurs ne seront-ils pas tentés — à partir du mouvement des yeux — de croire qu'il est possible de déterminer si un sujet dit ou ne dit pas la vérité ? Cette question nous semble d'autant plus cruciale qu'il semblerait, en effet, que certains organismes de formation prônent l'utilisation de cette technique comme outil d'analyse dans le cadre de l'entretien de recrutement[35].

7. Une notion quelque peu réductrice : celle de programmation

Cette notion centrale en PNL nous paraît la plus contestable. Elle signifie que chacun de nous, tout au long de son développement, a acquis un certain nombre d'automatismes dans sa façon de réagir, de penser, de se comporter. Ces automatismes seraient ensuite utilisés dans les différentes situations que nous rencontrons. Nous disposons donc d'une série de programmes dont nous allons nous servir en fonction des circonstances. Un tel postulat est séduisant mais il est à considérer avant tout comme une hypothèse, que bien entendu aucun PNL'iste n'a réussi à démontrer.

Certes, comme le souligne Winkin, il faut reconnaître que certains de nos comportements constituent bien des automatismes mais peut-on, pour autant, les généraliser à l'ensemble de nos comportements ? D'autre part, ce mot emprunté au langage informatique sous-tend une vision extrêmement déterministe de notre comportement : une fois programmé, l'être humain ne pourrait plus changer le sien car celui-ci serait dicté par ses programmes. Ce postulat légitime, par conséquent, l'action de la PNL : l'intervention d'un praticien de cette discipline permettrait « l'installation » de nouveaux programmes et donc de nouveaux comportements.

Cette vision nous semble non seulement réductrice, mais extrêmement contestable dans la mesure où personne n'a encore réussi à identifier quels sont les facteurs qui interviennent dans un comportement. D'autre part, comme le précise E. Zarifian, « le changement existe dans les comportements psychologiques humains, cela s'appelle l'adaptation aux circonstances ». Cette adaptation va à l'encontre de cette notion de programmation qui présuppose une rigidité de nos comportements.

---

35. Institut Français de Gestion, programme Cadres et dirigeants, 1994-1995.

3. CONCLUSION

Les fondements de la PNL et l'absence d'une vérification sérieuse nous font conclure que cette discipline utilisée dans une optique de recrutement ou de formation ne présente pas la moindre garantie scientifique[36]. Par conséquent nous ne pouvons que partager l'analyse de Y. WINKIN, un des meilleurs spécialistes universitaires en anthropologie de la communication à avoir étudié la question et qui qualifie la PNL de « fraude intellectuelle », « d'exploitation de la confiance » et de « manipulation des idées et des hommes ».

Le succès de la PNL est facile à comprendre : elle explique beaucoup de choses de façon très simple tout en donnant l'illusion que l'acquisition rapide de quelques « recettes » peut permettre à chacun de changer facilement tout un ensemble de ses comportements. Elle fascine par conséquent tous ceux qui sont attirés par une « psychologie naïve et superficielle », qui leur explique « comment faire » sans jamais se préoccuper du « pourquoi ». Il n'y a qu'à prendre l'exemple de cette fameuse « motivation » : qui pourrait encore croire qu'il est possible — comme le prétend la PNL — de motiver les membres d'une équipe à partir de quelques « techniques » ? Ne serait-il pas préférable de chercher à savoir quelles sont les raisons qui peuvent expliquer **pourquoi** telle personne n'est pas motivée plutôt que de se demander **comment** faire pour qu'elle le soit ?

D'autre part, et ceci fait partie de leur stratégie, beaucoup de leurs postulats sont présentés comme des faits reconnus par la communauté scientifique. Choisissons par exemple la « théorie des deux cerveaux »[37] : ce paradigme a séduit depuis longtemps le monde de l'entreprise, en particulier le management, or cette théorie est à considérer uniquement comme une hypothèse car jamais encore elle n'a été

---

36. Rares sont les consultants qui critiquent ouvertement cette méthode. L'un d'eux, ayant lui même mis en œuvre cette technique en tant que consultant pour l'un des plus importants cabinets-conseils français, avouera pourtant, en y faisant référence « que le miracle n'a pas eu lieu », traduisant bien le fossé existant entre les affirmations bien souvent péremptoires des praticiens de la PNL et la réalité de terrain (LE MOUEL, 1991).

37. Certains auteurs ont proposé que chacun des hémisphères cérébraux était spécialisé dans des processus mentaux différents. Ainsi l'hémisphère gauche serait à la base de la pensée abstraite, analytique, linéaire, séquentielle....et serait à l'œuvre dans le langage et les mathématiques. L'hémisphère droit serait, quant à lui spécialisé dans tout ce qui est intuitif, créatif, émotionnel....et trouverait son expression dans la création artistique. Une telle vision des choses est séduisante, mais malheureusement, comme le soulignait Henry HEACAN, Directeur de Recherches à l'INSERM, « cette systématisation est encore spéculative » et n'a jamais été confirmée (in *La recherche en neurobiologie*, 1988). La Psychiatre G. SAINT JAMES est plus nuancée : « Ce n'est sans doute pas entièrement faux mais il faudrait tenir compte, non pas seulement des hémisphères cérébraux mais de toutes les structures internes au cerveau : hippocampe, noyaux, hypothalamus...».

confirmée. Il est donc surprenant que certains auteurs puissent parler de « jeune science » à propos d'une « technique » qui ne possède pas la moindre démarche scientifique. On est encore plus surpris de l'importance que prend la PNL quand on sait les relations « qu'elle entretient avec les mouvements « New age »[38] ou « spirituels » inspirés du bouddhisme ZEN[39].

D'autre part, n'oublions pas que la PNL se fixe pour objectif de trouver des comportements qui puissent influencer autrui or, et ceci est à souligner, cet ensemble de comportements trouve sa force non pas dans les techniques elles-mêmes, comme beaucoup de praticiens le supposent, mais dans une relation de suggestion hypnotique qui ne dit jamais son nom mais dont on trouve les fondements dans le « processus de l'ancrage » ou le « Modèle Milton ». Et comme on sait que ce type de relation ne fonctionne que sur une population extrêmement limitée en nombre, il n'est donc pas étonnant que certains auteurs — eux-mêmes anciens consultants en PNL — avouent, au travers de leur expérience, que le miracle tant escompté, en matière de communication, n'a pas eu lieu[40].

Il est vrai que lorsque l'on débat avec des PNL'istes, on est souvent étonné par leur discours qui ressemble beaucoup plus à ceux que peuvent délivrer certains adeptes de sectes[41]. Comme le souligne justement Y. WINKIN en parlant du « discours prophétique » de la PNL, elle « relève *in fine* du phénomène religieux. Il est normal qu'on la persécute »[42].

---

38. WINKIN, 1990.

39. Cf. *Journal des Psychologues* n° 123, p. 8. « Et mal compris » nous précise, par ailleurs, un de nos amis spécialiste en ce domaine.

40. LE MOUËL, 1991. Il faut au moins oser le reconnaître, cette « technique » qui avait pour ambition « d'atteindre l'excellence en communication » a montré que la face des entreprises françaises qui en avaient bénéficié pendant des années n'avait pas fondamentalement changé. Cette ambition n'était-elle pas finalement trop démesurée ?

41. BALICCO, 2000.

42. WINKIN, 1990.

QUATRIÈME PARTIE

*La pratique en cabinet-conseil,
la réglementation en ressources
humaines et la protection
des candidats*

CHAPITRE 10

DÉCALAGES ET PARADOXES AU

SEIN DES CABINETS-CONSEILS

1. « LES CABINETS-CONSEILS » EN RECRUTEMENT

Dans ce nouveau chapitre, nous avons volontairement choisi de nous intéresser en priorité aux « cabinets-conseils » spécialisés dans le recrutement (par approche directe ou par annonces). En effet, ces structures interviennent de plus en plus souvent dans le recrutement des cadres et des cadres-dirigeants (approche directe). Cette activité de « conseil » nous semble d'autant plus fondamentale qu'un nombre grandissant d'entreprises, de taille moyenne, font appel à ce type de structure pour les aider dans leur choix. Les très grandes entreprises ont également recours à ces cabinets notamment pour des missions ponctuelles, qu'elles estiment ne pas pouvoir réaliser elles-mêmes (« chasse de têtes », procédure d'*out placement*, etc.). Notons au passage la « subtilité » de la démarche du conseil en recrutement qui procède bien à la sélection de candidats mais qui ne décidera jamais (officiellement) lequel il faut choisir. C'est en effet, toujours le client qui fera ce choix final (après les quelques conseils judicieux et « neutres » fournis par son consultant[1]).

Le consultant qui a pour mission de sélectionner des candidats a une importante responsabilité. On pourrait donc s'attendre à ce qu'il fasse partie d'une communauté professionnelle dont l'activité est réglementée. Ce n'est, malheureusement, pas le cas et **chacun est libre de s'installer du jour au lendemain et de s'intituler « Conseil en Ressources Humaines ».** Le « conseil en recrutement » peut donc être aussi bien un graphologue qu'un astrologue ou un pur autodidacte féru de psychologie quotidienne. La formation des responsables de cabinets est un élément important car c'est à partir de celle-ci et, aussi de leur personnalité, que vont graviter la culture, les idéaux et les croyances de la structure. Ainsi, si tel responsable de cabinet est un fervent défenseur de la gestuologie ou de la graphologie, il y a fort à parier que la totalité des consultants qui travaille pour lui soit contrainte d'utiliser ces différentes techniques.

---

1. « Vous faites comme vous voulez mais si j'étais vous, je serais tenté de choisir ce candidat ».

Il semblerait que la caractéristique que partagent une grande majorité de ces « professionnels » soit une passion pour « la psychologie humaine » où l'on cherche à évaluer beaucoup plus les caractéristiques de personnalité d'un sujet que ses compétences professionnelles. D'autre part, il n'est pas rare que la psychologie scientifique soit encore confondue avec d'autres disciplines avec lesquelles elle ne partage pourtant absolument rien (graphologie, morphopsychologie, psycho-astrologie, etc.) et qui pourtant interviennent dans la sélection et la prise de décision.

2. DÉCALAGES ENTRE RÉSULTATS ET PRATIQUES

Le lecteur a sans doute remarqué que deux argumentations étaient fréquemment mises en avant dans la quasi-totalité des offres d'emploi que font paraître, dans la presse, les cabinets-conseils. Dans la première on découvrira que telle structure est reconnue « pour la qualité » ou le « haut degré de son expertise » ou encore pour « son haut niveau de compétences », etc. La seconde concerne l'éthique. Ainsi on découvrira que toutes les structures possèdent une « éthique très forte », « un respect des candidats », etc. Ces argumentations se retrouvent dans les interviews que peuvent accorder certains consultants ou responsables de cabinets, à la presse spécialisée (Ressources Humaines et Économie).

Or, n'est-il pas paradoxal de prôner son « haut niveau d'expertise » ou « la fiabilité éprouvée de ses procédures » quand on utilise précisément des méthodes dont rien ne prouve la fiabilité ? N'est-il pas prétentieux de fonder son jugement sur sa seule expérience de l'entretien ou sur des méthodes-maison dont on n'a jamais vérifié la pertinence ?

Certes, il n'est pas question dans ce chapitre de généraliser notre analyse à l'ensemble des structures-conseils car nous savons pertinemment qu'il en existe probablement certaines qui utilisent des méthodes d'évaluation dont la validité en matière de sélection professionnelle a été éprouvée. Nous savons aussi que beaucoup d'entre elles attachent une grande importance à l'éthique. Le respect de ces idéaux est en effet fondamental. C'est sans doute pour ces différentes raisons, que ces professionnels du Conseil en Ressources Humaines, ont décidé d'élaborer des « chartes », des « codes d'éthique » ou de « déontologie » pour protéger le public et lui garantir un certain niveau de qualité. Pour appartenir à ces « associations » ou ces « confédérations », il suffit d'en faire la demande et de répondre à un certain nombre d'exigences. Le cabinet devient ensuite « membre » ou « adhérent » de l'une de ces organisations (syndicales).

Toutefois, que valent les déclarations de ces « chartes » et de ces « codes d'éthique » ? Sont-elles conformes à la réalité de ce que nous avons pu apprendre dans les chapitres précédents ? Représentent-elles de véritables garanties ? Pour répondre à ces différentes questions nous avons choisi de nous référer aux différents textes de façon approfondie[2].

A - La validité des techniques

La notion centrale de validité des techniques est, la plupart du temps, présentée de façon explicite, seul le code de déontologie de l'APRO-CERD n'y fait pas référence. Cette notion serait-elle considérée par cette organisation comme secondaire quand il s'agit de procéder au recrutement ou à la « recherche » de cadres et de cadres-dirigeants ?

Pour le reste, on constate en fait de nombreux parallélismes dans le contenu des différentes déclarations. Ainsi, dans les « engagements déontologiques » de la CSNCR, « le Conseil en recrutement s'engage : (...) à ne recourir qu'à des techniques d'analyse présentant un maximum de garanties de sérieux, d'efficacité et d'objectivité ». Pour le SYNTEC, l'esprit est le même, puisque le Conseil en recrutement « ne recourt qu'à des techniques d'analyse éprouvées et qu'il maîtrise ». La Charte Universelle des Conseils en Recrutement va plus loin puisqu'elle précise que le Conseil en recrutement « met en œuvre des moyens et des méthodes maîtrisés et validés qu'il emploie à perfectionner régulièrement ».

Cette notion de validité est donc bien considérée comme une préoccupation majeure pour la quasi-totalité de la profession. Mais ce qui est inscrit sur le papier correspond-il à la réalité de terrain et cette notion est-elle à appréhender dans une optique scientifique ou dans un sens beaucoup plus commun ? Certes, il est difficile de répondre catégoriquement à cette question. Aussi, par souci d'objectivité, avons-nous préféré étudier le contenu des différentes enquêtes et interviews qui ont été menées auprès des conseils en recrutement ces dernières années[3]. Nous ne présenterons pas toutes les méthodes utilisées dans les cabinets conseils mais uniquement celles qui sont considérées, par leurs responsables, comme étant les plus pertinentes et les plus fiables.

Parmi les méthodes existantes, quatre sont systématiquement citées : l'entretien, la graphologie, la vérification des références et les tests, en particulier de personnalité.

2. Pour cette analyse, nous nous sommes basés sur l'étude des documents suivants : Code de déontologie de l'APROCERD (Association Professionnelle des Conseils d'Entreprise pour la Recherche de Dirigeants), Code d'Éthique Professionnelle des Conseils en Recrutement du SYNTEC (Chambre syndicale des Sociétés d'Études et de Conseils), Charte universelle des Conseils en Recrutement et Charte de déontologie des membres de la chambre syndicale nationale des Conseils en Recrutement (CSNCR).
3. Il s'agit d'enquêtes réalisées par des revues spécialisées dans le domaine des ressources humaines, il s'agit également de revues ou de journaux économiques.

L'entretien : il s'agit de la méthode la plus fréquemment employée dans le recrutement[4]. Pour certains professionnels du conseil, il permettrait de déterminer, non seulement les caractéristiques psychologiques d'un candidat, mais aussi sa « motivation » pour le poste. Bien souvent l'entretien constituera le pivot d'une procédure de sélection et c'est d'ailleurs à partir de celui-ci que la prise de décision se fera.

Bien entendu, l'entretien demeure une technique indispensable et ne pas le mettre en œuvre serait, probablement, se priver de tout un ensemble d'informations. **En revanche, ce qui est contestable c'est d'octroyer à cette technique une aussi grande importance.** Nous avons vu, en effet, que l'entretien constituait une méthode à la validité prédictive extrêmement faible. D'autre part, est-il vraiment possible d'identifier l'importance de la « motivation » d'un candidat pour un poste ? Certes, sans doute pourra-t-on savoir si le sujet est intéressé ou non par le poste mais pourra-t-on parler de « motivation » ? Si tel était le cas, qui pourrait affirmer que la nature de cette motivation puisse être la même une fois le sujet en fonction ? Et finalement, est-il vraiment sérieux de vouloir la transposer d'un simple entretien — où par définition, tout le monde est motivé — à la situation professionnelle réelle, où ce n'est plus nécessairement le cas ?

La graphologie : selon les responsables de cabinets qui l'utilisent, elle serait une technique fiable à condition de la mettre en œuvre après un entretien. Dans ce cas, elle servirait à confirmer ou à infirmer une opinion que l'on a pu se faire au sujet d'une personne. Pour d'autres cabinets — parfois ce sont, paradoxalement, les mêmes — elle constituerait une technique qui permettrait de faire une première sélection — le « tri graphologique » — dans ce cas elle servirait à identifier les candidats qui n'auraient pas été retenus dès le départ.

Un tel engouement pour la graphologie, utilisée en tant que technique de sélection et d'évaluation, est surprenante. Il serait d'ailleurs intéressant d'identifier auprès des principaux acteurs, quelles sont les raisons qui expliquent pourquoi cette technique — souvent qualifiée de « passion française » — continue d'être utilisée aussi fréquemment dans les structures, alors que la quasi-totalité des nations économiquement équivalentes à la nôtre l'ont progressivement abandonnée.

Nous avons vu, par ailleurs, que cette technique constituait l'une des plus contestables qui soit, en particulier à cause de sa totale incapacité à prévoir la réussite professionnelle. Quant à la technique du « tri gra-

---

4. Le fait que l'entretien soit la principale méthode utilisée est également confirmée par Jacques Landreau, Président de la Confédération Française de Conseil en Recrutement. Il suffit tout simplement d'avoir une « oreille ouverte », juin 1994, France 2.

phologique », on peut légitimement supposer, au regard des résultats déjà obtenus par la graphologie, que sa valeur ne doit pas être meilleure que si on choisissait, parmi un ensemble de dossiers de candidatures, quelques lettres manuscrites au hasard[5].

Reconnaissons tout de même que devant l'afflux massif de candidatures, les cabinets-conseils ne disposent malheureusement d'aucune autre méthode qui soit aussi rapide et aussi peu coûteuse pour opérer cette première sélection. Mais une absence de méthode véritablement fiable légitime-t-elle pour autant la mise en œuvre du « tri graphologique » ?

Certains professionnels affirment également que la qualité d'une analyse graphologique dépend étroitement des compétences du graphologue qui l'a effectuée[6]. Implicitement, il y aurait donc des graphologues dont les compétences seraient supérieures à d'autres, le tout est de savoir quelles sont ces compétences et quels sont les critères qui permettent d'opérer un tel choix entre les graphologues. Ces derniers seraient-ils recrutés à partir de l'analyse de leur écriture ?[7]

Certains tentent également de légitimer la valeur de la graphologie quand celle-ci est utilisée après un entretien. Implicitement, le présupposé sous-jacent est limpide : la graphologie serait une technique fiable car on retrouverait dans l'analyse des éléments qui corroboreraient ceux que l'on a pu trouver dans l'entretien. Nous avons vu pourtant que l'entretien traditionnel ne possédait qu'une fiabilité toute relative. Or, cette logique voudrait que l'on associe à une première subjectivité — celle de l'entretien — une seconde, celle de la graphologie. Comment serait-il alors possible de légitimer la graphologie à partir d'une technique dont la fiabilité est reconnue comme étant déjà extrêmement faible ?

La vérification des références : bien que cette procédure soit utile, voire indispensable pour certaines fonctions, elle soulève de multiples questions pratiques que nous avons déjà eu l'occasion de traiter. Il n'est donc pas étonnant qu'elle constitue, comme nous avons pu le voir, une méthode qui ne peut guère prévoir la réussite professionnelle de façon décisive[8].

---

5. Il est en effet impensable de croire, ne serait-ce qu'un instant, que cette prétendue méthode permet d'opérer une présélection véritablement fiable.

6. Nous avons vu que le fait d'être un graphologue expérimenté ne constituait nullement un gage de validité de sa méthode.

7. Nous reconnaissons ici la problématique de la poule et de l'œuf.

8. La validité de cette technique est extrêmement faible. Rappelons pour l'anecdote que tous les chercheurs qui ont vérifié sa validité sur le terrain n'ont trouvé que des résultats très faibles qui variaient de .10 (SMITH et al, 1989) et de .17 à .26 pour l'excellente synthèse de ROBERTSON (Échantillon de 5 000 personnes, 1988).

Nous terminerons enfin par l'une des méthode les plus utilisées : celle des **tests** et en particulier **des tests de personnalité.** Souvent, certaines structures n'hésitent pas à prétendre que l'évaluation de la personnalité d'un candidat est très importante pour prédire sa réussite — ou son échec — dans un poste. Beaucoup de psychologues exerçant en cabinet souscrivent aussi à cette idée.

Mais nous avons vu que la quasi-totalité des tests de personnalité « traditionnels » utilisés, en général dans les structures-conseils, ne possédaient pas la moindre valeur en matière de pronostic professionnel. Par conséquent, si ces épreuves peuvent effectivement décrire la personnalité d'un candidat, ils ne sont cependant pas en mesure de prédire sa réussite ou son échec. Paradoxalement, nous pensons qu'il est pourtant nécessaire de les mettre en œuvre[9]. Une telle utilisation nécessite néanmoins deux exigences qui nous paraissent fondamentales. La première concerne les résultats issus de ces tests : de par leur nature, ils ne devraient être connus que par un nombre limité de personnes — le psychologue et le candidat — et considérés comme des informations strictement confidentielles. La seconde concerne la perspective d'utilisation de ces résultats : ils ne devraient être utilisés que pour compléter ou enrichir la description d'un candidat — en d'autres termes, pour mieux le connaître — et non pas, comme c'est trop souvent le cas pour prédire ses chances de succès ou pour prévoir comment il se conduira dans son poste, vis-à-vis de son responsable, etc.

La faible validité prédictive, aussi bien des « questionnaires de personnalité » que des « techniques projectives » — utilisés en entreprise ou en cabinet — ne constitue pas un fait bien surprenant. En effet, la quasi-totalité de ces tests « traditionnels » a été à l'origine élaborée dans une perspective essentiellement clinique. Or, pour qu'un outil soit en mesure de prédire la réussite (ou l'échec) d'un candidat, il est indispensable qu'il y ait un lien défini et prouvé entre celui-ci et le poste. Seule une analyse de travail permet d'aboutir à ce résultat. Nous avons vu, en effet, qu'une analyse préalable de ce type permettait de construire des questionnaires dits « sur mesure » à la validité beaucoup plus satisfaisante.

Nous venons donc de constater que les quatre techniques les plus fréquemment citées par les responsables de cabinets — et reconnues comme étant fiables par ces professionnels — ne pouvaient être considérées comme pertinentes en matière de sélection professionnelle. Cette notion de validité dont chacun se réclame possède donc un sens beaucoup plus restreint que celui que nous avons utilisé dans le cadre de cet ouvrage. Nos conclusions rejoignent d'ailleurs les résultats d'une

---

9. Nous faisons ici référence exclusivement aux questionnaires ou aux inventaires de personnalité.

étude[10] qui nous indiquaient qu'en France **les techniques les plus fréquemment utilisées étaient aussi celles qui étaient les moins fiables,** motivant leurs auteurs à souligner que « les résultats observés laissent supposer que les consultants français ne fondent pas prioritairement leur choix sur la validité des prédicteurs ».

Bien entendu, nous ne généraliserons pas notre analyse à l'ensemble des cabinets-conseils. Nous savons pertinemment que nombre d'entre eux, qui ne font pas nécessairement partie des enquêtes, utilisent dans leur pratique quotidienne des outils ou des techniques à la validité beaucoup plus élevée comme les « tests de situation » ou les « tests cognitifs ». Citons également ceux qui mettent en œuvre la technique des « Assessment Centers »[11].

D'autre part, il faut reconnaître que beaucoup de consultants n'ont guère le choix dans l'utilisation de leurs techniques. Non seulement, elles font partie de la culture de leur cabinet — il est par conséquent délicat de les remettre en cause — mais reconnaissons qu'il est souvent difficile de se passer de certaines d'entre elles (comme l'entretien par exemple). En revanche, le fait de connaître la faible validité des méthodes que l'on est parfois contraint d'utiliser peut relativiser la valeur même qu'on leur accordera quand il s'agira de prendre une décision. Pour être plus concret, un consultant s'attachera beaucoup plus au résultat d'un Assessment Center qui lui a montré que le candidat était un bon négociateur plutôt qu'au contenu d'un entretien ou d'une analyse graphologique qui ont très bien pu indiquer le contraire.

B - L'éthique

1. Éthique et chiffre d'affaires : existe-t-il une opposition ?

La distinction que nous opérons entre la validité des méthodes et la notion d'éthique est artificielle. **Mettre en œuvre des outils ou des méthodes contestables — c'est-à-dire à la validité médiocre, incertaine ou nulle — c'est déjà ne plus obéir à des règles éthiques.** On oublie trop fréquemment que s'il est vrai que l'erreur coûte cher — aussi bien au Cabinet qu'à l'entreprise — il n'en demeure pas moins que l'élément central en jeu reste l'être humain que l'on a en face de soi. De quel droit, en effet, peut-on prendre le risque de se tromper ?

Mais de quoi parle-t-on au juste, quand on fait référence à l'éthique ? Sa mise en œuvre, au sein d'une structure-conseil est-elle possible ? Est-elle réaliste ?

---

10. Bruchon-Schweitzer et Ferrieux, 1991.
11. Rappelons au lecteur que ces différentes techniques d'évaluation constituent les meilleurs prédicteurs que nous ayons de la réussite professionnelle future.

L'éthique, dans sa définition, que le mot soit un adjectif ou un nom, concerne « les principes de la morale » (adjectif) ou constitue même un synonyme de celle-ci. **Or la morale repose avant tout sur des principes, des règles et des valeurs.** Et la meilleure manière de la mettre en avant, n'est-elle pas simplement de la faire vivre quotidiennement au cours de sa pratique ?

Il est vrai que cette éthique, dont chacun se réclame, peut être « assouplie » par la nature même des relations qui unit un Cabinet et son client. Ainsi, quand le responsable d'une entreprise-cliente demande à un Cabinet de lui transmettre le compte rendu d'une analyse graphologique, il lui est difficile de s'y refuser, sous peine de froisser le client. Un cabinet, même si son rôle est d'apporter un conseil, ne peut courir le risque de perdre un client, dont le chiffre d'affaires demeure le garant de sa pérennité. Beaucoup de consultants préfèrent répondre aux demandes de leurs clients plutôt que d'expliquer pour quelles raisons telle méthode est meilleure qu'une autre. Ils savent très bien que c'est toujours le client qui décide. Il semblerait que beaucoup de responsables aient tendance à se préoccuper plus des modalités d'utilisation des outils (facilité d'utilisation, simplicité conceptuelle, etc.) que des spécificités liées à leur fiabilité. Ce constat doit sans doute expliquer aussi en partie pourquoi la France, en matière d'évaluation et de sélection professionnelle, est regardée, vue de l'étranger, avec autant d'étonnement.

2 - Les trois paramètres qui empêchent la mise en œuvre d'outils valides

Si la dimension commerciale semble pouvoir expliquer pourquoi il est difficile d'utiliser des techniques fiables, il semblerait également que des considérations beaucoup plus concrètes interviennent. Ainsi, l'étude de BRUCHON-SCHWEITZER (1991) souligne que « ce que l'on attend des méthodes est plus d'ordre pratique : économie (rapport qualité/prix), applicabilité (par les consultants), acceptabilité (par les candidats) que d'ordre théorique (la validité des méthodes utilisées ne préoccupe pas du tout les services interrogés par exemple) ». Intéressons-nous à chacune de ces trois dimensions :

L'économie : cette dimension pourrait sembler légitime dans le cas d'une activité traditionnelle mais peut-on la considérer comme telle dans un secteur aussi sensible que celui des Ressources Humaines où par définition, ce ne sont plus des marchandises que l'on gère mais des « êtres humains » ? Or, quand il s'agit d'évaluer l'humain, les implications nous semblent beaucoup trop lourdes de conséquence pour que l'on puisse sacrifier une méthode, qui a prouvé sa fiabilité, à cause de son coût jugé trop élevé. Force est de constater que la fiabilité (validité) d'une méthode, qui pourtant constitue une donnée centrale, passe **après** son coût.

Cette notion d'économie est d'ailleurs étroitement liée à celle relative au « temps passé ». C'est ce qui explique en partie pourquoi toutes les méthodes marginales ont autant de succès. La rapidité est leur point commun : rapidité de la mise en œuvre, rapidité de la passation et rapidité quant à l'obtention des résultats. Prenons le cas de la graphologie : une simple lettre manuscrite suffit, il n'est même pas nécessaire de convoquer le candidat, l'analyse d'une écriture est extrêmement rapide. Mettons-nous un instant à la place d'un consultant ou d'un responsable de cabinet : pourquoi utiliserait-il des méthodes plus coûteuses et plus « lourdes » à gérer alors qu'il dispose de toute une panoplie de techniques à la mise en œuvre beaucoup plus rapide ? Pourquoi se tournerait-il vers d'autres méthodes alors qu'il est déjà convaincu de la fiabilité de celles qu'il utilise ?[12]

Cette notion de rapidité explique sans doute pourquoi certaines méthodes sont très faiblement utilisées en France et ce, bien que leur fiabilité ait été établie : c'est le cas, par exemple des « Assessment Centers » à la mise en œuvre et à l'investissement beaucoup plus lourd que les méthodes traditionnelles (entretiens, graphologie, etc.).

L'applicabilité : si une méthode n'est pas facile à mettre en œuvre, elle ne pourra jamais être utilisée même si elle est valide. Une méthode applicable est non seulement simple à faire passer mais surtout rapide. D'autre part, l'utilisation des méthodes d'évaluation doit être à la portée du plus grand nombre, sans doute est-ce pour cela que les techniques les plus simples à maîtriser sont aussi celles qui sont les plus utilisées[13].

Acceptabilité : elle traduit une reconnaissance de l'outil par le candidat. Elle est en relation étroite avec « la validité apparente » où le sujet considère la méthode qui lui est soumise comme pertinente et adaptée à la situation. Dans la réalité, si le sujet ne reconnaît pas la méthode comme acceptable, il n'a guère le choix de la refuser, principalement pour des raisons économiques, que nous avons déjà eu l'occasion de souligner.

Ainsi les préoccupations d'ordre théorique, en particulier de validité, ne semblent pas majoritairement intéresser les structures-conseils. Or il nous semble quelque peu prétentieux de faire référence à l'éthique quand on dissocie la fiabilité des outils de considérations pratiques.

---

12. La problématique est exactement la même en entreprise.
13. Ou, en d'autres termes, les plus simples à comprendre intellectuellement.

C -D'autres éléments de réalité

1. La formation des consultants

L'objectif majeur de la plupart des structures de « Conseil en Ressources Humaines » ou des services de recrutement des entreprises, est de faire connaissance de manière approfondie avec le sujet. Quelle que soit la nature de la rencontre — recrutement, Bilan de compétences, mobilité interne — le « spécialiste » va chercher à connaître chez le sujet un certain nombre de dimensions. Ainsi, il tentera d'évaluer les caractéristiques de sa personnalité, il cherchera probablement à évaluer ses aptitudes, ses connaissances, peut-être sa motivation et il fera même des prédictions : en un mot il fera de la « psychologie ».

Malheureusement, et contrairement à ce qui se passe dans les pays anglo-saxons, il règne encore une confusion entre la psychologie de tous les jours (« psychologie naïve ») et la psychologie universitaire et scientifique. Les conséquences en sont fâcheuses car se tromper sur les caractéristiques de personnalité ou sur la motivation d'une de nos relations est une chose ; se tromper de candidat à cause de la certitude que l'on a pu avoir des inférences psychologiques réalisées pendant un entretien de recrutement en est une autre.

La psychologie quotidienne n'a jusqu'ici, jamais permis à quiconque de vérifier si ce qu'il inférait, à partir d'un entretien par exemple, était juste. Elle n'a jamais permis de connaître les indications d'un outil, ses conceptions théoriques sous-jacentes, ses modalités d'utilisation et ce qui est encore plus important, ses qualités psychométriques. Cette connaissance n'est malheureusement pas innée. Comment est-il possible en effet de choisir un outil quand on ne connaît même pas les critères qui permettent de les distinguer entre eux ? Cette psychologie quotidienne marquée du sceau de la simplicité conceptuelle, ne serait-elle pas responsable de l'utilisation de toutes ces techniques marginales ?

Quant à la formation des consultants, elle est variable et dépend beaucoup de la structure et de son mode d'approche. Ainsi, il semblerait qu'il y ait beaucoup plus de psychologues dans les cabinets-conseils « traditionnels » — qui font du recrutement par annonces — et très peu parmi ceux qui pratiquent exclusivement l'approche directe (les « chasseurs de têtes »). Ainsi, dans l'échantillon étudié par BRUCHON- SCHWEITZER et FERRIEUX, **44 %** des consultants ont une formation psychologique[14], ont une

---

14. Le rapport LYON-CAEN parle « de formation de psychologue », formulation pour le moins inexacte qui peut entraîner une confusion dans l'esprit du public : celle de faire croire au lecteur que 44 % des consultants sont Psychologues (c'est-à-dire possesseurs du titre), ce qui n'est manifestement pas le cas. L'auteur auquel Monsieur LYON-CAEN se réfère, Mme BRUCHON-SCHWEITZER, fait bien référence à une « formation psychologique », car si certains sont effectivement psychologues, d'autres possèdent des diplômes qui ne leur permettent pas d'user de ce titre (Licence, Maîtrise, par ex.).

formation juridique, commerciale, littéraire et économique, **26,5 %** ont une formation scientifique et **1,5 %** ont une formation en secrétariat et en graphologie (1991). Dans notre échantillon, si certains se présenteront comme étant des psychologues de formation, aucun d'entre eux ne sera en mesure de nous préciser sa faculté d'origine preuve que l'amnésie est un symptôme relativement fréquent chez certains consultants[15].

Il est curieux de constater que dans le domaine de la sélection professionnelle, il y ait aussi peu de psychologues alors que la quasi-totalité de ces structures utilisent des outils d'évaluation de nature essentiellement psychologique. Existerait-il, par hasard des consultants qui utilisent des **méthodes d'évaluation psychologique sans la moindre formation ?** Un tel constat serait pour le moins inquiétant surtout quand on connaît le haut niveau de formation pour maîtriser totalement ces techniques. Pour notre part, il est fort probable que le pourcentage des personnes possédant une formation non psychologique soit nettement plus élevé. Ainsi, en consultant une publication relativement récente, nous avons découvert qu'il y avait, dans le domaine de la graphologie, 47 Cabinets membres du Syndicat des Graphologues Professionnels (Paris et province) et 84 Cabinets membres du Syndicat des Graphologues-Conseils Diplômés, dont plus de 70 % à Paris et en Région Parisienne. Un constat édifiant et inquiétant[16].

2. Les psychologues et leur réalité

Restons tout de même réalistes : en tant que salarié — ou en free lance — les psychologues — qu'ils soient consultants ou non — n'ont guère le choix au niveau des outils qu'ils utilisent. Il est vrai qu'ils peuvent parfois mettre en œuvre leurs propres tests, mais cela demeure bien rare car ils seront souvent obligés de se plier à la méthodologie du cabinet dans lequel ils exercent. Le plus difficile est d'utiliser des outils que l'on sait non valides. Cette adhésion forcée à la « philosophie » du cabinet pose d'ailleurs aux psychologues des problèmes éthiques difficiles à résoudre et qui les placent dans une position qui n'est pas toujours facile à vivre...

3. En guise de conclusion

En France, en matière de Ressources Humaines, l'absence de législation et par conséquent d'obligations pour s'installer, favorise une pratique professionnelle insuffisante d'un certain nombre de cabinets-conseils. Il semblerait qu'en France il soit difficile, pour certains cabinets, de pouvoir associer professionnalisme[17] d'une part et rentabilité

---

15. Balicco, 1999.
16. *Challenges*, Dunod, 1988.
16. C'est-à-dire validité des techniques utilisées et valeurs éthiques associées.

d'autre part. Or, ces deux notions ne sont nullement inconciliables : beaucoup de structures attachent en effet autant d'importance à la fiabilité des outils et à l'éthique qu'à la rentabilité. Cette antinomie ne serait-elle pas l'indice d'une résistance de nature beaucoup plus psychologique qu'autre chose ?

D'autre part, en ce qui concerne la validité des outils mis en œuvre, le fait d'appartenir à un syndicat professionnel ou à une association ne constitue pas, à l'heure actuelle, un gage suffisant de garantie. Il semblerait, en effet, qu'il existe un fossé — plus ou moins grand selon les structures — entre les idéaux théoriques et la réalité pratique annoncée.

Enfin, nous souhaiterions terminer cette conclusion, en précisant que si une certaine forme de corporatisme a pu se dégager de ce chapitre, elle n'est pas due au hasard mais à **la réalité des faits** qui prouvent qu'il y a beaucoup plus de chances d'échapper au charlatanisme de certaines pratiques quand il existe, au sein de la structure, des psychologues. Ce constat est confirmé par une enquête dans laquelle les auteurs nous indiquent que les résultats obtenus « **confirment l'influence des structures et de la formation des consultants sur le choix des pratiques** »[18]. Ainsi dans les structures qui emploient des psychologues, on peut véritablement parler d'une meilleure fiabilité quant à la pratique. Celle-ci se traduit notamment par « l'emploi de méthodes valides et le rejet des techniques non validées » (comme la graphologie). Ce sont également des structures qui ont des « activités de recherche pour améliorer les outils ». Ce type de recrutement est le plus fréquent dans les entreprises nationalisées, et comme le soulignent fort justement les auteurs, il « constitue une sorte de modèle (...) vers lequel devraient tendre les autres structures ». L'autre type de structure correspond à celles qui n'emploient pas de psychologues. Ce type de recrutement, qui s'oppose au précédent, s'appuie « exclusivement sur l'entretien, sans confirmation par d'autres méthodes et sans recherches pour améliorer la fiabilité de la procédure ».

Les résultats de cette enquête ne sont pas faits pour nous surprendre. En effet, la logique des grandes structures (entreprises ou cabinets importants) et en particulier des entreprises nationalisées est différente de celle de certains cabinets. La logique des cabinets est avant tout une logique de profit et, pour les plus petits d'entre eux, de profit à court terme. Par conséquent, jamais ils ne perdront de temps à utiliser des méthodes « lourdes » à gérer, jamais ils ne gaspilleront leur énergie à faire de la recherche (même s'il faut reconnaître que ce n'est pas tout à

---

18. Bruchon-Schweitzer et Ferrieux, 1991.

fait leur vocation). Dans le meilleur des cas, ils pourront faire appel à des psychologues qu'ils rémunéreront en honoraires (Free lance). **Ce n'est pas la logique de profit qui en soi est contestable, mais plutôt une certaine pratique qui parfois en résulte.**

Les cabinets les plus importants ont également une logique de profit mais elle se situe plutôt à moyen voire à long terme. Financièrement sains, ils ont les moyens de compter plusieurs psychologues dans leur équipe. On leur accorde parfois une certaine liberté et ils peuvent effectuer quelques recherches.

Quant aux grandes entreprises, notamment nationalisées, leur logique est différente et dans leurs services de recrutement qui n'obéissent pas à des critères immédiats financiers de rentabilité, il est beaucoup plus facile d'exercer ses talents. Certaines entreprises de ce type représentent « le nec plus ultra » en matière de recrutement : c'est le cas en particulier du Service de Psychologie Appliquée de la SNCF. Leur excellent niveau d'expertise est dû notamment à des raisons **historiques.** Dès le départ, la SNCF faisait preuve d'avant-gardisme en faisant appel à des psychologues spécialistes de la psychométrie. C'est ainsi que plusieurs d'entre eux ont participé à l'essor de ce qui devint plus tard, le Service de psychologie Appliquée de la SNCF. Le premier d'entre eux était le professeur PICHOT, un spécialiste des tests, suivi par LAHY qui fut, à l'origine de la création de ce service, aidé de son assistante, Mme PACAUD. Depuis toujours, il y a eu dans cette entreprise une recherche de résultats concrets qui s'est traduite par une véritable réflexion sur les tests et examens psychologiques. C'est d'ailleurs cette prévalence de la réflexion et de la recherche appliquée concrètement à des fonctions qui expliquent le succès et le professionnalisme actuel de ce service. Enfin **l'indépendance financière** constitue sans doute l'un des facteurs les plus importants qui explique la notoriété actuelle de ce service. Il est, en effet, beaucoup plus facile de se consacrer à la recherche et à la validation des procédures que l'on utilise quand on n'est pas conditionné par des impératifs financiers. Mais le plus impressionnant et le plus paradoxal, c'est la valeur du coût d'un recrutement d'un cadre qui est estimé selon un des directeurs-adjoints, à environ 2 200 F, prix de revient sans marge, soit plus de 20 fois moins cher que dans un cabinet-conseil[19].

---

19. NERVURE, Tome IV, n° 6, 1991.

CHAPITRE 11

LA RÉGLEMENTATION RELATIVE AU RECRUTEMENT ET À LA PROTECTION DES CANDIDATS

Notre seul objectif est ici de présenter au lecteur les différents textes juridiques qui réglementent l'activité relative au recrutement (dite « précontractuelle »). D'autre part, nous présenterons les différentes obligations des « Conseils en recrutement » et ferons également référence aux droits des candidats.

1. LE RAPPORT LYON-CAEN

Le 18 décembre 1990, M. Jean-Pierre SOISSON, alors ministre du Travail, de l'Emploi et de la Formation professionnelle transmettait une lettre de mission au Professeur de droit Gérard LYON-CAEN. L'objet de cette missive s'inscrivait dans le cadre des « libertés individuelles du salarié » et demandait à ce spécialiste du droit de procéder à l'analyse et à l'élaboration de propositions sur un sujet qualifié, à juste raison, de « particulièrement sensible ». Cette mission incluait, en particulier, « les pratiques observées antérieurement à l'embauche (recrutement) », « sources possibles d'abus, parce que offrant des moyens puissants de connaissance, de pouvoir et de contrôle » (1992).

En 1992, le « rapport LYON-CAEN » était publié et pour la première fois, étaient présentés de manière relativement exhaustive les rapports existant entre le droit (français et européen) et la réalité des entreprises et des cabinets de recrutement. L'objectif sous-jacent de cette mission, était clair puisqu'il était non seulement d'analyser une situation mais surtout de « dégager les lignes directrices des actions à entreprendre » et d'élaborer pour chaque proposition des modalités de mise en œuvre les plus adaptées. Ce rapport a été à l'origine de l'adoption par le Parlement d'un projet de loi présenté par Mme Martine AUBRY, alors ministre du Travail, de l'Emploi et de la Formation professionnelle et tendant à introduire dans le Code du travail des dispositions relatives au recrutement et aux libertés individuelles.

Nous faisons référence à la loi 92-1446 du 31 décembre 1992 relative « à l'emploi, au développement du travail à temps partiel et à l'assurance chômage », dont le titre **V** comporte des « **dispositions relatives au recrutement et aux libertés individuelles ».** Dans le cadre de ces dispositions, ont été ainsi définies de nouvelles bases de référence — juridiques — susceptibles de fournir des repères clairs et concrets, à tous les acteurs en jeu (responsables d'entreprises et de cabinets, salariés et candidats).

2. LE CADRE RÉGLEMENTAIRE

Comme nous avons pu le constater, il est probable que les techniques d'évaluation les moins pertinentes soient aussi celles qui sont les plus fréquemment utilisées. D'autre part, il semblerait que le recours à des techniques « irrationnelles » ne soit pas un phénomène aussi marginal qu'on pourrait le penser.

Il est alors légitime de se demander si le législateur a prévu des textes qui puissent réglementer l'activité et la pratique de toutes les structures intervenant dans le domaine des Ressources Humaines.

Quelle que soit la procédure en question (recrutement, bilan de compétences, évaluation professionnelle, etc.), existe-t-il un cadre réglementaire qui protège le candidat en situation ? Peut-on, par exemple lui soumettre n'importe quelle méthode ? Est-il obligé de répondre à toutes les questions qu'on peut lui poser, etc. ? Les professionnels ont-ils eux mêmes des exigences particulières vis-à-vis des candidats (ou des salariés), si oui, de quelle nature sont-elles, etc. ?

Pour répondre à ces différentes questions, nous avons choisi de nous référer à la **convention n° 108 du Conseil de l'Europe, du 28 janvier 1981** relative à la « protection des personnes à l'égard du traitement automatisé des données à caractère personnel » ainsi qu'à la loi **n° 78-17 du 6 janvier 1978, « relative à l'informatique, aux fichiers et aux libertés »** dont les textes sont, d'ailleurs, à l'origine de la création de la Commission Nationale de l'Informatique et des Libertés (CNIL). Nous nous référerons également à la « délibération n° 85-44 du 15 octobre 1985 », adoptée par la CNIL, relative « à la collecte et au traitement d'informations nominatives lors d'opérations de conseil en recrutement ».

Enfin, nous étudierons des textes d'application beaucoup plus récente, inscrits dans le Code du travail. Il s'agit de la **loi 92-1446 du 31 décembre 1992,** en particulier le titre V : « **dispositions relatives au recrutement et aux libertés individuelles ».**

A - La loi relative à « l'informatique, aux fichiers et aux libertés »

Comme le souligne le Professeur LYON-CAEN, le caractère trop général de certaines lois[1] et leur inadéquation au droit de formation des contrats ont donné une importance, qu'il n'aurait sans doute pas dû avoir, au droit de l'informatique (1992). D'emblée, le ton de la loi est donné avec l'article 1er qui précise que « l'informatique doit être au service de chaque citoyen » et « qu'elle ne doit porter atteinte ni à l'identité humaine, ni aux droits de l'homme, ni à la vie privée, ni aux libertés individuelles ». Cette loi s'affirme, par conséquent, dès le départ comme une véritable **garantie** qui protège le sujet, en particulier, vis-à-vis d'une dimension que nous considérons comme essentielle : celle relative à sa **vie privée.**

La perspective de cet article se retrouve, également dans l'article 1er du Chapitre I de la convention du Conseil de l'Europe. Son but est, en effet, de « **garantir,** sur le territoire de chaque partie, à toute personne physique, quelles que soient sa nationalité et sa résidence, le respect de ses droits et de ses libertés fondamentales, **et notamment de son droit à sa vie privée**, à l'égard du traitement automatisé des données à caractère personnel la concernant ». Le texte de la Convention insiste donc sur l'importance de la vie privée et sur « **la nécessité de concilier** les valeurs fondamentales du respect de la vie privée et de la libre circulation de l'information entre les peuples », exigence clairement notifiée dès le préambule.

1. Le champ d'application de la loi

La loi est claire, le champ d'application concerne toutes les « **informations nominatives** », c'est-à-dire toutes celles « qui permettent, sous quelque forme que ce soit, directement ou non, l'identification des personnes physiques auxquelles elles s'appliquent » (article 4). La Convention 108 fait référence à des « **données à caractère personnel »,** qui concernent toutes les informations relatives à « une personne physique identifiée et identifiable » (article 2 de la Convention). Ces informations sont conservées dans des « fichiers » qui peuvent **être informatisés ou non.**

Un fichier informatisé (ou « automatisé ») est un ensemble d'informations conservées dans la mémoire interne d'un ordinateur. On parle alors de « traitement automatisé d'informations nominatives », défini dans l'article 5 de la loi, comme un « ensemble d'opérations réalisées par les moyens automatiques relatif à la collecte, l'enregistrement, l'élaboration, la modification, la conservation et la destruction d'informa-

---

1. Droit des libertés publiques.

tions nominatives ainsi que tout ensemble d'opérations de même nature se rapportant à l'exploitation de fichiers ou bases de données et notamment les interconnexions ou rapprochements consultations ou communications d'informations nominatives ».

La convention 108 fournit, quant à elle, un complément à la définition de la loi de 1978 puisqu'elle précise, en effet, que le « traitement automatisé » concerne non seulement l'enregistrement des données mais aussi **« l'application à ces données d'opérations logiques et/ou arithmétiques, leur modification, effacement, extraction ou diffusion »** (Article 2 de la Convention).

Cette loi relative à l'informatique ne doit, toutefois, pas faire oublier que les **fichiers non automatisés** (« manuels ») **ou mécanographiques** relèvent, pour certains aspects, de la loi (article 45).

Les dispositions de la loi du 6 janvier 1978 s'appliquent tant aux traitements mis en œuvre dans **le secteur public** qu'à ceux **du secteur privé.** Seul le régime juridique diffère. Ainsi, si les traitements automatisés du secteur public sont soumis à une autorisation préalable de la CNIL, ce n'est pas le cas des traitements du secteur privé qui doivent tout simplement être déclarés à cette commission. Ces formalités préalables à la mise en œuvre ne concernent que les traitements informatisés ; les fichiers manuels n'y sont pas soumis.

2. Les obligations de la personne physique ou morale (le « maître du fichier[2] ») qui collecte et traite les données nominatives

Ces obligations sont, comme nous le verrons, tout à fait fondamentales et concernent « la collecte, l'enregistrement et la conservation des informations nominatives » (chapitre IV de la loi) et la « qualité des données » (article 5, chapitre 2 de la Convention n°108).

« La collecte des données opérée par tout moyen frauduleux, déloyal ou illicite est interdite » (article 25 de la loi). « Les données à caractère personnel faisant l'objet d'un traitement automatisé sont obtenues et traitées **loyalement et licitement** » (article 5a de la convention 108). Ces deux textes imposent donc clairement **un principe de loyauté,** notamment vis-à-vis des candidats : ainsi, la collecte de données personnelles par le biais d'un test de personnalité informatique, permettant d'établir un profil sans que le sujet le sache, est illicite.

---

2. Le « **Maître du Fichier** » signifie : la personne morale ou physique, l'autorité publique, le service ou tout autre organisme qui est compétent selon la loi nationale, pour décider quelle sera la finalité du fichier automatisé, quelles catégories de données à caractère personnel doivent être enregistrées et quelles opérations leur seront appliquées (article 2 de la Convention).

D'autre part, les données personnelles recueillies ne doivent pas être conservées au-delà d'une période précisée à l'avance lors de la déclaration par le demandeur, à moins que ladite « conservation ne soit autorisée par la commission » (article 28 de la loi du 6/01/78). Ces données doivent être détruites au-delà de cette date, cet acte étant toujours considéré comme « un traitement informatisé d'informations nominatives ».

On retrouve le même engagement dans la Convention de 1981 qui précise (tout comme la loi de 1978) la notion de **finalité**. Elle spécifie que les données sont conservées « pendant une durée n'excédant pas celle nécessaire aux **finalités** pour lesquelles elles sont enregistrées » (article 5). Cette notion de finalité est fondamentale et toutes les données qui seront traitées le seront toujours en fonction de celle-ci.

Il existe, par ailleurs, un **engagement formel et moral** de la part de la personne qui ordonne ou effectue un traitement automatisé d'informations nominatives. Cet engagement concerne en particulier la **sécurité** des données. Cette personne doit, en effet, s'engager, vis-à-vis de toutes les personnes concernées, comme le précise l'article 29, de la loi du 6/01/1978, « à prendre toutes précautions utiles afin de préserver la sécurité des informations et notamment d'empêcher qu'elles ne soient déformées, endommagées ou communiquées à des tiers non autorisés ».

L'importance accordée à la sécurité des données est également confirmée dans la convention 108. L'article 7 considère en effet, que des « mesures de sécurité appropriées sont prises (...) contre la destruction accidentelle ou non autorisée, ou la perte accidentelle, ainsi que contre l'accès, la modification ou la diffusion non autorisés ». Dans le même esprit, la convention s'attache également à **la qualité de la conservation des données**, qui selon l'article, « doivent être **exactes** et si nécessaires **mises à jour** » (article 4).

L'identification des tiers autorisés, au sens de la loi de 1978, est importante. Car il faut savoir que bien souvent l'accès aux informations n'est pas suffisamment protégé au sein de la structure, en particulier dans certaines structures-conseils où chacun peut avoir très facilement accès à tout. Dans certains cas (extrêmes), ces informations peuvent même être parfois involontairement communiquées à l'extérieur de la structure par des employés ou des stagiaires peu « délicats ».

Au-delà de la notion essentielle de finalité, qui commande la création de tout traitement automatisé d'informations nominatives, la Convention du Conseil de l'Europe indique que les données collectées doivent être « **adéquates, pertinentes et non excessives** par rapport aux finalités pour lesquelles elles sont enregistrées ».

La loi n° 92-1446 du 31 décembre 1992 a repris cette exigence de pertinence. Elle précise que toutes les informations demandées à un candidat, et sous quelque forme que ce soit « ne peuvent avoir comme finalité que d'apprécier sa capacité à occuper l'emploi proposé ou ses aptitudes professionnelles » (article L121-6, titre V du Code du travail).

On peut s'interroger devant les exigences de ces textes car dans la réalité le décalage est énorme et chacun sait, que quelle que soit la technique utilisée, on sort très rapidement du cadre strict du poste en question. C'est le cas, en particulier de certaines techniques comme l'entretien, les questionnaires de personnalité, les questionnaires biographiques, pour ne citer que ces quelques exemples. D'autre part, toutes les questions relatives à **la vie privée** sont interdites. Cette règle existait déjà dans le Code Civil : « Chacun a droit au respect de sa vie privée » (article 9).

Le législateur avait également prévu, dans l'article 31 de la loi de 1978, d'interdire, « sauf accord express de l'intéressé », la mise ou la conservation en mémoire informatique, « des données nominatives qui directement, ou indirectement, font apparaître **les origines raciales ou les opinions politiques, philosophiques ou religieuses ou les appartenances syndicales** ». Depuis la loi 92-1336 du 16/12/92, l'article 31 fait également référence aux « **moeurs des personnes** ». La Convention 108, dans son article 6, fait référence de manière plus large aux « **convictions religieuses et autres convictions** » et, plus précise que la loi de 1978, parle de données relatives à la « **santé et à la vie sexuelle** ». Elle fait aussi référence aux données concernant **les condamnations pénales** (tout comme l'article 30 de la loi de 1978).

Malheureusement, dans la réalité, comme le souligne le 5e rapport annuel de la CNIL, il est de notoriété publique que certaines structures conservent des fichiers (souvent manuels) où sont précisées des informations ayant trait à la vie privée, aux opinions politiques, etc. de candidats à l'embauche ou de personnel recruté[3].

En outre, l'utilisation de certains logiciels destinés à classer les sujets à un poste (à partir de critères objectifs et d'ordre strictement professionnels) semble aller à l'encontre des dispositions de l'article 2 de la loi. Celui-ci précise, en effet, qu'aucune décision « **impliquant une appréciation sur un comportement humain ne peut avoir pour fondement un traitement automatisé d'informations donnant une définition du profil ou de la personnalité de l'intéressé** ». La position de la CNIL est claire puisque, selon elle, une prise de décision ne peut reposer

---

3. Affaire du fichier de la société SKF d'Ivry-sur-Seine, par exemple.

essentiellement sur des traitements informatiques. En effet, écrit-elle, le rôle d'un cabinet est de conseiller et c'est uniquement au responsable de l'entreprise qu'il appartiendra de prendre la décision définitive de recruter un collaborateur.

Nous aurons également, ultérieurement, l'occasion de faire référence à des logiciels « seconde génération » (test de personnalité, etc.) beaucoup plus contestables dans leur application.

3. Les droits des candidats : la notion de « transparence »

Si celui qui collecte les données a des obligations, le candidat et le salarié ont aussi des **droits**. La loi du 6 janvier 1978 indique, dans son article 27, que toute personne qui met en œuvre un traitement automatisé d'informations nominatives, doit informer préalablement les personnes auprès desquelles ont été collectées les données. Ces personnes doivent être informées :

- « **du caractère obligatoire et facultatif des réponses** » : cette exigence est légitime en soi mais il existe de fortes chances pour que le candidat soit pénalisé s'il refuse de répondre à certaines questions ;

- « **des conséquences à leur égard d'un défaut de réponse** » ;

- « **des personnes physiques ou morales destinataires des informations** ». L'article 8 a de la Convention est beaucoup plus précis, puisqu'il fait référence à « l'identité et la résidence habituelle » ou « le principal établissement du maître du fichier » ;

- « **de l'existence d'un droit d'accès et de rectification** » que l'on retrouve également dans la convention sous une forme similaire (Article 8c).

De plus, précise la loi, lorsqu'il s'agit de questionnaires, **ces prescriptions doivent être mentionnées** sur le document de recueil des données. La convention 108 comporte le même principe de transparence.

Le droit d'accès direct permet à toute personne dont les données nominatives sont portées dans un fichier — **automatisé ou manuel** — d'en obtenir la communication et copie, le cas échéant. L'article 35 et suivants de la loi de 1978 précisent que « le titulaire du droit d'accès peut exiger que soient rectifiées, complétées, clarifiées, mises à jour ou effacées les informations le concernant qui sont inexactes, incomplètes, équivoques, périmées ou dont la collecte ou l'utilisation, la communication ou la conservation est interdite.

Le non-respect de ce droit d'accès par le maître du fichier autorise le titulaire du droit à s'adresser à la CNIL pour obtenir le respect de ce droit. Le droit d'accès est indirect lorsque les données sont de nature médicale ou intéressent la sûreté de l'État, la défense et la sécurité publique.

L'article 35 de la loi de 1978 prévoit, par ailleurs, que la copie délivrée au titulaire qui en fait la demande se fasse « contre la perception d'une somme forfaitaire variable selon la catégorie de traitement ». L'article de la Convention 108 précise que ces informations personnelles doivent être obtenues à « **des intervalles raisonnables et sans délai ou frais excessifs** » et surtout « **sous une forme intelligible** », ou « **en langage clair** » (pour l'article 35 de la loi de 1978).

En théorie, toute personne pourrait donc obtenir, sur sa demande, les résultats des tests qu'elle a pu passer. D'autant plus que les dispositions de la loi de 1978, dans ses articles 34 et 27, s'appliquent bien aux fichiers manuels. Cependant, il faut noter que la circulaire d'application de la loi de 1992 indique que le principe de confidentialité des résultats obtenus, posé dans la loi (de 1992), doit s'interpréter comme n'étant pas applicable aux intéressés qui pourraient avoir accès, sur leur demande, aux résultats. En effet, cette garantie n'est pas inscrite dans la loi de 1992. **Le droit d'accès du candidat aux résultats de ses tests, si aucun traitement informatisé n'est intervenu, n'est donc pas garanti juridiquement. L'interprétation du texte est par conséquent laissé à l'appréciation des juges**[4].

Le droit de s'opposer, « pour des raisons légitimes, à ce que les informations nominatives (...) fassent l'objet d'un traitement » posé par l'article 26 de la loi du 6 janvier 1978, constitue, en matière de recrutement, beaucoup plus un handicap qu'un avantage. En effet, l'informatisation quasi-systématique des dossiers de candidature (spontanés ou non) évincerait automatiquement tous les candidats qui ne souhaiteraient pas ce traitement. De ce fait, comme le souligne Lyon-Caen, une telle exigence impliquerait, dans le cadre d'une procédure de recrutement, l'autorisation préalable du candidat pour tout enregistrement le concernant.

Par ailleurs le rapport Lyon-Caen fait référence au « droit à l'oubli » (déduit des dispositions de l'article 28 de la loi du 6 janvier 1978) en vertu duquel chacun pourrait exiger, à l'issue de la procédure de recrutement, que toutes les informations le concernant soient détruites. Souhait marquant la distinction entre le recrutement d'une part, et le contrat de travail d'autre part.

---

4. Circulaire D.R.T n° 93/10. « Les intéressés peuvent avoir accès sur leur demande aux résultats ».

4. La recommandation de la CNIL
(délibération n° 85-44 du 15 octobre 1985)

Cette « recommandation relative à la collecte et au traitement d'informations nominatives lors d'opérations de conseils en recrutement », sans avoir une véritable valeur juridique a le mérite d'organiser un certain nombre de pratiques. Comme le remarque le Professeur LYON-CAEN elle est également restrictive car elle exclut les recrutements réalisés par l'entreprise. Quels en sont les principes ?

- Concernant **la nature des informations collectées**, la CNIL exclut toutes les informations relatives à la vie privée des candidats, estimant que toutes les informations collectées « doivent être strictement nécessaires au recrutement envisagé et en relation étroite avec la finalité du traitement ». Par ailleurs, elle rappelle les dispositions que nous vous avons déjà présentées, à savoir : l'article 1er de la loi du 6 janvier 1978 et l'article 9 du Code civil relatif au respect de sa vie privée.

- Concernant **la collecte des informations**, la CNIL rappelle les dispositions de l'article 25 de la loi du 6 janvier 1978 en citant deux exemples révélateurs. La publication d'annonces ne correspondant à aucun poste à pourvoir mais ayant comme objectif de se constituer un fichier de candidatures est illicite. D'autre part, un conseil en recrutement ne peut en aucun cas porter à la connaissance d'une entreprise la candidature de l'un de ses salariés, s'il n'a pas reçu au préalable une autorisation de sa part.

Par ailleurs, toutes les données « sensibles » (origine raciale, opinion politique, vie sexuelle, etc.) ne peuvent être collectées et conservées sans l'accord du candidat. Elles ne pourraient être collectées que si elles étaient justifiées par la nature du poste à pourvoir.

- Concernant **l'information préalable**, la CNIL rappelle la possibilité qu'a chaque personne de s'opposer, « pour des raisons légitimes, à ce que des informations nominatives la concernant fassent l'objet d'un traitement » (article 26 de la loi du 6 janvier 1978). Elle rappelle également les dispositions de l'article 27 de cette même loi. Elle introduit, en outre, deux nouvelles notions extrêmement importantes :

- « Lorsque l'identité de l'employeur n'a pu être précisée au moment de la collecte, il convient de recueillir l'accord du candidat préalablement à toute transmission d'informations nominatives à cet employeur ». La loi indique ainsi la nécessité de « transparence » : le candidat doit obligatoirement connaître l'identité de l'employeur. Par conséquent, les annonces qui demandent aux candidats d'écrire à « telle adresse qui transmettra » est illicite.

- D'autre part, « il appartient aux professionnels du conseil en recrutement de s'engager à ne pas collecter à l'insu du candidat des informations de nature confidentielle le concernant, sauf les références professionnelles d'usage courant auprès des personnes signalées par le candidat ».

- Concernant **le droit d'accès et de rectification,** la CNIL rappelle que chaque candidat peut obtenir des informations le concernant (article 34 et suivants et 45 de la loi du 6 janvier 1978) et que ce droit d'accès s'applique tant à la fiche informatisée que manuelle. D'autre part, elle rappelle qu'à la demande du candidat, le professionnel doit communiquer le résultat des analyses et des tests mis en œuvre (article 35 et 45 de la loi du 6 janvier 1978).

- Sur **la durée de conservation,** la CNIL rappelle les dispositions de l'article 28 et précise que « les informations concernant un candidat ne doivent pas être conservées au-delà de la durée de la mission de recrutement pour laquelle la candidature a été présentée.

- Sur **la prohibition des profils,** la CNIL rappelle l'article 2 et notamment l'article 3 de la loi du 6 janvier 1978 : « Toute personne a le droit de connaître les informations et les raisonnements utilisés dans les traitements automatisés dont les résultats lui sont opposés ». Elle précise par ailleurs que « tout candidat à le droit de connaître, lorsque la sélection des candidatures est effectuée de manière automatisée, les motifs pour lesquels sa candidature a été refusée ».

- Sur **les formalités préalables à l'automatisation,** la CNIL rappelle l'obligation qu'ont les professionnels du recrutement de déclarer à ladite commission tout traitement automatisé d'informations nominatives (article 16 de la loi du 6 janvier 1978, sanction : article 221-16 du nouveau Code pénal).

- Enfin **sur les mesures de sécurité et de confidentialité**, la CNIL rappelle les dispositions des articles 29 et 45 de la loi, en précisant que « les professionnels du conseil en recrutement sont tenus de s'engager (....) et de faire le nécessaire pour « préserver la sécurité et la confidentialité des informations ». D'autre part, précise la CNIL, il appartient à ces mêmes professionnels « de respecter ces impératifs, en particulier lors du remplacement du support papier par un support exploitable par un système informatique ». L'article 226-17 du nouveau Code pénal sanctionne d'ailleurs lourdement le manquement à l'obligation de sécurité.

5. Le cas des « logiciels d'évaluation » utilisés dans le recrutement

Pour aborder cette question, il est indispensable d'opérer une distinction entre deux types de logiciels. Ainsi, il y a une dizaine d'année environ, il existait des logiciels destinés au recrutement mais dont les critères d'appréciation des candidats étaient **strictement professionnels ou objectifs.** Actuellement, nous assistons à l'émergence d'une quantité impressionnante de logiciels qui ne partagent plus la même perspective puisqu'ils évaluent désormais **l'intelligence, la personnalité et procèdent éventuellement à l'analyse de votre écriture (sic !) en fonction d'un profil de poste**[5].

Avant de nous intéresser au droit, procédons à quelques clarifications :

La question relative à la validité de ce type de logiciels : nous avons déjà précisé comment il était possible d'identifier un « bon logiciel ». Soumis à des règles de construction rigoureuses, mis à l'épreuve et validé, en obéissant aux principes de la démarche expérimentale classique, un logiciel peut être un outil extrêmement performant. La plupart des tests « informatisés » sont d'ailleurs des adaptations de tests « papier-crayon » déjà existants. Par conséquent si ce test est déjà fiable, il n'y a aucune raison pour que sa version « informatique » ne le soit pas. Inversement, un test « papier-crayon » non fiable ne sera jamais un test « informatique fiable », bien que certaines personnes pensent encore que l'ordinateur puisse à lui seul légitimer la valeur du logiciel utilisé.

Mais il est extrêmement naïf de considérer le résultat obtenu à partir d'un logiciel comme une **vérité,** ou pire **une donnée définitive** sur le sujet. En effet, même valide, un logiciel n'est capable de fournir que des informations « **brutes** ». C'est ici que se pose la question de l'exploitation et de **l'interprétation des données, en particulier quand elles sont de nature psychologique.** Selon nous, seul un psychologue formé et expérimenté peut procéder à une analyse de ce type et n'importe quel consultant ne peut le faire, de manière pertinente, s'il ne possède pas une compétence approfondie en ce domaine.

Certes, il existe une panoplie impressionnante de logiciels qui fournissent des résultats « clairs »[6] mais qui ne possèdent pourtant pas la moindre garantie scientifique. En revanche, ils ont tendance à conforter et à favoriser un mode de « pensée magique » que l'on retrouve chez tous les utilisateurs de méthodes marginales — ou pseudo-scientifiques — et qui repose **sur une croyance selon laquelle le résultat obtenu constitue, à lui seul, une donnée susceptible de pouvoir tout expliquer.**

---

5. Bien entendu, une telle classification ne présume en rien de la fiabilité de l'une ou l'autre de ces catégories.
6. Du moins le font-ils croire à leurs utilisateurs.

Nous sommes toujours aussi surpris que l'on puisse « investir » dans des logiciels qui prétendent décrire la personnalité ou la réussite professionnelle future de candidats **alors qu'aucune donnée scientifique ne le prouve.**

De plus, ce type de logiciel devrait être utilisé — du moins en théorie — comme **« une aide à la décision »** (sous réserve qu'il soit, bien entendu, valide). Or, dans la pratique, il est beaucoup plus utilisé comme « la décision même », **« une décision aveugle »**[7]. D'autre part, et ceci est encore plus grave, cette décision **« ne peut être justifiée ou expliquée** au candidat »[8]. Il est vrai que les résultats obtenus par un logiciel sont bien insuffisants pour combler les lacunes conceptuelles de l'utilisateur qui, la plupart du temps, ignore véritablement tout des fondements scientifiques de son outil.

LYON-CAEN suggère d'ailleurs qu'avant leur mise sur le marché, ces types de logiciels puissent être examinés par une **commission** qui leur accorderait ou non un **« label »**. Cette idée de « labellisation » peut paraître séduisante mais sur un plan théorique, nous verrons qu'elle se heurte à des difficultés. Quand à la commission, si nous admettions qu'elle puisse se créer, il serait indispensable qu'elle réponde à trois critères, pour être totalement opérationnelle :

- **Un critère d'indépendance :** il s'agirait à la fois d'une indépendance financière et d'une indépendance « politique[9] ». Chez les chercheurs, cette double indépendance favoriserait, sans aucun doute, une recherche de la qualité et éviterait les trop nombreuses dérives dues à une philosophie trop commerciale[10].

- **Un critère de qualification** : une telle commission devrait être composée de psychologues, possédant, non seulement une excellente connaissance pratique de l'entreprise mais aussi des connaissances précises en méthodologie expérimentale et en psychométrie. Des psychologues enseignant à l'université pourraient également faire partie de cette commission, ce qui favoriserait au demeurant, une synergie entre les centres de recherches universitaires et le monde de l'entreprise.

---

7. LYON-CAEN, 1992.
8. LYON-CAEN, 1992.
9. Cette indépendance financière et politique trouve son illustration dans une structure qui pourrait être comparable à celle de la CNIL.
10. Cette problématique trouve son illustration chez certains éditeurs de tests qui ont tendance à délivrer des épreuves de nature psychologique à des « spécialistes en ressources humaines » ne possédant malheureusement aucune compétence ni aucune connaissance dans ce domaine.

- Une telle commission devrait être **réaliste et adaptée aux réalités :** ainsi la proposition du Professeur LYON-CAEN qui suggère la délivrance d'un « label » montre bien qu'il existe un fossé entre ce que l'on veut instituer en théorie et ce qui existe sur le terrain. D'où la nécessité de bien connaître les réalités concrètes de ce qui peut se passer en entreprise.

Un outil ayant prouvé sa validité tant conceptuelle que pratique peut perdre toute sa valeur sur le terrain si l'utilisateur n'est pas qualifié. Dans cette perspective, des logiciels destinés à l'évaluation psychologique ne devraient être délivrés qu'à des psychologues. Nous pensons, en effet, que ce sont les mieux placés pour pouvoir **interpréter et surtout relativiser les résultats** obtenus et ainsi échapper à **la tentation d'une simplicité conceptuelle** toujours possible.

Les logiciels et le droit : cette nouvelle génération de logiciels, à laquelle nous avons fait précédemment référence, est utilisée non seulement dans le domaine du recrutement mais aussi en matière de gestion de carrière. On peut également s'en servir dans le cadre de mutations internes, en orientation professionnelle, parfois lors de procédures de licenciements. D'autre part, ces logiciels peuvent être commercialisés ou loués à des entreprises, à des cabinets-conseils ou à des centres de formation[11].

Comme le précisait le 10e rapport de la CNIL, la recommandation du 15 octobre 1985, « relative à la collecte et au traitement d'informations nominatives lors d'opérations de conseil en recrutement » n'est plus adaptée à cette nouvelle génération de logiciels.

Le principe de ce type de logiciel est simple : l'entreprise (ou le cabinet) qui décide d'embaucher un collaborateur va définir et décrire les caractéristiques du poste à pourvoir. À partir de ce travail préparatoire, le logiciel va ensuite construire un « profil psychologique idéal » qui va lui permettre d'élaborer immédiatement un test composé d'un ensemble de questions qui sont censées pouvoir évaluer la « personnalité » ou « l'intelligence » des sujets. La prétention d'un tel système rend perplexe, mais poursuivons.

Ce genre de logiciels permet d'obtenir pour chaque dimension un ensemble de notes voire, pour certains d'entre eux, des moyennes, des écarts à la moyenne censés leur donner, probablement, une apparence « scientifique ». Certains logiciels vont même jusqu'à noter le temps que met le sujet pour répondre à chaque question.

---

11. Rapports de la CNIL, 1988, 1989.

Ce type de logiciel viole manifestement les dispositions de la loi du 6 janvier 1978, en particulier l'article 2 qui précise « qu'aucune décision administrative ou privée impliquant une appréciation sur un comportement humain ne peut avoir pour fondement un traitement informatisé d'informations donnant une définition du profil ou de la personnalité de l'intéressé ».

D'autre part, les utilisateurs et les concepteurs de ce type de logiciels, disposent-ils d'une culture scientifique suffisante pour pouvoir s'adapter à la loi, qui précise que « tout candidat a le droit d'être informé des raisonnements utilisés dans les traitements automatisés de sélection de candidatures (...) et a le droit de connaître, lorsque la sélection des candidatures est effectuée de manière automatisée, les motifs pour lesquels sa candidature a été refusée »[12] ? Une telle exigence ne semble-t-elle pas trop éloignée de la réalité de terrain ?

D'autres questions de droit se posent, elles concernent notamment la conservation des données et l'information préalable des personnes testées. En matière de « systèmes experts », comme le remarque le Professeur LYON-CAEN, « pratiquement aucun des principes figurant dans la loi du 6 janvier 1978 n'est respecté », constat pour le moins alarmant. Son « idée-mère à savoir que chacun ait à décider lui-même de la communication et de l'utilisation des renseignements le concernant, est méconnue ». Enfin le principe de finalité et de pertinence ne seraient pas respectés.

Conclusion au niveau de ce type de logiciel. L'idée même que les « systèmes experts » puissent « provoquer le chômage des psychologues recruteurs », comme le prétend le professeur LYON-CAEN, constitue une analyse sans doute un peu rapide. Elle reviendrait à reconnaître que de tels systèmes sont effectivement capables d'apporter une solution fiable et toute faite à un problème donné et manifestement **ce n'est pas le cas**. Combien d'utilisateurs, en effet, se sont rendus compte, quelques mois après l'achat de tels logiciels, du fossé existant entre les prétentions annoncées et les résultats obtenus. Un grand nombre de ces logiciels a déçu leurs utilisateurs mais, comme nous le précisait dernièrement le Directeur des Ressources Humaines d'une importante société, le coût d'achat est tel, que généralement on préfère dissimuler la faible valeur de ce type de matériel pour pouvoir continuer à l'utiliser jusqu'à ce qu'il soit amorti.

D'autre part, l'utilisation de logiciels de ce type soulève plusieurs problèmes. Le premier d'entre eux concerne la question de leur **validité**.

---

12. En particulier l'article 3 de la loi et la recommandation de la CNIL.

Certes les sociétés d'éditions reconnues commercialisent effectivement des méthodes à la validité prouvée mais que penser de toutes celles qui vendent — à des tarifs souvent prohibitifs — des logiciels sans aucune garantie scientifique[13] ? Le second problème concerne **l'éthique.** Les structures qui commercialisent ces tests ont par définition une vocation commerciale et des impératifs de rentabilité. L'éthique est souvent prônée mais en réalité considérée comme tout à fait secondaire. Elle s'illustre notamment dans le fait que n'importe qui peut se procurer ce genre de logiciel. Comme le note, d'ailleurs LYON-CAEN, il n'existe « aucune déontologie de la part des concepteurs des logiciels et des fabriquants ».

On assiste également à un phénomène nouveau chez les Éditeurs de tests qui désormais délivrent des logiciels de nature psychologique à des « non-psychologues ». Ces logiciels, au demeurant fort valides, favorisent chez leurs futurs utilisateurs, non seulement la croyance en la toute puissance de la machine mais aussi la conviction qu'il est possible de faire une évaluation psychologique pertinente grâce à ces systèmes[14]. **Le risque demeure, par conséquent, que ce type d'utilisateur considère le résultat obtenu comme exclusif et donc susceptible de conduire à une « décision aveugle ».**

L'utilisation de ce type de logiciel soulève également **une question de droit.** Le Professeur LYON-CAEN suggère l'élargissement de la recommandation de 1985 de la CNIL, qu'il reconnaît d'ailleurs comme « partiellement caduque et inadaptée à ce genre de logiciel ». « Trop de pouvoirs appartiennent aux concepteurs de logiciels » constatait ce même auteur, nous ajouterons que trop de pouvoirs appartiennent à ceux qui les utilisent[15].

B - Le titre V de la loi 92-1446 du 31 décembre 1992 : « dispositions relatives au recrutement et aux libertés individuelles »

En 1990, M. Jean Pierre SOISSON, alors ministre du Travail, avait demandé au professeur Gérard LYON-CAEN d'établir un rapport sur la situation du travail en France. Son successeur, Madame Martine AUBRY, décidait de se servir du contenu de ce rapport comme base de travail et de réflexion. Comme le préconisait son prédécesseur, elle procéda à une « consultation approfondie » des partenaires sociaux impliqués — les organisations professionnelles — sous la forme de « travaux prépa-

---

13. Tous les logiciels validés ont donné lieu à des études scientifiques que l'on peut consulter.
14. Qui jamais ne seront en mesure de saisir les subtilités et les nuances de la psychologie humaine.
15. Car ils ne possèdent pas obligatoirement de qualification qui soit en relation avec la nature du logiciel qu'ils utilisent.

ratoires ». Ces discussions permirent ainsi l'élaboration d'un ensemble de textes de lois qui figurent désormais dans le Code du travail (Chapitre Ier du titre II du livre Ier).

Le contenu du rapport LYON-CAEN était, selon nous, d'une importance capitale et bien que souffrant de nombreuses imperfections, il avait au moins le mérite de présenter de manière réaliste ce qui se passait, en France en matière de recrutement. Dans le cadre de ce rapport, le professeur LYON-CAEN avait élaboré un ensemble de propositions très intéressantes pour certaines, qui furent soumises aux différents partenaires.

Mais nous avons constaté que les propositions élaborées dans ce rapport n'avaient eu, en fait, qu'un impact relativement mineur sur le contenu de la nouvelle loi. En d'autres termes, nous avons découvert que **le contenu de ce rapport avait largement été vidé de sa substance** (« la montagne a accouché d'une souris » diront certains). Nous ne nous risquerons pas bien sûr à l'interprétation des motivations qui ont poussé les différents partenaires (et le législateur) à ne pas suivre les propositions du Professeur LYON-CAEN, mais une chose reste certaine : en matière d'évaluation et de sélection professionnelles nous avons encore beaucoup d'efforts à faire pour accéder au même niveau de professionnalisme que nos homologues étrangers.[16]

Les exigences de la loi

a) Les obligations de la personne morale et physique dans le domaine du recrutement (ou du bilan de compétences)

Ces obligations concernent le droit **d'information préalable** ; l'article L.121-7 précise que « le candidat à un emploi est expressément informé, préalablement à leur mise en œuvre, des méthodes et techniques d'aide au recrutement utilisées à son égard. De même, une fois embauché, « le salarié est informé de la même manière des méthodes et techniques d'évaluation professionnelle mises en œuvre à son égard ».

Autres obligations, **la confidentialité des données** : « Les résultats obtenus doivent rester confidentiels » (article L 121-7) et **la pertinence des méthodes et techniques** : « Les méthodes et techniques d'aide au recrutement ou d'évaluation des salariés et des candidats à un emploi doivent être pertinentes au regard de la finalité poursuivie » (article L121 7).

---

16. En particulier, Américains, Anglais, Allemands et Hollandais pour ne citer que ces quelques exemples.

Quelques commentaires : le droit **d'information préalable** se situe, par conséquent, dans le même esprit que la loi « informatique et libertés » mais s'attache, cette fois-ci, en priorité, aux « méthodes et aux techniques d'aide au recrutement ». L'application d'une telle exigence nous semble toutefois délicate : si nous choisissons, par exemple, le cas du « premier tri graphologique » ou de « l'analyse graphologique », techniques fort courantes au sein des cabinets (ou des entreprises), nous constatons que leur mise en œuvre est réalisée, quasi systématiquement, **à l'insu** du candidat. Notons, également que cette exigence concerne aussi **le salarié** de l'entreprise.

Quant à la **pertinence des méthodes et des techniques**, elle génère plusieurs types de réflexions. Ainsi, la notion de **pertinence** en droit est « la qualité logique du rapport entre un élément de preuve et le fait à établir »[17]. Par conséquent, est posée d'emblée la question de la **validité, et même de la validité prédictive** d'une méthode au regard de **la finalité** poursuivie (recrutement, bilan de compétences, etc.). Le lecteur a découvert dans le cadre de cet ouvrage, qu'**en psychologie du travail,** la majorité des méthodes ou des techniques utilisées n'avaient qu'une validité prédictive très faible. Depuis très longtemps, les différentes recherches ont en effet prouvé que la validité des tests de personnalité, des tests « projectifs », etc. était plus que contestable. Même constat pour les méthodes « pseudo-scientifiques » qui depuis fort longtemps ont montré leur absence totale de fiabilité. D'autre part, n'oublions pas que si certaines méthodes peuvent être valides dans un contexte donné (et par rapport à un critère donné), elles peuvent très bien ne plus l'être dans un autre contexte (ou par rapport à un autre critère).

De même on peut s'interroger sur la multiplication de « pseudo-tests » élaborés en entreprise et dont la pertinence — d'un point de vue scientifique — est rarement appréciée. C'est le cas de toutes ces « épreuves » destinées à évaluer des connaissances dans des domaines bien précis. Il est très rare, en effet, que l'on se demande si leur contenu est bien représentatif du domaine à évaluer (validité de contenu). Il est également rare que l'on cherche à vérifier si ces outils sont pertinents quand il s'agit de formuler un pronostic professionnel (validité prédictive). Généralement, ces « pseudo-tests » élaborés sous la forme de questionnaires sommaires n'offrent pas la moindre garantie dans ce qu'ils affirment. D'ailleurs, la validité d'une méthode n'est pas antinomique de sa validité juridique. Comme le soulignait fort justement le Professeur LYON-CAEN, « la validité scientifique d'une méthode coïncide nécessairement avec sa validité juridique, mieux : elle la conditionne » (1992).

---

17. Dictionnaire Larousse.

Quant à la **finalité**, indissociable de la notion de pertinence, elle signifie implicitement que les méthodes ou les techniques utilisées devront être en étroite relation avec l'objectif. Si on utilise un outil d'évaluation dans le cadre d'un recrutement, il ne devra pas s'inscrire, par le contenu de ses questions par exemple, en dehors du recrutement.

Toutefois le législateur semble avoir « oublié » que dans la pratique, le candidat à un emploi qui refuserait telle méthode au vu de sa non-pertinence, s'exclurait immédiatement du processus même de la sélection. On observe le même phénomène au sein de l'entreprise : un outil ou une méthode d'évaluation jugée comme non pertinente par le salarié l'éliminerait systématiquement de la procédure comme une promotion interne, par exemple.

Par conséquent, malgré la volonté du législateur, cette loi **ne peut avoir véritablement une incidence notoire sur la validité et l'utilisation pratique des outils, techniques et méthodes** (d'aide au recrutement ou d'évaluation) actuellement utilisés au sein de certaines structures. Le candidat est placé devant une alternative sans véritable choix.

Une autre exigence de la loi concerne **le lien entre informations demandées et finalité.** Ainsi l'article L. 121-6 du Code du travail précise que « les informations demandées, sous quelque forme que ce soit, au candidat à un emploi ou à un salarié ne peuvent avoir comme finalité que d'apprécier sa capacité à occuper l'emploi proposé ou ses aptitudes professionnelles » et que, d'autre part, « ces informations doivent présenter un lien direct et nécessaire avec l'emploi proposé ou avec l'évaluation des aptitudes professionnelles ». La seconde partie de cet article ne fait que confirmer une jurisprudence déjà ancienne[18] où l'administration précisait que « les renseignements demandés par l'employeur » devaient « avoir un lien direct et nécessaire avec l'emploi ».

Les termes de cet article restent cependant vagues, même si volonté il y a d'empêcher tout voyeurisme excessif ou curiosité malsaine. Ainsi, de telles exigences sont supposées, en théorie, pouvoir empêcher tout recruteur (ou tout responsable d'entreprise) de poser des questions n'ayant pas de rapport avec le poste ou les aptitudes professionnelles. On ne devrait donc plus entendre un recruteur demander à un candidat (par oral ou par écrit) la profession des parents, les sports pratiqués, ses « hobbies », sa taille, son poids, etc.

---

18. Jurisprudence de 1973 *in* Lyon-Caen, 1992.

Mais dans la pratique il ne semble guère réaliste que cette exigence soit mise en œuvre. Le candidat — ou le salarié — placé, en général, dans **une position de soumission** n'a pas la moindre possibilité de choix entre accepter ou refuser de répondre aux questions qu'on lui pose. Il serait naïf de penser le contraire. D'autre part, le plus grand défaut des recruteurs, est d'évoluer très souvent, notamment dans le cadre d'entretiens, vers une sorte « d'évaluation psychologique » à la fois naïve et sommaire de la « personnalité ». Cette dérive s'expliquant en partie par **la fascination** qu'ont les gens, en général (et les recruteurs en particulier), pour tout ce qui est en relation avec une « psychologie », donnant l'illusion à certains de se positionner en tant que sujet tout puissant ou sujet « supposé savoir ».

Pour illustrer notre propos, le Professeur Lyon-Caen cite une étude menée sous la forme d'une enquête par l'union patronale Provence-Alpes-Côte-d'Azur et réalisée auprès de 756 entreprises. Ses conclusions montrent que les entreprises, comme le souligne l'auteur, « attachent plus d'importance à la personnalité du candidat, qu'aux caractéristiques du poste et aux aptitudes qu'elles requièrent »[19]. Une telle conclusion est consternante. Bien entendu, il est indispensable de connaître certains traits de personnalité mais ils sont à appréhender dans **une perspective globale — pour mieux connaître le sujet — et certainement pas spécifique; d'autres dimensions sont, en effet, tout aussi importantes**[20]. En outre, de telles données devraient être soumises obligatoirement au secret professionnel[21].

Un article similaire concernant cette fois le « bilan de compétences » précise que « les informations demandées au bénéficiaire » de ce dispositif « doivent présenter un lien direct et nécessaire avec l'objet du bilan » (article L. 900-4-1). Des remarques analogues à celles que nous avons pu déjà faire, pourraient s'inscrire de nouveau à propos de ce nouvel article. Cependant, tel que la loi le prévoit, le bilan de compétences, réalisé obligatoirement par quelqu'un d'extérieur à l'entreprise, ne s'inscrit plus dans une optique de sélection (comme dans le recrutement) mais plutôt de développement. Il ne faut pas oublier, par ailleurs, que les données du bilan de compétences restent confidentielles et demeurent à la disposition du sujet (sauf avis contraire de la part du sujet lui même).

Les « données sensibles » : l'article L. 122-45 du Code du travail, précise « qu'aucune personne ne peut être écartée d'une procédure de

---

19. Lyon-Caen, 1992. p. 99.
20. Aptitudes, compétences, expériences, etc.
21. Nous aurons d'ailleurs l'occasion de revenir sur la légitimité d'une telle assertion.

recrutement, aucun salarié ne peut être sanctionné ou licencié en raison de son origine, de son sexe, de ses mœurs, de sa situation de famille, de son appartenance à une ethnie, une nation ou une race, de ses opinions politiques, de ses activités syndicales ou mutualistes, de ses convictions religieuses ou, sauf inaptitude constatée par le médecin du travail dans le cadre du titre IV du livre II du présent Code, en raison de son état de santé ou de son handicap (...) ».

Cette article se situe par conséquent dans le même esprit que l'article 31 de la loi « relative à l'informatique, aux fichiers et aux libertés », bien que le champ d'application de cette dernière soit différent et nettement plus limité (fichiers informatiques et manuels).

Dans la pratique, cette loi pose toutefois la question de fournir **la preuve du motif ayant conduit au refus d'embaucher**. Il est en effet impossible de prouver le caractère illégal d'un tel refus.

Une enquête, que nous avons déjà eu l'occasion de citer, a été menée auprès de 120 cabinets et « chasseurs de têtes » les plus importants en France. 40 cabinets ont répondu à partir de 28 critères, à la question : « Estimez-vous que les caractéristiques mentionnées sont lors d'une embauche » selon 4 modalités de réponses « rédhibitoires », « négatives dans la plupart des cas », « négatives dans certains cas », « sans importance » (chaque cabinet a eu la possibilité de donner 4 réponses, les pourcentages sont donc calculés sur la base de 160 réponses).

Sans entrer dans le détail de cette enquête, on s'aperçoit très vite que certains critères sont jugés de manière préférentiellement négative et rédhibitoire. Tel est le cas, pour ne citer que ces quelques exemples, de « **la femme enceinte** », de « **l'homosexuel(le)** », du « **physique disgracieux** », etc. Les questions liées à la « **couleur de la peau** » ne sont pas épargnées puisque « 34 % avouent que les Noirs ou les Maghrébins sont mal vus ». Les questions liées à la religion montrent que le fait d'être une « **personne de religion non chrétienne** » est jugé comme négatif et rédhibitoire dans 13% des cas et le fait « **d'appartenir à un parti politique ou à un syndicat** « est jugé tout aussi négativement » dans 26 % des cas.[22] Mais comme il est fort possible que le panel interrogé **ne constitue pas un échantillon représentatif** de la population, ces différentes données doivent plutôt être considérées comme une séries d'indices qui doivent probablement être le témoignage d'une pratique de certains mais qu'il serait sans doute dangereux de généraliser à l'ensemble.

---

22. *Capital*, octobre 1981.

Il est, par conséquent très difficile, pour ne pas dire impossible, que le candidat évincé puisse prouver, de manière concrète, que le refus d'embauche repose sur un (ou plusieurs) de ces critères. Bien entendu, dans la pratique, si explication du refus il y a, la réponse donnée ne correspondra que très rarement à la réalité. Elle pourra prendre la forme de la « réponse bateau » : « Nous avons choisi un candidat qui se rapproche de façon beaucoup plus précise du poste ». Désirabilité sociale oblige.

Le droit d'information préalable concernant la collecte des données : l'article L. 121-8 du Code du travail précise « qu'aucune information concernant personnellement un salarié ou un candidat à un emploi ne peut être collectée par un dispositif qui n'a pas été porté préalablement à la connaissance du salarié ou du candidat à un emploi ».

La loi interdit, par conséquent, de collecter un ensemble de données **à l'insu** du candidat. En revanche, elle ne précise pas si le candidat (ou le salarié) a le choix d'accepter ou de refuser la collecte et, en particulier la nature du dispositif. En clair, il y a obligation d'information mais on ne sait pas si le sujet peut s'opposer à la nature du dispositif. Sauf évidemment s'il y a traitement informatique, puisque la loi du 6 janvier 1978 reconnaît dans ce cas un droit d'opposition du candidat (article 26 de la loi).

b) Les obligations du candidat, du salarié et du bénéficiaire du « bilan de compétences »

La notion de bonne foi : l'article L. 121-6, du Code du travail précise que « le candidat à un emploi ou le salarié est tenu » de « répondre de bonne foi » aux demandes d'informations, dès lors qu'elles présentent « un lien direct avec l'emploi proposé ou avec l'évaluation des aptitudes professionnelles ». Dans le même esprit, le bénéficiaire d'un bilan de compétences est tenu également de « répondre de bonne foi », dès lors que les informations demandées, possèdent « un lien direct et nécessaire avec l'objet du bilan » (article L.900-4-1).

Le droit de ne pas répondre ? Selon l'article L. 122.25 du Code du travail, l'employeur se voit « interdire de rechercher ou de faire rechercher toutes les informations concernant l'état de grossesse de l'intéressée (alinéa 1er). De plus « la femme candidate à un emploi n'est pas tenue de révéler son état de grossesse » (alinéa 2). Le Professeur G. LYON-CAEN s'inspire de cet article dans son rapport et indique que « cette formule pourrait être étendue ». L'auteur considère, en effet, que si « l'état de grossesse n'est pas un élément dont il est licite de tenir compte pour arrêter une décision en matière d'emploi », il existe « d'autres éléments qui répondent à cette définition » (croyances, situation familiale, antécédents judiciaires, etc.). **« Il serait par conséquent**

admissible d'admettre un droit général de non-révélation » (lors de la réponse à un questionnaire ou à un entretien). Il ne s'agirait pas « d'un droit de refuser de répondre » mais « d'un droit de ne pas dire une vérité, qui est sans lien direct et nécessaire avec l'emploi ». Il s'agirait donc, en quelque sorte, « d'un droit au mensonge ». L'auteur conclut, cependant, que « la difficulté est évidemment de trancher entre ce qui peut avoir une incidence sur l'exercice de l'emploi et ce qui ne peut en avoir et la meilleure illustration en est l'état de santé du candidat » (LYON-CAEN, 1992).

La nouvelle loi de décembre 1992 ne reconnaît pas, du moins officiellement, « ce droit au mensonge ». Une telle reconnaissance aurait « ouvert la porte à des excès inimaginables » souligne Claude DOS REIS, ancien président du SYNTEC *(Le Figaro* du 21/12/92). Il est clair, en effet, qu'il appartiendra aux tribunaux, le cas échéant, d'apprécier le lien direct et nécessaire pour juger de la bonne ou mauvaise foi du candidat[23]. Certes, une reconnaissance officielle aurait sans doute pu générer des abus. En revanche, il aurait été intéressant, pour éviter un tel phénomène, d'identifier les domaines à partir desquels le candidat aurait eu cette possibilité de ne pas dire la vérité.

La reconnaissance d'un droit officiel au mensonge aurait eu un mérite essentiel ; celui de positionner le sujet dans un rapport beaucoup plus **équitable**. Comme nous avons déjà eu l'occasion de le souligner, dans la pratique, la possibilité que possède un candidat de ne pas répondre à certaines questions (jugées par le sujet comme étant abusives ou intrusives) est quasi-inexistante. Pour renverser ce véritable rapport de soumission, il aurait été plus équitable que le candidat ait pu répondre, de manière inexacte, dès qu'il aurait jugé que la question posée ne relevait pas du poste à pourvoir. **En d'autres termes le droit de mentir aurait contrebalancé l'absence de réponse ou le refus de répondre, jugé, en général, négativement par le recruteur.** Pour être trivial, une telle perspective aurait permis de mentir pour la bonne cause.

---

23. La loi 121-6 du Code du travail précise que le candidat à un emploi ou le salarié est tenu de répondre de bonne foi à toutes les informations demandées dès lors qu'elles ont « comme finalité que d'apprécier sa capacité à occuper l'emploi proposé ou ses aptitudes professionnelles ». En outre, ces « informations doivent présenter un lien direct et nécessaire avec l'emploi proposé ou avec l'évaluation des aptitudes professionnelles ».

3. QUELQUES RÉFLEXIONS D'ORDRE GÉNÉRAL

A - Le statut des « spécialistes » en ressources humaines

Les « consultants » qui exercent dans ce domaine disposent très souvent de plusieurs compétences. Il n'est pas rare, en effet, que s'ils possèdent une activité en « recrutement », ils réalisent, également, d'autres « missions » très proches comme « la stratégie de carrière » voire des « bilans de compétences ». Nous avons vu, par ailleurs, que la formation des « consultants » était très variable. Ainsi, une enquête, que nous avons déjà eu l'occasion de citer, indiquait que 44 % des consultants avaient une formation psychologique, 28 % une formation économique, juridique, commerciale ou littéraire, 26,5% une formation scientifique et enfin 1,5 % avaient une autre formation (secrétariat, graphologie, etc.)[24].

Nous avions déjà précisé que le « Conseil en recrutement » n'était pas une profession réglementée et que toute personne qui souhaitait s'installer pouvait le faire librement. La formation des consultants répond également à la même « philosophie » puisque qu'il n'existe pas la moindre exigence en matière de niveau de formation ou de diplôme. Partant de ce constat, G. Lyon-Caen avait proposé la création d'un diplôme universitaire, un DESS[25] de « recruteur » dont le contenu de la formation aurait pu comporter des « enseignements de gestion, notamment de gestion du personnel, d'économie, de droit des affaires et de psychologie du travail ».

L'idée en elle-même était intéressante sur un plan théorique. Créer un DESS aurait pu être, effectivement, une manière de rendre linéaire la formation des consultants en leur donnant la possibilité de se former, en 1 an, aux spécificités de leur fonction. Malheureusement plusieurs types de problèmes se seraient posés. Le premier aurait concerné **la formation d'origine** des étudiants.

Entrer en DESS signifie avoir suivi précédemment quatre années d'études supérieures dans une discipline spécifique. Par conséquent, il aurait été intéressant de savoir quel cursus antérieur aurait permis de s'inscrire dans ce DESS « recruteur ». Aurait-il fallu avoir suivi, par exemple, un cursus en Droit, en Lettres, en Psychologie, en Sciences ?

---

24. Bruchon-Schweitzer, 1991. Notre recherche avait montré que 31% des consultants disaient avoir une formation psychologique, 34% en économie, en droit et en gestion, 18% en sciences politiques. Ces derniers ainsi que le reste des consultants posséderont également d'autres formations (Ingénieur, Lettres, Histoire, etc.) dont certaines à la validité plus que douteuse (PNL, Analyse Transactionnelle, Graphologie, etc.), Balicco, 1999.
25. DESS : Diplôme d'Études Supérieures Spécialisées. Il s'agit d'un diplôme de 3e cycle préparé en 1 an après une maîtrise.

La réponse n'aurait sans doute pas été aussi aisée que cela. D'autre part, le temps de formation réduit d'un DESS aurait présupposé que la préparation à ce diplôme eût été vécu comme un **aboutissement et une « spécialisation »** par rapport à son cursus antérieur. Commencer à appréhender en cinquième année des matières que l'on n'a jamais eu l'occasion d'étudier auparavant, comme la Psychologie, le Droit, etc. (dans le cas où on est issu d'une faculté de Sciences ou de Lettres par ex.) aurait probablement constitué pour l'étudiant, beaucoup plus une simple **initiation** à ces différentes disciplines qu'une véritable spécialisation. Une telle formation aurait permis tout au plus une « sensibilisation » de l'étudiant qui aurait eu probablement des connaissances multiples, mais insuffisamment approfondies.

L'exigence d'un tel diplôme aurait pu également présupposer que celui-ci puisse constituer une sorte de « **garantie** » pour le public. La pertinence d'un tel postulat n'aurait pas été certaine, et ce, pour plusieurs raisons. Un diplôme supérieur n'est rien d'autre que la mesure, en un moment « t », d'un ensemble de connaissances. Chacun sait, en effet, qu'une grande partie de ce qui a pu être appris, peut être aussi oublié (en particulier quand on ne se sert pas de certaines de ses connaissances acquises). D'autre part, comme un ensemble de recherches l'a montré, le fait de posséder un diplôme, quel qu'il soit (nature et niveau) ne présuppose en rien de la compétence que l'on aura dans un poste et ne constitue donc pas un gage de réussite[26].

Le cas des psychologues : nous avons déjà eu l'occasion de défendre l'idée que, dans un processus de recrutement, il était indispensable d'appréhender certains traits de personnalité du candidat. Il est en effet difficile de déterminer exclusivement la possibilité de réussite d'un sujet dans un poste sans connaître certains de ses comportements, etc. Cette manière de penser ne constitue pas un paradoxe. Le lecteur a lu dans cet ouvrage que l'une des meilleures méthodes qui permettait de prévoir la réussite d'un sujet dans son poste, faisait intervenir non seulement la psychométrie[27], mais aussi l'observation du comportement et l'évaluation clinique[28]. Il s'agit, bien entendu de la méthode des « Assessment Centers » plus connue sous la dénomination des « Centres d'évaluation »[29].

Or, comme le souligne l'article 9 du Code civil — « chacun a le droit au respect de sa vie privée » — on peut considérer, *stricto sensu*, que

---

26. Le principe du bilan de compétences est là pour nous le rappeler.
27. Psychométrie : en référence aux tests.
28. Évaluation clinique : il peut s'agir d'une évaluation grâce à des Tests de personnalité par exemple (« clinique armée ») ou de l'observation clinique (du comportement).
29. Boehm, *in* Tapernoux, 1984.

l'évaluation de la personnalité (ou de l'intelligence, etc.), quelle que soit la méthode pour l'appréhender (entretien ou test) est illicite. Or une telle évaluation nous paraît pourtant possible sans aller pour autant à l'encontre de la loi.

Pour motiver notre position, établissons un parallèle avec le domaine médical. Comme le précise le Professeur Lyon-Caen dans son rapport, « l'essentiel des examens médicaux d'embauche, obligatoires, réside en ceci : tout ce qui concerne la santé du candidat n'a pas à être révélé au futur employeur, mais au seul médecin du travail lié au secret professionnel. De manière générale, celui-ci agit comme un filtre, après examen, il déclarera en tout et pour tout tel candidat apte ou inapte ».

L'évaluation de la personnalité — et de toutes les caractéristiques psychologiques du candidat — est, pour nous, à l'image de sa santé. **Toutes ces données devraient obligatoirement rester confidentielles.** Dans la réalité, elles devraient demeurer exclusivement dans le secret de la relation entre le psychologue et le candidat ou entre le psychologue et le salarié. Certes, le code de déontologie de la Société Française de Psychologie précise bien dans son article 2.0 que le « Psychologue est soumis à la règle du secret professionnel », mais la valeur essentiellement éthique de ce code est-elle suffisante ? Nous ne le pensons pas, c'est d'ailleurs ce que souligne G. Lyon-Caen, quand il précise « **qu'il serait, tout à fait désirable que le psychologue — comme le médecin du travail — garde pour lui les constatations faites et n'indique au cabinet dont il dépend ou à l'employeur, que l'aptitude ou l'inaptitude (psychologique ou mentale) à l'emploi** ». Cette volonté légitime du juriste se heurte à la méconnaissance qu'il a de la réalité de ce qui peut se passer au sein de certains cabinets.

Comme nous l'avons déjà souligné, si rapport de soumission il y a, entre un candidat et un recruteur, on occulte trop souvent le fait qu'une relation de même nature peut également exister entre le psychologue et son employeur. Par conséquent, il est tout à fait légitime que nous allions plus loin que G. Lyon-Caen, en suggérant **que le législateur intervienne le plus rapidement possible pour que le psychologue soit soumis, juridiquement parlant, à la règle du secret professionnel, selon les conditions définies par l'article 226-13 du nouveau Code pénal**[30].

Une telle exigence éviterait, d'une certaine façon, une « **philosophie** » **systématique de la substitution** qui trouve son illustration chez tous ceux qui pensent que la psychologie, c'est avant tout une question d'expérience. À force de faire de « l'interprétation psychologique » à partir

---

30. Ancien article 378 du Code pénal.

de tout et de n'importe quoi — des gestes, des mots, de la forme du visage, de l'écriture, etc. — et ce, depuis des années, beaucoup de professionnels se croient détenteurs, au bout de quelques années, d'une certaine forme de légitimité et de savoir. Ces derniers se placent alors dans une position telle, qu'ils ne sont plus en mesure de distinguer la psychologie naïve et quotidienne qu'ils utilisent constamment et la psychologie scientifique dont nous parlons dans cet ouvrage. D'autre part, et ceci est beaucoup plus grave, une étude a montré que dans les services n'utilisant aucun psychologue, 42 % utilisaient des tests d'aptitudes et de personnalité et 15,5 % des techniques projectives **sans que les consultants possèdent la moindre qualification requise (théorique et pratique).** Un tel constat est pour le moins inquiétant — surtout pour les candidats — quand on sait l'importance que prennent les résultats à ces tests dans la prise de décision finale.

B - La légitimité des méthodes

Le choix des méthodes : la reconnaissance juridique du secret professionnel chez le psychologue aurait plusieurs avantages, notamment celui de lui permettre de choisir ses méthodes et surtout d'abandonner toutes celles qui ne lui paraîtraient pas fiables. Certes, cette possibilité de choix semble déjà exister au sein de certaines structures[31] mais ne serait-il pas légitime qu'elle puisse se généraliser ? Les informations personnelles que le psychologue pourrait obtenir, lors d'un entretien ou par l'intermédiaire de résultats à un (ou plusieurs tests) resteraient ainsi confidentielles et la relation n'en serait que plus riche. Cette confidentialité et cette possibilité de choix des méthodes d'évaluation présenteraient également l'avantage de permettre une protection accrue des candidats auxquels on ne soumettrait plus une série de méthodes d'évaluation pour le moins contestables.

La validation des outils : nous soulignions précédemment que dans les services où exercent des psychologues, on use beaucoup moins de graphologie et de méthodes irrationnelles. Il n'est donc pas nécessaire, comme le préconisait LYON-CAEN, de confier à un « laboratoire scientifique la validation des outils » que l'on trouve actuellement sur le marché. Il suffirait de se tenir au courant des milliers de publications scientifiques, à travers le monde, qui s'intéressent à la validité de ces outils.

En revanche, il nous apparaît tout à fait logique d'apporter **la preuve de la validité** d'un outil au candidat qui en fait la demande, et ce quelle que soit la situation. Il est certain qu'une telle exigence posera d'immenses problèmes à quelques-uns. Une telle perspective permettrait

---

31. Les structures qui disposent de psychologues ont tendance à utiliser beaucoup moins la graphologie et autres techniques irrationnelles. BRUCHON-SCHWEITZER et FERRIEUX, 1991.

ainsi à certains de dépasser, à cette question, la réponse si souvent donnée : « mais je peux vous assurer que ça marche » ou « ça fait dix ans que j'utilise cette technique et je l'ai essayée sur plus de 1 000 personnes », etc.

Nous terminerons ce chapitre par la nécessité de réglementer, de manière beaucoup plus rigoureuse, la délivrance de ces outils (tests). Il ne faut pas oublier que leur maîtrise demande non seulement des connaissances théoriques poussées, mais aussi un savoir faire qui ne peut s'acquérir qu'avec le temps. D'autre part, comme le souligne un certain nombre de spécialistes en psychométrie, si la simple application d'un questionnaire ne suppose pas de compétence particulière, l'exploitation des réponses — c'est-à-dire leur analyse et leur interprétation — nécessite une formation de psychologue et une connaissance approfondie des différentes théories qui leur sont sous-jacentes. Certes, ces connaissances théoriques ne sont pas suffisantes en elles-mêmes mais elles demeurent indispensables pour que l'on puisse utiliser de façon pertinente les méthodes d'évaluation. L'ignorer serait déjà léser le candidat.

CONCLUSION

L'objectif essentiel de cet ouvrage était de faire prendre conscience, à l'ensemble des acteurs concernés, que la seule manière d'être efficace, en matière de gestion de Ressources Humaines, était d'utiliser des méthodes d'évaluation dont la pertinence avait été scientifiquement prouvée. Cette perspective, qui présuppose la vérification d'une méthode avant son utilisation, ne constitue pas une démarche bien originale. En effet, elle est considérée depuis fort longtemps comme incontournable et naturelle dans la totalité des disciplines qui nous entourent. Ainsi, en médecine, préalablement à la commercialisation d'une molécule, les chercheurs procéderont toujours à une vérification de son action réelle d'abord chez l'animal — en laboratoire — puis chez l'homme. Si les résultats de ces différentes phases d'expérimentation indiquent que l'action de cette molécule n'est pas significative, il est certain que jamais un laboratoire ne prendra le risque de commercialiser un médicament censé avoir une action thérapeutique qu'il ne possède pas[1]. Continuons notre analogie avec le domaine de la recherche médicale : il y a quelques années ont été fabriqués des tests sérologiques destinés à identifier les anticorps, témoignages de la présence du virus du SIDA dans le sang. Quelles auraient été les répercussions humaines si ce test sérologique n'avait pas eu le niveau de fiabilité escompté ?

Certes, dans le domaine des Ressources Humaines, les enjeux ne sont pas de même nature et les retombées ne concernent pas des questions de santé publique. Il n'en demeure pas moins que, dans ces deux cas de figure, l'homme reste l'élément central. Qu'il s'agisse d'une procédure de recrutement, d'un changement de poste à l'intérieur ou à l'extérieur de son entreprise (out-placement) ou même d'une promotion, toutes les personnes — sans exception — impliquées dans ce processus de transition seront toujours plus ou moins marquées par l'angoisse quant à leur devenir. Peut-on alors considérer comme éthique d'ajouter à cette angoisse une autre forme d'incertitude générée par une méthode dont la fiabilité est tout aussi incertaine ? L'objectif du professionnel des Ressources Humaines n'est-il pas également de garantir sa pratique ?

---

1. Certes des médicaments chimiquement neutres sont commercialisés (placébos) mais ils s'inscrivent dans une logique thérapeutique tout à fait différente.

Le lecteur a pu découvrir à la lecture de cet ouvrage que beaucoup de méthodes, pourtant communément utilisées et considérées intuitivement comme fiables, ne possédaient plus la moindre pertinence dès lors qu'on les soumettaient à l'épreuve des faits. Cette culture qui utilise des méthodes d'évaluation à la fiabilité contestable ou dont la validité n'a même jamais été démontrée, est tout à fait spécifique à la France. En effet, quand on s'intéresse aux pays comparables au nôtre, on ne peut être que frappé par les différences. Choisissons un exemple concret : si un Français décide de proposer ses compétences en Allemagne et qu'il transmette une lettre de candidature manuscrite à plusieurs entreprises de ce pays, il y a fort à parier que ceux qui décideront de le rencontrer lui demanderont pour quelles raisons cette lettre n'a pas été saisie à l'ordinateur. En France, au contraire, il est jugé comme très suspect — voire comme préjudiciable — de ne pas écrire une lettre manuscrite quand on sollicite un poste. Aux États-Unis, il est impensable que l'on puisse recruter des collaborateurs en leur posant des questions autres que celles en relation avec le poste ou d'utiliser des techniques irrationnelles. En France, cette manière d'exercer est pourtant quasi systématique. Et la liste des exemples pourrait être longue.

Une telle façon de procéder est-elle finalement utile ? Comment se fait-il, en effet, que nous demeurions un des seuls pays au monde à utiliser autant de techniques marginales ou aussi peu fiables ? Pour un cadre étranger à notre culture, il est tout à fait étonnant que l'on puisse, par exemple, pronostiquer la réussite professionnelle à partir de l'écriture —« pourquoi pas à partir du marc de café » nous confiait un de nos amis américains — ou d'un simple entretien.

Notre objectif était également de fournir aux professionnels des Ressources Humaines un ensemble de repères scientifiques concrets qui puissent leur permettre de pouvoir juger objectivement du degré de pertinence d'une méthode d'évaluation. Or quand les résultats d'une méthode sont pertinents, les professionnels n'apportent-ils pas, dans leur pratique, de meilleures garanties ? Leur souci premier n'est-il pas de recruter des collaborateurs qui puissent pleinement réussir dans leur nouveau poste ? Leur mission, quand il s'agit de les guider dans leur carrière professionnelle, n'est-elle pas également de leur prodiguer des conseils qui puissent reposer sur des données à la fois objectives et pertinentes ?

Toutefois, nous reconnaissons qu'il n'est pas toujours facile pour un professionnel de se tenir au courant de la quantité impressionnante de publications qui traitent de la fiabilité de ce type de méthodes. D'autant plus que les recherches de référence sont souvent d'origine étrangère le plus souvent américaines, anglo-saxonnes et hollandaises. Leur intérêt est pourtant immense car les chercheurs qui réalisent ce type de publications sont des spécialistes de leur domaine qui possèdent l'avantage majeur d'exercer leurs compétences à la fois en cabinet (ou en entreprise) et à l'université.

Cette difficulté d'accès à des publications de référence nous motive aujourd'hui à vouloir créer un organisme — probablement sous une forme associative — qui pourrait être une cellule de réflexion, d'échanges et de recherche pour tous les professionnels des ressources humaines[2] qui souhaiteraient encore améliorer leur pratique. Elle aurait notamment pour vocation d'informer en diffusant une synthèse des travaux scientifiques en cours. Cet organisme pourrait également constituer un lieu de formation — ou d'auto-formation — dont les modalités devraient être définies, en particulier pour les questions que nous avons déjà soulevées dans le corps de cet ouvrage. Une telle idée reste, bien entendu, à formaliser et nous serions très heureux que tous les acteurs concernés par ces questions nous fassent part de leurs propositions ou de leurs suggestions[3]. Nous sommes certain que la plupart des professionnels des Ressources Humaines sont soucieux de leur démarche et de leur pratique professionnelle. Nous sommes par conséquent convaincu qu'ils auront l'ambition de s'investir dans un projet de ce type.

D'autre part, si le lecteur souhaite nous écrire pour nous demander des informations plus complètes — des références bibliographiques, par exemple — ou pour nous faire part de ses expériences[4], il pourra le faire en s'adressant directement à notre éditeur. Dans la mesure du possible, nous lui répondrons.

2. Consultants, responsables des ressources humaines, directeurs des ressources humaines, psychologues, sociologues, etc.
3. À notre attention et à l'adresse de notre éditeur ou à **cbalicco@club-internet.fr**
4. Les expériences que le lecteur a pu vivre au cours de sa carrière (Recrutement, bilan de compétences, stratégie de carrière, formation...), quel que soit le secteur (cabinets-conseils ou entreprises) seront les bienvenues.

ANNEXE 1

POUR ALLER UN PEU PLUS LOIN :
LA NOTION DE CRITÈRE

Le critère d'une fonction est une caractéristique significative qui signe la réussite (ou l'échec) d'un sujet par rapport à ladite fonction. En d'autres termes, il s'agit d'une conduite professionnelle qui constitue une norme et représente un paramètre significatif de la réussite (ou de l'échec) du collaborateur dans sa fonction. En fait on jugera la validité du prédicteur dans sa capacité à mesurer le critère : le critère est par conséquent ce que l'outil cherchera à mesurer.

Choisissons un exemple : Pour un poste de cadre commercial, les critères de réussite pourront être :

- Des critères purement « objectifs »

- Nombre de contrats conclus ou quantité de produits vendus.
- Nombre de rendez-vous obtenus sur une période donnée.
- Chiffre d'affaires réalisé par rapport à un objectif prévisionnel.
- Détection d'un nouveau marché et développement d'une clientèle.

- Mais aussi des critères très subjectifs

- L'image de ce cadre — et donc de l'entreprise — laissée chez ses clients.
- L'importance du capital-confiance des clients vis-à-vis du cadre.
- Les capacités relationnelles de ce cadre vis-à-vis de ses collègues.
- Certaines caractéristiques de personnalité.

Ces différents critères ne sont donnés, bien entendu, qu'à titre d'exemple. Pour les identifier et en donner une définition précise, une analyse du travail est indispensable. Chacun de ces critères devra, bien sûr, être évaluable. Il est certain que les critères qualifiés « d'objectifs » sont beaucoup plus faciles à identifier que les critères « subjectifs ». Pourtant, ils ne sont pas obligatoirement les plus fiables. Comme nous le verrons, un critère peut être contaminé par une ou plusieurs variables.

D'autre part, comme nous le soulignions déjà, un critère devra posséder un certain nombre de qualités, tout comme le prédicteur (fidélité par exemple).

Un exemple de classification des critères

Certains auteurs proposent deux façons de classer les critères : par « niveau » et par « type »[1]. Dans la première classification, « par niveau », ils distinguent :

- **les critères de niveau immédiat,** qui concernent des comportements professionnels considérés comme devant être réussi dans un poste par un collaborateur. Par exemple : Un bon manager doit être un bon animateur d'hommes ;

- **des critères de résultat**, que nous pouvons recouper avec nos « critères objectifs ». Exemple : niveau de production d'un ouvrier, quota de ventes ;

- un dernier niveau que les auteurs appellent **« the ultimate criterion »**, représente, en fait, un critère économique et financier. Encore appelé « dollar criterion », il s'intéresse à l'importance de la contribution d'un collaborateur aux objectifs de son entreprise.

Dans la seconde classification, par type, les auteurs font une distinction entre « *hard criteria* » et « *soft criteria* » :

- les **« *hard criteria* »** : ce sont, des données à la fois factuelles et objectives mais qui dépendent très fortement de l'environnement. Par exemple : nombre de produits vendus par mois ;

- les **« *soft criteria* »** sont en fait des « critères de jugement » qui font référence aux évaluations globales réalisées par les supérieurs. Il peut s'agir également des évaluations réalisées par les pairs ou même les subordonnés.

Les questions à se poser

Dans la recherche d'un critère qui soit le plus fiable possible, on se heurte à un niveau purement pratique à de nombreuses difficultés. En fait, deux questions sous-jacentes se posent :

- est-il possible d'obtenir un critère suffisamment fiable du poste en question et ce, même après une analyse rigoureuse du travail ?

- un seul critère peut-il être suffisamment représentatif de la réussite d'un collaborateur dans un poste donné ?

La validité du critère

Un critère peut très bien être considéré comme valide dans un contexte donné et ne plus l'être dans un autre. De multiples paramètres, internes ou externes à l'entreprise peuvent en effet intervenir et disqualifier, au moins en partie, la qualité du critère.

---

1. Smith, Gregg et Andrews (1989).

Illustrons cette donnée en prenant un exemple :

Imaginons que le critère choisi soit un critère objectif du type « Chiffre d'affaires réalisé/mois et que le paramètre interne qui intervienne soit « La stratégie de l'entreprise ».

Si dans un environnement concurrentiel, la stratégie de l'entreprise est à court terme et que son objectif majeur est de réaliser et de développer, par n'importe quel moyen, son chiffre d'affaires (perspective purement quantitative), dans ce cas le critère choisi pourra être considéré comme fiable.

Si en revanche, une nouvelle politique institue une stratégie à moyen ou à long terme en privilégiant l'aspect relationnel, la qualité et le suivi de la clientèle, le développement des relations de confiance… il est clair que ce même critère pourra être considéré comme beaucoup moins significatif de la réussite du collaborateur[2].

Si nous choisissons un paramètre extérieur à l'entreprise, c'est-à-dire non contrôlé par celle-ci, le résultat sera le même. Pour prendre un nouvel exemple, conservons le même critère de réussite et prenons comme paramètre extérieur « les fluctuations économiques du marché ». Si une crise économique survient dans un domaine spécifique (ex. : l'informatique), il est clair que cela aura un retentissement sur « le chiffre d'affaires réalisé » par le collaborateur et par conséquent ce critère n'aura plus du tout la même fiabilité qu'auparavant. D'où la nécessité, quand un critère est déterminé, de ne jamais l'isoler du contexte interne ou externe à l'entreprise.

D'autre part, il est clair que la fiabilité de certains critères peut être affectée par un certain nombre de phénomènes. Exemple : si nous choisissons comme critère « l'évaluation des collaborateurs par les supérieurs », les évaluations pourront être faussées par trois types d'erreurs :

- « **l'effet de halo** » (« **halo effect** ») ; c'est « la tendance qu'ont les évaluateurs à transférer des évaluations favorables ou non favorables d'une dimension à toutes les autres ». Il s'agit donc d'une perception globale qui fausse un jugement analytique. Ex. : si un cadre est bien évalué sur une dimension (compétences à la négociation), il sera également bien évalué pour ses compétences interpersonnelles[3].

- « **l'indulgence** » (« **leniency** ») ; c'est la tendance qu'ont certains évaluateurs, à donner des évaluations élevées ;

---

2. Cet exemple n'est donné qu'à titre indicatif, il est évident que les notions quantitative et qualitative ne sont nullement antagonistes. Ce que cet exemple nous indique, en revanche, c'est qu'il faut toujours tenir compte de l'intensité ou de l'importance des critères les uns par rapport aux autres.
3. SMITH et al., 1989.

- « l'effet de tendance centrale » (« central tendency ») ; c'est la tendance qu'ont certains évaluateurs à utiliser des notes ou des échelons moyens qui réduisent, par conséquent, la dispersion des sujets entre eux.

Faut-il un ou plusieurs critères ?

Pendant longtemps, on a considéré qu'un seul critère était suffisant pour juger de la réussite d'un collaborateur. Actuellement, devant la complexité des postes, les chercheurs se positionnent dans une attitude plus réaliste.

L'utilisation d'un seul critère semble aller à l'encontre même de la notion de réussite. Dans notre pratique, il nous est apparu que lorsque l'on va suffisamment en profondeur dans l'analyse d'un poste, on découvre que la réussite d'un collaborateur repose toujours sur de multiples paramètres. Ces paramètres sont d'autant plus indissociables que la position du collaborateur, c'est-à-dire la complexité du poste, est élevée dans la hiérarchie.

D'une part il est clair que pour un poste identique, plusieurs candidats peuvent réussir dans leur fonction en empruntant des stratégies personnelles tout à fait différentes.

D'autre part la stratégie de l'entreprise influence l'importance du critère et peut en générer d'autres :

Autrefois dans le secteur bancaire, la réussite commerciale se mesurait essentiellement au nombre de produits ou de services vendus. Le critère était essentiellement quantitatif : la demande était nettement supérieure à l'offre et on se souciait bien peu des clients.

Avec le développement effréné de la concurrence, les commerciaux continuent, certes, d'être jugés sur leurs résultats, mais aussi et de plus en plus, sur leur capacité à créer et à fidéliser une clientèle. Au critère quantitatif est venu s'associer un critère qualitatif.

Quel est le critère le plus souvent utilisé ?

Actuellement, il semblerait que le critère le plus utilisé soit « les évaluations faites par les supérieurs ». Quand on arrive à neutraliser les différentes sources d'erreurs (Indulgence, Halo...), on constate que ces évaluations ne sont d'ailleurs pas aussi mauvaises qu'on pourrait le penser. Même si certains auteurs avancent une fidélité relativement moyenne des notations professionnelles (fidélité moyenne de .60).[4]

---

4. Levy-Leboyer, 1990.

Annexe 2

Pour aller un peu plus loin :
Sources d'erreur expliquant la disparité
et la sous-estimation des coefficients de validité
(Smith et *al.*, 1989)

L'analyse de différentes études a permis d'identifier trois sources principales d'erreurs :

1. « **Restriction of range** » ou « restriction au niveau du classement »

Les auteurs expliquent qu'en théorie, une étude de validité idéale devrait permettre d'obtenir des données de tous les candidats, ce qui en pratique n'est pas le cas. En effet, comme nous avons déjà pu le souligner, les entreprises n'embaucheront que les candidats qui ont réussi à un test ou un entretien. De ce fait, l'entreprise disposera d'informations mais uniquement des candidats les meilleurs, lesquels constitueront une minorité. Pour les auteurs une telle restriction ne peut que sous-estimer le coefficient de validité.

2. « **Contamination of performance measures** » ou « contamination des mesures de la performance »

Dans la réalité, les auteurs expliquent que dans beaucoup de fonctions, les données concernant la performance du sujet sont difficiles à obtenir, de ce fait c'est aux supérieurs que l'on demande d'évaluer leur performance sur une échelle à 10 points. Pour les auteurs, ces évaluations ne peuvent être véritablement objectives.

Ils expliquent également que « l'utilisation d'une information « objective » de la performance n'aide pas toujours la situation ». Ainsi, pour citer un de leurs exemples, si l'on utilise comme critère objectif « nombre d'unités fabriquées » par des ouvriers, les chiffres de production ainsi obtenus seront contaminés par le fait que certains d'entre eux peuvent très bien travailler avec un équipement meilleur ou plus récent ou disposer de matières premières de meilleure qualité.

3. « **Impact of small sample size** » ou « impact des échantillons de faible taille »

Les auteurs font référence au fait que la plupart des études ont été menées sur des échantillons de petite taille d'environ 60 personnes. Il faut reconnaître qu'à un niveau pratique, il était difficile de trouver des échantillons significatifs de personnes exécutant le même travail.

ANNEXE 3

Pour illustrer cette technique, nous avons choisi un exemple[5] dans lequel interviennent un prédicteur, « **Évaluations (antérieures) par des pairs** » et 3 différents critères.

Pour chaque étude sont précisés :

- le critère choisi (CRIT).
- le nombre d'études regroupées (N ÉTUDES).
- le nombre total de sujets (N SUJETS).
- le coefficient de validité moyen (COEF Moy).
- le nombre de corrélation (N Cor).

CRIT	N ÉTUDES	N SUJETS	COEF Moy	N COR
1. Promotion	13	6 909	.49	13
2. Évaluation par un « superviseur »	31	8 202	.49	31
3. Succès Professionnel	7	1 406	.36	7

Ainsi la première étude concernant le prédicteur (« Évaluations antérieures par des pairs ») s'est intéressée au critère « promotion » (c'est-à-dire progression de carrière).

La synthèse de 13 études a permis d'obtenir un échantillon important composé de 6 909 sujets et l'agrégation de 13 coefficients de corrélation.

Le coefficient de validité moyen obtenu dans cette étude (**.49**, 49%) nous indique que « l'évaluation (antérieure) par des pairs » se montre un excellent prédicteur de la « promotion »[6].

---

5. Étude de KANE & LAWLER (1978) in HUNTER & HUNTER. 1984.
6. Les auteurs précisent toutefois, pour cet exemple bien particulier que nous avons choisi, que ce prédicteur ne peut être utilisé que dans des contextes très spéciaux. C'est pour différentes raisons d'ailleurs, que la plupart des études utilisant ce prédicteur ont été réalisées auprès de militaires et dans des académies formant des policiers.

ANNEXE 4

Nous rappelons à nos lecteurs qu'il n'est pas question ici de décrire de façon exhaustive ce qu'est la théorie de l'échantillonnage. Nous nous contenterons d'en donner les notions fondamentales. Il faut en effet que le lecteur sache dès à présent que si les notions de cette théorie sont, en général, simples à comprendre, la mise en pratique est une phase beaucoup plus complexe qui nécessite la présence d'un spécialiste.

La méthode empirique

Pour la constitution d'un tel échantillon, il est absolument indispensable que l'observateur obéisse à deux règles :

- d'une part, il devra connaître la composition de l'ensemble de la population. C'est grâce à la connaissance de la « **stratification** » de l'ensemble de cette population qu'il sera en mesure de construire un échantillon stratifié dans les mêmes proportions ;

- d'autre part, l'observateur devra être à même de savoir si une telle composition (ou stratification) est en relation étroite avec les caractéristiques que l'on souhaite étudier.

Poursuivons avec un exemple concret : pour mesurer « l'aptitude au management », par exemple dans le secteur bancaire, l'observateur va d'abord cerner sa population qui sera constituée de cadres opérationnels dirigeant effectivement du personnel.

L'échantillon qu'il constituera le sera en fonction de certaines dimensions qu'il considérera comme pertinentes : on parlera de variables de contrôle.

Ainsi, si l'observateur connaît parfaitement les proportions exactes de cette population de référence (population de cadres), il va pouvoir procéder à la construction d'un échantillon réduit qui tienne compte de ces proportions.

L'échantillon sera constitué d'un certain nombre d'hommes et de femmes cadres, possédant un certain nombre d'années d'expérience dans le secteur et ayant une formation supérieure, le tout dans les mêmes proportions que la population de référence (c'est-à-dire totale).

Dans cet exemple, les différentes variables ont été jugées par l'observateur comme pertinentes car il a considéré qu'elles pouvaient être en étroite relation avec « l'aptitude au management » qu'il souhaitait mesurer.

En revanche, si on choisissait d'autres variables comme la taille, le poids et la couleur des cheveux, il serait fort probable (pour ne pas dire certain) que l'échantillon ainsi constitué serait d'emblée biaisé. En effet, le peu de pertinence de ces variables par rapport à la dimension fausserait la constitution de l'échantillon et par là même, les résultats et par conséquent les inférences que l'on pourrait ultérieurement faire.

Cette méthode est plus connue sous le nom de **méthode des « quotas »**. Elle présente l'avantage de fournir des conclusions pertinentes à partir d'un échantillon de très faible taille (ex. :1/50 000), par contre le risque d'erreur existe et ne peut être vraiment apprécié. Le risque dans ce type d'échantillon est donc l'existence de « biais » qui ne peuvent bien entendu que fausser les résultats.

Mais il faut également préciser que pour que ce type d'échantillon soit représentatif de l'ensemble de la population, il faut absolument que les variables de contrôle soient pertinentes. Dans la pratique, la vérification de la pertinence de la stratification ne peut être réalisée qu'*a posteriori*. D'autre part, au sein de chaque strate, on procède à un tirage au hasard.

La méthode aléatoire

Comme il est impossible de détecter l'erreur systématique dans les échantillons empiriques, il existe une autre technique qui présente l'avantage de pouvoir évaluer la fourchette d'erreur. Il s'agit de techniques qui recourent au raisonnement probabiliste, seule méthode véritablement scientifique. Il n'est pas nécessaire de connaître ici la stratification de l'ensemble de la population mais de disposer d'une liste complète des unités de l'ensemble statistique. C'est à partir de cette liste que sera constitué l'échantillon grâce au procédé du tirage au sort.

Grâce au tirage au sort, quelle que soit la méthode utilisée (ex. : tirage à partir d'une table de nombres aléatoires), non seulement on évite les phénomènes de biais mais surtout on peut utiliser les propriétés des distributions d'échantillonnages.

Ainsi pour être plus concret, il est possible d'affirmer avec une quasi-certitude (à 95 % par ex.) que la moyenne vraie de l'ensemble est comprise dans tel intervalle (si la distribution d'échantillonnage de la moyenne suit une loi normale).

Cette technique est bien entendu nettement supérieure à la précédente mais concrètement elle présente un inconvénient majeur : elle est d'un coût financier considérablement plus élevé que les « échantillons stratifiés ».

Facteur	Recrutement par annonces (n = 30)				Recrutement par approche directe (n = 24)				Recrutement mixte (n = 8)				Total des réponses (approches confondues) (n = 62)			
	A	B	C	D	A	B	C	D	A	B	C	D	A	B	C	D
1. Le physique disgracieux	1	2	19	6	1	1	18	2	3	1	4	-	5	4	41	8
2. La taille (trop grand ou trop petit)	-	-	11	17	-	-	8	13	-	1	3	4	-	1	22	34
3. La poignée de mains « molle » ou moite.	1	5	12	10	1	7	10	5	-	2	2	4	2	14	24	19
4. Le poids (personne très forte ou très maigre)	3	1	9	14	2	1	8	11	1	1	3	3	6	3	20	28
5. Handicap physique mineur	1	-	7	19	-	1	7	14	-	-	1	7	1	1	15	40
6. Regard Fuyant	7	7	12	1	4	6	10	2	2	1	4	1	13	14	26	4
7. Personne dégageant une odeur forte	4	2	18	3	5	7	9	1	3	2	3	-	12	11	30	4
8. Tenue vestimentaire décontractée	2	3	15	7	3	2	10	7	1	-	5	2	6	5	30	16
9. Apparence vestimentaire peu soignée	8	9	11	0	4	4	11	2	3	3	2	-	15	16	24	2
10. Personne agressive (caractérielle)	15	5	6	2	12	5	3	2	6	2	-	-	33	12	9	4
11. Personne « séductrice »	5	3	10	10	1	-	10	11	3	2	2	1	9	5	22	22
12. Personne de couleur	3	-	5	18	1	-	10	11	2	-	2	4	6	-	17	33
13. Personne de religion non chrétienne	1	0	3	24	-	-	2	20	-	-	-	8	1	-	5	52
14. Père célibataire	-	-	1	27	-	-	-	22	-	-	-	8	-	-	1	57
15. Mère célibataire	-	-	1	27	-	-	3	19	-	-	-	8	-	-	4	54
16. Femme célibataire	8	3	5	11	-	-	9	7	3	1	1	3	11	4	15	21
17. Décalage entre le contenu du CV et le contenu de l'entretien	22	4	1	-	19	3	-	-	8	-	-	-	49	7	1	-
18. Autodidacte	1	-	1	27	2	2	3	15	-	1	2	5	3	3	6	47
19. Apparence physique au niveau de l'âge (« paraît trop jeune » ou « trop vieux »)	1	-	13	14	-	-	14	8	-	-	3	5	1	-	30	27
20. Voix disgracieuse, monocorde, etc.	1	1	16	9	1	2	12	8	-	-	4	3	2	3	32	20
21. Tics verbaux et comportementaux	3	2	14	9	-	3	13	5	2	1	5	1	5	6	32	15
22. Possibilité d'homosexualité	2	2	3	21	-	-	8	14	-	-	2	6	2	2	13	41
23. État des chaussures (non cirées, etc.)	2	1	5	20	-	3	6	13	-	1	3	4	2	5	14	37
24. Nervosité pendant l'entretien	3	1	16	8	2	3	12	5	-	2	5	1	5	6	33	14
25. Accent étranger trop marqué	1	1	9	17	-	1	8	13	-	1	3	4	1	3	20	34

A : Rhédibitoire   B : négatif dans la quasi totalité des cas   C : négatif dans certains cas   D : sans importance

Niveau d'importance des facteurs intervenant dans la prise de décision (lors d'un recrutement)
(enquête menée auprès de 62 cabinets conseils)

Annexe 6

- **Les tests de personnalité sont** préférentiellement utilisés :

  • à 61,5 % par les cabinets (avec une utilisation systématique à 36,5%) ;
  • à 55 % par les entreprises privées (utilisation systématique à 31%) ;
  • à 69 % par les entreprises nationales (utilisation systématique à 31%).

- **Les tests d'aptitudes et d'intelligence** sont utilisés :

  • à 55 % par les cabinets dont 25 % de façon systématique ;
  • à 69 % par les entreprises privées dont 31% de façon systématique ;
  • à 84,5 % par les entreprises nationales (utilisation systématique à 54 %).

- **Les tests de situation** (in basket, jeu de rôle...) demeurent plus rarement utilisés, ils le sont :

  • à 28 % par les cabinets avec une utilisation systématique de 6,5 % ;
  • à 41 % par les entreprises privées (utilisation systématique à 3 %) ;
  • à 46 % par les entreprises nationales (Systématique à 23 %).

- **Les tests projectifs** sont utilisés quant à eux :

  • à 21,5 % par les cabinets dont 9,5 % de façon systématique ;
  • à 17 % de façon systématique par les entreprises privées ;
  • à 23 % par les entreprises nationales dont 8 % de façon systématique.

(Données extraites de l'étude de Bruchon-Schweitzer et D. Ferrieux, 1991.)

ANNEXE 7

MÉTHODES DE SÉLECTION ET D'ÉVALUATION UTILISÉES EN FONCTION DU MODE D'APPROCHE

Utilisation des méthodes		Recrutement par annonces (n = 30)			Recrutement par A.directe (n = 24)			Recrutement mixte (n = 8)			Effectif total (n = 62)		
		va	total	%	va	total	%	va	total	%	va	total	%
Entretien	Systématique	30	30	100	24	24	100	8	8	100	62	62	100
	Occasionnel	-			-			-			-		
Tests de personnalité	Systématique	9	17	57	2	6	25	1	5	63	12	28	45
	Occasionnel	8			4			4			16		
Graphologie	Systématique	14	27	90	10	24	100	7	8	100	31	59	95
	Occasionnel	13			14			1			28		
Tests d'aptitudes et d'intelligence	Systématique	6	15	50	-	2	8	1	3	38	7	20	32
	Occasionnel	9			2			2			13		
Méthodes projectives	Systématique	3	9	30	-	1	4	-	2	25	3	12	19
	Occasionnel	6			1			2			9		
Références	Systématique	4	12	43	11	15	63	3	3	38	18	30	48
	Occasionnel	8			4			-			12		
Assessment Centers	Systématique	-	1	3	-	-	-	-	-	-	-	1	2
	Occasionnel	1			-			-			1		
Tests de situation	Systématique	-	4	17	-	1	4	-	2	25	-	7	11
	Occasionnel	4			1			2			7		

ANNEXE 8

La signification de l'écart type est facile à saisir et pour vous en convaincre nous avons choisi un exemple concret. Nous avons déjà eu l'occasion de faire référence au D 48, test destiné à mesurer « l'intelligence générale » (le « fonctionnement cognitif ») où l'objectif est de trouver dans une série de dominos, les caractéristiques de celui qui manque.

Si un jeune homme de 23 ans de niveau bac passe ce test, il va obtenir une note brute que nous allons comparer à des normes de référence (étalonnage).

Concrètement, nous disposons de tableaux qui sont fournis avec les outils que nous utilisons et qui vont nous permettre de transformer instantanément les notes brutes en notes de référence.

L'étalonnage de ce test est réalisé :

- **par sexe** (hommes et femmes) ;
- **par classe d'âge** ;
- **par niveau culturel** (niveau scolaire).

Si notre sujet a obtenu un score brut de **32** à ce test, nous allons comparer ce résultat à ceux obtenus par des sujets de même sexe, de même âge et de même niveau culturel.

Dans le tableau dont nous disposons, pour la **classe d'âge 20-24 ans**, les sujets de **sexe masculin** de **niveau culturel 6** (Bac) obtiennent une **note moyenne de 30,44** avec un **écart type de 5,5**. Comme nous l'avons précédemment expliqué, de par les caractéristiques d'une telle distribution, 68,2 % de la population constituée d'hommes de 20 à 24 ans et de niveau bac obtiennent des notes à ce test qui se situent entre (30,44 - 5,5) et (30,44 + 5,5), c'est-à-dire entre 24, 94 représentant le premier écart type en deçà de la moyenne (-1) et 35,94 représentant le premier écart type au-dessus de la moyenne.

Nous pouvons immédiatement constater que le sujet a obtenu un score qui **le situe au-dessus de la moyenne dans le 1er écart type.**

Nous pouvons également comparer le résultat obtenu par cet homme à ceux obtenus par la population générale dont les normes se situent entre 10,04 et 26,80 pour une moyenne de 18,42 et un écart type de 8,38.

Bien entendu, si le sujet avait obtenu une note de **37**, il se serait situé dans le **2e écart type** au-dessus de la moyenne et aurait fait partie des **13,6 %** de la population (possédant les mêmes caractéristiques d'âge de niveau et de sexe) obtenant un tel résultat.

ANNEXE 9

LES DIFFÉRENTS TYPES DE QUESTIONNAIRE

Les questionnaires d'intérêts : ils concernent essentiellement le domaine de l'orientation professionnelle. Ils mesurent généralement plusieurs traits de personnalité. Les plus connus sont les questionnaires de STRONG et de KUDER.

Les questionnaires d'attitude : ces questionnaires concernent surtout le domaine de l'opinion publique (enquêtes par sondages). Le plus connu d'entre eux est le « différenciateur sémantique d'Osgood », utilisé en particulier dans les études de motivation. Le sujet doit situer l'image d'un produit en cochant un certain nombre d'axes « échelonnés » dont chaque extrémité correspond à des caractéristiques opposées. Ex. : Attirant-Repoussant (DAYAN,1976).

Les questionnaires de personnalité : on peut citer, par ex, le MMPI (inventaire multiphasique de la personnalité du Minnesota) qui, selon les ECPA (Éditions du Centre de Psychologie Appliquée), est « à l'heure actuelle le questionnaire de personnalité qui a la plus grande extension, tant par son emploi, que par les travaux scientifiques qu'il a suscités ». Il permet d'établir un portrait de la personnalité normale ou pathologique, principalement en clinique mais aussi en orientation. Sa passation fort longue a donné naissance au « minimult » dont la correction et l'exploitation sont entièrement informatisées. Ce test peut être passé de façon collective ou personnelle en 15 minutes. Le nombre des questions a été réduit de 550 à 357.

Bien entendu, le nombre de Tests de personnalité est très important. Nous nous contenterons de citer, à titre d'exemple, ceux qui restent les plus fréquemment utilisés dans le domaine des ressources humaines.

- Le **GZ**, inventaire de tempérament de GUILFORD-ZIMMERMAN permet de mesurer 10 traits bipolaires de la personnalité.

- Le **CPI**, inventaire de personnalité de Californie, mesure quant à lui 18 traits de personnalité regroupées en 4 domaines.

Il n'est pas utile de les citer tous, nous terminerons avec ceux qui ont bénéficié de nouvelles formes, en particulier :

- Le Test **16 PF** de CATTELL, avec notamment sa forme révisée : le 16 PF-5 permettant de mesurer 16 facteurs de personnalité.

Et la nouvelle forme du **CPI** qui mesure désormais 20 traits de personnalité comme la « sociabilité », « la capacité à acquérir un statut social »....

Certains questionnaires, comme l'**IPV** (Inventaire de la Personnalité des Vendeurs) permettent de cerner les caractéristiques de personnalité du sujet qui se destine à la vente.

Les questionnaires d'adaptation : ce sont des questionnaires destinés à détecter des sujets qui présentent des troubles plus ou moins importants de la personnalité. Les Tests qui peuvent être utilisés le sont rarement dans le cadre du travail, on peut citer le Questionnaire de Bell qui est utilisé pour des troubles mineurs de l'adaptation et le Questionnaire CORNELL Index, pour des troubles beaucoup plus importants.

ANNEXE 10

LES MÉTHODES PROJECTIVES
(classification)

- **Les méthodes constitutives :** On peut citer à titre d'exemple, le test de RORSCHACH où le sujet doit organiser sa perception à partir d'un matériel non structuré (des « tâches d'encre »).

Il peut également organiser une situation au travers de la technique du dessin libre (Autre exemple : le test Z de ZULLIGER, etc.).

- **Les méthodes constructives :** ce sont des méthodes par lesquelles le sujet doit construire et arranger différents éléments qui lui sont proposés pour en faire une structure plus grande.

On peut citer par exemple le test du Village d'ARTHUS. Ce test semble avoir été beaucoup utilisé, dans les années 1940-1960 avant de tomber en désuétude.

- **Les méthodes cathartiques :** ce sont toutes les méthodes par lesquelles le sujet, par l'intermédiaire d'une technique (marionnette par ex.) se libère de ses angoisses en projetant ses sentiments sur ce dont il se sert.

- **Les méthodes interprétatives :** nous pouvons citer comme exemple, le TAT (Thematic Apperception Test) que nous avons eu l'occasion de présenter.

Un autre test est également utilisé dans le domaine des Ressources Humaines : il s'agit du test de Frustration de ROSENZWEIG. Dans cette épreuve, deux personnages sont présentés dans une situation de frustration. Celui qui est à l'origine de la frustration s'exprime, l'autre personnage, qui subit la frustration (le sujet) doit lui répondre. Pour ce faire, le sujet doit compléter une bulle vide (comme dans les bandes dessinées) en indiquant le plus rapidement possible l'idée qui lui vient en tête.

- **Les méthodes « réfractives » :** « La personnalité du sujet est révélée par la distorsion qu'il fait subir à un moyen de communication social conventionnel » (DELAY et PICHOT, 1975). L'épreuve la plus utilisée est la graphologie, technique d'évaluation de la personnalité, éminemment contestable dont on peut rapprocher le test Myokinétique de MIRA Y LOPEZ à la cotation objective (contrairement à la graphologie).

- **Les techniques de complètement :** ici on va présenter au sujet un stimulus, qu'il devra compléter, où il devra répondre à une question ouverte.

Les stimuli sont souvent verbaux, comme dans le « test d'association de mots » de Jung.

Il peut s'agir aussi de tests de complètement de phrases. Certains auteurs comme Moulin classent le Test de frustration de Rosenzweig dans cette technique.

- **Les techniques de création artistique :** comme le « Test de l'arbre » de Koch qui sert à déterminer le niveau de développement affectif du sujet. Ces techniques consistent à faire produire par le sujet un dessin qui lui est demandé (Ex. : un arbre).

BIBLIOGRAPHIE

ADAM G., « Critique d'une étude critique de Jean-Emmanuel RAY », *Droit Social*, 1993, n°4, 333-335.

ALGERA J., GREUTER M.A.M, *Job analysis for personnel selection*, in ROBERTSON I. & al, *Advances in Selection and Assessment*, Chichester, (G.B), John WILEY and SONS, 1989, Chapitre 2, 7-30.

ALBERT J.-P. « Les mythologies du sang » in *la Recherche* n° 254. Mai 1993.

ALEXANDRIAN, *Histoire de la philosophie occulte*, Seghers, 1983.

ALLEAU R., « Astrologie », *in Encyclopédie Universalis*, 1989, 279-290.

ANDERSON H.H. et ANDERSON G.L., *Manuel des techniques projectives*, Paris, Éditions universitaires, 1965.

ANDERSON C.W., « The relation between speaking times and decision in the employment interview », *Journal of Applied Psychology*, 1960, 44, 4, 267-268.

ANZIEU D., CHABERT C., *Les méthodes projectives*, Paris, P.U.F, 1983.

ARVEY R.D. & CAMPION J.E., « The employment interview : a summary and review of recent research », *Personnel Psychology*, 1982, 35, 281-322.

ASHER J.J, SCIARRINO J.A., « Realistic work sample test: a review », *Personnel Psychology*, 1974, *27*, 519-538.

AUBRET J., « Reconnaissances des acquis et outils d'évaluation, fondement et validité psychologiques », Pratiques de formation, n° spécial, Université de Paris VIII, 1989.

BACRI E., « Avez-vous la gueule de l'emploi ?, le scandale des méthodes de recrutement », *Ça m'intéresse*, 1986, 67, 16-21.

BALICCO C., « Graphologie et recrutement, une imposture ? », *Sciences Humaines*, 1992, *22*, 32-35.

BALICCO C., *La programmation neuro-linguistique ou l'art de manipuler ses semblables*, AFIS (Association Française pour l'Informatisation Scientifique) n° 243, 10-18, Août 2000.

BALICCO C., *Approche clinique des mécanismes de prise de décision dans le choix et l'utilisation des méthodes d'évaluation et de sélection dans le recrutement des cadres en France*, Thèse de doctorat en psychologie, CNAM, Paris, 1999.

BALICCO C., « *Mieux recruter grâce à l'entretien structuré* », in LEVY-LEBOYER et al., RH, *les apports de la psychologie du travail*, Chapitre 4, 53-69, Éditions d'Organisation, Paris, 2001.

BALMA M.J., « The concept of synthetic validity », *Personnel Psychology*, 1959, *12*, 395-396.

BARTRAM D., (sous la direction de), « The validity and utility of personnality assessment in occupational psychology » *European Review of Applied Psychology*, Vol. 43, n° 3, 1993.

BAXTER J.C, BROCK, HILL P.C, ROZELL R.M, « Letters of recommandation: a question of value », *Journal of Applied Psychology*, 1981, *66*, 3, 296-301.

BEAUCHESNE H., *Histoire de la psychopathologie*, Paris, P.U.F, 1986. 268 pages.

BEAUJOUAN Y.M., « Quel est l'apport des *Assessment Centers* à l'évaluation des personnes ? » in LEVY-LEBOYER *et al., RH, les apports de la psychologie du travail*, chapitre 5, 71-87, Éditions d'Organisation, Paris, 2001.

BENICHOU P., MIGNARD S., « Recrutement : ce qui peut vous éliminer », in *Capital*, 1991 (oct), 92-95.

BONNAIRE J., « La sélection et la promotion des agents de maitrise et des cadres, le leadership », *Revue de Psychologie Appliquée*, n° 1, 1954, 38-54.

BORMAN W.C, ROSSE R.L, ABRAHAMS N.M, « An empirical construct validity approach to studying predictor-job performance links », *Journal of Applied Psychology*, 1980, 65, 662-671.

BRAY D.W, GRANT D.L, « The assessment center in the measurement of potential for business management », *Psychological Monographs*, 1966, *80*, n° 17.

BROCH H., *Le paranormal*, Paris, Seuil, 1989, 226 pages.

BRUCHON-SCHWEITZER M.L, « Doit-on utiliser la graphologie dans le recrutement ? » in LEVY-LEBOYER *et al, RH, les apports de la psychologie du travail*, chapitre 6, 89-110, Éditions d'Organisation, Paris, 2001.

BRUCHON-SCHWEITZER M.L, « L'évaluation de la personnalité dans la sélection du personnel », in LEVY-LEBOYER C & SPERANDIO J.C, *Traité de Psychologie du Travail*, Paris, P.U.F, 1987, chapitre XXVII, 535-555.

BRUCHON-SCHWEITZER M.L., « L'irrationnel et le rationnel dans le recrutement, Le Journal des Psychologues », 1987-1988, *53*, 23-25.

BRUCHON-SCHWEITZER M.L., *Pratiques rationnelles et irrationnelles dans l'évaluation de la personnalité*, Communication présentée au 5ème congrès internationnal de psychologie du travail de langue française, Paris, C.N.A.M, 30 mai-2 juin 1988.

BRUCHON-SCHWEITZER M.L., *Pratiques et savoirs en matière d'évaluation du personnel*, Communication présentée au congrès annuel de la Société française de psychologie: « pratiques sociales et élaboration du savoir », Université de Caen, 18-20 mai 1989.

BRUCHON-SCHWEITZER M.L., « Les pratiques de sélection en France », *Le Journal des Psychologues*, 1990, *77*, 24-26.

BRUCHON-SCHWEITZER M.L., LIEVENS S, « Le recrutement en Europe, recherches et pratiques », *Psychologie et Psychometrie*, 1991, *12*, n° 2, 100 pages.

BRUCHON-SCHWEITZER M.L., FERRIEUX D, *Les méthodes d'évaluation du personnel pour le recrutement en France, l'Orientation Scolaire et Professionnelle*, 1991 a, *20*, 1, 71-88.

BRUNNER R., *Le psychanalyste et l'entreprise*, Paris, Syros, 1995, 116 pages.

CAMPION M.A., PURSELL E.D., BROWN B.K., *Structured interview: raising the psychometric properties of the employment interview, Personnel Psychology*, 1988, *41*, 25-42.

CARLSON S., « *A double-blind test of astrology* », Nature, 1985, *318*, 419-425.

CAROLL S.J., NASH A.N, *Effectiveness of a forced-choice reference check, Personnel Administration*, 1972, *35*, 42-46.

CASCIO W.F., PHILIPS N.F., *Performance testing : a rose among thorns ?, Personnel Psychology*, 1979, *32*, 751-766.

CHAILLEU L., *Champ et professionnels du recrutement des personnels en entreprise*, Mémoire de D.E.A en sociologie, Paris VIII, 134 pages.

CHALMERS A. F. , *Qu'est ce que la science ?*, Éditions la Découverte, Paris, 1988.

CIRCULAIRE D'APPLICATION de la *loi 92-1446* du 31 décembre 1992, *n° 93:10* du 15 mars 1993 (Non publié au journal Officiel).

CODE DU TRAVAIL, Titre V : *Dispositions relatives au recrutement et aux libertés individuelles* in Loi n° 92-1446 du 31 décembre 1992, relative à l'emploi, au développement du Travail à temps partiel et à l'assurance chômage.

COUNCIL OF EUROPE, Conseil de l'Europe. Convention for the protection of individuals with regard to automatic processing of personal data. *Convention pour la protection des personnes à l'égard du traitement automatisé des données à caractère personnel*. Strasbourg. 28 janvier 1981. European Treaty Series n° 108.

CRONBACH L.J., « *Les exigences de la validité des techniques projectives* » in Revue de Psychologie Appliquée n° spécial, Tome V. n° 4. 1955, p. 245-253.

DELAY J. & PICHOT P., *Abrégé de Psychologie*, Paris, Masson, 1975, 490 pages.

DEMANGEON M., *Description d'un programme informatique d'analyse des tests et questionnaires*, Paris, I.N.E.T.O.P, 1982 (document dactylographié 16 p).

DIPBOYE R.L, *Structured interview : why do they work ? why are they underutilized ?* in Anderson and P. Herriot, International Handbook of selection and assessment, chapitre 22, 455-473, Chichester, Wiley, 1997.

DORON R. & PAROT F. (Eds), *Dictionnaire de Psychologie*, Paris, P.U.F, 1991.

DOSSIER consacré au recrutement, in *Nervur , Journal de Psychiatrie*, 1991, *4*, n° 6, 13-33.

DOSSIER consacré au recrutement, in *Journal des psychologues*, 1987/1988, 53, 16-39.

DOSSIER consacré à la validité des tests à l'embauche, in *Journal des psychologues*, 1990, 77, 20-90.

DOSSIER consacré au recrutement et à l'évaluation : les tests en question, *Entreprises et Carrières*, n°207/208, 1993 (juillet).

DOWNS S., FARR R.M, COLBECK L., Self-appraisal: *a convergence of selection and guidance, Journal of Occupational Psychology*, 1978, *51*, 271-278.

DUNETTE M.D., *Personnel Management, Annual Review of Psychology*, 1962, *13*, 285-314.

DUNETTE M.D., *Recrutement et affectation du personnel*, Paris, Éditions Hommes et techniques, 1969.

DUNETTE M.D., *A note on the criterion, Journal of Applied Psychology*, 1983, *47*, 4, 251-254.

EFRAT NETER, GERSHON BEN SHAKHAR, *Predictive validity of graphological inferences: a meta analytic approach, Personnality and individual differences*, 1989, 10, 7, 737-745.

ERNOULT V., GRUÈRE J.P., PEZEU F., *Le bilan comportemental dans l'entreprise*, Paris, P.U.F, 1984.

EYSENCK H.J. « *La validité des techniques projectives, une introduction* » in *Revue de Psychologie Appliquée*, n° spécial, Tome V. n° 4. 1955. p. 231-233.

FAVERGE J.M., *Quelques aspects prospectifs et rétrospectifs du testage, Bulletin du CERP*, 1968, XVII, *1-2*, 57-65.

FAVERGE J.M., *L'examen du personnel et l'emploi des tests*, Paris, P.U.F, coll. sup., 1972.

FELTHAM R., *Validity of a police assessment center: a 1-19 year follow-up*, Journal of occupational Psychology, 1988, *61*, 129-145.

FLANAGAN J.C, *La technique de l'incident critique, Revue de Psychologie Appliquée*, 1954, *4*, 3, 267-295.

FREZAL V., *Les folies du recrutement, Science & Vie*, n° 900, 1992 (sept),102-109, 162-163.

FREZAL V., « *Manipulation et recrutement en France* », in *Médianalyses 7*, 1990, Centre du XXe Siècle, Université de Nice, Sophia-Antipolis, 87-116.

GARDNER H., *Les formes de l'intelligence*, Éditions Odile Jacod, Paris, 1997.

GEOFFREY E.R.LlOYD, *Une histoire de la science grecque, Coll. points Sciences*,

GEOFFREY DEAN., *Meta-analysis of graphology validation studies* (summary of results), June 1991.

GHIGLIONE R., RICHARD J. F., (sous la direction de) *Cours de psychologie : bases, méthodes, épistémologie*, Tome II, Paris, Dunod, 1993.

GHISELLI E.E., *The validity of aptitudes tests in personnel selection, Personnel Psychology*, 1973, *26*, 461-477.

GILLET B., *Aptitudes et capacités cognitives*, in LEVY-LEBOYER C. & SPERANDIO J.C., *Traité de Psychologie du Travail*, Paris, P.U.F, 1987, Chapitre XXV, 487-510.

GOUGH H.G., *A work orientation scale for the California Pychological Inventory*, *Jounal of Applied Psychology*, 1985, *70*, 3, 505-513.

GOUGH H.G., *Achievement in the first course in psychology as predicted from the California Psychological Inventory*, *The Journal of Psychology*, 1964, *57*, 419-430.

GREENWOOD J.M., MAC MANARA W.J., *Inter-rater reliability in situational tests*, *Journal of Applied Psychology*, 1967, *51*, 3, 101-106.

GUELFI, BOYER, CONSOLI, OLIVIER-MARTIN, *Psychiatrie*, P.U.F, 1987, 932 pages.

GUION R.M., *Criterium measurement and personnel judgements*, *Personnel Psychology*, 1961, 14, 141-149.

GUION R.M., *Content Validity, the source of my discontent*, *Applied Psychological Measurement*, 1977, 1, 1-10.

GUION R.M., *Changing views for personnel selection research*, *Personnel Psychology*, 1987, 40, 199-213.

HERRIOT P., *Towards an attributionnal theory of the selection interview*, *Journal of Occupational Psychology*, 1981, 54, 165-173.

HOUGH L.M., *Development and evaluation of the « Accomplishment Record » method of selecting and promoting professionals*, *Journal of Applied Psychology*, 1984, *69*, 135-146.

HUNTER J.E., HUNTER R.F., *Validity and utility of alternative predictors of job performance*, *Psychological Bulletin*, 1984, *96*, 72-98.

HUTEAU, M., *Les conceptions cognitives de la personnalité*, Paris, P.U.F, 1985. 332 p.

JANZ T., *Initial comparaisons of behavior description interviews versus unstructured interviews*, *Journal of Applied Psychology*, 1982, *67*, 5, 577-580.

KARNAS G., *L'analyse du travail*, in LEVY-LEBOYER C. & SPERANDIO J.C, *Traité de Psychologie du Travail*, Paris P.U.F, 1987, Chapitre 31, 607-625.

KINSLINGER H.J., *Application of projectives techniques in personnel psychology since 1940*, *Psychological Bulletin*, 1966, 66, 2, 134-149.

KLIMOSKI R.J., STRICKLAND W.J, *Assessment centers, valid or merely prescient*, *Personnel Psychology*, 1977, 30, 353-361.

KLIMOSKI R.J., RAFAELI A., « Inferring personal qualities throuth handwritting analysis » *Journal of Occupational Psychology*, 1983, *56*, 191-202.

La pensée scientifique et les para-sciences, colloque de la Villette, Paris, Albin Michel, 1993. 236 p.

LATHAM G.P. & SAARI L.M., « So people do what they say ? further studies on the situationnal interview », *Journal of Applied Psychology*, 1984, *69*, 4, 569-573.

LATHAM G.P. & SAARI L.M., « The situationnal interview », *Journal of Applied Psychology*, 1980, *65*, 4, 422-427.

LAURENT H., « Cross cultural cross validation of empirically validated tests », *Journal of Applied Psychology*, 1970, 54, 5, 417-423.

LAWSCHE C.H., « A quantitative approach to content validity », *Personnel Psychology*, 1975, *28*, 563-575.

LAGACHE D., *L'unité de la psychologie*, Paris, P.U.F, 1949.

LE MOUËL J., *Critique de l'efficacité*, Paris, Seuil, 1991.

LEVY-LEBOYER C., *Comportements social et caractères individuels*, Monographies Françaises de Psychologie, 1963, Éditions du C.N.R.S.

LEVY-LEBOYER C., GOSSE M., NATUREL V., *Une nouvelle vieille méthode, la grille de Kelly*, Revue de Psychologie Appliquée, 1985, 35, *4*, 255-269.

LEVY-LEBOYER C. & SPERANDIO J.C, *Traité de Psychologie du Travail*, Paris, P.U.F, 1987.

LEVY-LEBOYER C., *Problèmes éthiques posés par l'usage des tests*, in LEVY-LEBOYER C. & SPERANDIO J.C., *Traité de Psychologie du Travail*, Paris, P.U.F, 1987, Chapitre XXIV, 473-485.

LEVY-LEBOYER C., *Évaluation du personnel : quelles méthodes choisir ?*, Paris, Les Éditions d'Organisation, 1990.

LEVY-LEBOYER C., (Sous la direction de), « Pratiques de recrutement en Europe », *European Review of Applied Psychology*, 1991, *41*, n° 1, 70 pages.

LEVY-LEBOYER C., *Le bilan de compétences*, Paris, Les Éditions d'Organisation, 1993.

LEYENS J-P., *Sommes-nous tous des psychologues ?* Liège, Editions Mardaga, 1993.

LYON-CAEN G., *Les libertés publiques et l'emploi*, La Documentation française, Paris, 1992, 170 pages.

MABE P.A, WEST S.G, « Validity of self evaluation of ability: a review and meta analysis », *Journal of Applied Psychology*, 1982, *67*, 3, 280-296.

MAC CORMICK E., JEANNERET R.R., MECHAM R.C., « A study of job characteristics and job dimensions as based on the position analysis questionnaire », *Journal of Applied Psychology, Monograph*, 1972, 56, 4, 347-368.

MAYFIELD, « The selection interview, a reevaluation of published research », *Personnel Psychology*, 1964, *27*, 3, 239-260.

MENNESSIER M., *« La graphologie en procès » in Science et Vie*, n° 906, mars 1993. p. 66-81.

MILLS C.J, BOHANNON W.E., « Personality characteristics of effective state police officers », *Journal of Applied Psychology*, 1980, 65, 680-684.

MINTZ J., « Integrating research evidence: a commentary on meta analysis », *Journal of Consulting and Clinical Psychology*, 1983, 51, 1,71-75.

MONATHAN J.C. & MUCHINSKY P.M., « Three decades of personnel selection research : a state of the art analysis and evaluation », *Journal of Occupational Psychology*, 1983, *56*, 215-225.

MONTMOLLIN M., *Les psychopitres*, Paris, P.U.F, 1972.

MOSSHOLDER K.W., ARVEY R.D., « Synthetic validity, a conceptuel and comparative review », *Journal of Applied Psychology*, 1984, *69*, 2, 322-333.

MOULIN M., *L'examen psychologique en milieu professionnel*, Paris, P.U.F, 1992.

MUCHINSKY P.M., « The use of reference reports in personnel selection : a review and evaluation », *Journal of occupational Psychology*, 1979, *52*, 287-297.

MULLER J.L., « Pour une revue quantitative de la littérature : les méta-analyses », *Psychologie Française*, 1988, *33*, 295-303.

NAHOUM C., *L'entretien psychologique*, P.U.F, 1958.

NEINER A.G., OWENS W.A., « Relationships between two sets of biodata with 7 years separation », *Journal of Applied Psychology*, 1982, *67*, 2, 146-150.

OWENS W.A. & JEWELL D.O, *Personnel selection, Annual Review of Psychology,* 1969, 20,419-446.

PACAUD S., *Le diagnostic du potentiel individuel, in* REUCHLIN M, *Traité de Psychologie Appliquée*, Paris, P.U.F, 1971, Tome 4.

PAYNE R.W., « L'utilité du Test de Rorschach en psychologie clinique », *in Revue de Psychologie Appliquée*, n° spécial, Tome V. n° 4. 1955. p 255-263.

PEARLMAN K., SCHMIDT F.L. & HUNTER J.E, « Validity generalisation results used to predict training success and job proficiency in clerical occupations », *Journal of Applied Psychology*, 1980, 65, 4, 373-406.

PERCHE M., Méthodes de recrutement, in LEVY-LEBOYER C. & SPERANDIO J.C., *Traité de Psychologie du Travail*, Paris, P.U.F,1987, Chapitre XXVIII, 557-580.

PERES S.H., GARCIA J.R., « Validity and dimensions of descriptive adjectives used in reference letters for engineering applicants », *Personnel Psychology*, 1962, 15, 279-286.

PERRON R., *Genèse de la personne*, Paris, P.U.F, 1985, 256 pages.

PICHOT P., « La validité des techniques projectives, problèmes généraux », *in Revue de Psychologie Appliquée*, n° spécial, Tome V. n° 4, 1955. P 235-241.

PICHOT P., *Les tests mentaux*, Paris, P.U.F.*Que sais-je*, 1954, 126 pages.

QUINTARD G., « Nouvelles perspectives pourr le recrutement des cadres », *Bulletin de Psychologie*, 277, XXII, n° 14-16, 846-852.

REILLY A.I., MANESE W.R., « The validity of a mini course for telephone company personnel », *Personnel Psychology*, 1979, *32*, 83-90.

REILLY R.R., CHAO G.T., « Validity and fairness of some alternative employee selection procedures », *Personnel Psychology*, 1982, 35, 1-62.

ROBERTSON I.T., KANDOLA R.S., « Work sample tests : validity, adverse impact and applicant reaction », *Journal of Occupational Psychology*, 1982, 55, 171-183.

ROBERTSON I. & MAKIN P.J., « Management selection in Britain : a survey and critique », *Journal of Occupational Psychology*, 1986, *59*, 45-57.

ROBERTSON I., SMITH M., *Personnel selection methods, International Conférence on Advances in selection and assessment*, UMIST, BUXTON, (G.B), 21-22, mai 1987.

ROBERTSON I., SMITH M., *Personnel selection methods in Advances in Selection and Assessment*, Chichester (G.B), John Wiley and Sons, 1989, chapitre 8, 89-112.

ROBINSON D.D., « Content-oriented personnel selection in a small business setting », *Personnel Psychology*, 1981, *34*, 77-87.

SCHLEGEL J., « Les examens de personnalité en psychologie du travail », *Revue de Psychologie appliquée*, 1976, 26, 401-427.

SCHLEGEL J., « L'évaluation dans les codes de déontologie », *L'orientation scolaire et professionnelle*, 23, n° 1, 99-118.

SCHLEGEL J., « L'emploi du Test de Rorschach en psychologie industrielle », *Bulletin de Psychologie*, 279-280, XXIII, n° 1-3, 1969-1970, 29-43.

SCHMIDT F.L., HUNTER J.E., « Development of a general solution to the problem of validity generalization », *Journal of Applied Psychology*, 1977, 62, 5, 529-540.

SCHMIDT F.L., HUNTER J.E., « Moderator research and the law of small number », *Personnel Psychology*, 1978, *31*, 215-232.

SCHMIDT F.L., HUNTER J.E., PEARLMAN K., « Task differences as moderator of aptitude tests validity in selection : a red herring », *Journal of Applied Psychology*, 1981, 66, 2, 166-185.

SCHMITT N., « Social and situational determinants of interview decisions : implications for the employment interview », *Personnel Psychology*, 1976, 29, 79-101.

SCHMITT N., GOODING R.Z., NOE R.A. & KIRSCH M., « Meta analysis of validity studies published between 1964 and 1982, and the investigation of study characteristics », *Personnel Psychology*, 1984, *37*, 407-422.

SIEGEL A.I., « The miniature job training and evaluation approach : additional findings », *Personnel Psychology*, 1983, *36*, 41-56.

SMITH M., GREGG M., ANDREWS D., *Selection & Assessment*, London, PITMAN, 1989, 152 p.

SPERBER Z., ADLERSTEIN A.M., « The accuracy of clinical psychologists. Estimates of interviewees Intelligence », *Journal of consulting Psychology*, 1961, XXV, 521-524.

STORA J., « La méthode de Rorschach appliquée à quelques Tests de pratique courante en Orientation Professionnelle », *Bulletin de l'I.N.E.T.O.P*, n° 5-6, 1946.

TAPERNOUX F., *Les centres d'évaluation*, Lausanne, Payot, 1984.

TENOPYR M.L., « Content-construct confusion », *Personnel Psychology*, 1977, 30, 47-54.

TENOPYR M.L., « The realities of employment testing », *American Psychologist*, 1981, 36, 10, 1120-1127.

THORNTON G.C., ZORICH S., « Training to improve observer accuracy », *Journal of Applied Psychology*, 1980, 65, 351-354.

THUREAU-DANGIN P., « L'irrationnel à la conquête des entreprises, Dynasteurs », *le Mensuel des Echos*, 1987 (fev.), 26-29, 33-35, 38-46.

TIFFIN J., Mc CORMICK E, *Tests de personnalité et d'intérêts, in Psychologie industrielle*, Chapitre VI, Paris, P.U.F, 172- 201.
TIXIER J., *L'entretien provocateur, une méthode de sélection des cadres dirigeants*, Paris, Desclée de Brouwer, 1984.

ULRICH L., TRUMBO C, « The selection interview since 1949 », *Psychological Bulletin*, 1965, 63, 2, 100-116.

VILMINOT J., « Statistiques tirées de 400 protocoles d'examen de sélection », *Bulletin du groupement Français du Rorschach*, n° 12, juin 1961, 32-41.

WINKIN Y. et DUBOIS P., *La communication non verbale ou la physiognomonie légitime, in Rhétoriques du corps*, Bruxelles, De Boeck, Chapitre V, 1988, p. 77-95.

WINKIN Y., « Croyance populaire et discours savant : "langage du corps" et "communication non verbale" », *Actes de la Recherche en Sciences Sociales*, n° 60, novembre 1985, p 75-78.

WINKIN Y., « Esquisse d'une archéologie de la recherche en communication non verbale », *Les cahiers de Psychologie Sociale*, n° 16, octobre 1982. p. 30-38.

WINKIN Y., « La physiognomonie est morte, vive la communication non verbale ! », *La quinzaine littéraire*, 514, du 1er au 31 août 1988, p. 11-12.

WINKIN Y., « Communication non verbale et expression faciale des émotions : une note critique sur les travaux de Paul Ekman », *in Le Langage et l'Homme*, n° 49, mai 1982, p. 16-23 ».

WRIGHT P.M., LICHTENFELS P.A., PURSELL E.D., « The structured interview : additional studies and a meta analysis », *Journal of Occupational Psychology*, 1989, 62, 191-199.

ZEDECK S., TZINER A., MIDDLESTART S.E., « Interview validity and reliability : an individual analysis approach », *Personnel Psychology*, 1983, 36, 355-370.

ZURFLUH J., *Les tests mentaux*, J.P DELARGE, Éditions Universitaires, 1976.

INDEX

www.ingramcontent.com/pod-product-compliance
Lightning Source LLC
Chambersburg PA
CBHW061623220326
41598CB00026BA/3856